※교육부 선정 기초 漢字 !!

玉篇을 겸한

實用漢字 3,000字

전면2색인쇄

太乙出版社

學習과 玉篇을 兼한

●中·高·大入·一般 必須基本漢字●

實用3,000字

알기쉬운 편집 · 전면 2색 인쇄

편집부 편

太乙出版社

部 首 名 稱

(부수명칭)

一 畫

一 한일
丨 뚫을곤
丶 점
丿 삐침
乙(乚) 새을
亅 갈구리궐

二 畫

二 두이
亠 돼지해머리
人(亻) 사람인변
儿 어진사람인발
入 들입
八 여덟팔
冂 멀경몸
冖 민갓머리
冫 이수변
几 안석궤
凵 위튼입구몸
刀(刂) 칼도
力 힘력
勹 쌀포몸
匕 비수비
匚 튼입구몸
匸 감출혜몸
十 열십
卜 점복
卩(㔾) 병부절
厂 민엄호
厶 마늘모
又 또우

三 畫

口 입구변
囗 큰입구몸
土 흙토
士 선비사
夂 뒤져올치
夊 천천히걸을쇠발
夕 저녁석
大 큰대
女 계집녀
子 아들자
宀 갓머리
寸 마디촌
小 작을소
尢(兀) 절름발이왕
尸 주검시엄
屮 왼손좌
山 메산
巛(川) 개미허리
工 장인공
己 몸기
巾 수건건
干 방패간
幺 작을요
广 엄호밑
廴 민책받침
廾 스물입발
弋 주살익
弓 활궁
彐(彑) 튼가로왈
彡 터럭삼방
彳 두인변
忄(心) 심방변
扌(手) 재방변
氵(水) 삼수변
犭(犬) 개사슴록변
阝(邑) 우부방
阝(阜) 좌부방

四 畫

心(忄) 마음심
戈 창과
戶 지게호
手(扌) 손수
支 지탱할지
攴(攵) 등글월문
文 글월문
斗 말두
斤 날근
方 모방
无(旡) 이미기방
日 날일
曰 가로왈
月 달월
木 나무목
欠 하품흠방
止 그칠지
歹(歺) 죽을사변
殳 갖은등글월문
毋 말무
比 견줄비
毛 털모
氏 각시씨
气 기운기엄
水(氵) 물수
火(灬) 불화
爪(爫) 손톱조머리
父 아비부
爻 점괘효
爿 장수장변
片 조각편
牙 어금니아
牛 소우변
犬(犭) 개견
王(玉) 구슬옥변
耂(老) 늙을로엄
月(肉) 육달월변
艹(艸) 초두
辶(辵) 책받침

五 畫

玄 검을현
玉(王) 구슬옥
瓜 외과
瓦 기와와
甘 달감
生 날생
用 쓸용
田 밭전
疋 필필
疒 병질엄
癶 필발머리
白 흰백
皮 가죽피
皿 그릇명밑
目(罒) 눈목
矛 창모
矢 화살시

石	돌석
示(礻)	보일시변
禸	짐승발자국유
禾	벼화
穴	구멍혈
立	설립

六 畫

竹	대죽
米	쌀미
糸	실사
缶	장군부
网(罒·⺲)	그물망
羊(⺶)	양양
羽	깃우
老(耂)	늙을로
而	말이을이
耒	가래뢰
耳	귀이
聿	오직율
肉(月)	고기육
臣	신하신
自	스스로자
至	이를지
臼	절구구
舌	혀설
舛(牛)	어그러질천
舟	배주
艮	괘이름간
色	빛색
艸(艹)	초두
虍	범호밑
虫	벌레훼
血	피혈
行	다닐행
衣(衤)	옷의
襾	덮을아

七 畫

見	볼견
角	뿔각
言	말씀언
谷	골곡
豆	콩두
豕	돼지시
豸	발없는벌레치
貝	조개패
赤	붉을적
走	달아날주
足	발족
身	몸신
車	수레거
辛	매울신
辰	별신
辵(辶)	책받침
邑(阝)	고을읍
酉	닭유
釆	분별할채
里	마을리

八 畫

金	쇠금
長(镸)	길장
門	문문
阜(阝)	언덕부
隶	미칠이
隹	새추
雨	비우
靑	푸를청
非	아닐비

九 畫

面	낯면
革	가죽혁
韋	다룬가죽위
韭	부추구
音	소리음
頁	머리혈
風	바람풍
飛	날비
食(飠)	밥식
首	머리수
香	향기향

十 畫

馬	말마
骨	뼈골
高	높을고
髟	터럭발밑
鬥	싸움투
鬯	울창주창
鬲	오지병격
鬼	귀신귀

十一畫

魚	고기어
鳥	새조
鹵	잔땅로
鹿	사슴록
麥	보리맥
麻	삼마

十二畫

黃	누를황
黍	기장서
黑	검을흑
黹	바느질치

十三畫

黽	맹꽁이맹
鼎	솥정
鼓	북고
鼠	쥐서

十四畫

鼻	코비
齊	가지런할제

十五畫

齒	이치

十六畫

龍	용룡
龜	거북귀(구)

十七畫

龠	피리약변

한자방정식(漢字方程式)

日＋生＝星
(날일) (날생) (별성)
원자형으로 반짝 반짝 빛나는 별

日＋乍＝昨
(날일) (잠깐사) (어제작)
하루가 잠깐사이에 지나간 어제

日＋音＝暗
(날일) (소리음) (어두울암)
해가져서 어둡고 캄캄하다

日＋央＝映
(날일) (가운데앙) (비칠영)
가운데있는 해의 빛을받아 비친다.

日＋月＝明
(날일) (달월) (밝을명)
해와 달의 빛이 밝다

玉＋求＝球
(구슬옥) (구할구) (둥글구)
옥돌을 구하여 둥글게 간옥, 공

田＋介＝界
(밭전) (끼일개) (지경계)
밭과 밭사이의 경계. 범위

石＋包＝砲
(돌석) (쌀포) (대포포)
탄환을 발사하는 대포, 탄알

石＋楚＝礎
(돌석) (높을초) (주춧돌초)
기둥밑에 괴인돌 주춧돌

石＋少＝砂
(돌석) (적을소) (모래사)
돌이 잘게부서진 모래

石＋兹＝磁
(돌석) (이자) (자석자)
쇠붙이를 끌어당기는 자석

石＋皮＝破
(돌석) (가죽피) (깨질파)
돌화면이 풍화작용으로 깨지다

牛＋寺＝特
(소우) (절사) (특별특)
특히 크고 특별하다는 뜻

牛＋勿＝物
(소우) (말물) (만물물)
소는 농가에 가지고있는 동물, 물건

牛＋攵＝牧
(소우) (칠복) (기를목)
소를몰다 동물을 기르다. 치다

木＋子＝李
(나무목) (아들자) (오얏리)
진귀한 열매가 열리는 나무 성씨

木＋每＝梅
(나무목) (탐낼매) (매화매)
탐낼만큼 꽃이피는, 매화나무

木＋寸＝村
(나무목) (마디촌) (마을촌)
나무 그늘밑에 집을짓고 사는마을,

木＋才＝材
(나무목) (바탕재) (재목재)
집을지을때 바탕이 되는 나무, 재목

木＋艮＝根
(나무목) (그칠간) (뿌리근)
나무의 잎과 가지를 보전하는 뿌리

木＋主＝柱
(나무목) (주인주) (기둥주)
집을 버티게하고 떠받이는 기둥

木＋支＝枝
(나무목)(갈려나갈지) (가지지)
원나무 줄기에서 갈라져나간다

木＋反＝板
(나무목) (뒤집을반) (조각판)
나무를켜서 이리저리 뒤집은 조각

木＋公＝松
(나무목) (공변공) (솔송)
나무잎이 사철프른솔, 송림

木＋各＝格
(나무목) (각각각) (이를격)
일정한 형식에따라 뻗아가는 격식

木＋木＝林
(나무목) (나무목) (수풀림)
나무가 많이 늘어선모양, 수풀

木＋交＝校
(나무목) (엇걸교) (학교교)
틀어진나무를 바로잡음, 바르게인도함

木＋朱＝株
(나무목) (줄기주) (뿌리주)
나무의 바탕을 이루는 뿌리

木＋僉＝檢
(나무목) (여러첨) (검사할검
내용을 검사하면서 토구함

木＋林＝森
(나무목) (수풀림) (심을삼)
나무가 빽빽히들어선 숲

木＋直＝植
(나무목) (곧을직) (심을식
나무를 곧게 옮겨심는다

木＋卜＝朴
(나무목) (줄복)(순박할박)
나무껍질은 자연그대로 순박

木＋一＝末
(나무목) (한일) (끝말)
나무의 끝을 가리킨다. 종말,

士＋口＝吉
(선비사) (입구) (길할길)
선비의 입으로 하는말은 길하다

土＋或＝域
(흙토) (의심혹) (지경역)
일정한 지역 땅

土＋成＝城
(흙토) (이룰성) (재성)
국토를 방위해 놓은 성

土＋匀＝均
(흙토) (고를균) (고를균)
흙을 고르게 편다 고르다

水＋田＝畓

(물수) (밭전) (논답)
밭위에 물이있으니 논이다.

한자(漢字)는 왜 익혀야 하는가

우리의 일상 생활에서 한자(漢字)의 사용을 폐지 한다면 어떻게 될까?

한 때는 학계(學界)에서도 한자 폐지 운동을 벌인 적이 있었다. 그러나 우리의 생활과 문화는 한자를 떠나서는 너무나도 불편한 점이 많았다. 결국 '한자 폐지 운동'은 철회되지 않을 수가 없었다.

한자(漢字)는 우리의 학습(學習)과 생활 전반에 걸쳐서 필수적인 분야이다.

적어도 '실용 한자(実用漢字)'만큼은 익혀 두지 않으면 안 된다.

그렇다면 실용 한자는 도대체 몇 자(字) 쯤이나 될까?

중·고등학교 필수 한자가 약 1,800자 가량 된다. 거기에 대학 과정과 일상 생활에서 필요한 한자를 합친다면 약3,000자 가량이 된다.

한자 3,000자(字)는 결코 적은 분량이 아니다. 그러나 한 자(一字)씩 체계적으로, 효과적으로 익혀나간다면 누구나 다 빠른 시일 내에 자기의 지식으로 소화할 수 있을 것이다.

이 책은 한자를 효과적으로 익혀나갈 수 있도록 실용 한자 3,000자 모두를 독특하게 실었다.

필요한 외래어, 또는 합성어(合成語)까지를 체계적으로 나타내었기 때문에 누구나 쉽게 한자를 익힐 수 있으리라고 본다.

편자 씀.

＊ 永字八法 ＊

永字는 모든 筆法을 具備하고 있어서 이 글자에 依하여 運筆法이 說明되었으며, 이 書法을 永字八法이라 부릅니다.

側(측)	勒(늑)	努(노)	趯(적)	策(책)	掠(략)	啄(탁)	磔(책)
①	②	③	④	⑤	⑥	⑦	⑧

◆ 한자의 필순

하나의 한자를 쓸 때의 바른 순서를 필순 또는 획순이라 한다. 한자는 바른 순서에 따라 쓸 때, 가장 쓰기 쉬울 뿐 아니라 빨리 쓸 수 있고, 쓴 글자의 모양도 아름다와진다.

◆ 필순의 기본원칙

위에 있는 점·획이나 부분부터 쓰기 시작하여 차츰 아랫부분으로 써내려간다.

三 (一二三)　工 (一丅工)

言 (亠 亠 亠 言 言 言 言)

喜 (一 十 吉 吉 壴 喜 喜)

◆ 왼쪽에서 오른쪽으로

왼쪽에 있는 점·획이나 부분부터 쓰기 시작하여 차츰 오른쪽으로 써 나간다.

川 (丿 川 川)　州 (丿 州 州)

順 (川 川 川 順)

側 (亻 俱 側 側) 測 鄕

◆ 차례를 바꿔쓰기 쉬운 한자

出　丨 屮 屮 出 出 ………… ○

(5획) ㅣ 凵 山 屮 出 ………… ×

臣　丨 匚 严 臣 臣 ………… ○

(7획) 一 匚 匚 臣 臣 ………… ×

児　丨 ||| 旧 旧 旧 児 ………… ○

(8획) ㅁ 日 旧 旧 児 児 ………… ×

氵(水)＋由＝油
(물수) (쓸유) (기름유)
용수같은 것을 짜낸 기름

氵(水)＋皮＝波
(물수) (가죽피) (물결파)
물이 움직이는 파도 물결

氵(水)＋永＝泳
(물수) (길영) (헤엄칠영)
사람이 물위에 떠서 헤엄친다.

氵(水)＋去＝法
(물수) (버릴거) (법법)
죄악을 제거하고 공평한 법

氵(水)＋可＝河
(물수) (옳을가) (물하)
넓고 흐르는 큰강, 황하

氵(水)＋台＝治
(물수) (기를이) (다스릴치)
지도하여 잘다스리고 편안함

氵(水)＋殳＝沒
(물수) (빠질몰) (잠길몰)
물속으로 빠진다. 침몰한다.

氵(水)＋酉＝酒
(물수) (닭유) (술주)
병에든 물, 액체, 술의 뜻

氵(水)＋步＝涉
(물수) (걸을보) (건널보)
걸어서 물을 걷는다는 뜻

氵(水)＋莫＝漠
(물수) (없을막) (사막막)
물이 없는곳 사막 아득하다

氵(水)＋同＝洞
(물수) (같을동) (골동)
물이 있는곳에 같이사는 동리,

氵(水)＋先＝洗
(물수) (머저선) (씻을세)
물로 발을씻고 수세 세탁씻음

女＋子＝好
(계집녀) (아들자) (좋을호)
여자가 아들을 않고 좋아한다

女＋未＝妹
(계집녀) (아닐미) (누이매)
아직 철이나지않은 계집아이

女＋台＝始
(계집녀) (기를이) (비로소시)
뱃속에서 기른 아기의 처음 생명체

女＋方＝妨
(계집녀) (모방) (방해할방)
여자가 모나게 떠들면 일에방해된다

女＋市＝姉
(계집녀) (저자시) (맏누이자)
다자란 손누이를 말한다

女＋少＝妙
(계집녀) (젊을소) (묘할묘)
젊우 여자는 묘하고 예쁘다

女＋襄＝孃
(계집녀) (도울양) (아가시양)
아직 미혼인 아가씨라는 뜻

女＋因＝姻
(계집녀) (인할인) (혼인할인)
요위에 누운모양으로 의지한다

女＋昏＝婚
(계집녀) (저물혼) (혼인할혼)
신부가 신랑에집 들어가 혼인한다

女＋帚＝婦
(계집이) (비추) (아내부)
시집을가면 가정을 돌보며 일한다

亻(人)＋專＝傳
(사람인) (오로지전) (전할전)
멀리서 소식을 전하여 온다는 뜻

亻(人)＋象＝像
(사람인) (코끼리상) (모양상)
코끼리의 모양이 닮았다. 모양

亻(人)＋壬＝任
(사람인) (짊어질임) (맡길임)
사람이 짐을 짊어지듯, 책임을지다.

亻(人)＋木＝休
(사람인) (나무목) (쉴휴)
사람이 그늘밑에 쉬는모양. 휴식

亻(人)＋建＝健
(사람인) (세울건) (굳셀건)
몸의 자세를 곧게세움, 굳세고, 건강

亻(人)＋吏＝使
(사람인) (관리리) (하여금사)
웃사람이 아랫사람에 일을시킨다

亻(人)＋共＝供
(사람인) (한가지공) (이바지할공)
두손으로 물건을 받들여 올린다

亻(人)＋更＝便
(사람인) (고칠경) (편할편)
불편한것을 고쳐 편한하도록함

亻(人)＋呆＝保
(사람인) (어리석을매) (맡을보)
힘이없는 아이를 어른이 돌본다

亻(人)＋賞＝償
(사람인) (줄상) (갚을상)
일에공로가 많은 사람에 상을 준다

西＋女＝要
(덮을아) (계집녀) (요할요)
모양을 본뜬 글자. 중요하다

示＋見＝視
(보일시) (볼견) (볼시)
자세하게 본다. 살피다

夫＋見＝規
(사내부) (볼견) (바늘규)
규칙 또는 바르다

衣＋甫＝補
(옷의) (클보) (도울보)
옷을 잘기워줌. 돕는자는 뜻

列＋衣＝裂
(벌일열) (옷의) (찢어질열)
천을 벌리어 찢는다는 뜻

制＋衣＝製
(지을제) (옷의) (마를제)
옷을짓는다. 만들다의 뜻

衣＋谷＝裕
(옷의) (골짜기곡) (넉넉할유
크고 넉넉하다 여유있다

代＋衣＝袋

대신할대) (옷의) (자루대)
천으로 옷대신 만든 자루. 옷

子＋糸＝孫 
(아들자) (이을계) (손자손)
핏줄을 통하여 대를 잇는다. 손자

言＋寸＝討 
(말씀언) (마디촌) (칠토)
죄인을 법에따라 말로 다스림

言＋丁＝訂 
(말씀언) (고무래정) (고칠정)
말로지적하여 고친다 .

言＋十＝計 
(말씀언) (열십) (십계)
말로헤아린다 셈하다

言＋殳＝設
(말씀언) (칠수) (베풀설)
작업을 말로 뒷받침, 베풀다

言＋忍＝認 
(말씀언) (참을인) (알인)
마음의 고통을 참아낸다

言＋己＝記
(말씀언) (몸기) (적을기)
말을 글로 기록한다. 적다

言＋公＝訟 
(말씀언) (바를공) (송사송)
말로공평하게 판가름한다.

言＋式＝試 
(말씀언) (법식) (시험할시)
방식에의하여 물어보라. 시험

言＋方＝訪 
(말씀언) (방위방) (찾을방)
방법을 물어 찾아본다

言＋成＝誠
(말씀언) (이룰성) (정성성)
정성것 성실것

言＋志＝誌 
(말씀언) (뜻지) (기록할지)
직무상의 책을 기록함

言＋舌＝話 
(말씀언) (혀설) (말씀화)
서로 마주보며 하는 이야기

言＋寺＝詩
(말씀언) (관청시) (글시)
글로 표현한 시

言＋午＝許
(말씀언) (낮오) (허락할허)
엇갈린 견해가 풀어져 허락함

言＋川＝訓 
(말씀언) (내천)、 (가르칠훈)
유창한 말로 가르치다

言＋襄＝讓 
(말씀언) (도울양) (사양양)
도움을 안받고 사양하다

言＋某＝謀 
(말씀언) (아무모) (꾀모)
아무도 모르게 꾀 하다

言＋義＝議 
(말씀언) (옳의의) (말할의)
옳은 일을 상의하다 토의하다

敬＋言＝警 
(공경경) (말씀언) (깨우칠경)
공경하는 마음으로 깨우쳐준다

言＋青＝請
(말씀언) (푸를청) (청할청)
부탁하다. 청하다. 신고처구함

言＋炎＝談
(말씀언) (불꽃염) (말씀담)
화루가에 앉아서 이야기하다

言＋若＝諾
(말씀언) (젊을약) (대답할낙)
부탁을 들어준다. 허락하다

言＋賣＝讀
(말씀언) (팔매) (읽을독)
소리내어 책을 읽은다

言＋登＝證
(말씀언) (오를등) (증언증)
사실대로 증언 증거의 뜬 뜻

言＋兑＝説
(말씀언) (기꺼울태) (말할설)
기뻐하고 말을 설명하다

言＋果＝課
(말씀언) (결과과) (구실과)
공부한 결과, 시험, 학과

言＋吾＝語
(말씀언) (나오) (말씀어
자기의 의견을 나타내는 말

貝＋反＝販
(자개패) (돌릴반) (팔판)
물건을 팔다. 장사하다

貝＋才＝財
(자개패) (재주재) (재물재)
재물 또는 보배를 뜻한다

貝＋宁＝貯
(자개패) (멈출저) (쌓을저)
물건을 쌓다 저장하다

加＋貝＝賀
(더할가) (자개패) (위로할하)
기쁨의뜻을보내며, 축하함

化＋貝＝貨
(될화) (자개패) (화물화)
물건을 운반할때. 화물

代＋貝＝貸
(대신대) (자개패) (줄대)
돈을 꾸어쓰다. 빌리여줌

車＋俞＝輸
(수레차) (대답유) (보낼수
물건을 차에싫어 보냄

車＋侖＝輪
(수레차) (뭉치륜) (바퀴륜)
수레바퀴가 빙빙돈다

車＋交＝較
(수레차) (사귈교) (비교할교)
견준다 비교하다

車＋巠＝輕
(수레차) (줄기경) (가벼울경)
수레가 가볍다는 뜻

非＋車＝輩
(아닐비) (수레차) (무리배)
힘들다 너무 무리하다

貝＋戔＝賤
(자개패) (상할잔) (천할천)
상한물품은 천하다. 흔하다

車＋專＝轉
(수레차) (오르지전) (구를전)
굴러간다. 옮긴다 뜻

門＋木＝閑
(문문) (나무목) (한가할한)
한가하다 여유가있다

門＋日＝間
(문문) (날일) (사이간)
문 틈을 가리켜 문사이

里＋予＝野
(마을리) (줄여) (들야)
논과 밭이있는 들의 뜻

走＋己＝起
(달릴주) (몸기) (일어날기)
달리려고 일어나다

雚＋見＝觀
(황새관) (볼견) (볼관)
황새가 적을막으려고 쳐다본다

金＋帛＝錦
(쇠금) (비단백) (비단금)
금 빛같이 고운비단을 뜻한 글자

金＋艮＝銀
(쇠금) (한정할간) (은은)
흰 빛을 내는 쇠붙이의. 은

金＋童＝鐘
(쇠금) (아이동) (쇠북종)
쇠로 만들어 차는 종

金＋十＝針
(쇠금) (열십) (바늘침)
쇠로된 바늘을 뜻한다. 또는 침

金＋充＝銃
(쇠금) (채울충) (총총)
쇠로만든 총 총구멍의 뜻

金＋岡＝鋼
(쇠금) (산등성이강) (강철강)
꾸불 꾸불하고 강한 쇠붙이

金＋竟＝鏡
(쇠금) (다할경) (거울경)
금속을 닦아 광채를 내는 거울

阝＋車＝陳
(언덕부) (수레차) (진칠진)
적과 싸우기 위하여 군사를 배치함.

阝＋步＝陟
(언덕부) (걸을보) (나아갈척)
걸음을 걸어서 앞으로 나아감

阝＋付＝附
(언덕부) (붙일부) (붙일부)
모양에 덧붙인다는 뜻

阝＋方＝防
(언덕부) (방위방) (막을방)
홍수를 막아서 방지한다

丁＋頁＝頂
(고무래정) (머리혈) (이마정)
머리위 정수리 꼭대기

予＋頁＝預
(줄여) (머리혈) (미리예)
참예하다, 미리주다, 예금

豆＋頁＝頭
(콩두) (머리혈) (머리두)
사람의 머리 두뇌

革＋化＝靴
(가죽혁) (될화) (신화)
가죽으로 만든 신, 구두

食＋反＝飯
(밥식) (돌아올반) (밥반)
밥을 먹는다. 먹여기른다

馬＋睪＝驛
(말마) (엿볼역) (역말역)
기차가 쉬는 역 정거장

示＋且＝祖
(보일시) (많을저) (할아버지조)
제사지내는 대상인 조상, 시조

林＋示＝禁
(수풀림) (보일시) (금할금)
함부로 다치지 못함 금지하다.

米＋分＝粉
(쌀미) (나눌분) (가루분)
쌀을 잘게나누어 부순, 가루

禾＋火＝秋
(벼화) (불화) (가을추)
곡식을 태양에 익히고 거두어들임

禾＋少＝秒
(벼화) (적을소) (초침초)
가장 짧은시간의 초, 벼끝

禾＋斗＝科
(벼화) (말두) (과목과)
곡식이나 학문을 구별지은 과목

禾＋重＝種
(벼화) (무거울중) (씨종)
농사짓는데 중요한 씨앗

禾＋多＝移
(벼화) (많을다) (옮길이)
못자리벼를 옮겨심는다. 이전

禾＋責＝積
(벼화) (많을책) (쌓을적)
물건을 모아서 쌓아 둔다.

糸＋勺＝約
(실사) (작을작) (맺을약)
맺는다 약속하다 실로 맺다

糸＋氏＝紙
(실사) (성씨) (종이지)
헝겊조각 따위로 만든 종이

糸＋且＝組
(실사) (많을저) (짤조)
실을 합쳐 천을 짜냄

糸＋己＝紀
(실사) (몸기) (기록할기)
헝크러지지않고 기록함. 습관, 규율

糸＋扁＝編
(실사) (작을편) (책편)
엮어서 만듬 고쳐엮음 책

糸＋冬＝終
(실사) (겨울동) (마칠종)
마지막 끝내다. 최, 종

糸＋吉＝結
(실사) (길할길) (맺을결)
실로 맺는다. 관계을 맺음

糸＋泉＝線
(실사) (샘천) (줄선)
길게 이루어진 선. 줄친선

父母 父母 父母

父 0 **父** 아비 부
フ(ちち)

母 1 **母** 어미 모
ボ(はは)

ノ ハ ク 父 　 L 口 母 母 母

父母[부모] 아버지와 어머니.
父子[부자] 아버지와 아들.
父親[부친] 아버지.
母女[모녀] 어머니와 딸.
母校[모교] 자기가 다닌 학교.
母親[모친] 어머니.

兄弟 兄弟 兄弟

儿 3 **兄** 맏 형
キョウ(あに)

弓 4 **弟** 아우 제
ダイ(おとうと)

口 口 尸 兄 　 丷 当 肖 弟 弟

兄弟[형제] 형과 아우.
兄嫂[형수] 형의 아내.
兄夫[형부] 언니의 남편.
弟嫂[제수] 아우의 아내.
弟氏[제씨] 남의 아우의 존칭.
弟子[제자] 가르침을 받는 사람.

妻子 妻子 妻子

女 5 **妻** 아내 처
サイ(つま)

子 0 **子** 아들 자
シ(こ)

彐 彐 妻 妻 妻 了 子

妻子[처자] 아내와 자식.
妻弟[처제] 아내의 누이동생.
妻家[처가] 아내의 친정.
子婦[자부] 며느리.
子息[자식] 아들 또는 아들 딸.
子女[자녀] 아들 딸.

老少 老少 老少

老 0 **老** 늙을 로
ロウ(おいる)

小 1 **少** 적을 소 / 젊을 소
ショウ(すこし)

十 土 耂 老 老 亅 小 小 少

老少[노소] 늙은 이와 젊은 이.
老松[노송] 늙은 소나무.
老僧[노승] 늙은 중.
少女[소녀] 나이가 어린 여자 애.
少量[소량] 적은 분량.
少數[소수] 적은 수효.

夫婦 夫婦 夫婦

大 1 **夫** 지아비 부
フ(おっと)

女 8 **婦** 지어미 부 / 며느리 부
フ(おんな, つま)

一 二 夫 夫 　 女 妇 妇 婦 婦

夫婦[부부] 남편과 아내.
夫君[부군] 남편의 존칭.
夫人[부인] 아내의 존칭.
婦女[부녀] 시집간 여자.
婦德[부덕] 부인의 덕행.
婦道[부도] 부녀자의 도리.

愛情 愛情 愛情

心 9 **愛** 사랑 애
アイ(おしむ)

心(忄) 8 **情** 뜻 정
ジョウ(なさけ)

爫 爫 悉 愛 愛 忄 忄 情 情 情

愛情[애정] 사랑하는 마음.
愛讀[애독] 즐겨서 읽음.
愛嬌[애교] 귀엽게 뵈는 태도.
情熱[정열] 힘있는 감정.
情報[정보] 사정의 통지.
情緖[정서] 감정의 실마리.

擧皆

擧皆 擧皆 擧皆

手 14 **擧** 들 거　白 4 **皆** 다 개

キョ(あげる)　カイ(みな)

擧皆[거개] 모두.
擧事[거사] 큰 일을 일으킴.
擧行[거행] 의식을 치름.
皆勤[개근] 빠짐 없이 출근함.
皆兵[개병] 국민이 다 군인이 됨.
皆學[개학] 빠짐 없이 모두 배움.

疑問

疑問 疑問 疑問

疋 9 **疑** 의심할 의　口 8 **問** 물을 문

ギ(うたがう)　モン(とう)

疑問[의문] 의심스러운 일.
疑心[의심] 마음에 이상히 여김.
疑獄[의옥] 복잡한 죄상.
問病[문병] 앓는 이를 위문함.
問安[문안] 어른의 안부를 물음.
問喪[문상] 죽음을 위문함.

見本

見本 見本 見本

見 0 **見** 볼 견 나타날 현　木 1 **本** 근본 본

ケン(みる)　ホン(もと)

見本[견본] 본 보기.
見聞[견문] 보고 들음.
見學[견학] 실지로 보고 배움.
本能[본능] 본래의 성능.
本質[본질] 본 바탕.
本末[본말] 처음과 끝.

比較

比較 比較 比較

比 0 **比** 견줄 비　車 6 **較** 비교할 교

ヒ(くらべる)　コウ, カク(くらべる)

比較[비교] 견주어 봄.
比例[비례] 비교하여 봄.
比肩[비견] 서로 비슷함.
比辭[비사] 비유로 쓰는 말.
比類[비류] 서로 견줄만한 물건.
比率[비율] 비례의 율.

寶石

寶石 寶石 寶石

宀 17 **寶** 보배 보　石 0 **石** 돌 석

ホウ(たから)　セキ(いし)

寶石[보석] 보배의 옥돌.
寶庫[보고] 귀한 재산을 쌓아둔 곳.
寶鑑[보감] 모범이 될 사물.
石造[석조] 돌로 만듬.
石窟[석굴] 바위에 뚫린 굴.
石壁[석벽] 돌로 쌓은 벽.

拾得

拾得 拾得 拾得

手(扌) 6 **拾** 주울 습 열 십　彳 8 **得** 얻을 득

ジュウ(とお)　トク(える)

拾得[습득] 주워 얻음.
拾級[습급] 계급이 차례로 오름.
拾遺[습유] 잃어버린 물건을 줌.
得男[득남] 아들을 낳음.
得失[득실] 얻음과 잃음.
得票[득표] 투표에서 표를 얻음.

撞纓 撞纓 撞纓

手(扌)12 **撞** 두드릴당 부딪칠당
トウ(つく)

糸17 **纓** 갓끈 영
エイ(むながい)

扌 扩 拧 撺 撞 纟 糸 緶 纓 纓

撞球[당구] 유희의 일종.
撞棒[당봉] 당구 치는 막대기.
撞着[당착] 모순. 어긋남.
纓帽[영모] 옛날 귀족들이 쓰던 모자.
纓絡[영락] 술.
馬纓[마영] 말 안장 끈.

閃套 閃套 閃套

門2 **閃** 언뜻볼섬 번쩍할섬
セン(ひらめく)

大7 **套** 전례 투 껍질 토
トウ(かさねる)

丨 尸 門 門 閃 大 太 夲 套 套

閃光[섬광] 번쩍이는 빛.
閃亮[섬량] 번쩍이는 빛.
閃電[섬전] 번쩍이는 전기 불.
閃眼[섬안] 번쩍이는 눈 빛.
套語[투어] 신통하지 못한 예사로운 말.

督促 督促 督促

目8 **督** 살필 독 감독할독
トク(みる)

人(亻)7 **促** 재촉할촉 촉박할촉
ソク(うながす)

⺊ 丰 未 叔 督 亻 伊 伻 侣 促

督促[독촉] 재촉함.
督勵[독려] 재촉하여 힘쓰게 함.
督戰[독전] 싸움을 재촉함.
促成[촉성] 빨리 이루어지게 함.
促迫[촉박] 기일이 바싹 가깝게 닥쳐 옴. ＝촉급[促急]

振刷 振刷 振刷

手(扌)7 **振** 떨칠 진
シン(ふる)

刀(刂)6 **刷** 고칠 쇄 인쇄할쇄
サツ(する)

扌 扩 护 扼 振 ⺕ 尸 局 屌 刷

振刷[진쇄] 정신을 차려 일으킴.
振興[진흥] 정신을 차려 일어남.
振起[진기] 진쇄.
刷新[쇄신] 묵고 낡은 것을 버리고 새롭게 함.
刷子[쇄자] 옷 따위를 터는 솔.

其他 其他 其他

八6 **其** 그 기
キ(その)

人(亻)3 **他** 다를 타 남 타
タ(ほか)

一 廾 甘 甘 其 亻 㐌 仲 他

其他[기타] 그 외.
其實[기실] 사실. 실로.
其餘[기여] 그 나머지.
他力[타력] 남의 힘.
他界[타계] ① 다른 세계. ② 귀인이 죽음.

次項 次項 次項

欠2 **次** 버금 차 차례 차
ジ(つぎ)

頁3 **項** 목덜미항 조목 항
コウ(うなじ)

冫 ㇀ 次 次 次 工 巧 珂 項 項

次項[차항] 다음 번 항목.
次期[차기] 다음 번 시기.
次例[차례] 돌아 오는 순서.
項目[항목] 조목.
項羽[항우] 초 한 때 장수. 기운이 썩 센 사람을 가리키는 말.

假量 假量 假量

人(亻)9 **假** 거짓 가 / 빌 가 — カ(かり)

里5 **量** 헤아릴 량 — リョウ(はかる)

亻 亻 作 假 假 ㄇ 目 昌 量 量

假量〔가량〕 ……쯤 (어림).
假面〔가면〕 탈. 거짓 얼굴.
假想〔가상〕 어림치고 생각함.
假飾〔가식〕 거짓으로 꾸밈.
量器〔양기〕 양을 되는 도구.
量宜〔양의〕 잘 헤아림.

制壓 制圧 制圧

刀(刂)6 **制** 법도 제 / 마를 제 — セイ(さだめる)

土14 **壓** 누를 압 — アツ(おさえる)

𠂉 𠂉 肯 制 制 厂 厂 厂 厭 壓

制壓〔제압〕 억지로 억누름.
制度〔제도〕 마련한 법도.
制覇〔제패〕 으뜸 세력을 차지함.
壓倒〔압도〕 눌러 거꾸러뜨림.
壓力〔압력〕 물체를 누르는 힘.
壓迫〔압박〕 누르고 구박함.

段落 段落 段落

殳5 **段** 층계 단 / 조각 단 — ダン(きざはし)

艸(艹)9 **落** 떨어질 락 — ラク(おちる)

厂 阝 段 段 段 艹 茫 莈 落 落

段落〔단락〕 일이 다 된 결말.
段階〔단계〕 층계.
落選〔낙선〕 선거에서 떨어짐.
落札〔낙찰〕 입찰에 뽑힘.
落鄕〔낙향〕 서울 사람이 시골로 이사함.

催賴 催頼 催頼

人(亻)11 **催** 재촉할 최 — サイ(うながす)

貝9 **賴** 믿을 뢰 / 힘입을 뢰 — ライ(たのむ)

亻 亻 伴 催 催 ㄇ 束 剌 賴 賴

催告〔최고〕 재촉하는 뜻의 통지.
催淚彈〔최루탄〕 눈을 자극하여 눈물을 나게 하는 가스탄환.
賴子〔뇌자〕 염치 없는 사람.
信賴〔신뢰〕 믿고 의뢰함.
依賴〔의뢰〕 남에게 부탁함.

所謂 所謂 所謂

戶4 **所** 바 소 / 곳 소 — ショ(ところ)

言9 **謂** 이를 위 — イ(いう)

厂 户 所 所 所 言 訁 謂 謂 謂

所謂〔소위〕 이른 바.
所期〔소기〕 기대하는 바.
所在〔소재〕 있는 곳.
所產〔소산〕 그 곳에서 나는 물건.
可謂〔가위〕 그 뜻에 가까운 말로 말하자면.

奇蹟 奇蹟 奇蹟

大5 **奇** 기이할 기 — キ(めづらしい)

足(⻊)11 **蹟** 사적 적 — セキ(あと)

一 大 太 奇 奇 ⻊ 蹟 蹟 蹟 蹟

奇蹟〔기적〕 사람의 생각과 힘으로 할 수 없는 기이한 일.
奇襲〔기습〕 뜻밖에 습격함.
奇妙〔기묘〕 기이하고 묘함.
古蹟〔고적〕 ① 남아 있는 옛물건 ② 옛 물건이 있던 자리.

鯨芳 鯨芳 鯨芳

魚 8 **鯨** 고래 경　艸(艹) 4 **芳** 꽃다울방

ゲイ(くじら)　ホウ(かんばしい)

⺈ 魚 魚 魿 鯨 一 艹 芏 芐 芳

鯨尾〔경미〕 고래의 꼬리.
捕鯨〔포경〕 고래를 잡음.
捕鯨船〔포경선〕 고래잡이 배.
芳香〔방향〕 꽃다운 향기.
芳名〔방명〕 남의 이름의 존칭.
芳氣〔방기〕 꽃다운 향기.

菖鴉 菖鴉 菖鴉

艸(艹) 8 **菖** 창포 창　鳥 4 **鴉** 갈가마귀 아 / 검을 아

ショウ(しょうぶ)　ア(からす)

艹 苎 苜 菖 菖 ㄷ 牙 牙' 鴉 鴉

菖蒲〔창포〕 오월 단오 때 머리 감는 풀꽃.
鴉片〔아편〕 양귀비 열매의 진.
鴉靑〔아청〕 검은빛을 띈 푸른 빛.
烏鴉〔오아〕 까마귀.

吹奏 吹奏 吹奏

口 4 **吹** 불 취　大 6 **奏** 아뢸 주 / 풍류 주

スイ(ふく)　ソウ(かなでる)

口 吖 吹 吹　三 夫 夫 奏 奏

吹奏〔취주〕 관악기로 연주함.
吹込〔취입〕 음악을 레코드판에 옮김.
吹雪〔취설〕 눈보라.
奏達〔주달〕 임금에게 아뢰는 일.
奏樂〔주악〕 음악을 연주하는 일 또는 연주하는 음악.
奏案〔주안〕 상주하는 문안.

喇叭 喇叭 喇叭

口 9 **喇** 나팔 라　口 2 **叭** 입벌릴팔 / 나팔 팔

ラツ　ハツ(くちがあく)

口 叩 呻 喇 喇 ㅣ 口 口 叭 叭

喇叭〔나팔〕 금속으로 만들어진 관악기의 한 종류.
喇叭管〔나팔관〕 중이의 고실로 부터 조금 아래로 향하여 인두까지 길게 통한 관.
喇叭手〔나팔수〕 나팔을 부는 사람
喇叭蟲〔나팔충〕 나팔 벌레.

胡笛 胡笛 胡笛

肉(月) 5 **胡** 어찌 호 / 오랑캐호　竹 5 **笛** 피리 적

コ(なんぞ, えびす)　テキ(ふえ)

十 古 古 胡 胡 ⺮ 竺 笞 笛 笛

胡弓〔호궁〕 북방의 활 이름.
胡馬〔호마〕 중국 북방의 좋은 말.
胡麻仁〔호마인〕 참깨나 검은 깨.
笛手〔적수〕 대금을 불던 세 악수의 하나.
大笛〔대적〕 큰 호적.
草笛〔초적〕 풀 피리.

竹杖 竹杖 竹杖

竹 0 **竹** 대 죽　木 3 **杖** 지팡이장

チク(たけ)　ジョウ(つえ)

丿 ㅏ 个 竹 竹 十 木 木 杖 杖

竹杖〔죽장〕 대로 만든 지팡이.
竹筍〔죽순〕 대나무 순.
竹竿〔죽간〕 대 장대.
短杖〔단장〕 짧은 지팡이. 지팡이.
杖策〔장책〕 채찍.
杖頭〔장두〕 두목. 우두머리.

鋒刄 鋒刄 鋒刄

金7 **鋒** 칼날 봉 / 끝 봉 ホウ(ほこさき)

刀1 **刄** 칼날 인 ジン(は)

鋒鎬〔봉호〕 창끝과 살촉.
先鋒〔선봉〕 맨 앞장.
鋒刄〔봉인〕 날카로운 칼.
兵刄〔병인〕 무기.
刀刄〔도인〕 칼날.
白刄〔백인〕 흰 칼날.

駕輿 駕輿 駕輿

馬5 **駕** 수레 가 / 멍에 가 ガ(のりもの)

車10 **輿** 수레바탕 여 / 천지 여 ヨ(こし)

駕馬〔가마〕 집 모양으로 생긴 수레
駕車〔가차〕 수레.
駕崩〔가붕〕 왕이 돌아가심.
輿梁〔여량〕 마차가 통행할 수 있는 나무 다리.
輿論〔여론〕 사회 대중의 공통된 의견.

棍棒 棍棒 棍棒

木8 **棍** 곤장 곤 コン(たばねる)

木8 **棒** 몽둥이 봉 ボウ(ぼう)

棍棒〔곤봉〕 몽둥이.
棍杖〔곤장〕 매치는 막대기.
棍騙〔곤편〕 속임.
棒槌〔봉추〕 나무 망치.
棒球〔봉구〕 야구.
棒打〔봉타〕 몽둥이로 침.

鞍裝 鞍裝 鞍裝

革6 **鞍** 안장 안 アン(くら)

衣7 **裝** 행장 장 / 꾸밀 장 ソウ(よそおう)

鞍裝〔안장〕 말, 나귀들의 등에 얹는 가죽으로 만든 물건. 사람이 탈 때 깔고 앉는 것.
鞍具〔안구〕 말 안장에 딸린 여러 가지 기구.
鞍傷〔안상〕 안장에 마찰되어 생긴 상처.
裝甲〔장갑〕 갑옷을 입고 투구를 갖춤.

鋤罐 鋤罐 鋤罐

金7 **鋤** 호미 서 ジョ(すき)

缶18 **罐** 물동이 관 / 양철통 관 カン(つるべ)

鎌鋤〔겸서〕 낫과 호미.
茶罐〔차관〕 찻물을 끓이는 그릇.
鋤草〔서초〕 김을 맴.
鋤刨〔서포〕 땅을 파헤침.
鋤地〔서지〕 땅을 팜.
鋤頭〔서두〕 괭이.

茫匣 茫匣 茫匣

艸(艹)6 **茫** 물질펀할 망 / 막연할 망 ボウ(とおい)

匚5 **匣** 궤 갑 コウ(くしげ)

茫鞋〔망혜〕 짚신.
茫然〔망연〕 넓고 멀어 아득함.
茫無限〔망무한〕 끝없이 막막함.
匣子〔갑자〕 갑.
煙匣〔연갑〕 담배 갑.
一匣〔일갑〕 한 갑.

紫薔 紫薔 紫薔

糸 5 **紫** 자주빛자 艸(艹)13 **薔** 장미 장

シ(むらさき) ショク(みずたで)

紫色[자색] 자주 색.
紫陌[자맥] 도성의 큰 길.
紫雲[자운] 자줏빛의 노을 구름.
薔薇[장미] 장미꽃.
薔薇花[장미화] 장미꽃.
薔薇酒[장미주] 장미꽃으로 빚은 술.

鴻雁 鴻雁 鴻雁

鳥 6 **鴻** 기러기홍 클 홍 隹 4 **雁** 기러기안

コウ(おおとり) ガン(かり)

鴻毛[홍모] 아주 가벼운 사물의 비유.
鴻業[홍업] 나라를 세우는 큰 사업.
鴻恩[홍은] 넓고 큰 은덕.
鴻雁[홍안] 큰 기러기와 작은 기러기.
雁行[안항] 남의 형제의 존칭.
雁信[안신] 편지. 소식.

玄燕 玄燕 玄燕

玄 0 **玄** 검을 현 火(灬)12 **燕** 제비 연

ゲン(くろ) エン(つばめ)

玄妙[현묘] 심오하고 미묘함.
玄月[현월] 음력 9월.
玄學[현학] 현묘한 노장의 학문.
燕雀[연작] 제비와 참새.
燕翼[연익] 조상이 그 자손을 편안하게 도움.

犬猫 犬猫 犬猫

犬 0 **犬** 개 견 犬(犭)9 **猫** 고양이묘

ケン(いぬ) ビョウ(ねこ)

犬馬之勞[견마지로] 자기의 심력을 다함.
犬齒[견치] 송곳니.
犬吠[견폐] 개가 짖음.
猫叫[묘규] 고양이가 울음.
猫狸[묘리] 들 고양이. 살기.
猫眼[묘안] 고양이 눈.

馴鹿 馴鹿 馴鹿

馬 3 **馴** 길들일순 鹿 0 **鹿** 사슴 록

シュン(なれる) ロク(しか)

馴良[순량] 짐승이 길이 들어서 양순함.
馴致[순치] 짐승을 길들임. 차차 어떤 상태에 이르게 됨.
馴服[순복] 길들어 복종함.
鹿角[녹각] 사슴의 뿔.
鹿茸[녹용] 사슴의 새로 돋은 연한 뿔. 보약으로 씀.
鹿皮[녹피] 사슴의 가죽.

蜂蝶 蜂蝶 蜂蝶

虫 7 **蜂** 벌 봉 虫 9 **蝶** 나비 접

ホウ(はち) チョウ(ちょう)

蜂蜜[봉밀] 꿀.
蜂腰[봉요] 벌의 허리처럼 잘룩하게 생긴 허리.
蜂起[봉기] 떼를 지어 일어남.
蝶蝀[접동] 무지개.
蝴蝶[호접] 나비.
飛蝶[비접] 나는 나비.

禽獸 禽獸 禽獸

内 8 **禽** 새 금 — キン(とり)

犬 15 **獸** 짐승 수 — ジュウ(けもの)

家禽〔가금〕 집에서 기르는 새의 종류.
禽獸〔금수〕 짐승.
獸慾〔수욕〕 짐승처럼 음란한 욕심.
獸肉〔수육〕 짐승의 고기.
獸醫〔수의〕 가축병을 고치는 의사

狩獵 狩獵 狩獵

犬(犭) 6 **狩** 사냥 수 / 순행할 수 — シュ(かり)

犬(犭) 15 **獵** 사냥 렵 — リョウ(かり)

狩獵〔수렵〕 사냥.
巡狩〔순수〕 순행하여 보살핌.
獵犬〔엽견〕 사냥개.
獵銃〔엽총〕 사냥총.
獵奇〔엽기〕 이상한 것을 남달리 좋아하는 것.

芭莖 芭莖 芭莖

艸(艹) 4 **芭** 파초 파 — バ(ばしょう)

艸(艹) 7 **莖** 줄기 경 — ケイ(くき)

芭椒〔파초〕 천초.
芭蕉〔파초〕 파초.
芭蕉實〔파초실〕 바나나.
莖根〔경근〕 땅줄기 뿌리.
土莖〔토경〕 땅속 줄기.
木莖〔목경〕 나무 줄기.

茂蔭 茂蔭 茂蔭

艸(艹) 5 **茂** 무성할 무 — モ(しげる)

艸(艹) 11 **蔭** 덮을 음 / 그늘 음 — イン(かげ)

茂盛〔무성〕 우거지고 성함.
茂繁〔무번〕 성하고 번화함.
蔭室〔음실〕 쉬는 방.
蔭涼〔음량〕 서늘하고 음산함.
蔭鬱〔음울〕 음침하고 울창함.
蔭德〔음덕〕 숨은 덕.

槿蝸 槿蝸 槿蝸

木 11 **槿** 무궁화 근 — キン(むくげ)

虫 9 **蝸** 달팽이 와 — カ(かたつむり)

槿花〔근화〕 무궁화.
槿域〔근역〕 무궁화가 많은 지역.
槿籬〔근리〕 무궁화 울타리.
槿花鄕〔근화향〕 근역.
蝸屋〔와옥〕 와려와 같음.
蝸牛〔와우〕 달팽이.

慈櫻 慈櫻 慈櫻

心 10 **慈** 사랑 자 — ジ(いつくしむ)

木 17 **櫻** 앵두 앵 — オウ(さくら)

慈悲〔자비〕 사랑하고 가엾게 여김
慈善〔자선〕 불쌍한 사람을 도와줌
仁慈〔인자〕 인후하고 자애함.
櫻桃〔앵도〕 앵두 나무의 열매.
櫻實〔앵실〕 앵두 나무의 열매.
櫻花〔앵화〕 앵두 나무 꽃. 벚꽃.

胃濯 胃濯 胃濯

肉(月)5 **胃** 밥통 위 イ(いぶくろ)

水(氵)14 **濯** 빨 탁 タク(あらう)

冂 冂 田 胃 胃 氵 氵 氵 濯 濯

胃腸〔위장〕 밥통과 창자.
胃散〔위산〕 위병에 쓰는 가루 약.
胃癌〔위암〕 위 속에 생기는 암종.
胃弱〔위약〕 위가 약함.
濯足〔탁족〕 발을 씻음.
濯汚〔탁오〕 더러움을 씻음.

襤吐 襤吐 襤吐

衣(衤)14 **襤** 옷해질람 ラン(ぼろ)

口3 **吐** 토할 토 ト(はく)

衤 衤 衤 襤 襤 丨 口 口 叶 吐

襤褸〔남루〕 때묻고 추함.
襤色〔남색〕 색갈이 더러워짐.
襤衣〔남의〕 옷이 때가 묻고 낡음.
吐血〔토혈〕 피를 토함.
吐瀉〔토사〕 토하고 설사함.

膏懷 膏懷 膏懷

肉(月)10 **膏** 기름질고 명치끝고 コウ(あぶら)

心(忄)16 **懷** 생각할회 품을 회 カイ(ふところ, なつく)

亠 亠 高 膏 膏 忄 忄 忄 懷 懷

膏血〔고혈〕 기름과 피.
膏土〔고토〕 기름진 땅.
膏雉〔고치〕 살찐 꿩.
膏肥〔고비〕 살이 찜.
姙產〔임산〕 애를 배고 낳는 일.
姙娠〔임신〕 아이를 뱀.

羞裳 羞裳 羞裳

羊(⺶)5 **羞** 부끄러울 수 음식 수 シュウ(はじる)

衣8 **裳** 치마 상 ジョウ(もすそ)

⺌ 羊 羊 羞 羞 ⺌ 堂 裳 裳 裳

羞恥〔수치〕 부끄러움.
羞辱〔수욕〕 수치와 욕됨.
羞態〔수태〕 부끄러운 태도.
衣裳〔의상〕 의복.
繡裳〔수상〕 수 놓은 치마.
衫裳〔삼상〕 위옷 치마.

鴛鴦 鴛鴦 鴛鴦

鳥5 **鴛** 원앙 원 エン(おしどり)

鳥5 **鴦** 원앙 앙 オウ(おしどり)

夕 夘 夗 鴛 鴛 冖 央 央 鴦 鴦

鴛鴦〔원앙〕 원앙새 짝.
鴛鴦衾〔원앙금〕 원앙새를 수놓은 이불.
鴛鴦枕〔원앙침〕 원앙을 수놓은 베개.
鴛鴦藤〔원앙등〕 겨우살이 덩굴.
鴛鴦菊〔원앙국〕 바곳.

鳳凰 鳳凰 鳳凰

鳥3 **鳳** 새 봉 봉황 봉 ホウ(ほうおう)

几9 **凰** 암봉황새 황 オウ(ほうおう)

几 凡 凤 鳳 鳳 几 凡 凤 凰 凰

鳳駕〔봉가〕 왕이 타는 수레.
鳳梨〔봉리〕 파인애플.
鳳帶〔봉대〕 공주의 허리띠.
鳳凰紋〔봉황문〕 봉황을 새긴 무늬.
鳳凰吟〔봉황음〕 나라 잔치 때 학춤에 부르는 노래.
鳳凰座〔봉황좌〕 남천의 성좌.

杜鵑 杜鵑 杜鵑

木 3 **杜** 막을 두 ド(ふさぐ)
鳥 7 **鵑** 두견새 견 ケン(ほととぎす)

杜鵑[두견] 소쩍새.
杜鵑花[두견화] 진달래 꽃.
杜宇[두우] 소쩍새.
杜門不出[두문불출] 집 안에만 들어 있고 세상에 나가지 않음.
杜康酒[두강주] 술의 하나.

鸚鵡 鸚鵡 鸚鵡

鳥 17 **鸚** 앵무새 앵 オウ(おうむ)
鳥 7 **鵡** 앵무새 무 ム(おうむ)

鸚鵡[앵무] 앵무새.
鸚歌[앵가] 앵무새 노래.
鸚鵡石[앵무석] 공작석의 한가지.
鸚鵡貝[앵무패] 조개의 한가지.
鸚鵡衾[앵무금] 좋은 이불.
鸚鵡枕[앵무침] 부부가 베는 베개.

蝦螺 蝦螺 蝦螺

虫 9 **蝦** 새우 하 / 두꺼비 하 カ(えび)
虫 11 **螺** 소라 라 ラ(にな)

蝦蛄[하고] 갯가재.
蝦炙[하자] 새우구이.
蝦卵[하란] 새우알.
螺絲[나사] 우렁이 껍질같이 비틀린 물건.
螺絲釘[나사정] 나사못.
螺鈿[나전] 소라의 자개를 써서 갖은 형상으로 그릇 거죽에 박아서 장식한 물건.

葛藤 葛藤 葛藤

艸(艹) 9 **葛** 칡 갈 カツ(つる)
艸(艹) 15 **藤** 등나무 등 トウ(ふじ)

葛根[갈근] 칡뿌리.
葛巾[갈건] 갈포로 만든 두건.
葛藤[갈등] 일이 순조롭지 못하고 뒤얽힘.
葛粉[갈분] 칡뿌리를 말려서 간 가루.
藤採[등채] 옛날 무장의 하나로 쓰던 채찍.

駱駝 駱駝 駱駝

馬 6 **駱** 약대 락 ラク(らくだ)
馬 5 **駝** 약대 타 ダ(らくだ)

駱駝[낙타] 동물 이름. 약대.
駱驛[낙역] 왕래가 끊어진 모양.
駝背[타배] 곱사등이.
駝鳥[타조] 목이 긴 사막 지방의
駝酪[타락] 우유.

麒麟 麒麟 麒麟

鹿 8 **麒** 기린 기 キ(きりん)
鹿 12 **麟** 기린 린 リン(きりん)

麒麟[기린] 기린과에 속하는 동물로 포유 동물 중 가장 키가 커서 어깨 높이 3m, 머리끝까지의 높이 6m나 되는 큰 동물.
麒麟兒[기린아] 재주와 지혜가 뛰어난 아이를 귀엽게 일컫는 말.
麒麟角[기린각] 패왕수의 딴이름.
麒麟草[기린초] 돌나물과에 속하는 다년초.

水泳

水 0 **水** 물 수 スイ(みず)

水(氵) 5 **泳** 헤엄칠 영 エイ(およぐ)

水泳〔수영〕 헤엄.
水畓〔수답〕 물 논.
水利〔수리〕 물의 이용.
水軍〔수군〕 바다를 지키는 군사.
水力〔수력〕 물의 힘.
水運〔수운〕 뱃길로 운반함.

距離

足(⻊) 5 **距** 상거 거 キョ(へだたる)

隹 11 **離** 떠날 리 リ(はなれる)

距離〔거리〕 서로 떨어진 사이.
距今〔거금〕 지금까지.
距躍〔거약〕 뛰어 오름.
離別〔이별〕 서로 따로 떨어짐.
離鄕〔이향〕 고향을 떠남.
離任〔이임〕 맡은 임무에서 떠남.

漁郞

水(氵) 11 **漁** 고기잡을 어 ギョ(すなどる)

邑(阝) 7 **郞** 사내 랑 ロウ(おとこ)

漁期〔어기〕 고기를 잡는 시기.
漁具〔어구〕 고기잡이에 쓰는 도구
漁民〔어민〕 어업에종사하는 사람
郞君〔낭군〕 아내가 남편을 부르는 말.
郞才〔낭재〕 신랑감.
新郞〔신랑〕 새 서방.

不歸

一 3 **不** 아니 불 フ(いな)

止 14 **歸** 돌아올 귀 キ(かえる)

不歸〔불귀〕 돌아오지 못함.
不良〔불량〕 착하지 못함.
不絕〔부절〕 끊어지지 않음.
歸鄕〔귀향〕 고향에 돌아옴.
歸結〔귀결〕 끝이 남.
歸順〔귀순〕 싸우던 마음을 버리고 돌아옴.

天下

大 1 **天** 하늘 천 テン(そら)

2 **下** 아래 하 カ, ゲ(した)

天下〔천하〕 세상.
天幸〔천행〕 하늘이 준 행복.
天道〔천도〕 하늘의 자연한 도리.
下車〔하차〕 차에서 내림.
下手〔하수〕 솜씨가 낮음.
下世〔하세〕 어른이 세상을 떠남.

賢哲

貝 8 **賢** 어질 현 ケン(かしこい)

口 7 **哲** 밝을 철 テツ(あきらか)

賢哲〔현철〕 지혜가 깊고 사리에 밝음.
賢母〔현모〕 어진 어머니.
賢明〔현명〕 어질고 사리에 밝음.
哲理〔철리〕 철학의 이치.
哲人〔철인〕 어질고 밝은 사람.
哲婦〔철부〕 어질고 밝은 여자.

把握 把握 把握

手(扌)4 **把** 잡을 파
ハ(とる)

手(扌)9 **握** 움큼 악 / 줌 악
アク(にぎる)

扌 扌 扌 扌 把 扌 扌 扌 扌 握

把握〔파악〕 속 내용을 잘 고집어 냄.
把捉〔파착〕 마음을 단단히 정하고 늦추지 아니함.
把持〔파지〕 잡아 유지함.
握手〔악수〕 손을 잡는 것.
握力〔악력〕 손아귀로 쥐는 힘.

恢弘 恢弘 恢弘

心(忄)6 **恢** 넓을 회 / 넓힐 회
カイ(ひろい)

弓2 **弘** 클 홍
コウ(ひろい)

忄 忄 忄 恢 恢 ㄱ ㄱ 弓 弘 弘

恢復〔회복〕 쇠퇴하여진 국세를 이전의 상태로 만들어 놓음.
恢然〔회연〕 넓음.
恢宏〔회굉〕 너그럽고 큰 모양.
恢弘〔회홍〕 너그럽고 큼.
弘益〔홍익〕 널리 이롭게 함.
弘達〔홍달〕 넓고 원대함.

膠漆 膠漆 膠漆

肉(月)11 **膠** 아교 교
コウ(にかわ)

水(氵)11 **漆** 옻나무 칠
シツ(うるし)

月 月 月 月 膠 氵 氵 氵 漆 漆

膠接〔교접〕 꼭 붙게 함.
膠質〔교질〕 아교와 같은 성질의 물질.
膠劑〔교제〕 아교와 같이 진득진득한 약.
漆工〔칠공〕 칠쟁이.
漆門〔칠문〕 형벌의 한 가지.
漆室之憂〔칠실지우〕 제 분수에 넘치는 일에 근심함.

迦殃 迦殃 迦殃

辵(辶)5 **迦** 부처이름 가
カ

歹5 **殃** 재앙 앙
オウ(わざわい)

フ カ 加 加 迦 一 歹 歹 歹 殃

釋迦〔석가〕 석가모니.
釋迦塔〔석가탑〕 석가를 모신 탑.
釋迦世尊〔석가세존〕 석가.
殃禍〔앙화〕 재앙.
殃運〔앙운〕 좋지 않은 재액을 받을 운.
災殃〔재앙〕 천변으로 생긴 사고.

夢醒 夢醒 夢醒

夕11 **夢** 꿈 몽
ム(ゆめ)

酉9 **醒** 술깰 성 / 깨달을성
セイ(さめる)

艹 艹 芇 芇 夢 冂 两 酉 酉 醒

夢寐〔몽매〕 잠자면서 꿈을 꿈.
夢想〔몽상〕 헛된 생각. 실현될 가능성이 없는 생각.
夢兆〔몽조〕 꿈자리.
醒鍾〔성종〕 경시종(警時鍾).
醒酒湯〔성주탕〕 해장국.
覺醒〔각성〕 깨달아 정신을 차림.

刹那 刹那 刹那

刀(刂)6 **刹** 절 찰
セツ(てら)

邑(阝)4 **那** 어찌 나
ナ(なんぞ)

乂 杀 杀 刹 刹 ㄱ 刀 月 那 那

刹那〔찰나〕 지극히 짧은 순간. 손가락 한번 튀기는 시간.
刹土〔찰토〕 불교에서 국토를 이르는 말.
羅刹〔나찰〕 사람을 잡아 먹는 악귀.
那間〔나간〕 언제.
那邊〔나변〕 ①그곳. ②어디.

各個 各個 各個

口 3 **各** 각각 각 人(亻) 8 **個** 낱 개

カク(おのおの) コ(ひとつ)

丿 ク 夂 各 各 亻 们 們 個 個

各個[각개] 낱낱.

各各[각각] 저마다 따로 따로.

各種[각종] 여러 가지 종류.

個性[개성] 사람마다 다른 성격

個個[개개] 낱낱.

個體[개체] 낱낱의 물체.

性格 性格 性格

心(忄) 5 **性** 성품 성 木 6 **格** 격식 격

セイ(さが) カク(のり)

丷 忄 忙 忤 性 十 木 朾 柊 格

性格[성격] 개인의 성질.

性癖[성벽] 버릇.

性行[성행] 성품과 행실.

格式[격식] 일정한 방식.

格言[격언] 본보기가 될 만한 말.

格納庫[격납고] 비행기 따위의 창고.

圓滿 圓滿 圓滿

口 10 **圓** 둥글 원 水(氵) 11 **滿** 찰 만

エン(まるい) マン(みちる)

冂 冋 囘 圓 圓 氵 泮 浾 滿 滿

圓滿[원만] 모나지 않고 좋음.

圓形[원형] 둥근 모양.

圓滑[원활] 거침이 없음.

滿開[만개] 활짝 핌.

滿月[만월] 둥근 달. 보름달.

滿朔[만삭] 해산할달. 달이 찬 것.

先導 先導 先導

儿 4 **先** 먼저 선 寸 13 **導** 인도할 도

セン(さき) ドウ(みちびく)

丿 𠂉 牛 生 先 䒑 首 道 導 導

先導[선도] 앞에서 이끄는 것.

先生[선생] 스승.

先鋒[선봉] 맨 앞에 서는 사람.

導入[도입] 이끌어 들이는 것.

導火線[도화선] 사건발생의 원인.

導水管[도수관] 물을 끌어 들이는 관.

貞潔 貞潔 貞潔

貝 2 **貞** 곧을 정 水(氵) 12 **潔** 정결할 결

テイ(ただしい) ケツ(いさぎよい)

丨 卜 占 貞 貞 氵 氵 汈 潔 潔

貞潔[정결] 곧고 개끗함.

貞操[정조] 여자의 곧은 절개.

貞淑[정숙] 지조가 곧고 얌전함.

潔白[결백] 깨끗하고 흰 것.

潔癖[결벽] 깨끗함을 즐기는 성격

潔廉[결렴] 결백하고 청렴함.

讓步 讓步 讓步

言 17 **讓** 사양할 양 止 3 **步** 걸음 보

ジョウ(ゆずる) ホ(あるく)

訁 訁 讓 讓 讓 丨 卜 止 步 步

讓步[양보] 남에게 자리를 내 줌.

讓渡[양도] 남에게 넘겨 줌.

讓受[양수] 남에게서 넘겨 받음.

步道[보도] 걸어 다니는 길.

步行[보행] 걸어서 가는 것.

步兵[보병] 육군 병종의 하나.

為親 爲親 为親

爪(爫) 8 **爲** 하 위 / 위할 위 　 見 9 **親** 친할 친

イ(なす, ため) 　 シン(おや, したしい)

爲親[위친] 부모를 위함.
爲國[위국] 나라를 위함.
爲始[위시] 비롯함.
親戚[친척] 일가붙이.
親書[친서] 손수 쓴 글씨.
親交[친교] 가까운 교제.

康寧 康寧 康寧

广 8 **康** 편안할강 　 宀 11 **寧** 편안할녕

コウ(やすい) 　 ネイ(やすい)

康寧[강녕] 건강하고 편안함.
康健[강건] 기력이 튼튼함.
康旺[강왕] 건강하고 기력이 왕성함.
寧日[영일] 편안한 날.
寧居[영거] 편안히 살음.
寧息[영식] 편안히 쉼.

故鄉 故鄉 故鄉

支(攵) 5 **故** 예 고 / 연고 고 　 邑(阝) 10 **鄉** 마을 향

コ(ゆえ) 　 キョウ(さと)

故鄉[고향] 태어난 고장.
故國[고국] 본국. 태어난 나라
故意[고의] 일부러 하는 마음.
鄉村[향촌] 시골 마을.
鄉土[향토] 고향 땅.
鄉愁[향수] 고향을 그리는 마음.

舊宅 舊宅 舊宅

臼 12 **舊** 옛 구 / 친구 구 　 宀 3 **宅** 집 택

キュウ(ふるい) 　 タク(すまい)

舊宅[구택] 여러 대로 살던 집.
舊習[구습] 옛 습관.
舊情[구정] 옛정 전부터 사귄 정.
宅內[댁내] 남의 집안의 존칭.
宅居[택거] 집에 거처함.
宅地[택지] 집 터.

孝孫 孝孫 孝孫

子 4 **孝** 효도 효 　 子 7 **孫** 손자 손

コウ(こう) 　 ソン(まご)

孝孫[효손] 효행있는 손자녀.
孝子[효자] 효행 있는 아들.
孝道[효도] 부모를 잘 섬기는 일.
孫子[손자] 아들의 아들.
孫女[손녀] 아들의 딸.
孫婦[손부] 손자의 아내.

幸福 幸福 幸福

干 5 **幸** 다행 행 　 示 9 **福** 복 복

コウ(さいわい) 　 フク(さいわい)

幸福[행복] 만족한 마음의 상태.
幸運[행운] 좋은 운수.
幸甚[행심] 매우 다행함.
福利[복리] 행복과 이익.
福音[복음] 기쁜 소식.
福祉[복지] 행복.

仁德 仁德 仁德

人(亻)2 **仁** 어질 인 ジン(なさけ)

彳12 **德** 큰 덕 トク(とく)

仁德[인덕] 어질고 덕이 있음.
仁慈[인자] 어질고 남을 사랑함.
仁術[인술] 의술.
德行[덕행] 어진 행실.
德望[덕망] 어진 명망.
德分[덕분] 좋은 일을 베푸는 것.

恩惠 恩惠 恩惠

心6 **恩** 은혜 은 オン(めぐみ)

心8 **惠** 은혜 혜 ケイ(めぐむ)

恩惠[은혜] 베풀어 주는 혜택.
恩德[은덕] 은혜와 덕.
恩師[은사] 직접 가르친 스승.
惠澤[혜택] 은혜와 덕택.
惠書[혜서] 남의 편지의 존칭.
惠念[혜념] 보살펴 주는 생각.

人之 人之 人之

人0 **人** 사람 인 ジン, ニン(ひと)

丿3 **之** 갈 지 シ(ゆく, の)

人格[인격] 사람의 품격.
人生[인생] 사람의 한 평생.
人倫[인륜] 사람이 지켜야 할 일.
之東之西[지동지서] 줏대가 없음.
之南之北[지남지북] 之東之西.
之次[지차] 다음. 버금.

常道 常道 常道

巾8 **常** 항상 상 떳떳할 상 ジョウ(つね)

辵(辶)9 **道** 길 도 ドウ(みち)

常道[상도] 떳떳한 도리.
常習[상습] 늘 하는 버릇.
常情[상정] 떳떳한 인정.
道義[도의] 정당한 의리.
道德[도덕] 행실의 표준.
道具[도구] 연장.

宗派 宗派 宗派

宀5 **宗** 마루 종 ソウ(むね)

水(氵)6 **派** 물갈래 파 보낼 파 ハ(わかれる)

宗派[종파] 일가의 원 갈래.
宗家[종가] 일가의 근본되는 집.
宗山[종산] 조상의 무덤.
派生[파생] 갈리어 나옴.
派遣[파견] 사람을 보냄.
派送[파송] 파견.

儀範 儀範 儀範

人(亻)13 **儀** 모양 의 법도 의 ギ(のり)

竹9 **範** 법 범 ハン(のり)

儀範[의범] 모범이 될만한 몸가짐
儀節[의절] 예의의 절차.
儀式[의식] 예의의 정한 방식.
範圍[범위] 제한한 구역의 언저리
範疇[범주] 부분에 따라서 나누는 종류.
範唱[범창] 모범을 뵈려고 노래함

姻戚 姻戚 姻戚

女6 **姻** 혼인할 인 　 戈7 **戚** 겨레 척

イン(よめいり) 　 セキ(みうち)

女 女 如 姻 姻 丿 厂 戚 戚 戚

姻戚〔인척〕 처가와 외가의 붙이.
姻家〔인가〕 인척의 집.
姻親〔인친〕 사돈.
戚黨〔척당〕 다른 성의 겨레 붙이.
戚分〔척분〕 겨레의 정분.
戚然〔척연〕 슬픈 모양.

伯季 伯季 伯季

人(亻)5 **伯** 맏 백 　 **季** 끝 계 사철계

ハク(おさ) 　 キ(すえ)

亻 亻 亻 伯 伯 二 千 禾 季 季

伯父〔백부〕 큰 아버지.
伯氏〔백시〕 남의 맏형.
伯仲〔백중〕 맏형과 둘째 형.
季父〔계부〕 아버지의 끝 동생.
季世〔계세〕 말세.
季節〔계절〕 기후. 절기.

叔氏 叔氏 叔氏

又6 **叔** 아재비숙 　 氏0 **氏** 성 씨 땅이름지

シュク(おじ) 　 シ(うじ)

上 卡 未 叔 叔 一 厂 氏 氏

叔氏〔숙씨〕 남의 형제에 대한 높임말.
叔父〔숙부〕 아버지의 동생.
叔母〔숙모〕 숙부의 아내.
氏名〔씨명〕 성명.
氏族〔씨족〕 혈족.
氏 〔씨〕 성명에 붙여 존대를 뜻함

慶祝 慶祝 慶祝

心11 **慶** 경사 경 　 示5 **祝** 빌 축

ケイ(よろこび) 　 シュク(いわう)

广 声 声 慶 慶 亍 礻 祀 祝 祝

慶祝〔경축〕 축하함.
慶事〔경사〕 기쁜 일.
慶日〔경일〕 경사가 있는 날.
祝賀〔축하〕 경사를 빌고 치하함.
祝婚〔축혼〕 결혼을 치하함.
祝福〔축복〕 앞길의 행복을 빌음.

配偶 配偶 配偶

酉3 **配** 짝 배 　 人(亻)9 **偶** 짝지을우 뜻밖에우

ハイ(つれあい) 　 グウ(つれあい)

丌 两 酉 酉 配 亻 伊 偶 偶 偶

配偶〔배우〕 부부로서의 알맞는 짝
配給〔배급〕 별러서 나누어 줌.
配當〔배당〕 몫몫이 별러 나눔.
偶然〔우연〕 뜻밖에 저절로 되는일
偶發〔우발〕 우연히 발생함.
偶像〔우상〕나무 돌따위로 만든상

因緣 因緣 因緣

口3 **因** 인할 인 　 糸9 **緣** 인연 연

イン(よる) 　 エン(ゆかり)

冂 冂 冈 因 因 糸 紵 綒 緣 緣

因緣〔인연〕 연분.
因果〔인과〕 원인과 결과.
因襲〔인습〕 전례대로 함.
緣故〔연고〕 인연. 관계.
緣由〔연유〕 일의 까닭.
緣分〔연분〕 하늘에서 마련한 인연.

某孃 某孃 某孃

木 5 **某** 아무 모 ボウ(それがし)

女 17 **孃** 어미 양 / 아씨 양 ジョウ(むすめ)

一 廿 甘 革 某 女 㜜 孃 孃

某孃[모양] 어떤 미혼 여자.
某官[모관] 어떠한 벼슬.
某處[모처] 아무 곳.
孃 [양] 여자의 성명 아래 붙여 처녀의 뜻을 나타내는 말.
* 朴孃 崔孃 등.

係戀 係戀 係戀

人(亻) 7 **係** 맬 계 / 이을 계 ケイ(かかる)

心 19 **戀** 사모할련 レン(こい)

亻 亻 係 係 係 言 結 絲 䜌 戀

係戀[계련] 사랑에 끌려 잊지 못함.
係員[계원] 사무를 갈라 맡은 한 계에서 일 보는 사람.
戀愛[연애] 남녀의 애틋한 사랑.
戀人[연인] 사랑하는 사람.
戀情[연정] 그리워하는 마음.

冠婚 冠婚 冠婚

冖 7 **冠** 갓 관 カン(かんむり)

女 8 **婚** 혼인할혼 コン(えんぐみする)

冖 冖 冠 冠 冠 女 妒 婚 婚 婚

冠婚[관혼] 관례와 혼례.
冠帶[관대] 예전의 의관.
冠童[관동] 어른과 아이.
婚事[혼사] 혼인에 관한 일.
婚姻[혼인] 결혼.
婚談[혼담] 혼인에 관해서 오가는 말.

喪祭 喪祭 喪祭

口 9 **喪** 상사 상 / 잃을 상 ソウ(うしなう)

示 6 **祭** 제사 제 サイ(まつり)

十 㗊 㗊 喪 喪 ク 夕 夕 夕 祭

喪祭[상제] 상례와 제례.
喪失[상실] 잃어 버림.
喪輿[상여] 시체를 운반하는 제구
祭壇[제단] 제사를 지내는 단.
祭祀[제사] 신령께 정성을 드리는 의식.
祭物[제물] 제사에 쓰는 물건.

錦衣 錦衣 錦衣

金 8 **錦** 비단 금 キン(にしき)

衣 0 **衣** 옷 의 イ(ころも)

金 金 鉑 錦 錦 一 ナ 衣 衣 衣

錦衣[금의] 비단 옷.
錦繡[금수] 비단과 수.
錦地[금지] 귀지(貴地).
衣服[의복] 옷.
衣食[의식] 입는 것과 먹는 것.
衣裝[의장] 옷 차림.

周旋 周旋 周旋

口 5 **周** 두루 주 シュウ(まわり)

方 7 **旋** 돌릴 선 / 주선할선 セン(めぐる)

冂 冂 月 用 周 方 方 方 旃 旋

周旋[주선] 일이 잘 되도록 서둘음
周知[주지] 두루 앎.
周密[주밀] 일에 빈 틈이 없음.
旋回[선회] 빙빙 돌아 감.
旋風[선풍] ①회오리 바람 ②갑자기 큰 영향을 일으키는 사건.

富貴 富貴 富貴

宀9 富 부자 부　貝5 貴 귀할 귀

フウ, フ(とみ)　ギ(とうとい)

富貴[부귀] 재산 많고 지위 높음.
富國[부국] 재물이 넉넉한 나라.
富者[부자] 재물이 넉넉한 사람.
貴重[귀중] 귀하고 중함.
貴下[귀하] 남을 높여 일컫는 말.
貴賤[귀천] 귀함과 천함.

尊敬 尊敬 尊敬

寸9 尊 높을 존　攴(攵)9 敬 공경할경

ソン(とうとい)　ケイ(うやまう)

尊敬[존경] 높이어 공경함.
尊貴[존귀] 높고 귀함.
尊卑[존비] 귀함과 천함.
敬意[경의] 공경하는 뜻.
敬禮[경례] 공손하게 절함.
敬老[경로] 노인을 공경함.

元旦 元旦 元旦

儿2 元 으뜸 원　日1 旦 아침 단 새벽 단

ゲン(もと)　タン(あした)

一 二 亍 元　丨 冂 日 日 旦

元旦[원단] 설날 아침.
元兇[원흉] 못된 사람의 두목.
元首[원수] 한 나라의 주권자.
元老[원로] 나이 많고 덕망 높은 이.
旦夕[단석] 아침과 저녁.
旦朝[단조] 이른 아침.

希望 希望 希望

巾4 希 바랄 희　月7 望 바랄 망 보름달망

キ(ねがう)　ボウ(のぞむ)

希望[희망] 앞 일에 대한 소망.
希求[희구] 바라서 요구함.
希願[희원] 희망.
望鄕[망향] 고향을 바라고 생각함
望見[망견] 멀리 바라봄.
望拜[망배] 멀리 바라보고 하는 절.

端午 端午 端午

立9 端 끝 단 바를 단　十2 午 낮 오

タン(はし)　ゴ(ひる)

端午[단오] 음력 오월 초닷새.
端正[단정] 얌전함.
端緖[단서] 일의 처음 실머리.
午餐[오찬] 낮에 대접하는 음식.
午睡[오수] 낮 잠.
午正[오정] 낮 열 두 시.

名節 名節 名節

口3 名 이름 명　竹9 節 마디 절

メイ(な)　セツ(ふし)

ノ ク タ 名 名

名節[명절] 명일.
名望[명망] 명성과 인망.
名物[명물] 유명한 물건.
節約[절약] 아끼어 씀.
節制[절제] 알맞게 함.
節操[절조] 절개와 지조.

忘年 忘年 忘年

心3 **忘** 잊을 망　干3 **年** 해 년

ボウ(わすれる)　ネン(とし)

忘年[망년] 그 해의 괴로움을 잊음.
忘却[망각] 잊어버림.
忘我[망아] 자기 자신을 잊음.
年齡[연령] 나이.
年輩[연배] 나이가 비슷한 사람.
年少[연소] 나이가 젊음.

歲拜 歲拜 歲拜

止9 **歲** 해 세　手5 **拜** 절 배

セイ(とし)　ハイ(おがむ)

歲拜[세배] 정초에 하는 예.
歲月[세월] 흘러가는 시간.
歲歲[세세] 해마다.
拜禮[배례] 절을 하는 예.
拜見[배견] 절하고 뵘.
拜讀[배독] 남의 편지를 읽음.

靈魂 靈魂 靈魂

雨16 **靈** 신령 령　鬼4 **魂** 혼 혼 넋 혼

レイ(たましい)　コン(たましい)

靈魂[영혼] 넋.
靈柩[영구] 시체를 담은 관.
靈前[영전] 죽은 사람의 영혼 앞.
魂靈[혼령] 넋.
魂魄[혼백] 넋.
魂衣[혼의] 관에 담은 생시의 옷.

奉承 奉承 奉承

大5 **奉** 받들 봉　手4 **承** 이을 승 받들 승

ホウ(たてまつる)　ショウ(うけたまわる)

奉承[봉승] 어른의 뜻을 이어받음
奉受[봉수] 삼가 받음.
奉職[봉직] 공무에 종사함.
承諾[승낙] 청하는 바를 허락함.
承認[승인] 사실을 인정함.
承接[승접] 위를 받아 이어 줌.

悽愴 悽愴 悽愴

心(忄)8 **悽** 슬플 처　心(忄)10 **愴** 슬플 창

セイ(いたむ)　ソウ(いたむ)

悽然[처연] 바람이 몹시 불고 쓸쓸함.
悽雨[처우] 몹시 차고 세차게 내리는 비.
悽絕[처절] 더할 나위 없이 애처로움.
悽愴[처창] 애처롭고 불쌍함.
愴然[창연] 몹시 슬퍼함.
愴恨[창한] 슬프게 한탄함.

腦溢 腦溢 腦溢

肉(月)9 **腦** 머릿골 뇌　水(氵)10 **溢** 넘칠 일 찰 일

ノウ(のう)　イツ(あふれる)

腦裏[뇌리] 머릿속.
腦膜[뇌막] 두개골 안에 뇌를 싸고 있는 얇은 껍질.
腦力[뇌력] 정신을 써서 생각하는 힘.
腦溢血[뇌일혈] 동맥 경화증으로 말미암아 뇌동맥이 터져 뇌 속에 출혈하는 병.
充溢[충일] 가득 차 흐름.

嘲罵

口 12 **嘲** 희롱할조 チョウ(あざける)

网(罒) 10 **罵** 꾸짖을매 バ(ののしる)

嘲笑[조소] 비웃음.

嘲哂[조서] 비웃고 놀림.

嘲罵[조매] 비웃고 욕함.

罵名[매명] 나쁜 이름.

罵人[매인] 남을 마구 욕함.

敏捷

支(攵) 7 **敏** 민첩할민 ビン(すばやい)

手(扌) 8 **捷** 이길 첩 ショウ(かつ)

敏捷[민첩] 재빠르고 날램.

敏慧[민혜] 재빠르고 슬기로움.

敏智[민지] 민첩한 지혜.

捷徑[첩경] 지름길.

捷速[첩속] 민첩하고 빠름.

捷報[첩보] 전쟁에 이긴 소식.

聾啞

耳 16 **聾** 귀머거리 롱 ロウ(つんぼ)

口 8 **啞** 벙어리아 ア(おし)

聾兒[농아] 귀머거리.

聾盲[농맹] 귀머거리와 장님.

聾啞[농아] 귀머거리와 벙어리.

盲啞[맹아] 장님과 벙어리.

啞然[아연] 입을 벌려 놀란 표정.

啞鈴[아령] 철제로 양쪽 끝을 공 모양으로 만든 운동 기구.

拍掌

手(扌) 5 **拍** 칠 박 ハク(うつ)

手 8 **掌** 손바닥장 ショウ(てのひら)

拍手[박수] 손뼉을 침.

拍門[박문] 문을 두드림.

拍掌[박장] 손바닥을 침.

掌內[장내] 자기가 맡아보는 일의 범위.

掌握[장악] 손아귀에 넣음.

車掌[차장] 차안의 안내자.

克肖

儿 5 **克** 이길 극 コク(かつ)

肉(月) 3 **肖** 닮을 초 ショウ(にる)

克己[극기] 자기의 사욕·사감을 자기의 이지나 양심으로 누르는 것.

克服[극복] 적을 이기어 굴복시키는 것.

克復[극복] 본디의 형편으로 돌아가는 것.

肖像[초상] 어떤 사람의 용모를 본떠서 그린 화상.

姦淫

女 6 **姦** 간사할간 간음할간 カン(よこしま)

水(氵) 8 **淫** 음란할음 イン(みだら)

姦通[간통] 남녀의 불의의 사통.

姦凶[간흉] 간악하고 흉악함.

姦盜[간도] 간악한 도적.

淫貪[음탐] 음란한 것을 탐함.

淫蕩[음탕] 음란하고 방탕함.

淫慾[음욕] 음탕한 욕심.

煩惱 煩惱 煩惱

心(忄)9 **惱** 번뇌할뇌 火9 **煩** 번거로울 번

ノウ(なやむ) ハン(わずらわしい)

煩惱〔번뇌〕 마음이 시달려 괴로움.
煩雜〔번잡〕 번거롭고 복잡함.
頻煩〔빈번〕 도수가 잦아 복잡함.
惱殺〔뇌쇄〕 몹시 괴롭힘.
惱神〔뇌신〕 정신을 어지럽게 함.
惱悶〔뇌민〕 몹시 걱정하고 번민함.

奢侈 奢侈 奢侈

大9 **奢** 사치할사 人(亻)6 **侈** 사치할치

シャ(おごる) シ(おごる)

奢侈〔사치〕 자기의 신분에 지나친 치장.
好奢〔호사〕 옷을 잘 입음.
華奢〔화사〕 화려하게 꾸밈.
侈濫〔치람〕 지나치게 사치하여 분수에 넘침.
侈心〔치심〕 사치를 좋아하는 마음.
侈傲〔치오〕 우쭐하고 거만함.

咸恨 咸恨 咸恨

口6 **咸** 다 함 心(忄)6 **恨** 한할 한

カン(みな) コン(うらむ)

咸告〔함고〕 빼놓지 않고 다 일러 바침.
咸氏〔함씨〕 남의 조카의 경칭.
咸池〔함지〕 해가 진다고 하는 큰 못.
恨死〔한사〕 원통한 죽음
恨事〔한사〕 한탄할 일.
恨嘆〔한탄〕 원통한 일이나 뉘우침이 있을 때 한숨짓는 탄식.

凍餓 凍餓 凍餓

冫8 **凍** 얼 동 食(飠)7 **餓** 주릴 아

トウ(こおる) ガ(うえる)

凍餓〔동아〕 춥고 배고픔.
凍死〔동사〕 얼어 죽음.
凍傷〔동상〕 얼어서 피붓병이 남.
凍結〔동결〕 얼어 붙음.
餓死〔아사〕 굶어 죽음.
饑餓〔기아〕 굶주림.

疲斃 疲斃 疲斃

疒5 **疲** 피곤할피 支(攵)14 **斃** 죽을 폐

ヒ(つかれる) ヘイ(たおれる)

疲斃〔피폐〕 기운이 없어 거꾸러짐.
疲弊〔피폐〕 낡고 쇠약하여짐.
疲癃〔피륭〕 오래된 노인의 병.
疲勞〔피로〕 피곤하고 힘 없음.
斃死〔폐사〕 넘어져 죽음.

懺悔 懺悔 懺悔

心(忄)17 **懺** 뉘우칠참 心(忄)7 **悔** 뉘우칠회

ザン(くいる) カイ(くいる)

懺悔〔참회〕 과거의 잘못을 뉘우침.
懺悔錄〔참회록〕 과거 잘못을 자백한 기록.
懺洗〔참세〕 참회하여 마음을 깨끗이 함.
悔過〔회과〕 잘못한 허물을 뉘우침.
悔改〔회개〕 전의 잘못을 뉘우치고 고침.
悔悟〔회오〕 뉘우치고 깨달음.

匡顧 匡顧 匡顧

匚 4 **匡** 바를 광
キョウ(ただす)

頁 12 **顧** 돌아볼 고
コ(かえりみる)

匡救[광구] 잘못을 바로 잡음.
匡正[광정] 바르게 고침.
匡改[광개] 올바르게 다시 고침.
顧助[고조] 잘 도와주고 보아줌.
顧瞻[고첨] 두루 돌아봄.
回顧[회고] 뒷일을 돌이켜 생각함.

剔肢 剔肢 剔肢

刀(刂) 8 **剔** 뼈바를 척
テキ(とく)

肉(月) 4 **肢** 팔다리 지
シ(てあし)

剔出[척출] 뽑아냄.
剔抉[척결] 살살이 적발함.
剔骨[척골] 매우 수척함.
肢解[지해] 팔다리를 찢어 내는 형벌.
肢體[지체] 몸을구성하는 각 부분.
肢骨[지골] 손발의 뼈.

浩蕩 浩蕩 浩蕩

水(氵) 7 **浩** 넓을 호
コウ(ひろい)

艸(艹) 12 **蕩** 넓고클 탕, 방탕할 탕
トウ(ひろい)

浩大[호대] 썩 넓음.
浩博[호박] 크고 넓음.
浩然[호연] 확 트이고 넓음.
蕩竭[탕갈] 재물을 다 써 없앰.
蕩客[탕객] 방탕한 사람.
蕩心[탕심] 방탕한 마음.

伶俐 伶俐 伶俐

人(亻) 5 **伶** 영리할 령, 악공 령
レイ(さとい)

人(亻) 7 **俐** 영리할 리
リ(さとい)

伶俐[영리] 영리한 광대.
伶人[영인] 악공과 배우.
伶優[영우] 배우.
伶長[영장] 음악의 지휘자.
伶樂[영악] 광대가 연주하는 음악.

侍婢 侍婢 侍婢

人(亻) 6 **侍** 모실 시
ジ(はべる)

女 8 **婢** 계집종 비
ヒ(はしため)

侍講[시강] 왕을 모시고 경전을 강의함.
侍立[시립] 웃 어른을 모시고 섬.
侍奉[시봉] 부모를 모시고 있음.
婢僕[비복] 계집종과 사내종.
婢子[비자] 계집종.
婢賤[비천] 천한 종.

廚庖 廚庖 廚庖

广 5 **庖** 푸줏간 포, 부엌 포
ホウ(くりや)

广 12 **廚** 부엌 주
チュウ(くりや)

廚房[주방] 부엌.
廚芥物[주개물] 부엌에서 나오는 쓰레기.
庖丁[포정] 백정.
庖漢[포한] 백정.
庖稅[포세] 가축을 도살하는 데 물리는 세금.
庖廚[포주] 푸주간.

狡猾 狡猾 狡猾

犬(犭)6 **狡** 간교할교 犬(犭)10 **猾** 교활할활

コウ(わるがしこい) カツ(わるがしこい)

狡惡〔교악〕 교활하고 간악함.
狡智〔교지〕 교활한 지혜.
狡兎〔교토〕 교활한 토끼.
猾計〔활계〕 교활한 계교.
猾吏〔활리〕 교활한 관리.
猾翔〔활상〕 새가 날개를 놀리지 않고 나는 모양.

尤懲 尤懲 尤懲

尢1 **尤** 더욱 우 탓할 우 心15 **懲** 징계할징

ユウ(もっとも) チョウ(こらす)

一 ナ 九 尤

尤極〔우극〕 더욱.
尤物〔우물〕 가장 좋은 물건
尤甚〔우심〕 더욱 심함.
懲戒〔징계〕 부정에 대하여 제재를 가함.
懲習〔징습〕 못된 버릇을 징계함.
懲治〔징치〕 징계하여 다스림.

泣哭 泣哭 泣哭

水(氵)5 **泣** 울 읍 口7 **哭** 울 곡

キュウ(なく) コク(なく)

泣諫〔읍간〕 울면서 간함.
泣訴〔읍소〕 울며 호소함.
泣請〔읍청〕 울며 청함.
哭聲〔곡성〕 울음 소리.
哭臨〔곡림〕 왕이 죽은 신하를 몸소 조문함.
痛哭〔통곡〕 소리치며 우는 것.

嗚咽 嗚咽 嗚咽

口10 **嗚** 탄식할오 口6 **咽** 목멜 열 삼킬 연 목구멍인

オ(ああ) イン(のど)

口 叮 叩 嗚 嗚 口 叩 叩 咽 咽

嗚咽〔오열〕 목메어 흐느낌.
嗚呼〔오호〕 슬프다. 아아.
嗚嗚〔오오〕 울며 느낌.
咽喉〔인후〕 목구멍.
咽喉之地〔인후지지〕 긴요한 땅.
咽喉痛〔인후통〕 목구멍이 아픈 것.

凄潰 凄潰 凄潰

冫8 **凄** 찰 처 심할 처 水(氵)12 **潰** 무너뜨릴 궤

セイ(すごい) カイ(つぶれる)

凄涼〔처량〕 쓸쓸한 마음.
凄雨〔처우〕 쓸쓸한 비.
凄愴〔처창〕 쓸쓸하고 슬픈 모양.
潰決〔궤결〕 무너져 갈라짐.
潰散〔궤산〕 무너져 흩어짐.
潰裂〔궤열〕 헤어져 갈라짐.

慙愧 慙愧 慙愧

心11 **慙** 부끄러울 참 心(忄)10 **愧** 부끄러울 괴

サン(はずかしい) キ(はじる)

慙色〔참색〕 부끄러워하는 기색.
慙死〔참사〕 부끄러워 죽을 지경임.
慙羞, 慙愧〔참수, 참괴〕 부끄러움.
愧色〔괴색〕 부끄러워하는 얼굴 빛.
愧心〔괴심〕 부끄러워하는 마음.
愧赧〔괴난〕 부끄러워 낯 붉힘.

吝嗇 吝嗇 吝嗇

口 4 **吝** 아낄 린 リン(おしむ)

口 10 **嗇** 아낄 색 ショク(おしむ)

吝嗇[인색] 체면이 없이 재물만 아낌.
吝惜[인석] 아까워함.
吝愛[인애] 아까워함.
嗇夫[색부] 인색한 사내.
嗇言[색언] 인색한 말.
省嗇[성색] 매우 아낌.

恭遜 恭遜 恭遜

心(㣺) 6 **恭** 공순할 공 キョウ(うやうやしい)

辵(辶) 10 **遜** 겸손할 손 ソン(ゆずる)

恭遜[공손] 공경하고 겸손함.
恭順[공순] 공손하고 온순함.
恭讓[공양] 잘 받드는 것.
遜志[손지] 겸손한 뜻.
遜讓[손양] 남에게 양보함.
謙遜[겸손] 남을 높이고 자기를 낮춤.

虔悌 虔悌 虔悌

虍 4 **虔** 공경할 건, 정성 건 ケン(つつしむ)

心(忄) 7 **悌** 공경할 제 テイ(すなお)

虔心[건심] 공경스런 마음.
虔誠[건성] 공경스럽고 정성스러움.
敬虔[경건] 공경하는 마음.
悌友[제우] 형제간의 공손함.
悌重[제중] 무게가 있는 것.
孝悌[효제] 효도스럽고 공경스럼.

瘦瘠 瘦瘠 瘦瘠

疒 10 **瘦** 파리할 수 ソウ(やせる)

疒 10 **瘠** 파리할 척 セキ(やせる)

瘦瘠[수척] 몹시 마르고 파리함.
瘦弱[수약] 마르고 약함.
瘠骨[척골] 몹시 야위어 뼈만 앙상함.
瘠地[척지] 기름지지 못한 땅.
瘠土[척토] 기름지지 못한 땅.

嫁娶 嫁娶 嫁娶

女 10 **嫁** 시집갈 가, 떠넘길 가 カ(よめ, とつぐ)

女 8 **娶** 장가들 취 シュ(めとる)

嫁娶[가취] 시집가고 장가 드는것.
嫁期[가기] 시집갈 나이.
嫁罪[가죄] 죄를 남에게 덮어 씌움.
娶妻[취처] 아내를 맞아 들임.
娶禮[취례] 혼례(婚禮).
娶親[취친] 혼인함.

曖昧 曖昧 曖昧

日 13 **曖** 희미할 애 アイ(うすくらい)

日 5 **昧** 어두울 매 マイ(くらい)

曖昧[애매] 희미하여 분명하지 못함.
昧死[매사] 죽기를 맹세하고 말함.
昧事[매사] 사리에 어두움.
昧者[매자] 어리석고 둔한 사람.
昧爽[매상] 먼동이 틀 무렵.
愚昧[우매] 어리석고 몽매함.

愚鈍 愚鈍 愚鈍

心 9 **愚** 어리석을 우 グ(おろか)

金 4 **鈍** 노둔할 둔, 무딜 둔 ドン(にぶい)

愚見[우견] 자기의 의견.
愚男[우남] 어리석은 남자.
愚論[우론] 어리석은 의논.
愚昧[우매] 어리석고 몽매함.
鈍感[둔감] 무딘 감각.
鈍質[둔질] 우둔한 재질.

剛毅 剛毅 剛毅

刀(刂) 8 **剛** 굳셀 강 ゴウ(つよい)

殳 11 **毅** 굳셀 의 キ(つよい)

剛健[강건] 씩씩하고 튼튼함.
剛氣[강기] 굳센 기상.
剛果[강과] 굳세고 과감함.
剛斷[강단] 강기 있게 결단함.
毅然[의연] 의지가 굳고 과단한 모양.
毅宗 고려의 제18 대 임금.

嫂眉 嫂眉 嫂眉

女 10 **嫂** 형수 수 ソウ(あによめ)

目 4 **眉** 눈썹 미 ビ, ミ(まゆ)

兄嫂[형수] 형의 처.
嫂叔[수숙] 형제의 아내와 남편의 형제.
弟嫂[제수] 동생의 처.
眉間[미간] 눈섭과 눈섭 사이.
娥眉[아미] 아름다운 눈섭. 미인을 가리키는 것.
眉目[미목] 눈과 눈섭.

輔弼 輔弼 輔弼

車 7 **輔** 도울 보 ホ(たすける)

弓 9 **弼** 도울 필 ヒツ(たすける)

輔助[보조] 도와 줌.
輔充[보충] 모자람을 더 보탬.
輔償[보상] 남의 손해를 채워줌.
弼匡[필광] 도와서 바로잡음.
弼寧[필녕] 보필하여 편하게 함.
弼成[필성] 도와서 이루게 함.

戮屍 戮屍 戮屍

戈 11 **戮** 죽일 륙 リク(ころす)

尸 6 **屍** 주검 시 シ(しかばね)

戮力[육력] 서로 힘을 모아 합함.
戮辱[육욕] 큰 치욕.
戮屍[육시] 이미 죽은 사람의 시체.
屍身[시신] 이미 죽은 몸.
屍體[시체] 송장.
屍臭[시취] 송장 썩는 냄새.

奴僕 奴僕 奴僕

女 2 **奴** 종 노 ド(やっと)

人(亻) 12 **僕** 종 복 ボク(しもべ)

奴輩[노배] 남을 욕으로 부르는 말.
奴僕[노복] 사내 종.
奴婢[노비] 사내 종과 계집 종의 총칭.
奴隷[노예] 자유를 속박 당하고 남에게 부림 당하는 사람.
僕役[복역] 노복의 일.
僕夫[복부] 종으로 부리는 남자.

雇傭 雇傭 雇傭

隹4 **雇** 머슴 고 품팔 고 コ(やとう)

人(亻)11 **傭** 머슴 용 삯 용 ヨウ(やとう)

厂 戶 戸 戸 屏 雇 亻 伫 伂 傭 傭

雇工〔고공〕 머슴. 품팔이.
雇用〔고용〕 삯을 주고 사람을 부림.
雇員〔고원〕 관청에서 관리의 사무를 돕는 직원.
雇傭〔고용〕 삯을 받고 남의 일을 하여 줌.
傭兵〔용병〕 지원자에게 봉급을 주고 병역에 복무케 하는 일.

唯戟 唯戟 唯戟

口8 **唯** 오직 유 ユイ(ただ)

戈8 **戟** 갈래진창 극 ゲキ(ほこ)

口 叶 吖 呏 唯 古 卓 亁 戟 戟

唯識〔유식〕 모든 제법은 오직 마음 속에 있음.
唯心〔유심〕 오직 한 마음.
唯一〔유일〕 오직 하나.
唯唯〔유유〕 시키는 대로 공손하게 순종함.
戟架〔극가〕 연장.
戟手〔극수〕 분개한 모양의 손.

娑婆 娑婆 娑婆

女7 **娑** 세상 사 シャ(まう)

女8 **婆** 할머니 파 バ(ばば)

氵 沙 沙 娑 娑 氵 沪 波 婆 婆

娑婆〔사바〕 이 세상. 속세. 사바세계.
娑婆世界〔사바세계〕 고충이 심한 중생의 현실 세계.
老婆〔노파〕 늙은 여자.
老婆心〔노파심〕 쓸데 없는 늙은이의 근심.
婆羅門〔바라문〕 인도의 4성 가운데 가장 높은 승족의 귀위.

凱謁 凱謁 凱謁

几10 **凱** 싸움이긴 풍류 개 カイ(かちどき)

言9 **謁** 아뢸 알 エツ(まみえる)

山 岂 豈 剴 凱 言 訂 謁 謁 謁

凱旋〔개선〕 싸움에 이기고 돌아옴.
凱歌〔개가〕 승리 축하의 노래.
凱旋門〔개선문〕 개선하고 돌아온 군사를 환영하고 전승을 기념하기 위하여 세운 문.
謁廟〔알묘〕 사당에 참묘함.
謁者〔알자〕 뵘을 청하는 자.
謁見〔알현〕 지혜가 높은 사람을 찾아 뵘.

慷慨 慷慨 慷慨

心(忄)11 **慷** 강개할 강 コウ(なげく)

心(忄)11 **慨** 분할 개 ガイ(なげく)

忄 忙 忙 慷 慷 忄 忄 忄 慨 慨

慷慨〔강개〕 정의감에 북바쳐 슬프고 원통함.
慷憫〔강민〕 슬프고 불쌍함.
慨嘆〔개탄〕 한탄하고 한숨짐.
慨世〔개세〕 세상을 개탄함.
慨然〔개연〕 분개함.
慨歎〔개탄〕 분하게 여겨 탄식함.

寬恕 寬恕 寬恕

宀12 **寬** 너그러울 관 カン(ひろい)

心6 **恕** 용서할 서 어질 서 ジョ(ゆるす)

宀 宀 宵 賓 寬 女 女 如 恕 恕

寬恕〔관서〕 너그럽게 용서함.
寬大〔관대〕 너그럽고 큼.
寬人〔관인〕 마음이 넓은 사람.
寬容〔관용〕 너그럽게 덮어 줌.
恕罪〔서죄〕 죄를 용서함.
容恕〔용서〕 죄나 잘못을 꾸짖거나 벌하지 않음.

劫畏 劫畏 劫畏

力 5 **劫** 겁 겁 / 겁탈할겁 — キョウ(おびやかす)

田 4 **畏** 두려울외 — イ(おそれる)

劫迫[겁박] 위세로 협박함.
劫奪[겁탈] 남의 것을 폭력으로 빼앗음.
劫年[겁년] 액운의 해.
畏兄[외형] 친구끼리 상대방을 점잖게 이르는 말.
畏寒[외한] 추위를 두려워함.
畏服[외복] 남이 두려워 복종함.

兇猛 兇猛 兇猛

儿 4 **兇** 흉할 흉 / 사나울흉 — キョウ(わるい)

犬(犭) 8 **猛** 날랠 맹 / 사나울맹 — モウ(たけし)

兇家[흉가] 흉한 집.
兇相[흉상] 흉한 모양.
猛犬[맹견] 사나운 개.
猛省[맹성] 크게 반성함.
猛獸[맹수] 성질이 사나운 짐승.
猛將[맹장] 용맹스러운 장수.

杞憂 杞憂 杞憂

木 3 **杞** 산버들기 / 개버들기 — キ

心 11 **憂** 근심 우 — ユウ(うれい)

杞憂[기우] 턱없는 근심.
枸杞[구기] 산구기자 나무.
憂身[우신] 근심 걱정이 많음.
憂心[우심] 걱정하는 마음.
憂時[우시] 시국이 언짢음을 근심함.
憂人[우인] 근심스런 사람.

誕辰 誕辰 誕辰

言 7 **誕** 속일 탄 / 탄생할탄 — タン(いつわる, うまれる)

辰 0 **辰** 별 진 / 날 신 — シン(たつ)

誕辰[탄신] 생일.
誕生[탄생] 출생.
誕降[탄강] 임금이나 성인의 출생.
辰告[신고] 때때로 알림.
辰時[진시] 오전 7시에서 9시까지.
日辰[일진] 하루의 간지(干支).

痙攣 痙攣 痙攣

疒 7 **痙** 경련 경 — ケイ(ひきつる)

手 19 **攣** 맬 련 — レン(ひきつる)

痙攣[경련] 근육이 오그라드는 병.
攣毛[연모] 머리털이 꼬불꼬불함.
攣曲[연곡] 곱슬곱슬함.
攣其手足[연기수족] 경련이 일어나 손발이 오그라짐.
攣腰[연요] 허리가 꼬부라짐.

御牌 御牌 御牌

彳 8 **御** 모실 어 / 마부 어 — ギョ(おん)

片 8 **牌** 방붙일패 / 호패 패 — ハイ(ふだ)

御駕[어가] 왕의 수레.
御街[어가] 대궐로 통하는 길.
御庫[어고] 왕이 쓰는 곳간.
牌旨[패지] 높은 지위.
牌招[패초] 왕명으로 신하를 부름.
門牌[문패] 문에 다는 명패.

控腔 控腔 控腔

手(扌)8 **控** 당길 공 コウ(ひかえる)

肉(月)8 **腔** 창자 강 속빌 강 コウ(から)

扌 扩 扩 挖 控 月 胪 腔 腔 腔

控除[공제] 깎아 제함.
控訴[공소] 상급 법원에 복심을 구함.
控割[공할] 공제하고 할인함.
腔調[강조] 목소리의 음성.
腔腸[강장] 빈 창자.
口腔[구강] 입안의 빈 곳.

透誦 透誦 透誦

辵(辶)7 **透** 통할 투 トウ(とおる)

言7 **誦** 욀 송 ショウ(となえる)

二 禾 秀 秀 透 言 訂 訊 誦 誦

透視[투시] 막힌 물체를 틔워봄.
透水[투수] 물이 스며듦.
透徹[투철] 사리가 밝고 확실함.
誦經[송경] 경을 외우는 것.
口誦[구송] 입으로 외우는 것.
暗誦[암송] 외우는 것.

妹詞 妹詞 妹詞

女5 **妹** 누이 매 マイ(いもうと)

言5 **詞** 말 사 글 사 シ(ことば)

𡿨 女 女 妒 妹 言 言 訂 訂 詞

姉妹[자매] 여자 형제.
姉妹篇[자매편] 서로 관련된 두책
妹氏[매씨] 남의 누이의 존칭.
詞客[사객] 시문을 쓰는 사람.
詞林[사림] 시문을 짓는 사람의 사회.

憐旨 憐旨 憐旨

心(忄)12 **憐** 불쌍할련 レン(あわれむ)

旨 뜻 지 맛 지 シ(むね)

忄 忙 惏 憐 憐 ⺊ 匕 𠤎 旨 旨

憐憫[연민] 불쌍하고 가련함.
憐恕[연서] 불쌍히 여겨 용서함.
憐惜[연석] 불쌍히 여겨 아낌.
旨酒[지주] 맛 좋은 술.
旨肴[지효] 맛 있는 안주.
趣旨[취지] 의향. 뜻.

卿吟 卿吟 卿吟

卩10 **卿** 벼슬 경 ケイ(くげ)

口4 **吟** 읊을 음 ギン(うそぶく)

𠂆 卯 卿 卿 卿 口 吟 吟 吟

吟味[음미] 읊어 감상함.
吟詠[음영] 노래를 읊음.
吟風[음풍] 풍월을 읊음.
卿相[경상] 높은 벼슬에 있는 사람.
卿士[경사] 수상.
卿大夫[경대부] 벼슬 이름.

孔妾 孔妾 孔妾

子1 **孔** 구멍 공 コウ(あな)

女5 **妾** 첩 첩 ショウ(めかけ)

乛 了 子 孔 亠 立 妾 妾 妾

孔雀[공작] 공작새.
孔德[공덕] 큰 덕.
孔明[공명] 아주 밝음.
婢妾[비첩] 비천한 여자.
小妾[소첩] 젊은 첩.
賤妾[천첩] 종이나 기생으로 첩이 된 여자.

鬱嬉 鬱嬉 鬱嬉

鬯 19 **鬱** 답답할울 막힐 울 — ウツ(しげる)

女 12 **嬉** 즐거울희 희롱할희 — キ(たのしむ)

鬱麓[울록] 울창한 산 기슭.
鬱症[울증] 마음이 답답한 병.
鬱悶[울민] 답답하고 괴로운 것.
鬱寂[울적] 쓸쓸하고 갑갑한 것.
嬉樂[희락] 즐거워함.

胸賓 胸賓 胸賓

肉(月) 6 **胸** 가슴 흉 — キョウ(むね)

貝 7 **賓** 손 빈 — ヒン(まろうど)

丿 月 肑 朐 胸 宀 宀 宩 賓 賓

胸膈[흉격] 가슴.
胸廓[흉곽] 가슴의 골격.
胸襟[흉금] 품고 있는 마음.
賓旅[빈려] 외국에서 온 나그네.
賓客[빈객] 손님.
賓啓[빈계] 왕에게 아뢰는 일.

一位 一位 一位

一 0 **一** 하나 일 — イチ, イツ(ひとつ)

人(亻) 5 **位** 자리 위 — イ(くらい)

一 亻 亻 位 位

一位[일위] 첫째 자리.
一家[일가] 한 집안.
一刻[일각] 매우 짧은 시간.
位置[위치] 놓여 있는 곳.
位品[위품] 관직의 품계.
位爵[위작] 벼슬.

二雙 二雙 二雙

二 0 **二** 두 이 — ニ(ふたつ)

隹 10 **雙** 둘 쌍 짝 쌍 — ソウ(ふた)

一 二 亻 仁 隹 雔 雙

二世[이세] '이세국민'의 준말.
二級[이급] 둘째의 등급.
二心[이심] 두 가지 마음.
雙方[쌍방] 양 편.
雙童[쌍동] 한꺼번에 낳은 두 애.
雙手[쌍수] 두 손.

壹錢 壹錢 壹錢

士 9 **壹** 하나 일 한결 일 — イチ(ひとつ)

金 8 **錢** 돈 전 — セン(ぜに)

壹 [일] 금액, 수량을 적을 때 쓰는 '一'의 대용사.
壹錢[일전] 일 환의 백분의 일.
錢主[전주] 밑천을 대는 사람.
錢渴[전갈] 돈이 잘 돌지 않음.
錢荒[전황] '전갈'과 같음.

貳坪 貳坪 貳坪

貝 5 **貳** 두 이 — ニ(ふたつ)

土 5 **坪** 벌판 평 평수 평 — ヘイ(つぼ)

貳 [이] 금액, 수량을 적을 때 쓰는 '二'의 대용사.
貳坪[이평] 두 평.
坪[평] 땅 넓이의 단위. 사방 여섯 자.
坪數[평수] 땅의 넓이.
坪當[평당] 한 평에 대한 율.

三升 三升 三升	四貫 四貫 四贯
一 2 三 석 삼 / 十 2 升 되 승, 오를 승	口 2 四 넉 사 / 貝 4 貫 꿸 관, 관향 관
サン(みっつ) / ショウ(ます)	シ(よっつ) / カン(つらぬく)
一 二 三 / ノ 二 チ 升	丨 冂 四 四 四 / ㄴ 罒 毌 貫 貫
三升[삼승] 서 되.	四貫[사관] 네 관.
三角[삼각] 세 모.	四角[사각] 네 모.
三間[삼간] 세 칸. 아주 적음.	四街[사가] 네 거리.
升 [승] 부피의 단위. 되. 한 되는 열홉. 한 말의 십분의 일.	貫[관] 무게의 단위. 천 몸메.
	貫徹[관철] 끝까지 해 냄.
	貫通[관통] 맞 뚫음.

五斤 五斤 五斤	六斗 六斗 六斗
二 2 五 다섯 오 / 斤 0 斤 근 근, 날 근	八 2 六 여섯 륙 / 斗 0 斗 말 두
ゴ(いつつ) / キン(はかり)	ロク(むっつ) / ト(ます)
一 丅 丙 五 / 一 厂 斤 斤	丶 亠 六 六 / 丶 丷 斗
五斤[오근] 다섯 근.	六斗[육두] 여섯 말.
五更[오경] 오전 네 시 전 후.	六旬[육순] 육십 세.
五福[오복] 사람의 다섯 가지 복.	六法[육법] 여섯 가지 법률.
斤[근] 무게의 단위. 열 여섯 냥.	斗[두] 부피의 단위. 열 되.
斤量[근량] 물건의 무게.	斗屋[두옥] 적은 집.
斤重[근중] '근량'과 같음.	斗酒[두주] 말 술.

七枚 七枚 七枚	八卷 八卷 八卷
一 1 七 일곱 칠 / 木 4 枚 줄기 매, 낱 매	八 0 八 여덟 팔 / 卩(㔾) 6 卷 책권 권, 굽을 권
シチ(ななつ) / マイ(みき)	ハチ, ハツ(やっつ) / ケン(まく)
一 七 / 十 木 杧 枚 枚	ノ 八 / 丷 䒑 关 券 卷
七枚[칠매] 일곱 장.	八卷[팔권] 여덟 권.
七夕[칠석] 음력 七월 七일.	八字[팔자] 한 평생의 운수.
七星[칠성] '북두칠성'의 준말.	八卦[팔괘] 여덟 가지 괘.
枚[매] 종이를 셀 때 씀. 장.	卷[권] 책을 셀 때 씀.
枚擧[매거] 낱낱이 들어 말함.	卷頭[권두] 책의 첫 머리.
枚數[매수] 장 수.	卷煙[권연] '권련'의 원말.

秒針 秒針 秒針

秒 (禾 4) 초침 초 / 벼까락 묘 — ビョウ(のぎ)

針 (金 2) 바늘 침 — シン(はり)

二 禾 利 秒 秒 亼 全 金 金 針

秒[초] 일 분의 육십 분의 일.
秒針[초침] 초를 가리키는 시계 바늘.
針線[침선] 바늘과 실. 바느질.
針孔[침공] 바늘 귀.
針母[침모] 삯바느질하는 여자.
針工[침공] 바느질. 바느질 삯.

寸尺 寸尺 寸尺

寸 (寸 0) 치 촌 / 마디 촌 — スン(すこし)

尺 (尸 1) 자 척 — セキ(ものさし)

一 十 寸 コ 尸 尺

寸尺[촌척] 자와 치. 얼마 안 됨.
寸陰[촌음] 짧은 시간.
寸志[촌지] 작은 뜻.
尺度[척도] 자. 계획의 표준.
尺地[척지] 가까운 땅. 적은 땅.
尺土[척토] '척지'와 같음.

甲乙 甲乙 甲乙

甲 갑옷 갑 — コウ(よろい)

乙 (乙 0) 새 을 / 천간이름 을 — オツ(きのと)

冂 冃 日 甲 乙

甲富[갑부] 첫째 가는 부자.
甲種[갑종] 으뜸 가는 종류.
甲板[갑판] 배 위의 평평한 바닥.
乙夜[을야] 밤 열 시 쯤.
乙方[을방] 남쪽에서 조금 동쪽 방위.
乙種[을종] 갑종 다음 가는 종류.

丙丁 丙丁 丙丁

丙 (一 4) 남녘 병 / 천간 병 — ヘイ(ひのえ)

丁 (一 1) 네째천간 정 / 고무래정 — テイ(ひのと)

一 厂 冂 丙 丙 一 丁

丙舍[병사] 묘막.
丙枕[병침] 왕이 침소에 드는시각
丙科[병과] 과거 성적등급의 하나
丁抹[정말] 나라 이름. 덴마아크.
丁銀[정은] 품질이 좋지 못한 은.
丁寧[정녕] 틀림없이 꼭.

九十 九十 九十

九 (乙) 아홉 구 — キュウ,ク(ここのつ)

十 (十 0) 열 십 — ジュウ(とお)

丿 九 一 十

九天[구천] 높은 하늘.
九泉[구천] 저승.
九秋[구추] 9월.
十干[십간] 천간(天干).
十戒[십계] 불교의 열가지 경계.
十五夜[십오야] 음력 8월 15일.

百千 百千 百千

百 (白 1) 일백 백 — ヒャク(もも)

千 (十 1) 일천 천 — セン(ち)

一 丆 百 百 一 二 千

百姓[백성] 겨레.
百花[백화] 온갖 꽃.
百計[백계] 여러 가지의 계교.
千秋[천추] 오래고 긴 세월.
千古[천고] 아주 먼 옛적.
千金[천금] 아주 많은 돈.

萬壽 萬壽 萬壽

艸(卄)9 **萬** 일만 만 マン(よろず)

士11 **壽** 목숨 수 ジュ(ことぶき)

萬壽[만수] 썩 오래 삶.
萬古[만고] 아주 먼 옛적.
萬人[만인] 많은 사람.
壽命[수명] 목숨.
壽夭[수천] 오래 삶과 일찍 죽음.
壽宴[수연] 장수를 축하하는 잔치

前後 前後 前後

刀(刂)7 **前** 앞 전 ゼン(まえ)

彳6 **後** 뒤 후 ゴ(のち)

前後[전후] 앞과 뒤.
前景[전경] 앞에 보이는 경치.
前面[전면] 앞 면.
後輩[후배] 같은 학교를 자기보 다 늦게 나온 사람.
後繼[후계] 뒤를 이음.

左右 左右 左右

工2 **左** 왼편 좌 サ(ひだり)

口2 **右** 오른편우 ユウ, ウ(みぎ)

左右[좌우] 왼쪽과 오른쪽.
左側[좌측] 왼쪽.
左派[좌파] 좌익의 무리.
右翼[우익] 오른 편에 있는 군대.
右方[우방] 오른 편.
右職[우직] 현직보다 높은 벼슬.

高低 高低 高低

高0 **高** 높을 고 コウ(たかい)

广5 **底** 밑 저 テイ(そこ)

高低[고저] 높고 낮음.
高見[고견] 뛰어난 의견.
高尙[고상] 품은 뜻이 높고 깨끗함.
低能[저능] 지능이 보통보다 낮음
低廉[저렴] 값이 쌈.
低下[저하] 낮아 짐.

長短 長短 長短

長0 **長** 긴 장 チョウ(ながい)

矢7 **短** 짧을 단 タン(みじかい)

長短[장단] 길음과 짧음.
長久[장구] 오래.
長成[장성] 자람.
短命[단명] 명이 짧음.
短點[단점] 잘못하는 점.
短篇[단편] 단편 소설의 준말.

遠近 遠近 遠近

辵(辶)10 **遠** 멀 원 エン(とおい)

辵(辶)4 **近** 가까울근 キン(ちかい)

遠近[원근] 멀고 가까움.
遠大[원대] 생각 따위가 멀고 큼.
遠征[원정] 먼 곳을 치러 갑.
近年[근년] 가까운 해.
近來[근래] 가까운 요즈음.
近方[근방] 근처.

深淺 深淺 深淺

水(氵)8 **深** 깊을 심 シン(ふかい)
水(氵)8 **淺** 얕을 천 セン(あさい)

氵 氵 氵 浮 深 氵 氵 淺 淺 淺

深淺[심천] 깊음과 얕음.
深重[심중] 마음이 깊고 무거움.
深刻[심각] 깊이 새김.
淺見[천견] 변변치 못한 견문.
淺短[천단] 지식따위가 얕고 짧음
淺露[천로] 얕아서 들어남.

都市 都市 都市

邑(阝)9 **都** 도읍 도 / 도무지 도 ト(みやこ)
巾2 **市** 저자 시 シ(いち)

土 耂 者 都 都 亠 亠 市 市

都市[도시] 도회지.
都合[도합] 전부를 다한 셈.
都邑[도읍] 서울.
市街[시가] 도시의 큰 길거리.
市民[시민] 시의 주민.
市井[시정] 시가(市街).

農村 農村 農村

辰6 **農** 농사 농 ノウ(たづくり)
木3 **村** 마을 촌 ソン(むら)

冂 曲 農 農 農 十 木 村 村

農村[농촌] 농사를 짓는 마을.
農夫[농부] 농사 짓는 사람.
農具[농구] 농사에 쓰는 기구.
村落[촌락] 마을.
村野[촌야] 시골 마을과 들.
村中[촌중] 온 마을.

隣邑 隣邑 隣邑

阜(阝)12 **隣** 이웃 린 リン(となり)
邑0 **邑** 고을 읍 ユウ(むら)

阝 阝 隣 隣 隣 口 吕 吕 邑 邑

隣邑[인읍] 가까운 이웃 읍내.
隣接[인접] 이웃하여 있음.
隣國[인국] 이웃 나라.
邑內[읍내] 고을 안.
邑豪[읍호] 읍내의 부자.
邑村[읍촌] 읍내와 촌락.

洞里 洞里 洞里

水(氵)6 **洞** 골 동 ドウ(ほら)
里0 **里** 마을 리 リ(さと)

氵 汩 汩 洞 洞 冂 日 甲 里 里

洞里[동리] 마을.
洞察[통찰] 환하게 살핌.
洞窟[동굴] 속이 넓은 굴.
里數[이수] 길의 거리.
里程[이정] 이수. 길의 거리.
里民[이민] 동리 사람.

居留 居留 居留

尸5 **居** 살 거 キョ(いる)
田5 **留** 머무를 류 リュウ(とどまる)

コ 尸 戶 居 居 ⺈ 卬 留 留 留

居留[거류] 일시적으로 그곳에 삶.
居住[거주] 살고 있음.
居間[거간] 흥정을 붙이는 일.
留宿[유숙] 나그네로 묵고 있음.
留置[유치] 유치장에 가두어 둠.
留意[유의] 마음에 둠.

區域 區域 区域	家屋 家屋 家屋
匚9 **區** 구역 구 ク(しきり) / 土8 **域** 지경 역 イキ(さかい)	宀7 **家** 집 가 カ(いえ) / 尸6 **屋** 집 옥 オク(いえ)
區域[구역] 갈라 놓은 지경. 區別[구별] 가지를 따라 갈라놓음 區分[구분] 따로따로 갈라 나눔. 域內[역내] 지정한 구역 안. 區內[구내] 구역 안. 區劃[구획] 공간의 간막이.	家屋[가옥] 집. 家庭[가정] 한 집안. 家產[가산] 집안 살림. 屋內[옥내] 집안. 실내. 屋上[옥상] 양옥 지붕 위. 屋外[옥외] 집 밖.
灰壁 灰壁 灰壁	郡廳 郡廳 郡廳
火2 **灰** 재 회 カイ(はい) / 土13 **壁** 바람벽벽 ヘキ(かべ)	邑(阝)7 **郡** 고을 군 グン(こおり) / 广22 **廳** 관청 청 대청 청 チョウ(やくしょ)
灰壁[회벽] 석회로 바른 벽. 灰色[회색] 잿빛. 灰燼[회신] 불탄 나머지. 壁報[벽보] 벽에 쓰거나 붙여, 여러 사람에게 알리는 글. 壁畵[벽화] 벽에 그린 그림.	郡廳[군청] 한 군의 행정을 맡아 보는 관청. 郡守[군수] 군의 우두머리. 郡勢[군세] 고을의 형세. 廳舍[청사] 관청의 집. 廳規[청규] 관청의 내규.
講堂 講堂 講堂	別館 別館 別館
言10 **講** 강론할강 익힐 강 コウ(とく) / 土8 **堂** 집 당 당당할당 ドウ(たかどの)	刀(刂)5 **別** 나눌 별 분별할별 ベツ(わかれる) / 食(飠)8 **館** 객사 관 집 관 カン(やかた)
講堂[강당] 의식 따위를 하는 큰 방. 講習[강습] 학예를 배우고 익힘. 講和[강화] 전쟁을 그치고 화의함 堂內[당내] 팔촌 이내의 일가. 堂叔[당숙] 아버지의 사촌 형제. 堂姪[당질] 사촌 형제의 아들.	別館[별관] 본관 밖에 세운 집. 別故[별고] 뜻밖의 사고. 別世[별세] 세상을 떠남. 館長[관장] 미술관이나 박물관 따위의 우두머리. 館舍[관사] 외국 사신을 머물게 하는 집.

增築 增築 增築

土 12 **增** 더할 증　竹 10 **築** 쌓을 축

ゾウ(ふえる)　チク(きずく)

增築[증축] 집을 늘이어 지음.
增加[증가] 더하여 많아짐.
增強[증강] 더하여 강하게 함.
築臺[축대] 높이 쌓은 터.
築城[축성] 성을 쌓음.
築堤[축제] 둑을 쌓아 만듦음.

寺院 寺院 寺院

寸 3 **寺** 절 사 내관 시　阜(阝) 7 **院** 집 원

ジ(てら)　イン(てら, いえ)

寺院[사원] 절간.
寺刹[사찰] 절.
寺田[사전] 절에 딸린 밭.
院外[원외] 민・참의원의 외부.
院落[원락] 굉장히 큰 집.
院長[원장] 원의 우두머리.

井欄 井欄 井欄

二 2 **井** 우물 정　木 17 **欄** 난간 란

セイ(いど)　ラン(てすり)

井水[정수] 우물의 물.
井蛙[정와] 우물 안의 개구리.
井間[정간] 가로 세로 그은 줄.
欄干[난간] 가장자리를 막은 물건.
欄檻[난함] '난간'과 같음.

孤城 孤城 孤城

子 6 **孤** 외로울 고　土 7 **城** 재 성

コ(ひとり)　ジョウ(しろ)

孤城[고성] 고립된 성.
孤兒[고아] 부모 없는 아이.
孤立[고립] 원조가없이 외톨로됨.
城壁[성벽] 성의 담.
城廓[성곽] 성의 둘레.
城主[성주] 성의 임자.

黃菊 黃菊 黃菊

黃 0 **黃** 누를 황　艸(艹) 8 **菊** 국화 국

コウ(きいろい)　キク(きく)

黃菊[황국] 빛이 누런 국화.
黃昏[황혼] 해가 질 무렵.
黃泉[황천] 저승.
菊花[국화] 꽃 이름.
菊日[국일] 음력 9월의 딴 이름.
菊版[국판] 서적 판형의 이름.

鐘閣 鐘閣 鐘閣

金 12 **鐘** 쇠북 종　門 6 **閣** 다락집 각

ショウ(かね)　カク(たかどの)

鐘閣[종각] 종을 매단 집.
鐘聲[종성] 종 소리.
鐘路[종로] 서울의 거리 이름.
閣下[각하] 벼슬이 높은 자의존칭
閣僚[각료] 내각의 각 장관.
閣議[각의] 내각의 회의.

層臺 層臺 層臺

尸12 **層** 겹 층 / 층 층　至8 **臺** 대 대

ソウ(かさなる)　ダイ(うてな)

層臺[층대] 층층 다리.
層下[층하] 다른 것보다 낮음.
層閣[층각] 층계로 지은 집.
臺本[대본] 연극, 영화의 각본.
臺帳[대장] 장부.
臺詞[대사] 연극, 영화의 사설.

白梅 白梅 白梅

白0 **白** 흰 백 / 아뢸 백　木7 **梅** 매화나무 매

ビャク(しろい)　バイ(うめ)

白雪[백설] 흰 눈.
白骨[백골] 죽은 사람의 뼈.
白馬[백마] 흰 색갈의 말.
梅花[매화] 꽃 이름.
梅實[매실] 매화 나무의 열매.
梅毒[매독] 성병의 하나.

桃李 桃李 桃李

木6 **桃** 복숭아도　木3 **李** 오얏 리

トウ(もも)　リ(すもも)

桃李[도리] 복숭아 꽃과 오얏 꽃.
桃花[도화] 복숭아 꽃.
桃色[도색] 남녀간의 애정.
李花[이화] 오얏 꽃.
李成桂[이성계] 이조의 첫 임금.
李白[이백] 당 나라의 시인.

紅輪 紅輪 紅輪

糸3 **紅** 붉을 홍　車8 **輪** 바퀴 륜

コウ(くれない)　リン(わ)

紅葉[홍엽] 단풍 잎.
紅顔[홍안] 소년의 얼굴.
紅潮[홍조] 붉어진 얼굴 빛.
輪轉[윤전] 둥글게 돌음.
輪禍[윤화] 교통 사고.
輪番[윤번] 차례로 순번을 돌림.

梨花 梨花 梨花

艸(艹)4 **花** 꽃 화　木7 **梨** 배나무리

カ(はな)　リ(なし)

梨花[이화] 배꽃.
梨木[이목] 배나무.
梨園[이원] 배나무를 심은 동산.
花草[화초] 꽃과 풀.
花園[화원] 화초를 심은 동산.
花甲[화갑] 회갑의 별칭.

庭園 庭園 庭園

广7 **庭** 뜰 정　囗10 **園** 동산 원

テイ(にわ)　エン(その)

庭園[정원] 뜰. 뜰 앞의 동산.
庭球[정구] 운동의 하나. 테니스.
庭訓[정훈] 가정의 가르침.
園兒[원아] 유치원 어린이.
園藝[원예] 식물을 기르는 일.
園丁[원정] 정원을 가꾸는 인부.

蘭草 蘭草 蘭草

艸(艹) 17 **蘭** 난초 란 ラン(らん)

艸(艹) 6 **草** 풀 초 ソウ(くさ)

蘭草[난초] 풀 이름.
蘭秋[난추] 음력 7월.
蘭客[난객] 좋은 친구.
草木[초목] 풀과 나무.
草書[초서] 흘려 쓴 글씨.
草案[초안] 초 잡은 서류.

清州 清州 清州

水(氵) 8 **清** 맑을 청 セイ(きよい)

巛(川) 3 **州** 고을 주 シュウ(しま)

清州[청주] 충북 도청 소재지.
清潔[청결] 아주 맑고 깨끗함.
清貧[청빈] 성품이 깨끗하여 살림이 매우 어려움.
清白[청백] 청렴하고 결백함.
州 [주] 신라 지방 행정 구역의 하나.

巡視 巡視 巡視

巛 4 **巡** 돌 순 / 순행할순 ジュン(めぐる)

見 5 **視** 볼 시 シ(みる)

巡視[순시] 돌아다니며 보살핌.
巡察[순찰] 돌아다니며 살핌.
巡警[순경] 경관의 가장 낮은계급
視力[시력] 눈으로 보는 힘.
視覺[시각] 눈에 일어나는 감각.
視線[시선] 눈이 가는 길.

好姓 好姓 好姓

女 3 **好** 좋을 호 コウ(このむ)

女 5 **姓** 성씨 성 セイ(みょうじ)

好期[호기] 좋은 시기.
好機[호기] 좋은 기회.
好事[호사] 좋은 일.
好名[호명] 명예를 좋아함.
姓名[성명] 이름.
姓氏[성씨] 성에 대한 높임말.

兼彩 兼彩 兼彩

八 8 **兼** 겸할 겸 ケン(かねる)

彡 8 **彩** 채색 채 / 무늬 채 サイ(いろどる)

兼職[겸직] 겸해 맡은 직책.
兼務[겸무] 아울러 보는 사무.
兼床[겸상] 마주 차린 밥상.
彩墨[채묵] 채색을 뭉친 그림.
彩色[채색]여러가지의 고운 빛갈.
彩票[채표] 노름의 한 가지.

亦是 亦是 亦是

亠 4 **亦** 또 역 エキ(また)

日 5 **是** 이 시 / 옳을 시 ゼ(これ)

亦是[역시] 또한.
是日[시일] 이 날.
是正[시정] 잘못을 바로잡음.
是非[시비] 잘 잘못.
是認[시인] 옳다고 인정함.

閑暇 閑暇 閑暇

門 4 **閑** 한가할 한 — カン(しずか)

日 9 **暇** 한가 할가, 겨를 가 — カ(ひま)

閑暇[한가] 할 일이 별로 없음.
閑談[한담] 심심풀이로 하는 이야기.
閑良[한량] 아직무과를 못한 사람
閑靜[한정] 한가하고 편안함.
暇隙[가극] 겨를. 여가.
暇日[가일] 틈 있는 날.

青柳 青柳 青柳

青 0 **青** 푸를 청 — セイ(あおい)

木 5 **柳** 버들 류 — リュウ(やなぎ)

青柳[청류] 푸른 버드나무.
青年[청년] 나이가 젊은 사람.
青春[청춘] 인생의 젊은 나이.
青雲[청운] 높은 이상을 말함.
柳綠[유록] 남과 노랑의 중간 빛.
柳京[유경] 평양의 별칭.

赤松 赤松 赤松

赤 0 **赤** 붉을 적 — セキ(あかい)

木 4 **松** 소나무송 — ショウ(まつ)

赤松[적송] 소나무의 일종.
赤貧[적빈] 몹시 가난함.
赤手[적수] 맨주먹.
松蟲[송충] 소나무를 먹는 벌레.
松林[송림] 솔 숲.
松津[송진] 소나무에서 나는 끈끈한 액체.

銅像 銅像 銅像

金 6 **銅** 구리 동 — ドウ(あかがね)

人(亻) 12 **像** 형상 상 — ゾウ(かたち)

銅像[동상] 구리로 만들어 놓은 사람의 모양.
銅綠[동록] 구리의 녹.
銅錢[동전] 구리로 만든 돈.
像意[상의] 생각나는 대로.
像本[상본] 천신의 모상.

到處 到處 到處

刀(刂) 6 **到** 이를 도 — トウ(いたる)

虍 5 **處** 곳 처 — ショ(ところ)

到處[도처] 이르는 곳마다.
到達[도달] 목적한 곳에 다달음.
到着[도착] 도달.
處理[처리] 일을 다스려 감.
處女[처녀] 결혼안한 나이찬 여자
處罰[처벌] 형벌에 붙임.

野遊 野遊 野遊

里 4 **野** 들 야 — ヤ(の)

辵(辶) 9 **遊** 놀 유 — ユウ(あそぶ)

野遊[야유] 들 놀이.
野心[야심] 큰 욕심을 이루려는 마음.
野黨[야당] 정부에 붙좇이 않고 반대의 자리에 있는 정당.
遊覽[유람] 돌아다니며 구경함.
遊動[유동] 마음대로 움직임.

觀覽 觀覽 觀覽

見18 **觀** 볼 관 見14 **覽** 볼 람

カン(みる) ラン(みる)

觀覽[관람] 영극, 영화를 구경함.
觀察[관찰] 사물을 자세히 살핌.
觀客[관객] 구경하는 사람.
觀望[관망] 형세를 멀리서 바라봄
觀念[관념] 마음.
覽畢[남필] 두루 보기를 마침.

幼枝 幼枝 幼枝

幺2 **幼** 어릴 유 木4 **枝** 가지 지

ヨウ(おさない) シ(えだ)

幼枝[유지] 어린 나무 가지.
幼年[유년] 어린 나이.
幼時[유시] 어린 시절.
枝葉[지엽] 가지와 잎.
枝幹[지간] 가지와 줄기.
枝節[지절] 나무 가지와 마디.

飛鳥 飛鳥 飛鳥

飛0 **飛** 날 비 鳥0 **鳥** 새 조

ヒ(とぶ) チョウ(とり)

飛鳥[비조] 나르는 새.
飛行[비행] 공중으로 날아다님.
飛散[비산] 날아 흩어짐.
鳥人[조인] 비행사.
鳥籠[조롱] 새장.
鳥銃[조총] 새 총. 엽총.

省察 省察 省察

目4 **省** 살필 성, 생략할 생 宀11 **察** 살필 찰

セイ(はぶく) サツ(しる)

省察[성찰] 자기 마음을 살펴 봄.
省墓[성묘] 조상의 산소를 살핌.
省略[생략] 덜어서 줄임.
察知[찰지] 살피고 밝혀 앎.
察照[찰조] 자세히 살펴 봄.
察按[찰안] 자세히 조사함.

昨今 昨今 昨今

日5 **昨** 어제 작 人2 **今** 이제 금

サク(きのう) コン(いま)

昨今[작금] 어제와 오늘. 요즈음.
昨秋[작추] 지난 가을.
昨年[작년] 지난 해.
今日[금일] 오늘.
今明[금명] 오늘 내일.
今後[금후] 이 뒤.

景致 景致 景致

日8 **景** 빛 경, 경치 경 至3 **致** 이를 치

ケイ(ひかげ) チ(いたす)

景致[경치] 산수의 아름다운현상.
景勝[경승] 경치가 대단히 좋음.
景品[경품] 상품에 따르는 물건.
致命[치명] 죽을 지경에 이름.
致富[치부] 부자가 됨.
致賀[치하] 기쁜 뜻을 표함.

雅淡 雅淡 雅淡

隹4 **雅** 바를 아 떳떳 할아　水(氵)8 **淡** 물맑을담 싱거울담

ガ(みやびやか)　タン(あわい)

雅淡〔아담〕 말쑥하고 담담함.
雅量〔아량〕 너그러운 도량.
雅樂〔아악〕 옛날 궁중 음악.
淡色〔담색〕 진하지 않은 빛.
淡白〔담백〕 욕심이 없고 깨끗함.
淡水〔담수〕 짜지 않은 맑은 물.

趣味 趣味 趣味

走8 **趣** 뜻 취　口5 **味** 맛 미

シュ(おもむく)　ミ(あじ)

趣味〔취미〕 즐겨하는 것.
趣旨〔취지〕 근본되는 뜻.
趣向〔취향〕 마음이 쏠림.
未來〔미래〕 장차. 장래.
未婚〔미혼〕 아직 혼인하지 않음.
未備〔미비〕 아직 갖추지 못함.

征服 征服 征服

彳5 **征** 칠 정　月4 **服** 옷 복 입을 복

セイ(ゆく)　フク(きもの)

征服〔정복〕 쳐서 항복 받음.
征伐〔정벌〕 적군을 치는 일.
征夫〔정부〕 전쟁에 가는 군사.
服從〔복종〕 하라는 대로 따름.
服務〔복무〕 직무에 힘씀.
服裝〔복장〕 옷차림.

純朴 純朴 純朴

糸4 **純** 순수할순　木2 **朴** 진실할박 등걸 박

ジュン(もっぱらまじりない) ボク(すなお)

純眞〔순진〕 순박하고 진실함.
純潔〔순결〕 아주 깨끗함.
純粹〔순수〕 섞인 것이 없음.
朴素〔박소〕 꾸밈이 없고 검소함.
朴彭年〔박팽년〕 사륙신의 한 사람.
朴堧〔박연〕 세종 때의 음악가.

感興 感興 感興

心(忄)9 **感** 느낄 감　臼9 **興** 일어날흥

カン(かんずる)　コウ(おこる)

感興〔감흥〕 느끼어 일어난 흥취.
感激〔감격〕 마음에 깊이 느낌.
感銘〔감명〕 느끼어 명심함.
興味〔흥미〕 재미.
興亡〔흥망〕 일어남과 망함.
興業〔흥업〕 산업을 일으킴.

異風 異風 異風

田7 **異** 다를 이　風0 **風** 바람 풍

イ(ことなる)　フウ(かぜ)

異風〔이풍〕 풍속이 다름.
異論〔이론〕 다른 의견.
異端〔이단〕 옳은 도리가 아님.
風說〔풍설〕 떠도는 말.
風波〔풍파〕 바람과 물결.
風景〔풍경〕 경치.

檀君

木13 **檀** 박달나무 단　口4 **君** 임금 군

ダン(まゆみ)　クン(きみ)

檀君〔단군〕 우리 나라의 시조.
檀木〔단목〕 박달나무.
君臣〔군신〕 임금과 신하.
君子〔군자〕 덕행이 높은 사람.
君國〔군국〕 임금과 나라.
君主〔군주〕 임금.

降臨

阜(阝)6 **降** 내릴 강 항복할 항　臣11 **臨** 임할 림

コウ(ふる, おりる)　リン(のぞむ)

降臨〔강림〕 신이 하늘에서 내려옴
降雪〔강설〕 눈이 내림.
降伏〔항복〕 적에게 굴복함.
臨迫〔임박〕 시기가 닥쳐 옴.
臨機〔임기〕 시기에 다달음.
臨終〔임종〕 숨이 끊일 때.

廷臣

廴4 **廷** 조정 정　臣0 **臣** 신하 신

テイ(やくしょ)　シン(けらい)

廷臣〔정신〕 조정에서 일보는 신하.
廷議〔정의〕 조정의 의논.
廷爭〔정쟁〕 조정 안의 말다툼.
臣民〔신민〕 벼슬아치와 백성.
臣下〔신하〕 임금을 섬기며 벼슬 하는 사람.

團結

口11 **團** 둥글 단 단체 단　糸6 **結** 맺을 결

ダン(まるい)　ケツ(むすぶ)

團結〔단결〕 많은 사람이 마음을 한가지로 뭉침.
團欒〔단락〕 친근하게 두루 즐김.
結果〔결과〕 어떤 원인으로 말미암아 맺어지는 상태
結末〔결말〕 일을 마무르는 끝.

綱紀

糸8 **綱** 벼리 강 법 강　糸3 **紀** 벼리 기 법 기

コウ(つな)　キ(しるす)

綱紀〔강기〕 사물의 근본. 국가의 정치. 국가의 중요한 법.
綱領〔강령〕 일에 으뜸되는 줄거리
紀念〔기념〕 오래 잊지 아니함.
紀錄〔기록〕 사실을 적는 일.
紀元〔기원〕 나라를 세운 첫 해.

從容

彳8 **從** 따를 종 좇을 종　宀7 **容** 얼굴 용 용납할 용

ジュウ(したがう)　ヨウ(いれる)

從容〔종용〕 침착하고 고요함.
從前〔종전〕 이전부터의 그대로.
從來〔종래〕 이전부터.
容易〔용이〕 어렵지 아니함.
容納〔용납〕 너그러운 마음으로 남의 말을 받아들임.

倍達 倍達 倍達

人(亻)8 **倍** 곱 배 — バイ(ます)

辵(辶)9 **達** 통달할달 — タツ(とおる)

亻 仁 倅 倍 倍 土 坴 幸 幸 達

倍達民族〔배달민족〕 우리 나라 민족을 역사상으로 일컫는 말.
倍加〔배가〕 갑절되는 보탬.
倍量〔배량〕 갑절이 되는 양.
達筆〔달필〕 빠르고 잘 쓴 글씨.
達見〔달견〕 사물에 밝은 의견.

同族 同族 同族

口3 **同** 한가지동 — ドウ(おなじ)

方7 **族** 겨레 족 — ゾク(やから)

丨 冂 冂 同 同 亠 方 方 扩 族

同族〔동족〕 같은 겨레.
同胞〔동포〕 같은 나라 사람.
同志〔동지〕 뜻이 서로 같은 사람.
族屬〔족속〕 같은 성의 겨레붙이.
族黨〔족당〕 족속.
族長〔족장〕 한 무리의 우두머리.

使命 使命 使命

人(亻)6 **使** 부릴 사 / 하여금사 — シ(つかう)

口5 **命** 목숨 명 — メイ(いのち)

亻 仁 仨 使 使 人 今 合 合 命

使命〔사명〕 맡은 바의 구실.
使用〔사용〕 물건, 사람을 부림.
使節〔사절〕 나라의 대표로 남의 나라로 가는 사람.
命令〔명령〕 내리는 분부.
命中〔명중〕 쏘아 맞힘.

忠誠 忠誠 忠誠

心4 **忠** 충성 충 — チュウ(まごころ)

言7 **誠** 정성 성 — セイ(まこと)

口 中 忠 忠 訁 訂 試 誠 誠

忠誠〔충성〕마음에서 우러나는 정성.
忠告〔충고〕착한 길로 권고함.
忠孝〔충효〕충성과 효도.
誠意〔성의〕정성스러운 뜻.
誠心〔성심〕정성스러운 마음.
誠實〔성실〕정성스럽고 참됨.

責任 責任 責任

貝4 **責** 꾸짖을책 / 맡을 책 — セキ(せめる)

人(亻)4 **任** 맡길 임 — ニン(まかせる)

十 丰 青 青 責 亻 亻 仁 任 任

責任〔책임〕 맡아 해야 할 임무.
責務〔책무〕 직책과 임무.
責問〔책문〕 나무람하여 물음.
任務〔임무〕 맡은 사무.
任命〔임명〕 직무를 맡김.
任意〔임의〕 마음대로 함.

完遂 完遂 完遂

宀4 **完** 완전할완 — カン(まったい)

辵(辶)9 **遂** 이를 수 — スイ(とげる)

宀 宀 宇 完 八 㒸 豙 豙 遂

完遂〔완수〕 목적을 완전히 이룸.
完成〔완성〕 완전히 이룸.
完備〔완비〕 빠짐없이 모두 갖춤.
完快〔완쾌〕 병이 완전히 나음.
遂行〔수행〕 마음먹은 대로 행함.
遂意〔수의〕 뜻을 이룸.

大韓

大韓 大韓 大韓

大 (大, 0) 큰 대 — タイ(おおきい)

一 ナ 大

韓 (韋, 8) 나라이름 한 — カン(くにのな)

韓 韓 韓 韓 韓

大韓〔대한〕 우리 나라의 국호.
大膽〔대담〕 담이 큰 것.
大器〔대기〕 큰 그릇.
韓國〔한국〕 우리 나라의 이름.
韓人〔한인〕 한국 사람.
韓族〔한족〕 한국 민족.

健兒

健兒 健兒 健兒

健 (人(亻), 9) 굳셀 건 — ケン(すこやか)

健 健 健 健 健

兒 (儿, 6) 아이 아 — ジ(こ)

兒 兒 兒 兒 兒

健兒〔건아〕 혈기 왕성한 청년.
健康〔건강〕 몸이 튼튼함.
健忘〔건망〕 잘 잊어버림.
兒童〔아동〕 어린이.
兒名〔아명〕 아잇적 이름.
兒女子〔아녀자〕 아이와 여자.

祖國

祖國 祖國 祖國

祖 (示, 5) 할아비조 — ソ(じじ)

祖 祖 祖 祖 祖

國 (口, 8) 나라 국 — コク(くに)

國 國 國 國 國

祖國〔조국〕 조상적부터 사는 나라
祖孫〔조손〕 할아버지와 손자.
祖父〔조부〕 할아버지.
國民〔국민〕 나라의 백성.
國力〔국력〕 나라의 힘.
國恥〔국치〕 나라의 부끄러운 일.

守護

守護 守護 守護

守 (宀, 3) 지킬 수 — シュ(まもる)

守 守 守 守

護 (言, 14) 호위할호 — ゴ(まもる)

護 護 護 護 護

守護〔수호〕 지키고 보호함.
守節〔수절〕 절개를 지킴.
守備〔수비〕 지키어 방비함.
護國〔호국〕 나라를 보호함.
護衛〔호위〕 보호하여 지킴.
護身〔호신〕 몸을 보호함.

柱礎

柱礎 柱礎 柱礎

柱 (木, 5) 기둥 주 — チュウ(はしら)

柱 柱 柱 柱 柱

礎 (石, 13) 주춧돌초 — ソ(いしずえ)

礎 礎 礎 礎

柱礎〔주초〕 기둥에 받치는 돌.
柱石〔주석〕 기둥과 주추.
柱聯〔주련〕 기둥에 붙이는 시구.
礎石〔초석〕 주춧돌.
礎段〔초단〕 기둥 따위의 아래쪽을 넓게 만든 부분.

堅固

堅固 堅固 堅固

堅 (土, 8) 굳을 견 — ケン(かたい)

堅 堅 堅 堅 堅

固 (口, 5) 굳을 고 고집할고 — コ(かたい)

固 固 固 固 固

堅固〔견고〕 굳고 튼튼함.
堅實〔견실〕 튼튼하고 착실함.
堅忍〔견인〕 굳게 참고 견딤.
固有〔고유〕 특히 그 것에만 있음.
固執〔고집〕 의견을 굳게 내 세움.
固體〔고체〕 형체가 일정한 물체.

中央　中央　中央

丨3 **中** 가운데중　大2 **央** 가운데앙

チュウ(なか)　オウ(なかば)

中央〔중앙〕 사방의 중심이 되는곳
中止〔중지〕 중도에 그침.
中伏〔중복〕 삼복의 하나.
中間〔중간〕 가운데.
中年〔중년〕 사십 세 전후의 나이.
震央〔진앙〕 지진의 중심점.

政府　政府　政府

支(攵)5 **政** 정사 정　广5 **府** 고을 부 곳집 부

セイ(まつりごと)　フ(くら)

政府〔정부〕 행정 기관.
政治〔정치〕 나라를 다스림.
政策〔정책〕 시정 방책.
府君〔부군〕 조상에 대한 높임말.
府尹〔부윤〕 옛날 부 행정의 으뜸.
府廳〔부청〕 옛날 부제하의 관청.

叛逆　叛逆　叛逆

又7 **叛** 배반할반　辵(辶)6 **逆** 거스를역

ハン(そむく)　ギャク(さからう)

叛逆〔반역〕 배반하여 모역함.
叛賊〔반적〕 모반한 역적.
叛旗〔반기〕 모반인이 세우는 기.
逆軍〔역군〕 역적의 군사.
逆流〔역류〕 물이 거슬러 흐름.
逆命〔역명〕 어명을 어김.

滅亡　滅亡　滅亡

水(氵)10 **滅** 멸망할멸　亠1 **亡** 망할 망 도망할망

メツ(ほろびる)　ボウ(ほろびる)

滅亡〔멸망〕 망하여 아주 없어짐.
滅殺〔멸살〕 죄다 죽임.
滅種〔멸종〕 종자를 끊어 버림.
亡命〔망명〕 남의 나라로 도망함.
亡父〔망부〕 죽은 아버지.
亡魂〔망혼〕 죽은 사람의 혼.

期於　期於　期於

月8 **期** 기약할기　方4 **於** 어조사어 탄식할오

キ(あう)　オ(おいて)

期於〔기어〕 이 一바라던 대로.
期間〔기간〕 시간을 정한 동안.
期待〔기대〕 앞날을 기약하여 바람
於焉間〔어언간〕 모르는 동안.
於心〔어심〕 마음 속.
於相半〔어상반〕 비슷함.

進展　進展　進展

辵(辶)8 **進** 나아갈진　尸7 **展** 펼 전

シン(すすむ)　テン(のびる)

進展〔진전〕 일이 진보하고 발전함
進擊〔진격〕 앞으로 나아가며 침.
進陟〔진척〕 일이 잘 되어감.
展開〔전개〕 활짝 폄.
展覽〔전람〕 벌리어 놓고 봄.
展望〔전망〕 멀리 바라 봄.

憲法 憲法 憲法

心 12 **憲** 법 헌 ケン(のり)

水(氵) 5 **法** 법 법 ホウ(のり)

憲法[헌법] 국가의 기본 법.
憲章[헌장] 국내, 국제적으로 어떠한 약속을 이행하기 위한규범.
法律[법률] 나라에서 정하여 백성이 지키도록 한 규율.
法規[법규] 법률로써 정한 규정.

依據 依據 依據

人(亻) 6 **依** 의지할의 イ,エ(よる)

手(扌) 13 **據** 의지할거 웅거할거 キョ(よる)

依據[의거] 증거에 따름.
依賴[의뢰] 남에게 부탁함.
依願[의원] 원함에 따름.
據點[거점] 근거로 하는 곳.
據理[거리] 이치에 비추어 봄.
據實[거실] 사실에 비추어 봄.

論爭 論爭 論爭

言 8 **論** 말할론 의논할론 ロン(とく)

爪(爫) 4 **爭** 다툴 쟁 ソウ(あらそう)

論爭[논쟁] 말로써 다툼.
論駁[논박] 잘못을 공격함.
論客[논객] 변론을 잘 하는 사람.
爭奪[쟁탈] 다투어 빼앗음.
爭覇[쟁패] 지배자가 되려고 다툼
爭論[쟁론] 다투어 가며 논박함.

受諾 受諾 受諾

又 6 **受** 받을 수 ジュ(うける)

言 9 **諾** 허락할낙 ダク(うべなう)

受諾[수락] 승낙함.
受難[수난] 고난을 겪음.
受賂[수뢰] 뇌물을 먹음.
受理[수리] 받아 정리함.
承諾[승낙] 청하는 바를 허락함.
許諾[허락] 청하는 일을 들어줌.

民主 民主 民主

氏 1 **民** 백성 민 ミン(たみ)

主 주인 주 임금 주 シュ(あるじ)

民主[민주] 한 나라의 주권이 백성에게 있음.
民族[민족] 겨레.
主張[주장] 의견을 내 세움.
主權[주권] 가장 중요한 권리.
主客[주객] 주인과 손님.

獨立 獨立 獨立

犬(犭) 13 **獨** 홀로 독 ドク(ひとり)

立 0 **立** 설 립 リツ(たつ)

獨立[독립] 남에게 의지하지 않고 스스로 섬.
獨裁[독재] 주권자가 자기 마음대로 정치를 함.
立身[입신] 세상에 나가 출세함.
立場[입장] 당하는 처지.

世界 世界 世界

一 4 **世** 인간 세 　 田 4 **界** 지경 계

セイ　セ(よ)　　カイ(さかい)

一 十 廾 廿 世 ㅁ 罒 田 畀 界

世界[세계] 온 세상.
世人[세인] 세상 사람.
世情[세정] 세상 형편.
世間[세간] 세상.
世襲[세습] 대대로 물려 받음.
界限[계한] 땅의 경계.

平和 平和 平和

干 2 **平** 평탄할 평 　 口 5 **和** 화목할 화 / 합할 화

ヘイ(たいら)　　ワ(なごむ)

一 亠 亠 平　 ニ 千 禾 和 和

平和[평화] 화합하고 고요함.
平均[평균] 다름이 없이 고름.
平生[평생] 일생.
和暢[화창] 기후가 온화하고 맑음
和議[화의] 화해하는 의논.
和樂[화락] 사이 좋게 즐김.

均等 均等 均等

土 4 **均** 고를 균 　 竹 6 **等** 무리 등 / 등급 등

キン(ひとしい)　　トウ(ひとしい)

十 土 圴 均 均 ⺮ 笁 筀 等 等

均等[균등] 고르고 차별이 없음.
均排[균배] 고르게 몫몫이 나눔.
均一[균일] 한결같이 고름.
等級[등급] 차례를 가르는 등수.
等量[등량] 같은 양.
等神[등신] 어리석은 사람을 말함

社會 社會 社會

示 3 **社** 모일 사 / 단체 사 　 曰 9 **會** 모을 회

シャ(やしろ)　　カイ(あう)

亍 示 礻 社 社 人 合 侖 會 會

社會[사회] 뭇 사람이 사는 세상.
社交[사교] 사람과 사귀는 것.
社說[사설] 사의 주장을 쓴 논설.
會戰[회전] 어우러져 싸움.
會見[회견] 서로 만나 봄.
會議[회의] 여럿이 모여 의논함.

協助 協助 協助

十 6 **協** 화할 협 / 도울 협 　 力 5 **助** 도울 조

キョウ(かなう, やわらぐ)　　ジョ(たすける)

十 㭗 协 協 協 ㅁ 目 且 助 助

協助[협조] 힘을 모아 서로 도움.
協力[협력] 서로 도움.
協商[협상] 여럿이 일을 의논함.
助成[조성] 도와서 이루게 함.
助長[조장] 힘을 도와서 자라게함
助興[조흥] 흥치를 도움.

隆盛 隆盛 隆盛

阜(阝) 9 **隆** 성할 륭 　 皿 7 **盛** 성할 성

リュウ(さかん)　　セイ(さかん)

阝 陊 降 降 隆 丿 厂 成 成 盛

隆盛[융성] 매우 기운차게 성함.
隆興[융흥] 기운차게 일어남.
隆昌[융창] 일이 잘 되어감.
盛衰[성쇠] 성함과 망함.
盛大[성대] 크고 훌륭함.
盛況[성황] 성대한 상황.

宇宙 宇宙 宇宙

宀3 **宇** 집 우　　宀5 **宙** 집 주

ウ(いえ)　　チュウ(そら)

宀 宇 宇　宀 宀 宙 宙 宙

宇宙[우주] 천지 사방.
宇宙船[우주선] 우주 공간을 돌아 다닐 수 있는 물체.
宇宙人[우주인] 우주선을 타고 우주 공간을 돈 사람.
宇宙線[우주선] 지구 밖 다른 천체에서 오는 방사선.
廟宇[묘우] 묘당 집.

堯舜 堯舜 堯舜

土9 **堯** 요임금요 높을 요　　舛6 **舜** 순임금순 무궁화순

ギョウ(たかい)　　シュン(むくげ)

垚 垚 垚 垚 堯　爫 爫 爫 舜 舜

堯舜[요순] 요왕과 순왕.
堯王[요왕] 요 임금.
舜王[순왕] 순 임금.
堯舜禹[요순우] 요왕·순왕·우왕.
舜治[순치] 순 임금의 치세.
舜王太平[순왕태평] 순 임금의 태평 시대.

后稷 后稷 后稷

口3 **后** 왕비 후 임금 후　　禾10 **稷** 사직 직 곡신 직

コウ(きさき)　　ショク(きび)

厂 斤 斤 后 后 禾 稈 稷 稷 稷

后稷[후직] 농사 관장의 관리.
后妃[후비] 임금의 아내.
王后[왕후] 왕의 아내.
后宮[후궁] 후비의 궁전.
稷神[직신] 곡식을 맡은 신령.
社稷[사직] 한 왕조의 기초.

嗣裔 嗣裔 嗣裔

口10 **嗣** 이을 사 자손 사　　衣7 **裔** 후손 예

シ(つぐ)　　エイ(すえ)

口 月 品 嗣 嗣 亠 衣 衣 裔 裔

嗣子[사자] 대를 이을 사람. 맏아들.
嗣孫[사손] 대를 이을 자손.
嗣法[사법] 법사에게 심법을 이어 받음.
裔胄[예주] 먼 후손.
後裔[후예] 댓수가 먼 후손.

衡越 衡越 衡越

行10 **衡** 저울 형　　走5 **越** 넘을 월

コウ(はかり)　　エツ(こえる)

彳 彳 衡 衡 衡 走 起 赵 越 越

衡器[형기] 물건의 무게를 다는 기구.
平衡[평형] 저울대가 평평한 것.
詮衡[전형] 인물의 됨됨이나 재능을 시험해서 뽑음.
越權[월권] 자기의 권한 밖의 권리 행사를 하는 것.
越冬[월동] 겨울을 지냄.

縣塾 縣塾 縣塾

糸10 **縣** 매달릴현 고을 현　　土11 **塾** 글방 숙

ケン(あがた)　　ジュク(へや)

目 県 県 縣 縣 亠 享 孰 孰 塾

縣監[현감] 이조 때 작은 골의 원.
縣令[현령] 신라 때 현의 으뜸벼슬.
塾師[숙사] 글방 선생
塾門[숙문] 궁 바깥 문
私塾[사숙] 글방.
家塾[가숙] 집안 학교.

彷徨 彷徨 彷徨

彳4 **彷** 방황할방 비슷할방 ホウ(さまよう)

彳9 **徨** 방황할황 コウ(さまよう)

彷徨〔방황〕 일정한 방향 없이 떠돌아 다니는 것.
彷徉〔방양〕 배회하는 것.
彷佛〔방불〕 그럴 듯하게 비슷한 것.
徊徊惶惶〔회회황황〕 결단력 없이 우물쭈물하는 것.

桀紂 桀紂 桀紂

木6 **桀** 찢을 걸 왕이름걸 ケツ(はりつけ)

糸3 **紂** 말고삐주 왕이름주 チュウ(しりがい)

桀紂〔걸주〕 고약한 임금. 걸왕과 주왕.
桀驁〔걸오〕 사나운 말이 아직 길들지 않음.
桀惡〔걸악〕 사납고 못된 것.
紂王〔주왕〕 중국의 폭군인 주왕.
紂棍〔주곤〕 말채.
紂辛〔주신〕 주왕.

詔勅 詔勅 詔勅

言5 **詔** 조서 조 가르칠조 ショウ(みことのり)

力7 **勅** 칙령 칙 チョク(みことのり)

詔勅〔조칙〕 임금의 선지를 적은 문서. 조서.
詔書〔조서〕 임금의 말을 쓴 글발.
詔命〔조명〕 임금의 명령.
勅答〔칙답〕 임금의 대답.
勅令〔칙령〕 임금의 명령.
勅書〔칙서〕 조서(詔書)와 같음.

玩巷 玩巷 玩巷

玉(王)4 **玩** 희롱할완 보배 완 ガン(もてあそぶ)

己6 **巷** 거리 항 コウ(ちまた)

翫巷〔완항〕 여염.
閭巷間〔여항간〕
巷間〔항간〕 보통 인민의 사이.
巷談〔항담〕 세상의 풍설.
巷謠〔항요〕 항간에 돌아다니는 노래.

俚諺 俚諺 俚諺

人(亻)7 **俚** 속될 리 リ(いやしい)

言9 **諺** 상말 언 ゲン(ことわざ)

俚諺〔이언〕 속담.
俚語〔이어〕 속어.
俚歌〔이가〕 속된 노래.
諺敎〔언교〕 왕후의 교서.
諺文〔언문〕 한글의 속칭.
諺譯〔언역〕 국역(國譯).

魅惑 魅惑 魅惑

鬼5 **魅** 도깨비매 ミ(もののけ)

心8 **惑** 미혹할혹 ワク(まどう)

魅力〔매력〕 마음을 호리어 끄는 힘.
魅惑〔매혹〕 혹하게 어지럽힘. 흐리멍덩히 함.
惑亂〔혹란〕 매혹되어 어지러움.
惑溺〔혹익〕 매혹되어 빠짐.
惑說〔혹설〕 여러 사람을 매혹시키는 말.
惑嗜〔혹기〕 어떤 것을 몹시 즐김.

殷衷 殷衷 殷衷

殳 6 **殷** 융성할 은 イン(さかん)

衣 4 **衷** 가운데 충 / 정성 충 チュウ(まこと)

殷鑑〔은감〕 거울삼아 경계해야 할 전례(前例).
殷盛〔은성〕 번화하고 성함.
衷曲〔충곡〕 심곡(心曲).
衷情〔충정〕 속에서 우러나는 참된 정.
衷款〔충관〕 충심.

衙邸 衙邸 衙邸

行 7 **衙** 마을 아 ガ(やくしょ)

邑(阝) 5 **邸** 사처 저 テイ(やしき)

衙吏〔아리〕 관리.
衙門〔아문〕 관공서.
衙役〔아역〕 순경.
邸宅〔저택〕 고관들의 집.
邸下〔저하〕 왕세자.
私邸〔사저〕 개인 주택.

爵昭 爵昭 爵昭

爪(爫) 14 **爵** 벼슬 작 シャク(さかずき)

日 5 **昭** 밝을 소 / 소명할 ショウ(あきらか)

爵祿〔작록〕 관직과 봉급.
爵位〔작위〕 관직과 품위.
男爵〔남작〕 벼슬 이름.
昭光〔소광〕 밝게 반짝이는 빛.
昭代〔소대〕 태평 시대.
昭明〔소명〕 어린 아이의 눈이 밝고 영리함.

魁皇 魁皇 魁皇

鬼 4 **魁** 으뜸 괴 / 괴수 괴 カイ(かしら)

白 4 **皇** 임금 황 コウ, オウ(きみ)

魁首〔괴수〕 못된 짓을 하는 무리의 두목.
魁酋〔괴추〕 괴수.
魁帥〔괴수〕 무뢰배의 장수.
皇帝〔황제〕 임금.
皇陵〔황릉〕 왕의 능.
皇室〔황실〕 황제의 집안.

特殊 特殊 特殊

牛(牜) 6 **特** 특별할 특 トク(ことに)

歹 6 **殊** 다를 수 / 죽을 수 シュ(こと)

特殊〔특수〕 특별히 다름.
特權〔특권〕 특별한 권리.
特色〔특색〕 보통의 것과 다른 점.
特級〔특급〕 특별한 등급.
殊常〔수상〕 보통과 달리 괴이 함.
殊遇〔수우〕 특별 대우.

權利 權利 權利

木 18 **權** 권세 권 ケン(おもり)

刀(刂) 5 **利** 이로울 리 リ(えきする)

權利〔권리〕 권력과 이익.
權力〔권력〕 억지로 따르게 하는힘
權勢〔권세〕 권력과 세력.
利己〔이기〕 자기 이익만 차림.
利得〔이득〕 이익을 얻음.
利用〔이용〕 유리하게 씀.

執務

執務 執務 执务

土8 **執** 잡을 집 シツ(とる)　力9 **務** 힘쓸 무 ム(つとめる)

執務〔집무〕 사무를 봄.
執行〔집행〕 일을 잡아서 행함.
執筆〔집필〕 글을 씀.
執念〔집념〕 잊지 아니 하려고 정신을 차림.
務望〔무망〕 힘써서 바람.

監査

監査 監査 监查

皿9 **監** 볼 감 감독할감 カン(みる)　木5 **査** 조사할사 サ(しらべる)

監査〔감사〕 보살피고 조사함
監督〔감독〕 보살피어 거느림.
監獄〔감옥〕 징역살이하는 곳.
査察〔사찰〕 조사하여 살핌.
査照〔사조〕 사실에 비추어 조사함
査實〔사실〕 사실을 조사함.

幹部

幹部 幹部 幹部

干10 **幹** 줄기 간 몸둥이간 カン(みき)　邑(阝)8 **部** 거느릴부 나눌 부 ブ(くみ)

幹部〔간부〕 단체의 임원.
幹線〔간선〕 철도 등의 중요한 선.
幹事〔간사〕 일을 맡아 처리하는 사람.
部隊〔부대〕 한 부분의 군대.
部門〔부문〕 구별한 부류.
部類〔부류〕 구별한 종류.

委員

委員 委員 委员

女5 **委** 맡길 위 イ(ゆだねる)　口7 **員** 관원 원 둥글 원 イン(かず)

委員〔위원〕 일을 위임 맡은 사람.
委任〔위임〕 일과 권리를 맡김.
委託〔위탁〕 사물을 남에게 맡김
委囑〔위촉〕 위탁.
員數〔원수〕 인원의 수효.
員外〔원외〕 정한 사람의 수효 밖.

稅金

稅金 稅金 稅金

禾7 **稅** 세금 세 ゼイ(みつぎ)　金0 **金** 쇠 금 성 김 キン(かね)

稅金〔세금〕 조세의 돈.
稅關〔세관〕 항구에서 수출입세에 관한 사무를 보는 관청.
金力〔금력〕 돈의 힘.
金字塔〔금자탑〕 훌륭하게 이루어 놓은 물건이나 사업.

負擔

負擔 負擔 负担

貝2 **負** 짐질 부 빚질 부 フ(まける, おう)　手(扌)13 **擔** 멜 담 タン(になう)

負擔〔부담〕 일을 맡아서 책임짐.
負債〔부채〕 빚.
負荷〔부하〕 짐을 짐.
擔任〔담임〕 책임을 지고 맡음.
擔當〔담당〕 일을 넘겨 맡음.
擔保〔담보〕 물건을 잡힘.

公署 公署 公署

八 2 **公** 공변될공 — コウ(おおやけ)

网(罒) 9 **署** 쓸 서 / 관청 서 — ショ(やくしょ)

丿 八 公 公 罒 罒 罢 罢 署

公共[공공] 여러 사람과 같이 함.
公正[공정] 공평하고 바름.
公立[공립] 공공단체에서 세움.
署員[서원] 서에서 일보는 사람.
署理[서리] 직무를 대리함.
署名[서명] 이름을 손수 씀.

募債 募債 募債

力 11 **募** 뽑을 모 — ボ(つのる)

人(亻) 11 **債** 빚질 채 / 빌릴 채 — サイ(かり)

艹 莒 莫 募 募 亻 仹 倩 債 債

募債[모채] 공채나 사채를 모음.
募集[모집] 널리 뽑아서 모음.
募兵[모병] 병정을 뽑음.
債權[채권] 돈을 받을 권리.
債務[채무] 돈을 갚을 의무.
債券[채권] 공사채의 채무를 증명한 증권.

差額 差額 差額

工 7 **差** 어기어질 차 — サ(さす)

頁 9 **額** 이마 액 / 수효 액 — ガク(ひたい)

丷 兰 羊 差 差 宀 客 客 額 額

差額[차액] 차이가 나는 액수.
差別[차별] 등급 지게 나눠 가름.
差異[차이] 서로 다름.
額面[액면] 일정한 돈의 액수.
額數[액수] 돈의 머릿수.
額字[액자] 현판에 쓰는 큰 글자.

規則 規則 規則

見 4 **規** 법 규 / 그림쇠규 — キ(のり)

刀(刂) 7 **則** 곧 즉 / 법칙 칙 — ソク(すなわち, のり)

= 夫 却 規 規 冂 目 貝 則 則

規則[규칙] 정한 법칙.
規格[규격] 정한 격식.
規模[규모] 물건의 구조.
法則[법칙] 지켜야 할 규범.
細則[세칙] 자세한 규칙.
原則[원칙] 공통되는 법칙.

違反 違反 違反

辵(辶) 9 **違** 어길 위 — イ(ちがう)

又 2 **反** 돌이킬반 — ハン(かえる)

土 㕣 韋 違 違 一 厂 万 反

違反[위반] 어김.
違法[위법] 법을 어김.
違約[위약] 약속을 어김.
反對[반대] 찬성하지 않음.
反駁[반박] 반대하여 공격함.
反感[반감] 반대의 감정.

脫黨 脫黨 脫黨

肉(月) 7 **脫** 벗을 탈 — ダツ(ぬぐ)

黑 8 **黨** 무리 당 — トウ(なかま)

刀 月 肸 脟 脫 尚 當 常 黨 黨

脫黨[탈당] 당적을 떠남.
脫稅[탈세] 세금을 내지 않음.
脫獄[탈옥] 감옥에서 빠져 나옴.
黨首[당수] 당의 우두머리.
黨派[당파] 당의 분파.
黨爭[당쟁] 당파의 싸움.

告示

告示 告示 告示

口4 **告** 고할 고 　 示0 **示** 보일 시

コク(つげる) 　 シ,ジ(しめす)

告示〔고시〕 글로 써서 널리 알림.
告白〔고백〕 사실대로 말함.
告發〔고발〕 범인을 관청에 알림.
示威〔시위〕 위엄을 보임.
示範〔시범〕 모범을 보임.
示唆〔시사〕 암시하여 알려 줌.

失職

失職 失職 失職

大2 **失** 잃을 실 　 耳12 **職** 맡을 직 / 직분 직

シツ(うしなう) 　 ショク(つとめ)

失職〔실직〕 직장을 잃음.
失望〔실망〕 희망이 끊어짐.
失言〔실언〕 말을 잘 못함.
職業〔직업〕 생계를 위한 일.
職場〔직장〕 일하는 곳.
職權〔직권〕 직무상의 권리.

許多

許多 許多 許多

言4 **許** 허락할허 　 夕3 **多** 많을 다

キョ(ゆるす) 　 タ(おおい)

許多〔허다〕 수효가 많음.
許諾〔허락〕 소청을 들어 줌.
許婚〔허혼〕 혼인을 허락함.
多福〔다복〕 복이 많음.
多年〔다년〕 여러 해.
多大〔다대〕 많고 큼.

補缺

補缺 補缺 補缺

衣(衤)7 **補** 도울 보 　 缶4 **缺** 이지러질 결

ホ(おぎなう) 　 ケツ(かける)

補缺〔보결〕 빈 곳을 채움.
補給〔보급〕 보태어 줌.
補佐〔보좌〕 일을 도와 줌.
缺席〔결석〕 출석하지 않음.
缺乏〔결핍〕 모자람.
缺陷〔결함〕 완전하지 못함. 흠.

被選

被選 被選 被選

衣(衤)5 **被** 이불 피 / 덮힐 피 　 辵(辶)12 **選** 가릴 선

ヒ(こうむる) 　 セン(えらぶ)

被選〔피선〕 뽑힘.
被服〔피복〕 의복.
被告〔피고〕 소송을 당한 사람.
選出〔선출〕 뽑아 냄.
選任〔선임〕 뽑아서 직무를 맡김.
選定〔선정〕 뽑아서 정함.

緊迫

緊迫 緊迫 緊迫

糸8 **緊** 급할 긴 / 요긴할긴 　 辵(辶)5 **迫** 핍박할박

キン(きびしい) 　 ハク(せまる)

緊迫〔긴박〕 몹시 급박함.
緊密〔긴밀〕 아주 밀접함.
緊要〔긴요〕 매우 필요함.
迫頭〔박두〕 가까이 닥쳐 옴.
迫害〔박해〕 심하게 굶음.
迫眞〔박진〕 진실감을 느끼게 함.

條件 條件 條件

木 7 **條** 결가지조 가닥 조

人(亻) 4 **件** 조건 건 물건 건

ジョウ(えだ) チュウ(なか)

條件〔조건〕 일의 가닥.
條約〔조약〕 나라 사이의 계약.
條文〔조문〕 조목을 적은 글.
件數〔건수〕 사물의 가지 수.
件名〔건명〕 일이나 물건의 이름.
件件事事〔건건사사〕 온갖 일.

贊否 贊否 贊否

貝 12 **贊** 도울 찬

口 4 **否** 아니 부 막힐 비

サン(たすける) ヒ(いな)

贊否〔찬부〕 찬성과 불찬성.
贊同〔찬동〕 동의하여 찬성함.
贊助〔찬조〕 찬성하여 도움.
否認〔부인〕 인정하지 않음.
否定〔부정〕 '부인'과 같음.
否決〔부결〕 부정하는 결정.

再考 再考 再考

冂 4 **再** 두 재

老(耂) 2 **考** 상고할고 죽은아비 고

サイ(ふただび) コウ(かんがえる)

再考〔재고〕 다시 생각함.
再開〔재개〕 다시 열음.
再建〔재건〕 다시 일으켜 세움.
考察〔고찰〕 상고하여 살핌.
考案〔고안〕 생각하여 의견을 냄.
考慮〔고려〕 생각하여 봄.

內紛 內紛 內紛

入 2 **內** 안 내

糸 4 **紛** 분잡할분

ナイ(うち) フン(まぎれる)

內紛〔내분〕 집안이나 나라안 다툼.
內閣〔내각〕 행정부의 중추합의체.
內務〔내무〕 나라 안의 정무.
紛失〔분실〕 잃어버림.
紛爭〔분쟁〕 분잡하게 다툼.
紛糾〔분규〕 어지럽고 말썽이 많음.

善遇 善遇 善遇

口 9 **善** 착할 선

辵(辶) 9 **遇** 만날 우

ゼン(よい) グウ(あう)

善遇〔선우〕 잘 접대함.
善處〔선처〕 잘 처리함.
善導〔선도〕 잘 인도하여 줌.
遇害〔우해〕 해를 당함.
遇角〔우각〕 입체의 모서리 각.
遇發〔우발〕 일이 우연히 일어남.

口辯 口辯 口辯

口 0 **口** 입 구

辛 14 **辯** 말잘할변

コウ(くち) ベン(じょうずにいう)

口辯〔구변〕 말 솜씨.
口味〔구미〕 입맛.
口腔〔구강〕 입안의 빈 곳.
辯士〔변사〕 연설을 하는 사람.
辯護〔변호〕 남에게 이롭도록 변명함.
辯才〔변재〕 말 재주.

討議 討議 討議

言 3 **討** 칠 토 / 더듬을토 — トウ(うつ)

言 13 **議** 의논할의 — ギ(はかる)

討議[토의] 토론하여 의논함.
討伐[토벌] 외적을 침.
討論[토론] 의논을 다투는 일.
議論[의논] 서로 일을 꾀함.
議決[의결] 의논하여 결정함.
議席[의석] 의원의 자리.

座席 座席 座席

广 7 **座** 지위 좌 / 자리 좌 — ザ(すわる)

巾 7 **席** 자리 석 — セキ(むしろ)

座席[좌석] 앉는 자리.
座客[좌객] 자리에 앉은 손님.
座長[좌장] 어떤 자리의 우두머리
席次[석차] 앉은 자리의 차례.
席順[석순] '席次'와 같은 뜻.
席末[석말] 맨 끝 자리.

充當 充當 充當

儿 3 **充** 찰 충 — ジュウ(あてる)

田 8 **當** 마땅할당 — トウ(あたる)

充當[충당] 모자라는 것을 채움.
充滿[충만] 가득하게 참.
充血[충혈] 피가 한 군데로 모임.
當場[당장] 그 자리에서 곧.
當面[당면] 일이 눈앞에 닥침.
當選[당선] 선거에 의하여 뽑힘.

諸般 諸般 諸般

言 9 **諸** 모두 제 — ショ(もろもろ)

舟 4 **般** 일반 반 — ハン(はこぶ)

諸般[제반] 모든 것.
諸君[제군] '여러분'의 뜻.
諸賢[제현] 여러 점잖은 어른들.
般樂[반락] 놀면서 마음껏 즐김.
今般[금반] 이 번.
過般[과반] 지난 번.

保障 保障 保障

人(亻) 7 **保** 보전할보 / 도울 보 — ホ(たもつ)

阜(阝) 11 **障** 막힐 장 — ショウ(さわる)

保障[보장] 거리낌없도록 보증함
保留[보류] 뒤로 미루어 둠.
保健[보건] 건강을 보전함.
障碍[장애] 거리껴서 거침.
障害[장해] 거리껴서 해가 됨.
障壁[장벽] 가리워 막은 벽.

陰謀 陰謀 陰謀

阜(阝) 8 **陰** 그늘 음 — イン(かげ)

言 9 **謀** 꾀 모 — ボウ(はかる)

陰謀[음모] 남 모르게 일을 꾸미는 꾀.
陰性[음성] 소극적인 성질.
陰陽[음양] 음기와 양기.
謀略[모략] 남을 해하고자 내는꾀
謀策[모책] 일을 처리할 꾀.
謀議[모의] 일을 꾀하고 의논함.

劃策 劃策 劃策

刀(刂)12 **劃** 그을 획 — カク(かぎる)

竹6 **策** 꾀 책 — サク(はかりごと)

劃策〔획책〕 일을 계획하는 꾀.
劃給〔획급〕 나눠서 줌.
劃期的〔획기적〕시대를 가름하는말
策略〔책략〕 꾀.
策動〔책동〕 남을 선동함.
策定〔책정〕 계획하여 정함.

罪惡 罪惡 罪惡

网(罒)8 **罪** 허물 죄 — ザイ(つみ)

心8 **惡** 악할 악 미워할 오 — アク(わるい)

罪惡〔죄악〕 악한 행실.
罪囚〔죄수〕 옥에 갇힌 죄인.
罪悚〔죄송〕 허물이 있어서 두려움
惡感〔악감〕 나쁜 감정.
惡談〔악담〕 남을 해롭게 하는 말.
惡寒〔오한〕 오슬오슬 추운 증세.

可恐 可恐 可恐

口2 **可** 옳을 가 — カ(よい)

心6 **恐** 두려울 공 — キョウ(おそれる)

可恐〔가공〕 두려워할만 함.
可觀〔가관〕 볼만한 것.
可憎〔가증〕 얄미움.
恐怖〔공포〕 두려움.
恐喝〔공갈〕 위협함.
恐慌〔공황〕 경제가 혼란한 상태.

訴訟 訴訟 訴訟

言5 **訴** 송사할 소 — ソ(うったえる)

言4 **訟** 송사할 송 — ショウ(うったえる)

訴訟〔소송〕 재판을 걸음.
訴狀〔소장〕 재판을 청하는 서류.
訴願〔소원〕 호소하여 바람.
訟事〔송사〕 재판.
訟案〔송안〕 소송에 관한 기록.
訟庭〔송정〕 송사를 처리하는 곳.

刑罰 刑罰 刑罰

刀(刂)4 **刑** 형벌 형 — ケイ(しおき)

网(罒)9 **罰** 벌줄 벌 — バツ(ばっする)

刑罰〔형벌〕 죄인에게 주는 벌.
刑期〔형기〕 형벌을 받는 기간.
刑法〔형법〕 형벌의 법규.
罰金〔벌금〕 돈을 내게하는 형벌.
罰則〔벌칙〕 벌을 주는 규정.
罰酒〔벌주〕 벌로 마시게 하는 술.

裁判 裁判 裁判

衣6 **裁** 마름질할 재 — サイ(たつ)

刀(刂)5 **判** 판단할 판 — ハン(わける)

裁判〔재판〕 소송을 심판함.
裁決〔재결〕 옳고 그름을 결단함.
裁縫〔재봉〕 바느질.
判定〔판정〕 판별하여 확정함.
判明〔판명〕 사실이 드러남.
判異〔판이〕 아주 다름.

神聖 虛僞

神聖 神聖 神聖

示 5 **神** 귀신 신 シン(かみ)

耳 7 **聖** 성스러울 성 セイ(ひじり)

神聖[신성] 거룩하고 존엄함.
神童[신동] 재주가 뛰어난 아이.
神秘[신비] 이상한 비밀.
聖業[성업] 거룩한 사업
聖人[성인] 이름난 착한 사람.
聖賢[성현] 성인과 현인.

虛僞 虛僞 虛僞

虍 6 **虛** 빌 허 キョ(むなしい)

人(亻) 12 **僞** 거짓 위 ギ(いつわり)

虛僞[허위] 거짓.
虛弱[허약] 기력이 약함.
虛心[허심] 아무 생각이 없음.
僞善[위선] 착한 체함.
僞造[위조] 진짜처럼 만드는 것.
僞證[위증] 거짓 증거를 댐.

介添 遺弊

介添 介添 介添

人 2 **介** 낄 개 / 딱지 개 カイ(はさまる)

水(氵) 8 **添** 더할 첨 テン(そえる)

介入[개입] 끼어 들어감.
介意[개의] 마음에 둠.
介在[개재] 끼어 있음.
添加[첨가] 더 보태는 것.
添附[첨부] 덧붙임.
添增[첨증] 더하여 늘음.

遺弊 遺弊 遺弊

辵(辶) 12 **遺** 남을 유 / 끼칠 유 イ, ユイ(のこす)

巾 12 **弊** 해칠 폐 ヘイ(ぬさ)

遺憾[유감] 섭섭하게 생각함.
遺棄[유기] 내어 버림.
遺漏[유루] 새어 버림.
弊端[폐단] 괴롭고 번거로운 일.
弊習[폐습] 좋지 못한 풍습.
弊害[폐해] 해가 되는 일.

排抵 凡吏

排抵 排抵 排抵

手(扌) 8 **排** 물리칠 배 ハイ(おしのける)

手(扌) 5 **抵** 닥뜨릴 저 / 대저 저 テイ(あたる)

排擊[배격] 남의 의견을 물리침.
排斥[배척] 물리침.
排除[배제] 물리쳐 덜어 버림.
抵當[저당] 대적함.
抵觸[저촉] 서로 부딛침.
抵抗[저항] 대항.

凡吏 凡吏 凡吏

几 1 **凡** 대강 범 / 무릇 범 ボン(およそ)

口 3 **吏** 아전 리 / 관리 리 リ(つかさ)

凡骨[범골] 평범한 사람.
凡百[범백] 여러 가지 일.
凡節[범절] 모든 일을 하는 절차.
吏道[이도] 관리의 도리.
吏讀[이두] 한자를 처음으로 우리 나라 말처럼 읽던 맞춤법
吏判[이판] 이조 판서의 준 말.

威身 威身 威身

女6 **威** 위엄 위 イ(たけし)

身0 **身** 몸 신 シン(み, からだ)

丿 厂 威 威 威 ′ 冂 自 身 身

威信〔위신〕 위엄과 신용.
威力〔위력〕 권세의 힘.
威脅〔위협〕 위엄으로 협박함.
身命〔신명〕 몸과 목숨.
身世〔신세〕 남에게 도움을 받거나 괴로움을 끼침.

科料 科料 科料

禾4 **科** 과정 과 조목 과 カ(しな)

斗6 **料** 헤아릴 료 リョウ(はかる)

二 千 禾 私 科 ⺌ 半 米 米 料

科料〔과료〕 죄과에 대한 벌금.
科罪〔과죄〕 죄를 처단함.
科目〔과목〕 학문의 구분.
料金〔요금〕 수수료로 받는 돈.
料亭〔요정〕 요릿집.
料量〔요량〕 앞 일에 대한 짐작.

拘束 拘束 拘束

手(扌)5 **拘** 잡을 구 거리낄 구 コウ(かかわる)

木3 **束** 묶을 속 ソク(たば)

扌 扌 扚 拘 拘 一 󠄀冖 冖 申 束

拘束〔구속〕 자유롭지 못하게 함.
拘碍〔구애〕 거리낌.
拘留〔구류〕 죄인을 가두어 둠.
束手〔속수〕 손을 묶음.
束縛〔속박〕 자유롭지 못하게 묶음
束數〔속수〕 다발의 수효.

證明 證明 證明

言12 **證** 증거 증 ショウ(あかし)

日4 **明** 밝을 명 メイ(あかるい)

言 言 訡 諮 證 Π 日 明 明 明

證明〔증명〕 증거로써 사물을 밝힘
證人〔증인〕 증거하는 사람.
證據〔증거〕 사실을 증명하는 근거
明朗〔명랑〕 맑고 밝음.
明確〔명확〕 명백하고 확실함.
明春〔명춘〕 내년 봄.

檢審 檢審 檢審

木13 **檢** 교정할 검 ケン(しらべる)

宀12 **審** 살필 심 シン(つまびらか)

木 朩 榆 榆 檢 宀 宀 宷 審 審

檢審〔검심〕 검사하고 살핌.
檢擧〔검거〕 검속하려고 잡아 감.
檢問〔검문〕 검속하여 물음.
審判〔심판〕 잘못하는 것을 분별하여 판단함.
審査〔심사〕 자세히 조사함.

徹底 徹底 徹底

彳12 **徹** 통할 철 사무칠 철 テツ(とおる)

广5 **底** 밑 저 テイ(そこ)

彳 彳 徉 徉 徹 广 広 庀 底 底

徹底〔철저〕 깊이 속까지 이름.
徹頭徹尾〔철두철미〕 처음부터 끝까지 알뜰하게 함.
徹夜〔철야〕 밤을 꼬박 새움.
底止〔저지〕 목적물에 이르러 그침.

指摘 指摘 指摘

手(扌)6 **指** 손가락지 / 가리킬지 シ(ゆび)

手(扌)11 **摘** 딸 적 テキ(つむ)

指摘〔지적〕 들추어 냄.
指示〔지시〕 꼭 가리켜 보임.
指導〔지도〕 가리키어 인도함.
摘芽〔적아〕 나무 눈을 땀.
摘發〔적발〕 숨은 일을 들춰 냄.
摘要〔적요〕 요점을 뽑아 냄.

換票 換票 換票

手(扌)9 **換** 바꿀 환 カン(かえる)

示6 **票** 표 표 ヒョウ(ふだ)

換票〔환표〕 표를 바꿈.
換言〔환언〕 알기 쉽게 바꿔 말함.
換算〔환산〕 단위가 다른 수량으로 고치어 계산함.
票決〔표결〕 회의나 선거 때에 투표로써 결정하는 일.

背信 背信 背信

肉(月)5 **背** 등 배 ハイ(せ)

人(亻)7 **信** 믿을 신 シン(まこと)

背信〔배신〕 신의를 저버림.
背叛〔배반〕 등지고 돌아감.
背後〔배후〕 등 뒤. 뒷편.
信仰〔신앙〕 믿음.
信任〔신임〕 믿고 맡김.
信念〔신념〕 굳게 믿는 마음.

每班 每班 每班

毋3 **每** 매양 매 マイ(ごとに)

玉(王)6 **班** 벌려설반 / 반차 반 ハン(わける)

每班〔매반〕 반마다.
每事〔매사〕 일마다.
每週〔매주〕 주일마다.
班列〔반렬〕 신분 계급의 차례.
班紋〔반문〕 얼룩얼룩한 무늬.
班白〔반백〕 흑백이 반섞인 머리털

戶籍 戶籍 戶籍

戶0 **戶** 지게 호 コ(と)

竹14 **籍** 문서 적 セキ(ふみ)

戶籍〔호적〕 한 집의 가족 관계를 기록한 장부.
戶主〔호주〕 한 집의 주인.
戶口〔호구〕 집과 식구의 수.
戶數〔호수〕 호적상의 집 수.
籍沒〔적몰〕 죄인의 재산을 몰수함

勿以 勿以 勿以

勹2 **勿** 말 물 / 없을 물 ブツ(なかれ)

人3 **以** 써 이 イ(もって)

勿驚〔물경〕 놀라지 말라.
勿論〔물론〕 말할 것도 없음.
勿問〔물문〕 내버려 두고 다시 묻지 않음. 불문.
以南〔이남〕 어느 곳에서 남 쪽.
以往〔이왕〕 그 동안.

修訂 修訂 修訂

人(亻)8 **修** 닦을 수 言2 **訂** 바로잡을 정

シュウ(おさめる) テイ(ただす)

亻 亻 攸 修 修 ⼆ 言 言 訁 訂

修訂[수정] 바르게 고침.
修養[수양] 품성과 지덕을 닦음.
修學[수학] 학문을 닦음.
修羅場[수라장] 여러 사람이 뒤범벅이 되어 야단이난 곳.
訂正[정정] 잘 못된 것을 고침.

帳簿 帳簿 帳簿

巾8 **帳** 휘장 장 치부책장 竹13 **簿** 문서 부 치부 부

チョウ(とばり) ボ(ちょうめん)

冂 巾 帄 帳 帳 ⺮ 笁 箔 簿 簿

帳簿[장부] 치부 책.
帳幕[장막] 천막 또는 둘러치는 포장.
簿記[부기] 재산이 나가고 들어옴을 적는 일.
置簿[치부] 재산의 드나듬을 적음

持久 持久 持久

手(扌)6 **持** 가질 지 丿2 **久** 오랠 구

ジ(もつ) キュウ(ひさしい)

扌 扌 护 持 持 ノ ク 久

持久[지구] 오랫동안 버티어 감.
持續[지속] 길게 이어감.
持參[지참] 물건을 가지고 참석함
久遠[구원] 매우 오래됨.
久疾[구질] 오래된 병.
久留[구류] 오래 머무름.

困難 困難 困難

口4 **困** 곤할 곤 隹11 **難** 어려울난

コン(こまる) ナン(むづかしい)

丨 冂 田 困 困 ⺾ 堇 莫 歎 難

困難[곤난] 어려움과 괴로움.
困境[곤경] 어렵고 딱한 처지.
困窮[곤궁] 어렵고 가난함.
難關[난관] 일의 어려운 고비.
難局[난국] 어려운 처지.
難處[난처] 처리하기 어려움.

卑賤 卑賤 卑賤

十6 **卑** 낮을 비 貝8 **賤** 천할 천

ヒ(いやしい) セン(いやしい)

白 白 甶 卑 貝 貯 賎 賤 賤

卑賤[비천] 낮고 천함.
卑怯[비겁] 낮고 겁이 많음.
卑屈[비굴] 용기가 없고 비겁함.
賤待[천대] 푸대접함.
賤視[천시] 천하게 봄.
賤見[천견] 변변치 못한 의견.

歎傷 歎傷 歎傷

欠11 **歎** 탄식할탄 人(亻)11 **傷** 다칠 상 근심할상

タン(なげく) ショウ(きず)

⺾ 堇 莫 歎 歎 亻 亻 伊 倬 傷

歎息[탄식] 한숨을 쉬며 한탄함.
歎願[탄원] 도와 주기를 바람.
歎服[탄복] 감탄하여 심복함.
傷心[상심] 마음을 태움.
傷處[상처] 다친 곳.
傷痍[상이] 부상한 상처.

悲哀 悲哀 悲哀

心8 **悲** 슬플 비 — ヒ(かなしみ)

口6 **哀** 서러울 애 — アイ(かなしい)

悲哀[비애] 슬픔과 서러움.
悲運[비운] 슬픈 운수.
悲痛[비통] 몹시 슬픔.
哀樂[애락] 슬픔과 즐거움.
哀話[애화] 슬픈 이야기.
哀愁[애수] 슬픈 근심.

貧窮 貧窮 貧窮

貝4 **貧** 가난할 빈 — ヒン(まずしい)

穴10 **窮** 궁할 궁 — キュウ(きわめる)

貧窮[빈궁] 살림이 구차함.
貧困[빈곤] 빈궁.
貧富[빈부] 가난함과 넉넉함.
窮乏[궁핍] 빈궁에 빠짐.
窮極[궁극] 극도에 달함.
窮境[궁경] 매우 어려운 처지.

救濟 救濟 救濟

攴(攵)7 **救** 구원할 구 — キュウ(すくう)

水(氵)14 **濟** 건늘 제 / 구할 제 — サイ(すくう)

救濟[구제] 어려움을 구원함.
救援[구원] 곤난함을 건져냄.
救護[구호] 구원하여 보호함.
濟民[제민] 백성을 구제함.
濟世[제세] 세상을 구제함.
濟衆[제중] 모든 사람을 구제함.

怪漢 怪漢 怪漢

心(忄)5 **怪** 기이할 괴 — カイ(あやしい)

水(氵)11 **漢** 한수 한 / 나라 한 — カン

怪漢[괴한] 행동이 괴상한 놈.
怪物[괴물] 괴상한 물건.
怪候[괴후] 괴상한 날씨.
漢學[한학] 중국의 학문.
漢詩[한시] 한문으로 지은 시.
漢方[한방] 한약 방문.

逃避 逃避 逃避

辵(辶)6 **逃** 달아날 도 — トウ(にげる)

辵(辶)13 **避** 피할 피 — ヒ(さける)

逃避[도피] 피하여 달아남.
逃亡[도망] 도피.
逃走[도주] 도망.
避難[피난] 재난을 피하기 위하여 있는 곳을 옮김.
避暑[피서] 더위를 피함.

盜賊 盜賊 盜賊

皿7 **盜** 도적 도 / 훔칠 도 — トウ(ぬすむ)

貝6 **賊** 도적 적 — ゾク(ぬすびと)

盜賊[도적] 남의 물건을 훔침.
盜難[도난] 도둑을 맞은 재난.
盜取[도취] 훔쳐 가짐.
賊黨[적당] 도둑의 무리.
賊窟[적굴] 도둑의 소굴.
賊徒[적도] 도둑의 무리.

徒輩 徒輩 徒輩

彳 7 **徒** 무리 도 / 걸어다닐 도 ト(ともがら)

車 8 **輩** 무리 배 / 배출할배 ハイ(ともがら)

彳 彳 往 往 徒 丿 ヨ 非 輩 輩

徒輩〔도배〕 같은 무리. 패.
徒黨〔도당〕 떼를 지은 무리.
徒勞〔도로〕 애만 쓴 헛 수고.
徒食〔도식〕 놀고 먹음.
輩出〔배출〕 쏟아져 나옴.
輩行〔배행〕 나이가 비슷한 친구.

廢帝 廢帝 廢帝

广 12 **廢** 폐할 폐 ハイ(すたれる)

巾 6 **帝** 임금 제 テイ, オウ(みかど)

广 庐 庐 庐 廢 一 亠 立 产 帝

廢帝〔폐제〕 폐위된 임금.
廢棄〔폐기〕 못쓰게 되어 내버림.
廢物〔폐물〕 못쓰게 된 물건.
帝國主義〔제국주의〕 나라의 영토와 권력을 확장하려는 주의.
帝王〔제왕〕 황제와 국왕.

刺殺 刺殺 刺殺

刀(刂) 6 **刺** 찌를 자 / 바늘 자 シ(さす)

殳 7 **殺** 죽일 살 / 감할 쇄 サツ(ころす)

卪 市 朿 朿 刺 乂 𠂢 杀 殺 殺

刺客〔자객〕 몰래 찔러죽이는 사람
刺戟〔자극〕 감정을 일으킴.
刺殺〔척살〕 찔러서 죽임.
殺生〔살생〕 산 동물을 죽임.
殺害〔살해〕 생명을 해침.
殺到〔쇄도〕 세차게 들어옴.

華麗 華麗 華麗

艸(艹) 8 **華** 빛날 화 カ(はな)

鹿 8 **麗** 고울 려 レイ(うつくしい)

艹 ᅳ 艹 茥 華 丽 丽 丽 麗 麗

華麗〔화려〕 빛나고 고움.
華燭〔화촉〕 결혼의 예식.
華翰〔화한〕 남의 편지의 존칭.
麗艶〔여염〕 곱고 예쁜 것.
麗人〔여인〕 미인.
麗史〔여사〕 고려 때의 역사.

豪横 豪横 豪横

豕 7 **豪** 호걸 호 ゴウ(すぐれる)

木 12 **横** 가로 횡 オウ(よこ)

亠 亭 豪 豪 豪 木 杧 栏 横 横

豪奢〔호사〕 대단한 사치.
豪華〔호화〕 넉넉하고 번화함.
豪言〔호언〕 호기스럽게 하는 말.
横斷〔횡단〕 가로 끊음.
横財〔횡재〕 뜻밖에 얻은 재물.
横領〔횡령〕 남의 물건을 가로 챔.

龍王 龍王 龍王

龍 0 **龍** 용 룡 リュウ(たつ)

玉 0 **王** 임금 왕 オウ(きみ)

音 音 背 龍 龍 一 丁 干 王

龍王〔용왕〕 용궁의 임금.
龍門〔용문〕 출세의 뜻.
龍夢〔용몽〕 용 꿈.
王位〔왕위〕 임금의 자리.
王家〔왕가〕 왕의 가계, 그 가족.
王都〔왕도〕 임금이 있는 도읍.

迎接 迎接 迎接

迎 맞을 영 　 手(扌)8 接 이을 접 / 접할 접

ゲイ(むかえる) 　 セツ(つぐ)

⺊ 卬 卬 迎 迎 扌 扩 捘 接 接

迎接[영접] 맞아 들임.
迎送[영송] 마중과 전송.
迎新[영신] 새로운 것을 맞이함.
接客[접객] 손을 대접함.
接近[접근] 가까이 닿음.
接境[접경] 경계가 서로 닿은 곳.

應援 應援 應援

心13 應 응할 응 　 手(扌)9 援 구원할 원

オウ(こたえる) 　 エン(たすける)

广 府 府 府 應 扌 扩 护 护 援

應援[응원] 곁들어 도와 줌.
應急[응급] 급한 대로 우선 처리함
應試[응시] 시험에 응함.
援助[원조] 도와 줌.
援護[원호] 도와 주고 보호함.
援軍[원군] 도와 주는 군대.

歡呼 歡呼 歡呼

欠18 歡 기뻐할 환 　 口5 呼 숨내쉴 호 / 부를 호

カン(よろこぶ) 　 コ(よぶ)

艹 艹 芇 雚 歡 口 口 叭 吁 呼

歡呼[환호] 반갑게 부름.
歡喜[환희] 반갑고 기쁨.
歡迎[환영] 반갑게 맞음.
呼應[호응] 부름에 따라 대답함.
呼訴[호소] 사정을 남에게 알림.
呼名[호명] 큰 소리로 부름.

獄窓 獄窓 獄窓

犬10 獄 옥 옥 　 穴6 窓 창 창

ゴク(ひとや) 　 ソウ(まど)

犭 犭 犷 獄 獄 宀 穴 空 空 窓

獄窓[옥창] 옥중.
獄吏[옥리] 옥을 지키는 관리.
獄囚[옥수] 옥에 갇힌 죄인.
窓門[창문] 빛이나 바람이 들어
　　오도록 벽에 낸 문.
窓戶[창호] 들창.

暗黑 暗黑 暗黑

日9 暗 어두울 암 　 黑0 黑 검을 흑

アン(くらい) 　 コク(くろい)

日 日 日立 暗 暗 冂 冂 円 里 黑

暗黑[암흑] 어둡고 캄캄함.
暗夜[암야] 어둡고 캄캄한 밤.
暗殺[암살] 몰래 죽임.
黑斑[흑반] 검은 반점.
黑幕[흑막] 검은 장막.
黑夜[흑야] 어두운 밤.

契際 契際 契際

大6 契 계약 계 　 阜(阝)11 際 가 제 / 사귈 제

ケイ(ちぎる) 　 サイ(きわ)

三 丰 plus 刧 刧 契 阝 阝 阝 際 際

契約[계약] 법률상으로 약속함.
契合[계합] 꼭 들어 맞음.
契機[계기] 일을 일으키는 기회.
際限[제한] 한도.
際會[제회] 서로 만남.
際遇[제우] "제회"와 같은.

折衝 折衝 折衝

手(扌)4 **折** 꺾을 절 セツ(おる)
行9 **衝** 충돌할 충 / 찌를 충 ショウ(つく)

† 扌 扩 扩 折 彳 彳 徝 徝 衝

折衝〔절충〕 교섭.
折骨〔절골〕 뼈가 부러짐.
折價〔절가〕 물건 값을 깎음.
衝突〔충돌〕 서로 부딛침.
衝動〔충동〕 들쑤셔서 움직여 일으킴.
衝激〔충격〕 서로 심하게 부딛침.

連帶 連帶 連帶

辵(辶)7 **連** 연할 련 レン(つらなる)
巾8 **帶** 띠 대 タイ(おび)

亓 亘 車 連 連 一 卌 卌 卌 帶

連帶〔연대〕 공동으로 책임 짐.
連鎖〔연쇄〕 서로 잇대어 맺음.
連載〔연재〕 잇달아 기재함.
帶妻〔대처〕 아내를 둠.
帶同〔대동〕 데리고 감.
帶水〔대수〕 물기를 띰.

申述 申述 申述

田1 **申** 펼 신 シ(もうす)
辵(辶)5 **述** 지을 술 ジュツ(のべる)

丨 冂 冃 日 申 一 十 朩 朮 述

申述〔신술〕 사유를 말함.
申告〔신고〕 사유를 관청에 보고함
申請〔신청〕 단체나 기관에 청구함
述語〔술어〕 풀이말.
述懷〔술회〕 마음 먹고 말을 함.
述作〔술작〕 책을 지음.

側面 側面 側面

人(亻)9 **側** 곁 측 ソク(かわ)
面0 **面** 낯 면 メン(かお)

亻 但 但 俱 側 𠂆 丙 而 面 面

側面〔측면〕 좌우 편.
側言〔측언〕 공평하지 못한 말.
側近〔측근〕 곁의 가까운 곳.
面談〔면담〕 서로 만나 얘기함.
面貌〔면모〕 얼굴의 모양.
面接〔면접〕 서로 얼굴을 대함.

表裏 表裏 表裏

衣3 **表** 겉 표 ヒョウ(おもて)
衣7 **裏** 속 리 リ(うら)

十 主 声 耒 表 亩 重 重 重 裏

表裏〔표리〕 겉과 안.
表面〔표면〕 거죽.
表情〔표정〕 감정을 외모에 나타냄
表明〔표명〕 내용을 똑똑히 밝힘.
裏面〔이면〕 뒤 쪽 안.
裏門〔이문〕 뒷문.

模樣 模樣 模樣

木11 **模** 법 모 / 본뜰 모 モ(かた)
木11 **樣** 모양 양 ヨウ(さま)

朩 朩 栟 橂 模 朩 栏 样 樣 樣

模樣〔모양〕 생김새.
模倣〔모방〕 남의 본을 뜸.
模糊〔모호〕 분명하지 아니 함.
模範〔모범〕 배워서 본받을 만함.
樣式〔양식〕 일정한 모양과 격식.
樣相〔양상〕 생김새. 모양.

類似 類似 類似

頁10 **類** 같을 류 人(亻)5 **似** 같을 사

ルイ(たぐい) シ, ジ(にる)

類似[유사] 서로 비슷함.
類例[유례] 비슷한 전례.
類別[유별] 종류에 따라 구별함.
類聚[유취] 같은 종류끼리 모음.
似而非[사이비] 겉으로는 같은 듯 하나 속은 다름.

狀態 狀態 狀態

犬4 **狀** 모양 장 문서 장 [國音]상 心10 **態** 모양 태

ジョウ(かたち) タイ(すがた)

狀態[상태] 되어 있는 형편.
狀況[상황] 일이 되어가는 형편.
狀勢[상세] 정세.
態度[태도] 행동. 맵시.
態勢[태세] 어떠한 일을 하려고 준비하는 모양.

巧妙 巧妙 巧妙

工2 **巧** 공교할 교 女4 **妙** 묘할 묘

コウ(たくみ) ミョウ(たえ)

巧妙[교묘] 솜씨나 재주가 묘함.
巧言[교언] 실속이 없이 교묘하게 꾸미는 말. = 巧語
妙技[묘기] 용하고 묘한 재주.
妙齡[묘령] 스물 안팎 나이의 여자.
妙理[묘리] 묘한 이치.

俗稱 俗稱 俗稱

人(亻)7 **俗** 속될 속 풍속 속 禾9 **稱** 일컬을 칭

ゾク(ならい) ショウ(となえる)

俗稱[속칭] 세속에서 흔히 일컫는 칭호.
俗人[속인] 속된 사람.
俗塵[속진] 속세의 티끌.
稱讚[칭찬] 잘 한다고 높여 줌.
稱號[칭호] 일컫는 이름.

或云 或云 或云

戈4 **或** 혹 혹 二2 **云** 이를 운

ワク(あるいは) ウン(いう)

或云[혹운] 어떤 이가 말하는 바
或曰[혹왈] 혹운.
或是[혹시] 더러 그러할는지.
或時[혹시] 어떠한 때에는.
云云[운운] 이러이러하다.
云謂[운위] 말함.

寄附 寄附 寄附

宀8 **寄** 부칠 기 맡길 기 阜(阝)5 **附** 붙을 부

キ(よる) フ(つく)

寄附[기부] 돈이나 물건따위를 사회나 단체에 내어 줌.
寄宿[기숙] 남의 집에 얹혀 있음.
附加[부가] 덧붙임.
附近[부근] 가까운 곳.
附屬[부속] 딸려서 붙음.

基源

土 8 **基** 터 기 キ(もと)

水(氵) 10 **源** 근원 원 ゲン(みなもと)

基礎[기초] 밑 자리.
基盤[기반] 기초가 되는 지반.
基因[기인] 기초가 되는 원인.
基本[기본] 사물의 근본.
源泉[원천] 물의 원줄기.
源流[원류] 물의 근원, 으뜸.

餘裕

食(飠) 7 **餘** 남을 여 ヨ(あまる)

衣(衤) 7 **裕** 넉넉할유 ユウ(ゆたか)

餘裕[여유] 넉넉하고 남음이 있음
餘暇[여가] 겨를.
餘念[여념] 어떠한 일에 생각을 쓰고 그 나머지의 생각.
裕足[유족] 살림살이가 넉넉함.
裕福[유복] 살림이 넉넉함.

提供

手(扌) 9 **提** 끌 제 テイ(ひっさげる)

人(亻) 6 **供** 이바지할 공 キョウ(そなえる)

提供[제공] 바치어 이바지함.
提案[제안] 의안을 제출함.
提出[제출] 의견, 문서등을 내놓음.
供給[공급] 물건을 대어 줌.
供出[공출] 나라의 요구에 따라 백성이 의무적으로 내 놓는 일.

嫉妬

女 10 **嫉** 미워할질 투기할질 シツ(ねたむ)

女 5 **妬** 투기할투 ト(ねたむ)

嫉妬[질투] 시기하며 미워함.
嫉惡[질오] 시기하고 미워함.
嫉逐[질축] 시기하여 물리침.
妬婦[투부] 질투가 많은 여자.
妬忌[투기] 질투하고 시기함.
妬視[투시] 질시함.

寵姬

宀 16 **寵** 사랑할총 チョウ(めぐみ)

女 6 **姬** 아씨 희 キ(ひめ)

寵愛[총애] 특별히 사랑함.
寵臣[총신] 특별히 사랑하는 신하.
寵恩[총은] 은혜.
舞姬[무희] 춤추는 여자.
美姬[미희] 예쁜 여자.
妖姬[요희] 요망한 여자.

咀呪

口 5 **咀** 씹을 저 ソ(かむ)

口 5 **呪** 저주할주 방자할주 ジュ(のろう)

咀嚼[저작] 음식을 씹음.
咀片[저편] 마름모꼴 조각.
咀啖[저담] 안 되기를 바람.
呪文[주문] 저주하며 외우는 글.
呪罵[주매] 저주하고 욕함.
呪誦[주송] 주문을 읽음.

忌憚 忌憚 忌憚

心 3 **忌** 꺼릴 기 / 질투할기 キ(いむ)

心(忄) 12 **憚** 꺼릴 탄 タン(はばかる)

忌憚[기탄] 꺼리고 싫어함.
忌避[기피] 피하는 것.
忌日[기일] 사람이 죽은 날.
忌祭[기제] 기일에 지내는 제사.
憚畏[탄외] 꺼리고 두려워함.
憚煩[탄번] 번잡을 싫어함.

誘拐 誘拐 誘拐

言 7 **誘** 꾈 유 ユウ(さそう)

手(扌) 5 **拐** 유인할괴 カイ(かたり)

誘拐[유괴] 사람을 살살 달래서 꾀어 냄.
誘導[유도] 꾀어서 이끌어 들임.
誘掖[유액] 이끌어 도와줌.
誘入[유입] 남을 꾀어 들임.
誘引[유인] 남을 꾀어 냄.
拐帶[괴대] 물건을 몰래 훔쳐내어 도망함.

偏僻 偏僻 偏僻

人(亻) 9 **偏** 치우칠편 ヘン(かたよる)

人(亻) 13 **僻** 궁벽 할벽 / 간사 할벽 ヘキ(ひがむ)

偏見[편견] 한쪽으로 치우친 견해.
偏黨[편당] 한쪽으로 치우친 당.
偏母[편모] 홀어머니.
僻地[벽지] 교통이 불편한 궁벽한 땅.
僻處[벽처] 도시에서 멀어진 궁벽한 곳.
僻村[벽촌] 시골. 벽지.

驕傲 驕傲 驕傲

馬 12 **驕** 교만할교 キョウ(おごる)

人(亻) 11 **傲** 거만할오 ゴウ(おごる)

驕客[교객] 남의 사위를 일컫는 말.
驕慢[교만] 방자하고 거만함.
驕肆[교사] 교만함.
傲色[오색] 거만한 기색.
傲慢[오만] 태도가 방자함.
傲態[오태] 오만한 태도.

宏誇 宏誇 宏誇

宀 4 **宏** 클 굉 / 넓을 굉 コウ(ひろい)

言 6 **誇** 자랑할과 コ(ほこる)

宏壯[굉장] 넓고 커서 으리으리함.
宏闊[굉활] 크고 넓음.
宏材[굉재] 뛰어난 인물.
誇大[과대] 사실 이상의 허풍.
誇示[과시] 자랑하여 보임.
誇張[과장] 지나치게 나타냄.

阿鼻 阿鼻 阿鼻

阜(阝) 5 **阿** 언덕 아 / 아첨할아 ア(おか)

鼻 0 **鼻** 코 비 ビ(はな)

阿嬌[아교] 고운 여자.
阿膠[아교] 나무 붙이는 풀.
阿附[아부] 아첨.
鼻腔[비강] 콧구멍.
鼻聲[비성] 콧소리. 코 고는 소리.
鼻祖[비조] 시조(始祖).

叫喚 叫喚 叫喚

口2 **叫** 부르짖을 규 キョウ(さけぶ)

口9 **喚** 부를 환 カン(よぶ)

丨 ㄇ 口 叫 叫 口 口' 喚 喚 喚

叫聲〔규성〕 외침 소리.
叫喚〔규환〕 큰소리로 부르짖음.
叫號〔규호〕 큰소리로 부름.
喚呼〔환호〕 소리 높이 부름.
喚起〔환기〕 불러 일으킴.
召喚〔소환〕 관청에서 오라고 부름.

傀儡 傀儡 傀儡

人(亻)10 **傀** 허수아비 괴 カイ(かかし)

人(亻)15 **儡** 허수아비 뢰 망칠 뢰 ライ(やぶる)

亻 伯 伸 傀 傀 亻 亻 俨 儡 儡

傀儡〔괴뢰〕 꼭둑각시.
傀偉〔괴위〕 거센 사람.
傀災〔괴재〕 큰 재난.
傀奇〔괴기〕 괴상함.
儡身〔뇌신〕 허수아비.
儡儡〔뇌뢰〕 패함.

狂奔 狂奔 狂奔

犬(犭)4 **狂** 미칠 광 キョウ(くるう)

大6 **奔** 달아날 분 분주할 분 ホン(はしる)

ノ 犭 犭 犴 狂 大 太 本 叁 奔

狂奔〔광분〕 미쳐 날뜀.
狂人〔광인〕 미친 사람.
狂亂〔광란〕 미쳐 야단임.
奔走〔분주〕 바삐 돌아다님.
奔忙〔분망〕 급하고 바쁨.
奔馬〔분마〕 빨리 내닫는 말.

怨咎 怨咎 怨咎

心5 **怨** 원망할 원 エン(うらむ)

口5 **咎** 허물 구 재앙 구 キュウ(とがめる)

ク タ 夗 夗 怨 ク 夂 处 处 咎

怨咎〔원구〕 원망하고 꾸짖음.
怨溝〔원구〕 원망이 되는 근원.
怨念〔원념〕 원한을 품은 생각.
怨恨〔원한〕 원망하고 한탄함.
怨慕〔원모〕 무정한 것을 원망하면서도 오히려 사모함.

伴侶 伴侶 伴侶

人(亻)5 **伴** 짝 반 ハン(ともなう)

人(亻)7 **侶** 짝 려 リョ(とも)

亻 亻' 亻' 伫 伴 亻 亻 伊 侶 侶

伴侶〔반려〕 짝. 동무.
伴倘〔반상〕 사환.
伴僧〔반승〕 장례 행렬에 낀 중.
侶行〔여행〕 함께 가는 것.
僧侶〔승려〕 중.
結侶〔결려〕 친구를 맺음.

偕互 偕互 偕互

人(亻)9 **偕** 함께할 해 カイ(ともに)

二2 **互** 서로 호 ゴ(たがい)

亻 亻 伻 偕 偕 一 ㄏ 互 互

偕老〔해로〕 부부가 일생을 함께 늙음.
偕老同穴〔해로동혈〕 생사를 같이 함.
偕行〔해행〕 함께 감.
互送〔호송〕 피차 서로 보냄.
互相〔호상〕 서로.
互送〔호송〕 서로 서로 보냄.

憑藉

憑 (心 12) 의지할 빙, 증거 빙 — ヒョウ(よる)

藉 (艸(艹) 14) 핑계 댈 자, 깔 자 — セキ(しく)

憑據[빙거] 어떤 사실을 입증할 만한 근거.
憑考[빙고] 비추어 상고함.
憑聞[빙문] 간접으로 얻어들음.
憑持[빙지] 의지함.
憑藉[빙자] 말막음으로 핑계를 댐.
藉口[자구] 핑계될 만한 구실.

幣帛

幣 (巾 12) 폐백 폐, 예물 폐 — ヘイ(ぬさ)

帛 (巾 5) 비단 백, 폐백 백 — ハク(きぬ)

幣帛[폐백] 비단을 올림.
貨幣[화폐] 돈.
造幣[조폐] 화폐를 만듦.
紙幣[지폐] 종이 돈.
帛絲[백사] 흰 명주실.
帛書[백서] 비단에다 적은 글.

譬喩

譬 (言 13) 비유할 비 — ヒ(たとえる)

喩 (口 9) 알려줄 유, 비유할 유 — ユ(さとる)

譬喩[비유] 비슷한 사물을 빌어 표시함.
譬言[비언] 비꼬는 말.
譬類[비류] 같은 무리들을 서로 비유함.
喩示[유시] 타일러 훈계함.
隱喩[은유] 표면상으로 비유하지 않고 속으로 비유함.
直喩[직유] 직접 대놓고 비유함.

靈感

靈 (雨 16) 신령 령, 영혼 령 — レイ(たましい)

感 (心(忄) 9) 느낄 감 — カン(かんずる)

靈感[영감] 신불의 영묘한 감응.
靈氣[영기] 영묘한 기운, 영묘한 심기.
靈妙[영묘] 신령하고 기묘함.
靈瑞[영서] 영묘하고 상서로운 조짐.
靈前[영전] 영위(榮位)의 앞.
感心[감심] 깊이 마음에 느낌.
感慕[감모] 마음에 느끼어 사모함.

貢獻

貢 (貝 3) 바칠 공 — コウ(みつぎ)

獻 (犬 16) 드릴 헌 — ケン(たてまつる)

貢獻[공헌] 사회에 이바지함.
貢上[공상] 물품을 조정에 바침.
貢物[공물] 조정에 바치는 물건.
獻花[헌화] 꽃을 바침.
獻上[헌상] 물건을 올림.
獻身[헌신] 몸을 돌보지 않고 전력을 다함.

冒瀆

冒 (冂 7) 가릴 모, 무릅쓸 모 — ボウ(おかす)

瀆 (水(氵) 15) 개천 독, 흐릴 독 — トク(みぞ)

冒瀆[모독] 침범하여 욕되게 함.
冒濫[모람] 분수 없이 함부로 함.
冒耕[모경] 허락 없이 남의 땅에 농사 지음.
瀆職[독직] 직분을 더럽힘.
瀆職罪[독직죄] 공무원이 직분을 더럽혀 받는 죄.
汚瀆[오독] 더럽힘.

塋墳 塋墳 塋墳

土 10 **塋** 무덤 영　土 12 **墳** 봉분 분

エイ(はか)　フン(はか)

塋墳 [영분] 산소. 무덤.
塋穴 [영혈] 무덤.
先塋 [선영] 조상의 무덤.
墳墓 [분묘] 묘.
墳樹 [분수] 무덤 가에 심은 나무.
墳碑 [분비] 묘비.

墓碑 墓碑 墓碑

土 11 **墓** 무덤 묘　石 8 **碑** 비석 비

ボ(はか)　ヒ(いしぶみ)

墓碑 [묘비] 산소 앞에 세우는 작은 돌비.
墓幕 [묘막] 산소 근처에 지은 집.
墓所 [묘소] 무덤이 있는 곳.
碑石 [비석] 빗돌.
碑文 [비문] 빗돌에 새긴 글.
碑銘 [비명] 빗돌에 새긴 명(銘).

貪仕 貪仕 貪仕

貝 4 **貪** 탐할 탐　人(亻) 3 **仕** 벼슬 사

タン(むさぼる)　シ, ジ(つかえる)

貪慾 [탐욕] 사물(事物)을 지나치게 탐하는 욕심.
貪色 [탐색] 호색(好色).
貪吏 [탐리] 재물(財物)에 욕심을 내는 관리.
仕入 [사입] 물건을 사들임.
仕進 [사진] 관청에 나가서 일함.
仕退 [사퇴] 관청에서 물러나감.

飢饉 飢饉 飢饉

食(飠) 2 **飢** 주릴 기　食(飠) 11 **饉** 흉년들 근 / 흉년 근

キ(うえる)　キン(うえる)

飢餓 [기아] 굶주림.
飢渴 [기갈] 배가 고프고 목 마름.
飢困 [기곤] 굶주려 고달픔.
飢饉 [기근] 굶주림.
飢寒 [기한] 굶주리고 추움.
飢荒 [기황] 굶주림.

毀謗 毀謗 毀謗

殳 9 **毀** 헐 훼 / 험담할 훼　言 10 **謗** 헐뜯을 방

キ(やぶる)　ボウ(そしる)

毀謗 [훼방] 남을 헐어서 꾸짖음.
毀短 [훼단] 남의 단점을 헐어서 말함.
毀損 [훼손] 헐어서 못쓰게 함.
毀譽 [훼예] 훼방함과 칭찬함.
誹謗 [비방] 헐뜯고 훼방함.

渭濁 渭濁 渭濁

水(氵) 9 **渭** 물이름 위　水(氵) 13 **濁** 흐릴 탁

イ　ダク(にごる)

渭水 [위수] 강 이름. (중국)
濁流 [탁류] 흘러가는 흐린 물.
濁水 [탁수] 깨끗하지 못한 흐린 물.
濁音 [탁음] 흐린 소리.
濁酒 [탁주] 막걸리.
濁泥 [탁니] 흐리고 더러움.

辛辣 辛辣 辛辣

辛 0 **辛** 매울 신 고생 신 シン(からい)

辛 7 **辣** 매울 랄 ラツ(からい)

辛辣〔신랄〕 맛이 매우 쓰고 매움.
辛味〔신미〕 매운 맛.
辛苦〔신고〕 매우 고생하며 애씀.
辛酸〔신산〕 쓰고도 신 세상의 맛.
辛勝〔신승〕 간신히 이김.

贈呈 贈呈 贈呈

貝 12 **贈** 줄 증 ゾウ(おくる)

口 4 **呈** 보일 정 드릴 정 テイ(しめす)

贈呈〔증정〕 남에게 물건을 드림.
贈答〔증답〕 선사로 물건을 서로 주고 받고 함.
贈賂〔증뢰〕 뇌물을 보냄.
贈賜〔증사〕 보내고 받음.
贈與〔증여〕 물건을 선사로 줌.
寄贈〔기증〕 물품을 보내어 증정함.

珍珠 珍珠 珍珠

玉(王) 5 **珍** 보배 진 チン(めずらしい)

玉(王) 6 **珠** 구슬 주 シュ(たま)

珍客〔진객〕 귀한 손님.
珍景〔진경〕 진기한 경치나 구경거리.
珍聞〔진문〕 진귀한 소문.
珠簾〔주렴〕 구슬을 꿰어 꾸민 발.
珠服〔주복〕 주옥으로 아름답게 장식한 옷.
珠玉〔주옥〕 진주와 구슬.

斥蹴 斥蹴 斥蹴

斤 1 **斥** 물리칠척 セキ(しりぞける)

足(⻊) 12 **蹴** 찰 축 밟을 축 シュウ(ける)

斥蹴〔척축〕 차버리고 배척함.
斥拒〔척거〕 배척하여 거절함.
斥賣〔척매〕 싼 값으로 마구 팔음.
排斥〔배척〕 물리쳐 내뜨림.
蹴殺〔축살〕 발로 차서 죽임.
蹴球〔축구〕 발로 공을 차는 운동의 하나.

魔鬼 魔鬼 魔鬼

鬼 11 **魔** 마귀 마 マ(まもの)

鬼 0 **鬼** 귀신 귀 キ(おに)

魔界〔마계〕 마귀의 세계.
魔窟〔마굴〕 마귀가 있는 곳.
魔法〔마법〕 요술.
鬼氣〔귀기〕 선뜻한 느낌.
鬼神〔귀신〕 사람이 죽은 뒤에 있다고 하는 넋.
鬼怪〔귀괴〕 유령.

嗜厭 嗜厭 嗜厭

口 10 **嗜** 즐길 기 シ(たしなむ)

厂 12 **厭** 미워할염 싫을 염 アン(いとう)

嗜好〔기호〕 몹시 좋아함.
嗜客〔기객〕 몹시 즐기는 사람.
嗜食〔기식〕 즐겨 먹음.
厭世〔염세〕 세상이 괴롭고 귀찮아서 싫어함.
厭忌〔염기〕 싫어하고 꺼림.
厭惡〔염오〕 싫어하고 미워함.

飜覆 飜覆 飜覆

飛12 **飜** 뒤칠 번 / 번득일 번　　襾12 **覆** 엎어질 복

ハン(ひるがえる)　　フク(おおう)

飜覆〔번복〕 뒤집어 고침.
飜刻〔번각〕 한 번 인쇄한 것을 다 시 인쇄함.
飜譯〔번역〕 다른 나라 말로 바꾸어 옮김.
覆滅〔복멸〕 뒤집어 없앰.
覆面〔복면〕 얼굴을 싸서 가림.
覆船〔복선〕 배가 뒤집혀짐.

軀骸 軀骸 軀骸

身11 **軀** 몸 구　　骨6 **骸** 뼈 해

ク(からだ)　　カイ(ほね)

軀殼〔구각〕 온몸의 형체. 몸뚱이의 윤곽.
軀幹〔구간〕 포유류의 신체에 있어 머리·사지를 제외한 부분.
軀步〔구보〕 달음질로 걸음.
軀命〔구명〕 신명(身命).
骸骨〔해골〕 몸을 이루고 있는 뼈.
遺骸〔유해〕 죽은 사람의 뼈.

薄荷 薄荷 薄荷

艸(艹)13 **薄** 얇을 박　　艸(艹)7 **荷** 멜 하

ハク(うすい)　　カ(に)

薄德〔박덕〕 덕이 적음.
薄福〔박복〕 복이 적음.
薄俸〔박봉〕 많지 못한 봉급.
薄荷〔박하〕 영생이.
荷花〔하화〕 연꽃.
荷物〔하물〕 짐.

遍叉 遍叉 遍叉

辵(辶)9 **遍** 두루 편　　又1 **叉** 가닥진비녀 차

ヘン(あまねく)　　シャ(また)

遍在〔편재〕 두루 퍼져 있음.
遍照〔편조〕 두루 비침.
遍滿〔편만〕 널리 참. 꽉 참.
交叉〔교차〕 서로 어긋나 맞걸림.
交叉路〔교차로〕 엇갈린 길.
叉手〔차수〕 손을 엇걸어 잡음.

涕納 涕納 涕納

水(氵)7 **涕** 눈물 체 / 울 체　　糸4 **納** 들일 납 / 바칠 납

テイ(なみだ)　　ノウ(おさめる)

畢納〔필납〕 반드시 납부함.
涕泣〔체읍〕 눈물을 흘림.
涕淚〔체루〕 눈물.
納稅〔납세〕 세금을 바침.
納品〔납품〕 물건을 바침.
納得〔납득〕 사리를 헤아려 앎.

囹圄 囹圄 囹圄

囗5 **囹** 옥 령　　囗7 **圄** 옥 어 / 가둘 어

レイ(ひとや)　　ゴ(ひとや)

囹圉〔영어〕 옥에 갇힘.
囹圄〔영어〕 감옥.
囹囚〔영수〕 죄인.
圄死〔어사〕 감옥에서 죽음(獄死).
圄空〔어공〕 죄를 범한 자들이 가질 수 없는 의.

赦災 赦災 赦災

赤 4 **赦** 죄사할사 火 3 **災** 재앙 재

シャ(ゆるす) サイ(わざわい)

赦免〔사면〕 죄를 용서하는 것.
赦典〔사전〕 국가의 경사 때 죄를 용서함.
赦宥〔사유〕 죄를 용서해 줌.
赦罪〔사죄〕 죄를 용서해 줌.
災難〔재난〕 불행이 뜻밖에 생김.
災殃〔재앙〕 재난.

躬恤 躬恤 躬恤

身 3 **躬** 몸 궁 心(忄) 6 **恤** 근심할휼

キュウ(み) ジュツ(あわれむ)

躬行〔궁행〕 몸소 실행함.
恤金〔휼금〕 정부에서 이재민에게 주는 돈.
恤米〔휼미〕 정부에서 이재민에게 주는 쌀.
恤兵〔휼병〕 싸움에 나간 병사에게 금품을 보내며 위로함.
恤宅〔휼댁〕 황제가 거주하는 방.
恤政〔휼정〕 인자한 정치.

尼譴 尼譴 尼譴

尸 2 **尼** 여승 니 言 14 **譴** 꾸짖을견

ニ(あま) ケン(せめる)

尼僧〔이승〕 중.
尼父〔이부〕 공자(孔子).
譴責〔견책〕 꾸짖고 책망함.
譴戒〔견계〕 꾸짖어 경계시킴.
譴懲〔견징〕 견책하고 징계함.

恰緖 恰緖 恰緖

心(忄) 6 **恰** 흡족할흡 흡사할흡 糸 9 **緖** 실마리서

コウ(あたかも) ショ(いとぐち)

恰足〔흡족〕 아주 충분히 넉넉함.
恰似〔흡사〕 비슷함.
恰對〔흡대〕 꼭 맞음.
緖餘〔서여〕 나머지.
端緖〔단서〕 실마리.

小說 小說 小説

小 0 **小** 작을 소 言 7 **說** 말씀 설 달랠 세

ショウ(ちいさい) セツ(とく)

小說〔소설〕 작가의 구상을 현실화 시켜 그린 문학적 이야기
小數〔소수〕 적은 수효.
說明〔설명〕 밝히어 말함.
說敎〔설교〕 타일러서 잘 가르침.
說破〔설파〕 내용을 들어서 말함.

文學 文學 文学

文 0 **文** 글월 문 子 13 **學** 배울 학

ブン, モン(ふみ) ガク(まなぶ)

文學〔문학〕 순문학, 철학, 사학, 언어학 등의 글에 대한 문학
文章〔문장〕 글월.
文庫〔문고〕 책을 넣어 두는 곳.
學校〔학교〕 배움 터.
學識〔학식〕 배워서 얻은 지식.
學園〔학원〕 학교의 이칭.

著者 著者 著者

艸(艹)9 **著** 부딪칠착 나타날저 — チョ(あらわす)

耂5 **者** 놈 자 — シャ(もの)

艹 莘 荖 著 著 土 耂 耂 者 者

著者〔저자〕 글을 지은 이.
著名〔저명〕 이름이 세상에 들어남
著述〔저술〕 책을 지음.
著作〔저작〕 책을 지음.
長者〔장자〕 덕망있고 노성한 사람
仁者〔인자〕 마음이 어진 사람.

構想 構想 構想

木10 **構** 얽을 구 이룰 구 — コウ(かまえる)

心9 **想** 생각 상 — ソウ(おもう)

木 栱 構 構 構 木 相 相 想 想

構想〔구상〕 생각을 얽어 놓음.
構造〔구조〕 꾸밈새.
構成〔구성〕 얽어 만들음.
想起〔상기〕 돌이켜 생각해 냄.
想像〔상상〕 미루어 생각함.
想見〔상견〕 생각하여 봄.

研究 研究 研究

石4 **研** 갈 연 연구할연 — ゲン(みがく)

穴2 **究** 궁구할구 — キュウ(きわめる)

丆 石 石 矸 研 宀 穴 空 究 究

研究〔연구〕 조리있게 캐어 공부함
研究室〔연구실〕 연구하는 방.
研磨〔연마〕 갈아 닦음.
研武〔연무〕 무예를 닦고 기름.
究極〔구극〕 마지막에 달함.
究明〔구명〕 도리를 연구하여 밝힘

收錄 收錄 收錄

支(攵)2 **收** 거둘 수 — シュウ(おさめる)

金8 **錄** 기록할록 — ロク(しるす)

丨 丩 屮 收 收 金 釕 銵 錄 錄

收錄〔수록〕 모아서 기록함.
收監〔수감〕 옥에 가둠.
收金〔수금〕 돈을 거두어 들임.
錄名〔녹명〕 이름을 적음.
錄音〔녹음〕 말. 음악을 기록하여
본디 소리를 내게하는 것

新聞 新聞 新聞

斤9 **新** 새 신 — シン(あたらしい)

耳8 **聞** 들을 문 — ブン(きく)

立 辛 新 新 新 𠃌 門 門 聞 聞

新聞〔신문〕 새로운 소식을 빨리
보도하는 정기 간행물.
新婚〔신혼〕 갓 혼인함.
新刊〔신간〕 새로 발행한 책.
聞見〔문견〕 듣고 보아 얻은 지식.
聞知〔문지〕 들어서 앎.

取材 取材 取材

又6 **取** 거둘 취 취할 취 — シュ(とる)

木3 **材** 재목 재 — ザイ(まるた)

𠂆 𠄎 耳 取 取 十 木 村 材

取材〔취재〕 기사를 취함.
取消〔취소〕 글이나 말을 말살함.
取得〔취득〕 자기의 소유로 만듬.
取扱〔취급〕 일이나 물건을 다룸.
材料〔재료〕 물품을 만드는 감.
材木〔재목〕 건축에 쓰는 나무.

雜誌	出版
雜誌 雜誌 雜誌 隹10 雜 섞일 잡 言7 誌 기록할지 ザツ, ゾウ(まじる) シ(しるす) 雜誌[잡지] 호를 좇아 정기적으로 발행하는 출판물. 雜穀[잡곡] 보리, 밀, 콩 따위. 雜費[잡비] 자질구레한 비용. 雜種[잡종] 뒤섞인 종류. 誌面[지면] 잡지의 지면.	出版 出版 出版 凵3 出 날 출 片4 版 조각 판 인쇄할판 シュツ(でる) ハン(ふだ) 出版[출판] 인쇄물을 세상에 냄. 出發[출발] 길을 떠나 감. 出張[출장] 직무를 띠고 딴 데 감. 出勤[출근] 근무하러 나감. 版權[판권] 저작권. 版圖[판도] 한 나라의 영토.
玉篇 玉篇 玉篇 玉0 玉 구슬 옥 竹9 篇 책 편 ギョク(たま) ヘン(まき) 玉篇[옥편] 한자를 배열하고 음과 새김 따위를 적은 책. 玉石[옥석] 옥돌. 玉體[옥체] ① 임금의 몸 ② 귀한 몸. 玉座[옥좌] 임금이 앉는 곳. 篇首[편수] 책 편의 첫머리.	編綴 編綴 編綴 糸9 編 기록할편 엮을 편 糸8 綴 잇댈 철 맺을 철 ヘン(あむ) テイ(つづる) 編綴[편철] 엮어서 꿰맴. 編入[편입] 얽거나 짜서 넣음. 編修[편수] 편집하고 수정함. 編成[편성] 엮어서 만듦. 綴字[철자] 홀소리와 닿소리를 모아서 한 글자를 만듦.
譯詩 譯詩 譯詩 言13 譯 통변할역 번역할역 言6 詩 귀글 시 ヤク(わけ) シ(からうた) 譯詩[역시] 번역한 시. 시의 번역. 譯書[역서] 번역한 책. 譯出[역출] 번역하여 냄. 詩人[시인] 시 짓는 사람. 詩興[시흥] 시정을 일으키는 흥. 詩聖[시성] 시를 잘 짓는 사람.	解釋 解釋 解釋 角6 解 풀 해 釆13 釋 풀 석 カイ(とく) シャク(とく) 解釋[해석] 알기 쉽게 설명함. 解體[해체] 조직을 풀어 헤침. 解雇[해고] 일군을 내 보냄. 釋放[석방] 죄인을 놓아 줌. 釋明[석명] 사실을 밝힘. 釋然[석연] 의심이 풀림.

活字 活字 活字

水(氵)6 **活** 살 활 / 살릴 활 — カツ(いきる)

子3 **字** 글자 자 — ジ(もじ)

氵 汇 汗 活 活 宀 宁 字

活字〔활자〕 인쇄에 쓰는 자형.
活用〔활용〕 잘 이용함.
活潑〔활발〕 생기가 있음.
字體〔자체〕 글자의 모양.
字句〔자귀〕 문자의 어귀.
字母〔자모〕 활자의 근본 자형.

刊校 刊校 刊校

刀(刂)3 **刊** 깎을 간 / 새길 간 — カン(きざむ)

木6 **校** 학교 교 — コウ(まなびや)

一 二 干 刊 刊 十 木 栌 栌 校

刊行〔간행〕 출판물을 만들어 냄.
刊刻〔간각〕 '간행'과 같음.
刊本〔간본〕 '간행본'의 준말.
校門〔교문〕 학교의 문.
校正〔교정〕 인쇄의 잘못을 고침.
校則〔교칙〕 학교의 규칙.

歌謠 歌謠 歌謠

欠10 **歌** 노래 가 — カ(うた)

言10 **謠** 노래 요 / 소문 요 — ヨウ(うた)

可 可 哥 哥 歌 言 訁 訁 謠 謠

歌謠〔가요〕 널리 알려진 노래.
歌曲〔가곡〕 노래의 곡조.
歌舞〔가무〕 노래와 춤.
歌手〔가수〕 노래를 잘 하는 사람.
民謠〔민요〕 민족의 가요.
童謠〔동요〕 애들이 부르는 노래.

語句 語句 語句

言7 **語** 말씀 어 — ゴ(ことば)

口2 **句** 글귀 구 (귀) — ク(くぎり)

言 訂 訮 語 語 ノ 勹 勺 句 句

語句〔어귀〕 말의 귀절. 말의 마디.
語弊〔어폐〕 말의 결점.
語系〔어계〕 말의 계통.
句節〔구절〕 한 도막의 말 또는 글.
句點〔구점〕 글귀에 찍는 점.
句絕〔구절〕 한 도막의 글이나 말.

喜劇 喜劇 喜劇

口9 **喜** 기쁠 희 — キ(よろこぶ)

刀(刂)13 **劇** 심할 극 / 연극 극 — ゲキ(はげしい)

声 吉 吉 壴 喜 广 虍 虜 豦 劇

喜劇〔희극〕 웃기는 연극.
喜悲〔희비〕 기쁨과 슬픔.
喜悅〔희열〕 매우 기쁨.
劇團〔극단〕 연극을 하는 단체.
劇藥〔극약〕 성질이 지독한 약.
劇甚〔극심〕 아주 심함.

專屬 專屬 專屬

寸8 **專** 오로지 전 — セン(もっぱら)

尸18 **屬** 붙이 속 / 속할 속 — ゾク(つく)

亘 車 叀 專 專 尸 尸 屈 屬 屬

專屬〔전속〕 한 곳에만 딸림.
專心〔전심〕 한 군데만 마음을 씀
專攻〔전공〕 전문으로 연구함.
屬國〔속국〕 큰 나라에 딸린 나라.
屬領〔속령〕 한 나라에 딸린 영토.
屬性〔속성〕 본디 갖춘 성질.

代役 代役 代役

人(亻)3 **代** 대신 대 — ダイ(かわる)
彳4 **役** 부역 역 — エキ(つとめ)

丿 亻 仁 代 代 彳 彳 彾 役 役

代役[대역] 대신하여 출연함.
代讀[대독] 대신하여 읽음.
代辯[대변] 대신하여 변명함.
役事[역사] 일.
役軍[역군] 일군.
役員[역원] 무슨 역을 맡은 사람.

演技 演技 演技

水(氵)11 **演** 펼 연, 익힐 연 — エン(のべる)
手(扌)4 **技** 재주 기 — ギ(わざ)

氵 氵 浐 渖 演 扌 扌 扩 技 技

演技[연기] 연극의 기술.
演說[연설] 군중에게 이야기함.
演出[연출] 연극을 함.
技師[기사] 기술 전문인 사람.
技巧[기교] 기술이 교묘함.
技能[기능] 기술의 능력.

藝術 藝術 藝術

艸(艹)15 **藝** 재주 예 — ゲイ(わざ)
行5 **術** 꾀 술, 재주 술 — ジュツ(わざ)

艹 埶 蓺 蓺 藝 彳 徘 徘 術 術

藝術[예술] 미를 나타내는 재주.
藝能[예능] 재주와 기능.
藝妓[예기] 기생.
術策[술책] 일을 도모하는 꾀.
術法[술법] 음양과 복술.
術家[술가] 점술에 정통한 사람.

逸話 逸話 逸話

辵(辶)8 **逸** 숨을 일, 편안할일, 뛰어날일 — イツ(やすらか)
言6 **話** 이야기화 — ワ(はなす)

⺈ 色 免 逸 逸 言 言 訁 話 話

逸話[일화] 아직 세상에 알려지지 아니한 이야기.
逸樂[일락] 편안하게 즐김.
逸居[일거] 편안하게 지냄.
話題[화제] 이야기의 제목.
話頭[화두] 이야기의 첫머리.

知識 知識 知識

矢3 **知** 알 지 — チ(しる)
言12 **識** 알 식, 기록할지 — シキ(しる)

丿 𠂉 矢 知 知 訁 諳 諳 識 識

知識[지식] 지각과 학식.
知性[지성] 사물의 본성을 알음.
知舊[지구] 안 지 오랜 친구.
識見[식견] 학식과 견문.
識別[식별] 구별하여 앎.
識者[식자] 학식이 있는 사람.

冊箱 冊箱 冊箱

冂3 **冊** 책 책 — サツ(ふみ)
竹9 **箱** 상자 상 — ショウ(はこ)

丨 冂 冂 冊 冊 ⺮ 竺 箱 箱 箱

冊箱[책상] 책을 넣는 상자.
冊子[책자] 책.
冊禮[책례] 책씻이.
冊曆[책력] 천체를 측정하여 해·달의 돌아감과 절기를 적은 책.
箱子[상자] 물건을 넣는 궤짝.

及第 及第 及第

又 2 **及** 미칠 급 キュウ(およぶ)

竹 5 **第** 차례 제 집 제 ダイ(やしき)

及第[급제] 시험에 합격함.
及其時[급기시] 그 때에 다달아.
及落[급락] 급제와 낙제.
第一[제일] 첫째.
第三者[제삼자] 당사자 이외의 사람. 직접 관계없는 사람.

式辭 式辭 式辭

弋 3 **式** 법 식 シキ(のり)

辛 12 **辭** 말씀 사 사양할 사 ジ(ことば)

式辭[식사] 식장에서 하는 인사말
式順[식순] 의식의 순서.
式場[식장] 의식을 올리는 장소.
辭職[사직] 직장에서 물러남.
辭令[사령] 벼슬 자리의 임명서.
辭退[사퇴] 사양하고 물러 감.

隨筆 隨筆 隨筆

阜(阝) 13 **隨** 따를 수 ズイ(したがう)

竹 6 **筆** 붓 필 ヒツ(ふで)

隨筆[수필] 생각 나는 대로 쓴 글.
隨意[수의] 생각대로 좇아 함.
隨行[수행] 따라 감.
筆耕[필경] 원지에 글씨를 씀.
筆記[필기] 기록함.
筆禍[필화] 글 잘못써 받는 재앙.

朗讀 朗讀 朗讀

月 7 **朗** 밝을 랑 ロウ(ほがらか)

言 15 **讀** 읽을 독 ドク(よむ)

朗讀[낭독] 소리를 높여 읽음.
朗誦[낭송] 소리를 높여 글을 욈.
朗吟[낭음] 높은 소리로 시를 읊음.
讀書[독서]글을 읽음.
讀破[독파] 책을 다 읽어 냄.
讀本[독본] 글을 배우기 위해 읽는 책.

鼓唱 鼓唱 鼓唱

鼓 0 **鼓** 북 고 コ(たいこ)

口 8 **唱** 부를 창 ショウ(となえる)

鼓舞[고무] 떨쳐 일어나게 함.
鼓動[고동] 마음을 흔들어 움직임
鼓膜[고막] 귓속에 있는 엷은 막.
唱歌[창가] 노래.
唱劇[창극] 광대노래의 연극.
唱道[창도] 처음으로 말을 꺼냄.

音響 音響 音響

音 0 **音** 소리 음 オン(おと)

音 13 **響** 소리울릴 향 キョウ(ひびく)

音響[음향] 소리와 그 울림.
音樂[음악] 음을 재료로 한 예술.
音信[음신] 소식이나 편지.
響設[향설] 잔치를 베풀음.
響應[향응] 지른 소리에 맞추어 그 소리와 같이 울림.

聲樂 聲樂 声乐

耳 11 **聲** 소리 성 　木 11 **樂** 즐길 락 / 풍류 악 / 좋아할 요

セイ(こえ)　ラク(たのしい)

声 声 殸 聲 聲 　白 絈 㵉 樂 樂

聲樂〔성악〕목소리로 표현하는 음악.
聲明〔성명〕여럿에 밝혀 이름.
聲援〔성원〕소리쳐서 도와 줌.
樂天〔낙천〕세상을 즐겁게 여김.
樂器〔악기〕음악에 쓰는 기구.
樂曲〔악곡〕음악의 곡조.

劍舞 劍舞 剑舞

刀(刂) 13 **劍** 칼 검 　舛 8 **舞** 춤출 무

ケン(つるぎ)　ブ(まう)

𠆢 合 合 僉 劍 　𠂉 無 舞 舞 舞

劍舞〔검무〕칼 춤.
劍術〔검술〕긴 칼을 쓰는 재주.
劍道〔검도〕검술을 닦는 방법.
舞踊〔무용〕춤.
舞臺〔무대〕연극을 위하여 만든곳
舞曲〔무곡〕춤에 맞추는 곡조.

複型 複型 複型

衣(衤) 9 **複** 겹옷 복 / 복도 복 　土 6 **型** 본 형 / 모형 형

フク(かさねる)　ケイ(かた)

衤 衸 袹 複 複 　二 开 刑 型 型

複雜〔복잡〕여러 겹으로 얽힘.
複寫〔복사〕박인 것을 되 박음.
複線〔복선〕두 줄로 놓은 선로.
型紙〔형지〕본보기로 만든 종이.
模型〔모형〕본 따서 만든 물건.
原型〔원형〕주물 따위의 거푸집.

寫眞 寫眞 写真

宀 12 **寫** 모뜰 사 　目 5 **眞** 참 진

シャ(うつす)　シン(まこと)

宀 宵 宵 寫 寫 　后 旨 眞 眞

寫眞〔사진〕모양을 그대로 배김.
寫本〔사본〕그대로 베낀 책.
寫生〔사생〕실물을 그대로 그림.
眞理〔진리〕참된 이치.
眞意〔진의〕참 뜻.
眞實〔진실〕참되고 바름.

擴張 擴張 扩张

手(扌) 15 **擴** 넓힐 확 　弓 8 **張** 베풀 장

カク(ひろめる)　チョウ(はる)

扌 扩 摝 擴 擴 　コ 弓 弫 弫 張

擴張〔확장〕늘이어 넓게 함.
擴大〔확대〕늘이어 크게 함.
擴充〔확충〕넓히어 충실하게 함.
張力〔장력〕펼치는 힘.
張本人〔장본인〕일의 근본이 되는 자.
張本〔장본〕장본인의 준 말.

縮幅 縮幅 缩幅

糸 11 **縮** 오그라들 축 　巾 9 **幅** 폭 폭

シュク(ちぢむ)　フク(はば)

糸 紵 紵 縮 縮 　口 巾 帊 幅 幅

縮圖〔축도〕줄이어 그린 그림.
縮減〔축감〕오그라져 덜림.
縮刷〔축쇄〕원형을 줄이어 박음
廣幅〔광폭〕넓은 폭.
前幅〔전폭〕앞의 폭.
全幅〔전폭〕한 폭의 전부.

原色 原色 原色

厂 8 **原** 근본 원 / 언덕 원 ゲン(もと)

色 0 **色** 빛 색 ショク(いろ)

一 厂 厈 厚 原 ⺈ ⺈ 刍 刍 色

原色〔원색〕 홍•황•청의 세 색갈.
原稿〔원고〕 인쇄할 초본.
原告〔원고〕 재판을 제기한 자.
色彩〔색채〕 빛갈.
色素〔색소〕 물감.
色眼鏡〔색안경〕 빛갈 있는 안경.

圖形 圖形 圖形

口 11 **圖** 그림 도 / 꾀할 도 ト(はかる)

彡 4 **形** 형상 형 ケイ(かたち)

冂 冎 冎 啚 圖 二 于 开 形

圖形〔도형〕 그림의 모양.
圖案〔도안〕 설계 고안의 그림.
圖謀〔도모〕 일을 이루려고 꾀함.
形態〔형태〕 모양과 태도.
形成〔형성〕 형상을 이룸.
形便〔형편〕 일이 되어가는 경로.

思潮 思潮 思潮

心 5 **思** 생각할사 シ(おもう)

水(氵) 12 **潮** 조수 조 / 밀물 조 チョウ(しお)

冂 罒 田 思 思 氵 汁 淖 潮 潮

思潮〔사조〕 사상의 흐름.
思慕〔사모〕 생각하고 그리워 함.
思慮〔사려〕 일에 관한 생각.
潮水〔조수〕 밀물과 썰물.
潮流〔조류〕 조수의 흐름.
潮熱〔조열〕 정기적으로 나는 열.

最適 最適 最適

日 8 **最** 가장 최 サイ(もっとも)

辵(辶) 11 **適** 맞갖을적 / 마침 적 テキ(かなう)

日 昌 昌 最 最 亠 产 啇 適 適

最適〔최적〕 가장 알맞음.
最大〔최대〕 가장 큼.
最善〔최선〕 가장 좋음.
適當〔적당〕 알맞음.
適任〔적임〕 알맞은 임무.
適材〔적재〕 적당한 인재.

史實 史實 史實

口 2 **史** 사기 사 シ(ふみ)

宀 11 **實** 열매 실 ジツ(みのる)

口 口 史 史 宀 宀 宀 實 實

史實〔사실〕 역사적 사실.
史家〔사가〕 역사를 연구하는 자.
史蹟〔사적〕 역사상 남은 자취.
實力〔실력〕 실제로 가진 힘.
實吐〔실토〕 사실대로 말함.
實權〔실권〕 실제의 권리.

傾聽 傾聽 傾聽

人(亻) 11 **傾** 기울 경 ケイ(かたむく)

耳 16 **聽** 들을 청 チョウ(きく)

亻 亻 化 傾 傾 F 耳 耳 聽 聽

傾聽〔경청〕 귀를 기울여 들음.
傾斜〔경사〕 기울기.
傾向〔경향〕 한 쪽으로 쏠림.
聽衆〔청중〕 연설을 듣는 무리.
聽覺〔청각〕 듣는 감각.
聽講〔청강〕 강의를 들음.

秘密

示5 **祕** 비밀할비 / 숨길 비
ヒ(かくす)

宀8 **密** 빽빽할밀 / 비밀할밀
ミツ(ひそか)

秘密〔비밀〕 남몰래 하는 일.
秘訣〔비결〕 비밀한 방법.
秘藏〔비장〕 남 몰래 감추어 둠.
密會〔밀회〕 남 몰래 만남.
密告〔밀고〕 몰래 일러 바침.
密談〔밀담〕 몰래 이야기함.

殘存

歹8 **殘** 쇠잔할잔 / 나머지잔
ザン(のこる)

子3 **存** 있을 존
ソン(あり)

殘存〔잔존〕 남아 있음.
殘金〔잔금〕 남은 돈.
殘忍〔잔인〕 인정이 없음.
存在〔존재〕 있음. 현존함.
存亡〔존망〕 살아 있음과 죽음.
存續〔존속〕 계속하여 존재함.

啓蒙

口8 **啓** 열 계
ケイ(ひらく)

艸(艹)10 **蒙** 입을 몽 / 어릴 몽
モウ(おさない)

啓蒙〔계몽〕 무지함을 밝게 깨침.
啓事〔계사〕 왕에게 사실을 적어 올리는 서면.
啓示〔계시〕 가르치어 보임.
蒙利〔몽리〕 이익을 얻음.
蒙昧〔몽매〕 어리석고 어두움.
蒙恩〔몽은〕 은덕을 입음.

抽籤

手(扌)5 **抽** 뽑을 추 / 당길 추
チュウ(ぬく)

竹17 **籤** 점대 첨
セン(くじ)

抽籤〔추첨〕 제비를 뽑음.
抽拔〔추발〕 골라서 추려냄.
抽象〔추상〕 많은 표상에서 공통되는 성질을 뽑아 그것만 대상으로 삼음.
籤辭〔첨사〕 점대에 적힌 길흉의 점사.
籤子〔첨자〕 점대.
籤紙〔첨지〕 책에 어떤 것을 표시하느라고 붙이는 쪽지.

纂譜

糸14 **纂** 모을 찬 / 이을 찬
サン(あつめる)

言12 **譜** 문서 보
フ(けいず)

纂修〔찬수〕 재료를 모아서 책을 짬.
纂集〔찬집〕 글을 모아 책을 펴냄.
撰纂〔찬찬〕 서책을 편찬하여 꾸며 냄.
譜表〔보표〕 음률을 표시하는 선.
譜所〔보소〕 족보를 만들기 위해 둔 사무소.
族譜〔족보〕 씨족의 대를 기록한 책.

揭粹

手(扌)9 **揭** 높이들게
ケイ(かかげる)

米8 **粹** 순수할수
スイ(すい)

揭載〔게재〕 글을 실음.
揭示〔게시〕 내걸어 보임.
揭揚〔게양〕 올려 걸음.
國粹〔국수〕 한 민족 고유의 정신.
純粹〔순수〕 잡된 것이 없음.
精粹〔정수〕 깨끗하고 순수함.

苟且 苟且 苟且

艸(艹) 5 **苟** 구차할구 一 4 **且** 또 차

コウ(いやしくも) シャ(かつ)

苟生〔구생〕 구차한 생활.
苟延歲月〔구연세월〕 구차스럽게 세월을 보냄.
且戰且走〔차전차주〕 한편 싸우면서 한편 도망침.
且月〔차월〕 음력 유월의 별칭.
重且大〔중차대〕 중하고도 큼.

叡析 叡析 叡析

又 14 **叡** 밝을 예 어질 예 木 4 **析** 나눌 석

エイ(あきらか) セキ(さく)

叡敏〔예민〕 왕의 천성이 명민함.
叡智〔예지〕 마음이 밝고 생각이 뛰어남.
叡嘆〔예탄〕 왕의 탄식.
解析〔해석〕 풀어서 알림.
分析〔분석〕 나누어 밝힘.
析義〔석의〕 석명한 뜻.

朦朧 朦朧 朦朧

月 14 **朦** 지는달빛 희미할몽 月 16 **朧** 달빛 훤히 비칠 롱

モウ(おぼろ) ロウ(おぼろ)

朦朧〔몽롱〕 흐리멍덩함.
朦瞽〔몽고〕 소경.
朦昏〔몽혼〕 마취되어 정신이 없음.
朦睡〔몽수〕 마비되어 자는 모양.
朦夢〔몽몽〕 꿈인지 아닌지 흐리멍덩함.
朧烟〔농연〕 아른거리는 노을.

燦爛 燦爛 燦爛

火 13 **燦** 빛날 찬 火 17 **爛** 밝을 란

サン(あきらか) ラン(あきらか)

燦爛〔찬란〕 빛나고 아름다움.
燦燦〔찬찬〕 빛나고 번쩍임.
燦然〔찬연〕 빛나고 번쩍임.
爛漫〔난만〕 꽃이 활짝 핀 모양.
爛熟〔난숙〕 잘 익음.
爛醉〔난취〕 몹시 취함.

映秀 映秀 映秀

日 5 **映** 비칠 영 禾 2 **秀** 빼어날수

エイ(うつる) シュウ(ひいでる)

映畵〔영화〕 활동사진.
映寫〔영사〕 영화를 비침.
映窓〔영창〕 방을 밝히는 창문.
秀才〔수재〕 뛰어난 재주.
秀麗〔수려〕 경치가 아름다움.
秀眉〔수미〕 아름다운 눈썹.

彫影 彫影 彫影

彡 8 **彫** 새길 조 彡 12 **影** 그림자영

チョウ(ほる) エイ(かげ)

彫刻〔조각〕 새기는 것.
彫像〔조상〕 조각한 물상.
彫琢〔조탁〕 보석에 새김.
影幀〔영정〕 초상 그린 족자.
影響〔영향〕 관계를 미치는 것.
近影〔근영〕 최근에 찍은 사진.

英雄 英雄 英雄	無敵 無敵 無敵
艸(艹)5 **英** 꽃부리영 영웅 영 エイ(ひいでる) 隹4 **雄** 수컷 웅 웅장할웅 ユウ(おす)	火(灬)8 **無** 없을 무 ム,ブ(ない) 攴(攵)11 **敵** 대적할적 원수 적 テキ(かたき)
英雄[영웅] 재주와 용맹이 남 달리 뛰어난 사람. 英靈[영령] 죽은 사람의 영혼. 雄大[웅대] 으리으리하게 큼. 雄壯[웅장] 크고 으리으리함. 雄志[웅지] 큰 뜻.	無敵[무적] 겨를만 한 적이 없음. 無窮[무궁] 끝이 없음. 無期[무기] 일정한 기한이 없음. 敵陣[적진] 적군의 진영. 敵機[적기] 적국의 비행기. 敵手[적수] 재주나 힘이 맞서는 사람.
將兵 將兵 將兵	召集 召集 召集
寸8 **將** 장수 장 ショウ(まさに) 八5 **兵** 군사 병 ヘイ(つわもの)	口2 **召** 부를 소 ショウ(めす) 隹4 **集** 모을 집 シュウ(あつめる)
將兵[장병] 장교와 사병. 將來[장래] 앞으로 닥쳐 올 때. 將次[장차] 앞으로. 차차. 兵役[병역] 국민으로서 군대에 나아가 훈련을 받는 일. 兵力[병력] 군대의 힘.	召集[소집] 불러서 모음. 召喚[소환] 관청에서 불러 올림. 召還[소환] 일을 마치기 전에 불러 들어오게 하는 일. 集團[집단] 한 곳에 모인 떼. 集會[집회] 여러 사람의 모임.
武裝 武裝 武裝	訓練 訓練 訓練
止4 **武** 건장할무 호반 무 ブ(たけしい) 衣7 **裝** 행장 장 꾸밀 장 ソウ(よそおう)	言3 **訓** 가르칠훈 クン(おしえる) 糸9 **練** 익힐 련 レン(ねる)
武裝[무장] 전쟁을 할 차림새. 武力[무력] 군사상의 힘. 武器[무기] 전쟁에 쓰이는 기구. 裝置[장치] 꾸며 차리어 둠. 裝甲[장갑] 갑옷을 갖춤. 裝束[장속] 몸을 꾸미어 차림.	訓練[훈련] 실두를 배워 익힘. 訓示[훈시] ① 타이름. ② 관청의 명령을 일반에게 알림. 訓戒[훈계] 가르쳐 경계함. 練磨[연마] 갈아 닦음. 練習[연습] 자꾸 되풀이하여 익힘

志願

心 3 **志** 뜻 지 シ(こころざす)

頁 10 **願** 원할 원 ガン(ねがう)

一 十 士 志 志 厂 原 原 願 願

志願[지원] 하고 싶어서 바람.
志望[지망] 뜻하여 바람.
志操[지조] 굳은 뜻과 바른 조행.
志向[지향] 뜻이 어디로 쏠림.
願書[원서] 청원의 뜻을 쓴 서류.
願望[원망] 원하고 바람.

決死

水(氵) 4 **決** 결단할 결 ケツ(きめる)

歹 2 **死** 죽을 사 シ(しぬ)

氵 冫 冫 決 決 一 歹 歹 歹 死

決死[결사] 죽기로 마음을 먹음.
決定[결정] 단결하여 작정함.
決心[결심] 마음을 굳게 작정함.
死亡[사망] 사람의 죽음.
死守[사수] 죽기로써 지킴.
死刑[사형] 목숨을 끊는 형벌.

尉官

寸 8 **尉** 벼슬이름 위 イ(おさえる)

宀 5 **官** 벼슬 관 カン(つかさ)

コ 尸 尸 尉 尉 宀 宀 宀 官

尉官[위관] 군대 계급의 하나로서 소위, 중위, 대위를 모두 일컬음.
官吏[관리] 벼슬아치. 공무원.
官民[관민] 관리와 민간인.
官立[관립] 관청에서 세움.

階級

阜(阝) 9 **階** 층계 계 섬돌 계 カイ(きざはし)

糸 4 **級** 등급 급 층 급 キュウ(しな)

阝 阝 阝 阝 階 糸 糸 糸 級 級

階級[계급] 지위의 등급.
階段[계단] 층층대.
階次[계차] 계급의 차례.
級長[급장] '급'의 우두머리.
級友[급우] 한 학급에서 같이 공부하는 동무.

聯隊

耳 11 **聯** 연이을 련 관계할 련 レン(つらなる)

阜(阝) 9 **隊** 떼 대 무리 대 タイ(くみ)

耳 聯 聯 聯 聯 阝 阝 阝 隊 隊

聯隊[연대] 군대 편성의 한 단위.
聯合[연합] 둘 이상을 합함.
聯立[연입] 여럿이 어울려 섬.
隊列[대열] 떼지어 늘어선 행렬.
隊商[대상] 사막지방에서 떼를 지어 돌아다니는 장사치.

司令

口 2 **司** 맡을 사 シ(つかさどる)

人 3 **令** 하여금 령 명령할 령 レイ(のり)

丁 司 司 司 司 ノ 人 亼 今 令

司令[사령] 군대나 함대를 거느리고 지휘하는 일.
司法[사법] 법률에 의하여 죄를 심판하는 일.
令息[영식] 남의 아들의 높임 말.
令狀[영장] 명령하는 글 발.

統帥 統帥 统帅

糸6 統 거느릴 통 　巾6 帥 장수 수

トウ(すべる)　スイ(ひきいる)

統帥[통수] 온통 몰아서 거느림.
統治[통치] 도맡아 다스림.
統合[통합] 여럿을 하나로 만듬.
統轄[통할] 통일하여 관할함.
元帥[원수] 군인 최고 지위.
將帥[장수] 옛 군사의 우두머리.

登用 登用 登用

癶7 登 오를 등 　用0 用 쓸 용

トウ(のぼる)　ヨウ(もちいる)

登用[등용] 인재를 뽑아 씀.
登錄[등록] 관청 장부에 올림.
登山[등산] 산에 올라감.
用具[용구] 쓰는 도구.
用途[용도] 쓰이는 곳.
用意[용의] 할 의사.

外伐 外伐 外伐

夕2 外 바깥 외 　人(亻)4 伐 칠 벌

ガイ(そと)　バツ(うつ)

外界[외계] 밖의 범위.
外貌[외모] 겉 모양.
外務[외무] 외교에 관한 사무.
伐木[벌목] 나무를 벰.
伐草[벌초] 풀을 벰.
伐採[벌채] '벌목'과 같음.

砲擊 砲擊 砲擊

石5 砲 대포 포 　手13 擊 칠 격

ホウ(つつ)　ゲキ(うつ)

砲擊[포격] 대포로 사격함.
砲聲[포성] 대포 소리.
砲彈[포탄] 대포의 알.
擊退[격퇴] 쳐서 물리침.
擊沈[격침] 쳐서 가라앉힘.
擊墜[격추] 쳐서 떨어뜨림.

慘烈 慘烈 慘烈

心(忄)11 慘 슬플 참 / 혹독할 참 　火6 烈 매울 렬 / 빛날 렬

サン(みじめ)　レツ(はげしい)

慘烈[참렬] 몹시 참혹함.
慘敗[참패] 참혹하게 실패함.
慘酷[참혹] 끔찍하게 불쌍함.
烈女[열녀] 절개를 지킨 여자.
烈士[열사] 절개가 굳센 사람.
烈風[열풍] 몹시 부는 바람.

奮鬪 奮鬪 奮鬪

大13 奮 떨칠 분 　門10 鬪 싸움 투

フン(ふるう)　トウ(たたかう)

奮鬪[분투] 힘을 다하여 싸움.
奮起[분기] 기운을 내어 일어남.
奮發[분발] 기운을 내어 힘 씀.
鬪爭[투쟁] 다투어 싸움.
鬪志[투지] 싸울 마음.
鬪士[투사] 싸우려고 나선 사람.

我方 我方 我方

戈3 **我** 나 아 方0 **方** 모 방 / 방위 방

ガ(われ) ホウ(かた)

我方[아방] 우리 쪽.
我國[아국] 우리 나라.
我軍[아군] 우리 군사.
方針[방침] 일의 방법과 계획.
方途[방도] 일을 하여갈 길.
方今[방금] 이제 금방.

返陣 返陣 返陣

辵(辶)4 **返** 돌아올반 阜(阝)7 **陣** 진칠 진

ヘン(かえる) ジン(じんどる)

返還[반환] 돌려 보냄.
返信[반신] 회답 편지.
返送[반송] '반환'과 같음.
陣地[진지] 진을 치는 터.
陣頭[진두] 진의 맨 앞.
陣容[진용] 군진의 형세나 모양.

移動 移動 移動

禾6 **移** 옮길 이 力9 **動** 움직일동

イ(うつる) ドウ(うごく)

移動[이동] 옮겨 감.
移秧[이앙] 모내기.
移徙[이사] 집을 옮겨 감.
動搖[동요] 움직여서 흔들림.
動作[동작] 몸을 움직임.
動力[동력] 물체를 움직이는 힘.

露宿 露宿 露宿

雨12 **露** 이슬 로 / 드러날로 宀8 **宿** 잘 숙 / 머무를숙

ロ(つゆ) シュク(やど)

露宿[노숙] 집 밖에서 잠.
露積[노적] 밖에 쌓은 곡식.
露骨[노골] 숨김 없이 들어냄.
宿泊[숙박] 여관에서 묵음.
宿患[숙환] 오래된 병.
宿命[숙명] 작정된 운명.

包圍 包圍 包圍

勹3 **包** 쌀 포 / 용납할포 囗9 **圍** 둘레 위

ホウ(つつむ) イ(かこむ)

包圍[포위] 빵 둘러 에워 쌈.
包攝[포섭] 받아들임.
包裝[포장] 물건을 쌈.
圍棋[위기] 바둑을 둠.
圍繞[위요] 둘러 쌈.
周圍[주위] 바깥 둘레.

攻勢 攻勢 攻勢

攴(攵)3 **攻** 칠 공 力11 **勢** 권세 세 / 행세 세

コウ(せめる) セイ(いきおい)

攻勢[공세] 공격의 태세나 세력.
攻擊[공격] 적을 침. 몹시 꾸짖음.
攻駁[공박] 잘못을 따져 말함.
勢道[세도] 정치상의 세력.
勢力[세력] 권세의 힘.
勢家[세가] 권세 있는 집.

銀翼

金 6 **銀** 은 은　　羽 12 **翼** 날개 익 / 도울 익

ギン(しろがね)　　ヨク(つばさ)

- 銀翼〔은익〕 비행기
- 銀幕〔은막〕 영사막. 스크린.
- 銀河〔은하〕 은하수.
- 銀行〔은행〕 금융 매개의 기관.
- 翼翼〔익익〕 많고 성한 모양.
- 翼贊〔익찬〕 정사를 도움.

操縱

手(扌) 13 **操** 잡을 조 / 지조 조　　糸 11 **縱** 놓을 종 / 세로 종

ソウ(とる)　　ジュウ(たて)

- 操縱〔조종〕 뜻대로 다루어 부림.
- 操心〔조심〕 마음을 삼가서 가짐.
- 操行〔조행〕 몸을 가지는 행실.
- 縱行〔종행〕 세로 된 줄.
- 縱橫〔종횡〕 가로와 세로.
- 縱放〔종방〕 멋대로.

爆裂

火 15 **爆** 터질 폭　　衣 6 **裂** 찢어질 렬

バク(さける)　　レツ(さく)

- 爆裂〔폭렬〕 불이 일어나며 터짐.
- 爆發〔폭발〕 불이 터짐.
- 爆笑〔폭소〕 터져 나오는 웃음.
- 爆音〔폭음〕 폭발하는 큰 소리.
- 裂傷〔열상〕 살갗을 칼로 벤 상처.
- 裂開〔열개〕 찢어서 벌림.

猛暴

犬(犭) 8 **猛** 날랠 맹 / 사나울 맹　　日 11 **暴** 사나울 포 (폭)

モウ(たけし)　　ボウ, バク(あらい)

- 猛烈〔맹렬〕 기세가 사납고 세참.
- 猛爆〔맹폭〕 맹렬한 폭격.
- 猛將〔맹장〕 사나운 장수.
- 暴惡〔포악〕 성질이 사납고 악함.
- 暴君〔폭군〕 모진 임금.
- 暴動〔폭동〕 난폭한 행동.

旗艦

方 10 **旗** 기 기　　舟 14 **艦** 싸움배 함

キ(はた)　　カン(いくさぶね)

- 旗艦〔기함〕 사령관이 탄 군함.
- 旗手〔기수〕 기로 신호하는 사람.
- 旗身〔기신〕 깃발.
- 艦砲〔함포〕 군함의 대포.
- 艦隊〔함대〕 군함 두 척 이상으로 편성된 해군 부대.

沈沒

水(氵) 4 **沈** 잠길 침 / 성 심　　水(氵) 4 **沒** 잠길 몰 / 다할 몰

チン(しずむ)　　ボツ(しずむ)

- 沈沒〔침몰〕 물속에 가라앉음.
- 沈着〔침착〕 성질이 착실함.
- 沈淸〔심청〕 사람 이름.
- 沒頭〔몰두〕 모슨 일에 열중함.
- 沒死〔몰사〕 다 죽음.
- 沒收〔몰수〕 빼앗아 들임.

警戒 警戒 警戒

言 13 **警** 경계할경 ケイ(いましめる)

戈 3 **戒** 경계할계 カイ(いましめる)

芍 苟 敬 警 警 一 开 戒 戒 戒

警戒〔경계〕 뜻밖의 일이 생기지 않도록 조심함.
警告〔경고〕 경계하여 이름.
警備〔경비〕 만일에 미리 방비함.
戒嚴〔계엄〕 전쟁 또는 사변이 있을 때 군대로서 경계함.

森嚴 森嚴 森嚴

木 8 **森** 나무 빽들어설 삼 / 성할 삼 シン(もり)

口 17 **嚴** 엄할 엄 ゲン(きびしい)

一 十 木 森 森 罒 严 罗 嚴 嚴

森嚴〔삼엄〕 엄숙하고 어마어마함.
森林〔삼림〕 나무가 많이 난 곳.
森羅萬象〔삼라만상〕 우주 안에 있는 모든 물건.
嚴格〔엄격〕 엄하고 딱딱함.
嚴禁〔엄금〕 엄중하게 금함.

消煙 消煙 消煙

水(氵) 7 **消** 사라질소 ショウ(きえる)

火 9 **煙** 연기 연 エン(けむり)

氵 氵 氵 消 消 丷 火 炉 煙 煙

消息〔소식〕 편지나 또는 소문.
消費〔소비〕 써서 없앰.
消毒〔소독〕 전염될 병균을 죽임.
煙草〔연초〕 담배.
煙突〔연돌〕 굴뚝.
煙滅〔연멸〕 연기같이 사라짐.

燃燒 燃燒 燃燒

火 12 **燃** 불탈 연 ネン(もえる)

火 12 **燒** 불사를소 ショウ(やく)

丷 火 燃 燃 燃 丷 火 炷 燒 燒

燃燒〔연소〕 물건이 탐.
燃料〔연료〕 불 붙여 타게 하는 재료.
燒失〔소실〕 불에 타서 없어짐.
燒却〔소각〕 불에 태워 버림.
燒死〔소사〕 불에 타서 죽음.
燒殺〔소살〕 불에 태워 죽임.

含怒 含怒 含怒

口 4 **含** 머금을함 ガン(ふくむ)

心 5 **怒** 성낼 노 ド(いかる)

人 今 今 含 含 ㄑ 女 奴 怒 怒

含怒〔함노〕 노기를 품음.
含蓄〔함축〕 말이나 글 가운데 많은 뜻이 들어 있음.
含淚〔함루〕 눈물을 머금음.
怒氣〔노기〕 성이 난 얼굴 빛.
怒濤〔노도〕 성낸 파도.

抗拒 抗拒 抗拒

手(扌) 4 **抗** 막을 항 / 항거할항 コウ(あたる)

手(扌) 5 **拒** 막을 거 キョ(こばむ)

扌 扌 扩 抗 抗 扌 扎 扩 拒 拒

抗拒〔항거〕 맞서서 겨눔.
抗辯〔항변〕 말로써 서로 버팀.
抗爭〔항쟁〕 버티고 다툼.
拒否〔거부〕 아니라고 거절함.
拒逆〔거역〕 명령을 거슬림.
拒絶〔거절〕 물리쳐서 딱 떼어버림.

又復 又復 又復

又 0 **又** 또 우

ユウ(また)

フ又

彳 9 **復** 돌아올복 다시 부

フク(かえる)

彳 彴 徂 復 復

又復〔우복〕 또 다시.
又況〔우황〕 하물며.
復興〔부흥〕 다시 일으킴.
復職〔복직〕 직업을 회복함.
復活〔부활〕 다시 살아남.
復讐〔복수〕 원수를 갚음.

侵犯 侵犯 侵犯

人(亻) 7 **侵** 침노할침

シン(おかす)

亻 亻' 亻⺕ 伊 侵

犬(犭) 2 **犯** 범할 범

ハン(おかす)

ノ 犭 犭 犭 犯

侵犯〔침범〕 침노함.
侵略〔침략〕 땅을 빼앗음.
侵入〔침입〕 침범하여 들어옴.
犯罪〔범죄〕 죄를 지음.
犯意〔범의〕 범죄의 의사.
犯行〔범행〕 범죄가 되는 행위.

勇姿 勇姿 勇姿

力 7 **勇** 날랠 용 용감할용

ユウ(いさましい)

ㄱ 丙 甬 勇 勇

女 6 **姿** 맵시 자

シ(すがた)

冫 次 次 姿 姿

勇姿〔용자〕 용맹스런 모양.
勇敢〔용감〕 씩씩하고 기운참.
勇將〔용장〕 용맹한 장수.
姿勢〔자세〕 몸을 가지는 모양.
姿態〔자태〕 모습이나 맵씨.
姿色〔자색〕 여자의 예쁜 얼굴.

去就 去就 去就

ム 3 **去** 갈 거 지날거

キョ(さる)

一 十 土 去 去

尢 9 **就** 좇을 취 이룰 취

シュウ(つく)

亠 京 京 就 就 就

去就〔거취〕 일신상의 진퇴.
去來〔거래〕 물건을 팔고 삼.
去勢〔거세〕 세력을 제거함.
就職〔취직〕 직업을 얻음.
就學〔취학〕 학교에 들어감.
就寢〔취침〕 잠을 잠.

唐突 唐突 唐突

口 7 **唐** 당나라당 황당할당

トウ(から)

广 户 庐 唐 唐

穴 4 **突** 우뚝할돌 부딪칠돌

トツ(つく)

宀 穴 空 突 突

唐突〔당돌〕 올차고 도랑도랑함.
唐根〔당근〕 홍당무우.
唐慌〔당황〕 어찌할 줄을 모름.
突擊〔돌격〕 나아가서 침.
突然〔돌연〕 뜻밖에.
突發〔돌발〕 별안간 일어남.

敢斷 敢斷 敢斷

攴(攵) 8 **敢** 구태여감 감히 감

カン(あえて)

工 币 耳 耳' 敢

斤 14 **斷** 끊을 단

ダン(たつ, ことわる)

𢆶 㡭 㡭 斷 斷

敢然〔감연〕 과감한 태도.
敢鬪〔감투〕 용감하게 싸움.
敢行〔감행〕 용감히 행함.
斷念〔단념〕 생각을 끊어 버림.
斷乎〔단호〕 조금도 사정이 없음.
斷案〔단안〕 옳고 그름을 판단함.

銃彈 銃彈 銃彈

金6 **銃** 총 총 ジュウ(つつ)

弓12 **彈** 탄알 탄 / 탈 탄 ダン(たま)

銃彈〔총탄〕 총알.
銃聲〔총성〕 총 소리.
銃殺〔총살〕 총으로 쏘아 죽임.
彈子〔탄자〕 탄환. 총알.
彈皮〔탄피〕 탄환의 껍질.
彈壓〔탄압〕 퉁기고 억누름.

軍刀 軍刀 軍刀

車2 **軍** 군사 군 グン(つわもの)

刀0 **刀** 칼 도 トウ(かたな)

軍刀〔군도〕 전쟁에 쓰는 칼.
軍備〔군비〕 군사상의 설비.
軍務〔군무〕 군사상의 사무.
刀圭〔도규〕 의술.
刀子〔도자〕 창칼.
刀魚〔도어〕 ① 웅어. ② 갈치.

義憤 義憤 義憤

羊(⺶)7 **義** 옳을 의 ギ(のり)

心(忄)12 **憤** 분할 분 フン(いきどおる)

義憤〔의분〕 의로운 분노.
義擧〔의거〕 정의를 위한 거사.
義足〔의족〕 해 박는 발. 고무 발.
憤激〔분격〕 몹시 분함.
憤慨〔분개〕 분하여 탄식함.
憤痛〔분통〕 분하고 절통함.

危險 危險 危險

卩(㔾)4 **危** 위태할 위 キ(あやうい)

阜(阝)13 **險** 험할 험 ケン(けわしい)

危險〔위험〕 위태하고 험함.
危急〔위급〕 매우 위태함.
危懼〔위구〕 두려움.
險路〔험로〕 위험한 길.
險難〔험난〕 위태롭고 어려움.
險談〔험담〕 남을 욕되게 하는 말.

火災 火災 火災

火0 **火** 불 화 カ(ひ)

火3 **災** 재앙 재 サイ(わざわい)

火災〔화재〕 불로 인한 재해.
火急〔화급〕 매우 급함.
火田〔화전〕 불을 지르고 만든 밭.
災殃〔재앙〕 천재지변의 사고.
災害〔재해〕 재앙으로 인한 해.
災民〔재민〕 재난을 당한 백성.

散在 散在 散在

支(攵)8 **散** 흩어질 산 サン(ちる)

土3 **在** 있을 재 ザイ(ある)

散在〔산재〕 흩어져 있음.
散漫〔산만〕 어수선함.
散文〔산문〕 제한 없이 적은 글.
在學〔재학〕 학교에 다님
在野〔재야〕 관직에 있지 않음.
在來〔재래〕 전부터 있던 곳.

始初 始初 始初

女 5 **始** 비로소 시 シ(はじめ)

刀 5 **初** 처음 초 ショ(はじめ)

始初〔시초〕 맨 처음.
始作〔시작〕 일 따위를 개시함.
始終〔시종〕 처음과 끝.
初面〔초면〕 처음으로 만남.
初雪〔초설〕 첫 눈.
初志〔초지〕 맨 처음 먹은 뜻.

終幕 終幕 終幕

糸 5 **終** 마칠 종 シュウ(おわる)

巾 11 **幕** 장막 막 バク(まく)

終幕〔종막〕 마지막.
終焉〔종언〕 마지막 판.
終末〔종말〕 끝 판.
幕童〔막동〕 막내 아들.
幕間〔막간〕 연극 영화의 막 사이.
幕舍〔막사〕 임시로 허름하게 지은 집.

暫時 暫時 暫時

日 11 **暫** 잠간 잠 ザン(しばらく)

日 6 **時** 때 시 ジ(とき)

暫時〔잠시〕 잠간.
暫間〔잠간〕 오래지 아니한 동안.
暫定〔잠정〕 임시로 정함.
時勢〔시세〕 그 때의 형세.
時刻〔시각〕 때.
時急〔시급〕 때가 입박함.

卽瞬 卽瞬 卽瞬

卩 7 **卽** 곧 즉 ソク(すなわち)

目 12 **瞬** 눈깜작일 순 잠간 순 シュン(またたく)

卽決〔즉결〕 곧 처결함.
卽斷〔즉단〕 그 자리에서 곧 단정함
卽答〔즉답〕 그 자리에서 곧 대답함
卽死〔즉사〕 그 자리에서 곧 죽음.
瞬間〔순간〕 눈 깜작이는 동안.
瞬息間〔순식간〕 순간.

盲目 盲目 盲目

目 3 **盲** 장님 맹 モウ(めくら)

目 0 **目** 눈 목 モク(め)

盲目〔맹목〕 분별없이 하는 행동.
盲從〔맹종〕 좋고 그름을 관계하지 않고 따라감.
目的〔목적〕 이루려 하는 목표.
目擊〔목격〕 눈으로 직접 봄.
目標〔목표〕 눈으로 목적 삼은 곳.

相對 相對 相對

目 4 **相** 서로 상 ソウ(あい)

寸 11 **對** 마주볼 대 대답할 대 タイ(こたえる)

相對〔상대〕 서로 대면함.
相違〔상위〕 서로 같지 아니함.
相反〔상반〕 서로 반대됨.
對立〔대립〕 마주 대하여 섬.
對策〔대책〕 사물에 대하는 방책.
對抗〔대항〕 서로 버팀.

敗退 敗退 敗退

辵(⻌)6 **退** 물러갈퇴 支(攵)7 **敗** 패할 패

タイ(しりぞく) ハイ(やぶれる)

敗退[패퇴] 싸움에 지고 물러감.
敗戰[패전] 싸움에 짐.
敗北[패배] 싸움에 지고 달아남.
退却[퇴각] 물러감.
退步[퇴보] 재주나 힘이 줄어짐.
退治[퇴치] 물리쳐 없애 버림.

浸損 浸損 浸損

水(氵)7 **浸** 적실 침 手(扌)10 **損** 덜 손 감할 손

シン(ひたす) ソン(そこなう)

浸損[침손] 침노하여 손해를 끼침
浸蝕[침식] 개먹어 들어감.
浸沈[침침] 스며 들어감.
損失[손실] 이익을 잃어 버림.
損益[손익] 손해와 이익.
損傷[손상] 덜어지고 상함.

混亂 混乱 混亂

水(氵)8 **混** 섞일 혼 乙(乚)12 **亂** 어지러울 란

コン(まぜる) ラン(みだれる)

混亂[혼란] 몹시 어지러움.
混同[혼동] 이것 저것을 뒤섞음.
混食[혼식] 이것 저것을 섞어먹음
亂立[난립] 난잡하게 늘어섬.
亂局[난국] 어지러운 판.
亂離[난리] 전쟁이나 분쟁.

激甚 激甚 激甚

水(氵)13 **激** 격동할격 甘4 **甚** 심할 심

ゲキ(はげしい) ジン(はなはだ)

激甚[격심] 지나치게 심함.
激勵[격려] 힘을 더욱 북돋움.
激戰[격전] 몹시 세차게 싸움.
激讚[격찬] 몹시 칭찬함.
甚難[심난] 매우 어려움.
甚大[심대] 매우 큼.

盟約 盟約 盟約

皿8 **盟** 맹세할맹 糸3 **約** 기약할약 검소할약

メイ(ちかう) ヤク(ちぎる)

盟約[맹약] 맹세하여 맺은 약속.
盟邦[맹방] 동맹국.
盟誓[맹세] 장래를 두고 약속함.
約束[약속] 서로 말을 정하여 놓음
約定[약정] 약속하여 정함.
約婚[약혼] 결혼할 것을 약속함.

恒例 恒例 恒例

心(忄)6 **恒** 항상 항 人(亻)6 **例** 법식 례 전례 례

コウ(つね) レイ(たぐい)

恒例[항례] 보통의 예.
恒常[항상] 늘.
恒久[항구] 변치 않고 오래 감.
例外[예외] 규칙에 벗어남.
例事[예사] 예상사.
例年[예년] 보통과 같은 해.

占領 占領 占領

卜3 **占** 점칠 점 / 점령할점
センうらなう)

頁5 **領** 거느릴령 / 받을 령
リョウ(おさめる)

丨 卜 ⺊ 占 占 𠆢 令 領 領 領

占領〔점령〕 빼앗아 차지함.
占據〔점거〕 빼앗아 자리잡음.
占有〔점유〕 차지하여 가짐.
領收〔영수〕 돈, 물건등을 받아들임
領土〔영토〕 국토.
領域〔영역〕 영지의 구역.

與奪 與奪 与奪

臼7 **與** 더불어여 / 줄 여
ヨ(あたえる)

大11 **奪** 빼앗을탈
ダツ(うばう)

𦥑 𦥑 𦥑 𦥑 與 大 奄 奪 奪 奪

與奪〔여탈〕 주는 일과 뺏는 일.
與否〔여부〕 이러 저러한 분간.
與黨〔여당〕 정부편을 드는 정당.
奪還〔탈환〕 도로 빼앗아 옴.
奪取〔탈취〕 빼앗아 가짐.
奪略〔탈략〕 강제로 빼앗음.

停戰 停戰 停戰

人(亻)9 **停** 머무를정
テイ(とどまる)

戈12 **戰** 싸움 전
セン(いくさ)

亻 亻 停 停 停 門 罒 單 戰 戰

停戰〔정전〕 싸우는 일을 중지함.
停止〔정지〕 하던 일을 그침.
停留〔정류〕 수레가 가다가 머무름
戰爭〔전쟁〕 나라끼리의 싸움.
戰友〔전우〕 군대의 벗.
戰勢〔전세〕 전쟁의 형편.

宣言 宣言 宣言

宀6 **宣** 베풀 선
セン(のべる)

言0 **言** 말씀 언
ゲン, ゴン(ことば)

宀 宀 宀 宣 宣 二 三 言 言

宣言〔선언〕 의견을 널리 알림.
宣布〔선포〕 널리 베풀어서 폄.
宣明〔선명〕 널리 설명함.
言論〔언론〕 말이나 글로써 자기의 생각을 나타내는 일.
言約〔언약〕 말로 약속함.

偉功 偉功 偉功

人(亻)9 **偉** 클 위 / 거룩할위
イ(えらい)

力3 **功** 공 공
コウ(いさお)

亻 偉 偉 偉 偉 一 T エ 功 功

偉功〔위공〕 위대한 공적.
偉人〔위인〕 위대한 일을 한 사람.
偉大〔위대〕 훌륭함.
功績〔공적〕 애 쓴 보람.
功過〔공과〕 공로와 허물.
功勞〔공로〕 일을 해낸 공.

慰勞 慰勞 慰勞

心11 **慰** 위로할위
イ(なぐさめる)

力10 **勞** 수고로울 로
ロウ(はたらく)

尸 尸 尸 尉 慰 丶 火 炏 勞 勞

慰勞〔위로〕 수고함을 치사함.
慰安〔위안〕 위로하여 안심시킴.
慰撫〔위무〕 위로하고 어루만짐.
勞苦〔노고〕 괴롭게 애 씀.
勞困〔노곤〕 고단함.
勞農〔노농〕 노동자와 농민.

群衆 群衆 群衆

羊 7 **群** 무리 군 グン(むれ)

血 6 **衆** 무리 중 シュウ(おおい)

群衆〔군중〕 많이 모인 여러 사람.
群雄〔군웅〕 많은 영웅.
群起〔군기〕 떼를 지어 일어남.
衆論〔중론〕 뭇 사람의 의논.
衆生〔중생〕 이 세상의 모든 생명.
衆寡〔중과〕 수의 많음과 적음.

組織 組織 組織

糸 5 **組** 짤 조 ソ(くむ)

糸 12 **織** 짤 직 ショク(おる)

組織〔조직〕 얽어서 만들음.
組合〔조합〕 지방단체나 특정의 자격이 있는 사람끼리 조직된 단체.
織造〔직조〕 베를 짜는 일.
織機〔직기〕 피륙을 짜는 틀.
織物〔직물〕 온갖 피륙.

繼續 継續 繼續

糸 14 **繼** 이을 계 ケイ(つぐ)

糸 15 **續** 이을 속 ゾク(つづく)

繼續〔계속〕 끊지 않고 이어나감.
繼母〔계모〕 아버지의 후취.
繼承〔계승〕 뒤를 받아 이음.
續出〔속출〕 계속하여 나옴.
續刊〔속간〕 신문, 잡지등을 정간하였다가 다시 간행함.

强化 強化 强化

弓 9 **强** 강할 강 キョウ(つよい)

匕 2 **化** 화할 화 カ, ケ(ばける)

强化〔강화〕 강하게 함.
强盜〔강도〕 흉기를 가진 도둑.
强制〔강제〕 힘으로 으르어대 남의 자유를 억누름.
化粧〔화장〕 단장.
化粧室〔화장실〕 ① 변소. ② 화장하는 방.

事必 事必 事必

亅 7 **事** 일 사 ジ(こと)

心 1 **必** 반드시 필 ヒツ(かならず)

事故〔사고〕 뜻밖에 일어난 탈.
事件〔사건〕 뜻밖에 일어난 일.
事變〔사변〕 보통아닌 변스러운 일
必要〔필요〕 꼭 소용이 됨.
必然〔필연〕 확실치 않지만 거의 틀림 없다는 뜻의 말.

繁昌 繁昌 繁昌

糸 11 **繁** 성할 번 ハン(さかえる)

日 4 **昌** 창성할 창 ショウ(さかん)

繁昌〔번창〕 한창 늘어서 잘 돼감.
繁盛〔번성〕 번창.
繁華〔번화〕 번성하고 화려함.
繁榮〔번영〕 번성과 영화로움.
昌盛〔창성〕 잘 되어 감.
昌世〔창세〕 매우 번창한 세상.

倭寇 倭寇 倭寇

人(亻)8 **倭** 나라이름 왜　宀8 **寇** 떼도적구

ワ(やまと)　コウ(あだする)

亻 仁 仸 倭 倭 宀 宂 宼 寇 寇

倭寇〔왜구〕 왜적.
倭船〔왜선〕 왜적의 배.
倭政〔왜정〕 왜적의 정치.
寇賊〔구적〕 국경을 침범하는 도적.
寇偸〔구투〕 타국에 들어가 난폭 또는 도적질을 함.
外寇〔외구〕 외적.

蠻夷 蠻夷 蠻夷

虫19 **蠻** 오랑캐만　大3 **夷** 오랑캐이 평평할이

バン(えびす)　イ(えびす)

言 絲 緜 蠻 蠻 一 ㇕ 弓 夷 夷

蠻族〔만족〕 야만족.
蠻風〔만풍〕 야만의 풍속.
野蠻〔야만〕 문명이 깨지 못함.
蠻行〔만행〕 오랑캐 같은 행동.
夷狄〔이적〕 오랑캐.
東夷〔동이〕 중국 동방의 오랑캐.

掩蔽 掩蔽 掩蔽

手(扌)8 **掩** 가릴 엄　艸(艹)12 **蔽** 가릴 폐

エン(おおう)　ヘイ(おおう)

扌 拎 捡 掩 掩 艹 艹 芇 蔽 蔽

掩蔽〔엄폐〕 보이지 않도록 덮어 숨김.
掩匿〔엄닉〕 덮어서 감춤.
掩門〔엄문〕 문을 닫음.
蔽空〔폐공〕 하늘을 가림.
蔽漆〔폐칠〕 까맣게 칠하여 가림.
蔽遮〔폐차〕 보이지 않도록 가리어 막음.

驅逐 驅逐 驅逐

馬11 **驅** 몰 구　辵(辶)7 **逐** 쫓을 축

ク(かける)　チク(おう)

丨 馬 馿 驅 驅 丆 豕 豕 逐 逐

驅使〔구사〕 마구 몰아 치어 부림.
驅除〔구제〕 몰아 내어 없앰.
驅從〔구종〕 벼슬아치를 따라다니던 하인.
逐條〔축조〕 조례의 순서.
逐斥〔축척〕 배척하여 몰아냄.
逐出〔축출〕 쫓아 몰아냄.

虜囚 虜囚 虜囚

虍6 **虜** 사로잡을 로　囗2 **囚** 가둘 수 죄수 수

リョ(とりこ)　シュウ(とらえる)

虍 虍 虏 虜 虜 丨 冂 冈 囚 囚

捕虜〔포로〕 잡힌 적의 군사.
虜鋒〔노봉〕 적군의 칼날.
虜獲〔노획〕 적병을 사로잡음.
浮虜〔부로〕 사로잡힌 적의 군사.
囚人〔수인〕 옥에 갇힌 사람.
囚禁〔수금〕 죄인을 가두어 둠.
囚獄〔수옥〕 감옥. 교도소.

宥戎 宥戎 宥戎

宀6 **宥** 죄사할유　戈2 **戎** 병장기융 오랑캐융

ユウ(ゆるす)　ジュウ(つわもの)

宀 宀 宥 宥 宥 一 二 于 戎 戎

宥恕〔유서〕 용서해 줌.
宥還〔유환〕 귀양간 죄인이 용서를 받고 돌아옴.
寬宥〔관유〕 너그럽게 용서함.
戎器〔융기〕 무기. 병기.
戎裝〔융장〕 전쟁의 준비.
戎毒〔융독〕 큰 해독.

繫縛

糸 13 **繫** 얽을 계 / 맺을 계 — ケイ(つなぐ)

糸 10 **縛** 묶을 박 — バク(しばる)

繫累[계루] 몸이 얽힘.
繫留[계류] 붙들어 머물게 함.
繫泊[계박] 배를 매어 둠.
縛繩[박승] 죄인을 묶는 데 쓰는 노끈.
束縛[속박] 묶어 둠.
縛賊[박적] 도적을 결박함.

掛肋

手(扌) 8 **掛** 걸 괘 — カイ(かける)

肉(月) 2 **肋** 갈빗대 륵 — ロク(あばら)

掛鏡[괘경] 걸어두고 보는 거울.
掛念[괘념] 마음에 걸려 잊지 아니함.
掛榜[괘방] 방을 써 붙임.
肋木[늑목] 체조에 쓰는 나무.
肋膜[늑막] 허파를 싸고 있는 막
肋間[늑간] 갈빗대 사이.

干戈

干 0 **干** 방패 간 — カン(ほす)

戈 0 **戈** 창 과 — カ(ほこ)

干涉[간섭] 남의 일에 참견함.
干城[간성] 나라를 지키는 군인.
干支[간지] 십간과 십이지.
干戈[간과] 전쟁에 쓰는 병장기의 총칭.
戈壁[과벽] 사막.
戈登[과등] 수잠. 경계선.

週末

辵(辶) 8 **週** 두루 주 / 주일 주 — シュウ(めぐる)

木 1 **末** 끝 말 — マツ(すえ)

週末[주말] 한 주일의 끝 토요일.
週刊[주간] 주일마다 내는 책. 또는 신문.
週日[주일] 한 주일 동안.
末女[말녀] 막내 딸.
末尾[말미] 맨 끄트머리.
末世[말세] 망해 가는 세상.

曜日

日 14 **曜** 해비칠 요 / 요일 요 — ヨウ(ひかり)

日 0 **日** 날 일 — ニチ(ひ)

曜日[요일] 일, 월 양요일에 화, 수, 목, 금, 토의 오성을 더한 칠요일.
日間[일간] 가까운 날 사이.
日暮[일모] 해가 질 무렵.
日淺[일천] 오래 되지 않음.
日課[일과] 날마다 하는 일.

課題

言 8 **課** 구실 과 / 공부 과 — カ(わりあて)

頁 9 **題** 제목 제 — ダイ(ひたい)

課題[과제] 문제를 내어 줌.
課稅[과세] 세금을 매김.
課外[과외] 정해진 학과 이외.
題目[제목] 글의 제.
題材[제재] 제목과 재료.
題詞[제사] 책머리에 적는 글.

試驗 試驗 試驗 言 6 **試** 시험할 시 シ(ためす)　馬 13 **驗** 증험할 험 / 보람 험 ケン(ためす) 試驗〔시험〕 성질, 능력을 알아봄. 試用〔시용〕 시험삼아 써 봄. 試案〔시안〕 시험삼아 만든 안. 驗算〔험산〕 계산을 다시 검사함. 驗電器〔험전기〕 대전의 유무와 정도를 검사하는 장치.	成績 成績 成績 戈 3 **成** 이룰 성 セイ(なる)　糸 11 **績** 길쌈 적 / 공 적 セキ(つむぐ) 成績〔성적〕 일을 마친 결과. 成家〔성가〕 따로 한 집을 이룸. 成熟〔성숙〕 발육이 완전함. 治績〔치적〕 정치의 공적. 功績〔공적〕 공로. 애 쓴 보람. 業績〔업적〕 일의 성적.
採點 採點 採點 手(扌) 8 **採** 캘 채 サイ(とる)　黑 5 **點** 점 점 テン(てん) 採點〔채점〕 점수를 매김. 採石〔채석〕 돌을 캐 냄. 採擇〔채택〕 골라서 씀. 點火〔점화〕 불을 붙임. 點檢〔점검〕 낱낱이 조사함. 點燈〔점등〕 등불을 켬.	正直 正直 正直 止 1 **正** 바를 정 セイ(ただしい)　目 3 **直** 곧을 직 チョク(なおす) 正直〔정직〕 마음이 바르고 곧음. 正常〔정상〕 바르고 떳떳함. 正確〔정확〕 바르고 확실함. 直立〔직립〕 곧게 섬. 直言〔직언〕 거리낌 없는 말. 直感〔직감〕 얼핏 보고 느낌.
努力 努力 努力 力 5 **努** 힘쓸 노 ド(つとめる)　力 0 **力** 힘 력 リョク, リキ(ちから) 努力〔노력〕 힘을 다 함. 力說〔역설〕 힘을 주어 말함. 力作〔역작〕 애써서 만든 작품. 力戰〔역전〕 힘써 싸움. 고투. 力量〔역량〕 능력의 정도. 力技〔역기〕 힘부림. 운동의 하나.	準備 準備 準備 水(氵) 10 **準** 법도 준 ジュン(のり)　人(亻) 10 **備** 갖출 비 ビ(そなえる) 準備〔준비〕 미리 마련하여 갖춤. 準用〔준용〕 대중하여 씀. 準據〔준거〕 표준을 삼음. 備置〔비치〕 갖추어 둠. 備品〔비품〕 갖추어 두는 물건. 備忘〔비망〕 잊어버릴 때의 준비.

整然 整然 整然

攴(攵)12 **整** 가지런할 정 　火(灬)8 **然** 그럴 연

セイ(ととのえる)　ゼン(しかり)

整然[정연] 질서 있고 바름.
整列[정렬] 줄지어 섬.
整頓[정돈] 가지런히 바로 잡음.
然則[연즉] 그러므로.
然後[연후] 그러한 뒤.
然諾[연락] 쾌히 허락함.

才質 才質 才質

手0 **才** 재주 재 　貝8 **質** 바탕 질

サイ(たち)　シツ, シチ(もちまえ)

才質[재질] 재능의 바탕.
才辯[재변] 말을 둘러댐.
才士[재사] 재주 있는 사람.
質問[질문] 물어서 밝힘.
質素[질소] 모양을 내지 않음.
質定[질정] 갈피를 잡아 정함.

讚崇 讚崇 讚崇

言19 **讚** 기릴 찬 　山8 **崇** 높을 숭

サン(ほめる)　スウ(たかい)

讚揚[찬양] 칭찬하고 드러냄.
讚辭[찬사] 칭찬하는 소리.
讚歌[찬가] 찬양하는 노래.
崇拜[숭배] 높이어 존경함.
崇高[숭고] 높고 고상함.
崇嚴[숭엄] 매우 존엄함.

仰角 仰角 仰角

人(亻)4 **仰** 우러러볼 앙 　角0 **角** 뿔 각

ギョウ(あおぐ)　カク(つの)

仰角[앙각] 높은 물건을 측정할 때 시선과 지평선이 이루는 각도.
仰望[앙망] 우러러 바람.
仰祝[앙축] 우러러 축원함.
角度[각도] 한 점에서 갈려나간 두 직선의 벌어진 크기.

計算 計算 計算

言2 **計** 셀 계 꾀할 계 　竹8 **算** 셈놓을산

ケイ(はかる)　サン(かぞえる)

計算[계산] 수를 헤아림.
計策[계책] 용한 꾀와 그 방법.
計測[계측] 재어서 헤아림.
算出[산출] 셈하여 냄.
算定[산정] 계산하여 정함.
算入[산입] 수에 세어 넣음.

加減 加減 加減

力3 **加** 더할 가 　水(氵)9 **減** 덜 감

カ(くわえる)　ゲン(へる)

加減[가감] 더하고 덜함.
加擔[가담] 같은 편이 되어 도움.
加盟[가맹] 동맹이나 연맹에 듦.
減少[감소] 줄어서 적어짐.
減縮[감축] 덜고 줄여 적게 함.
減免[감면] 덜고 줄여서 없앰.

乘除 乘除 乘除

乘 ノ9 탈 승 ジョウ(のる)
除 阜(阝)7 제할 제 ジョ(のぞく)

乘除[승제] 곱하기와 나누기.
乘車[승차] 차를 탐.
乘客[승객] 배나 차를 탄 손님.
除去[제거] 없애버림.
除夜[제야] 섣달 그믐날 밤.
除夕[제석] 제야.

記憶 記憶 記憶

記 言3 기록할 기 キ(しるす)
憶 心(忄)13 생각 억 オク(おもう)

記憶[기억] 마음에 깊이 새기어 잊지 아니함.
記述[기술] 기록하여 자세히 말함.
記錄[기록] 사실을 적는 일.
記念[기념] 기억하여 아니 잊음.
憶念[억념] 깊이 생각함.

限定 限定 限定

限 阜(阝)6 지경 한, 한정 한 ゲン(かぎる)
定 宀5 정할 정 テイ(さだめる)

限定[한정] 한하여 정함.
限界[한계] 경계.
限死[한사] 죽기를 한함.
定義[정의] 일정하고 명백한 뜻.
定刻[정각] 정한 그 시각.
定時[정시] 일정한 시간.

早熟 早熟 早熟

早 日2 일찍 조 ソウ(はやい)
熟 火(灬)11 익을 숙 ジュク(うれる)

早熟[조숙] 일에 일찍 익힘.
早晩間[조만간] 멀지 않은 시일.
早退[조퇴] 정시 전에 물러감.
熟考[숙고] 잘 생각해 봄.
熟達[숙달] 익숙하게 잘 함.
熟練[숙련] 익숙하게 익힘.

晩覺 晩覺 晩覚

晩 日7 저물 만 バン(おそい)
覺 見13 깨달을 각 カク(おぼえる, さとる)

晩年[만년] 늙바탕.
晩成[만성] 늦게야 이룸.
晩時[만시] 때를 놓침.
晩得[만득] 늦게 낳은 자식.
覺悟[각오] 미리 알아차림.
覺醒[각성] 깨우침.

頃刻 頃刻 頃刻

頃 頁2 밭이랑 경, 아까 경, 반걸음 규 ケイ(ころ)
刻 刀(刂)6 새길 각, 시각 각 コク(きざむ)

頃刻[경각] 눈 깜박하는 동안.
頃日[경일] 지난 번.
頃者[경자] 지난 번.
刻苦[각고] 심신을 괴롭혀 애씀.
刻骨[각골] 마음속 깊이 새겨짐.
刻印[각인] 도장을 새김.

的確 的確 的確

白 3 **的** 과녁 적 / 목표 적 テキ(まと)

石 10 **確** 확실할 확 カク(たしか)

′ 白 自 的 的 石 矿 砗 确 確

的確〔적확〕 확실함.
的中〔적중〕 꼭 들어 맞음.
的見〔적견〕 적확하게 봄.
確固〔확고〕 확실하고 튼튼함.
確立〔확립〕 굳세게 섬.
確保〔확보〕 확실히 보전함.

能率 能率 能率

肉(月) 6 **能** 능할 능 ノウ(よく)

玄 6 **率** 거느릴 솔 / 헤아릴 률 / 비례 률 ソツ(ひきいる)

厶 肯 肯 能 能 亠 玄 玆 率 率

能率〔능률〕 일정한 시간에 할 수 있는 일의 비례.
能力〔능력〕 일을 감당할 힘.
能動〔능동〕 제 마음에 내켜서 함.
率直〔솔직〕 거짓 없이 바름.
率先〔솔선〕 남보다 앞서 감.

向上 向上 向上

口 3 **向** 향할 향 コウ(むかう)

一 2 **上** 위 상 ジョウ(うえ)

′ 冂 向 向 ⺊ 卜 上

向上〔향상〕 차차 낫게 됨.
向後〔향후〕 이 다음.
向念〔향념〕 마음을 기울임.
上京〔상경〕 서울로 올라감.
上客〔상객〕 지위가 높은 손님.
上映〔상영〕 영화를 공개함.

教養 教養 教養

支(攵) 7 **教** 가르칠 교 キョウ(おしえる)

食 6 **養** 기를 양 ヨウ(やしなう)

㐅 孝 孝 孝 教 䒑 羊 养 养 養

教養〔교양〕 교육하여 길러 냄.
教訓〔교훈〕 가르치고 타이름.
教唆〔교사〕 나쁜 일을 하게 함.
養成〔양성〕 길러 냄.
養豚〔양돈〕 돼지를 기름.
養家〔양가〕 양자로 들어간 집.

勤勉 勤勉 勤勉

力 11 **勤** 부지런할 근 キン(つとめる)

力 7 **勉** 힘쓸 면 ベン(つとめる)

廿 苫 革 勤 勤 ⺈ 名 免 免 勉

勤勉〔근면〕 부지런함.
勤務〔근무〕 일에 종사함.
勤實〔근실〕 부지런하고 성실함.
勤儉〔근검〕 부지런하고 애낌.
勉學〔면학〕 힘써 배움.
勉勵〔면려〕 부지런히 힘 씀.

概要 概要 概要

木 11 **概** 절개 개 / 대강 개 ガイ(おおむね)

襾 3 **要** 구할 요 / 요긴할 요 ヨウ(かなめ)

木 朩 栯 椁 概 冖 襾 覀 要 要

概要〔개요〕 대강의 요점.
概括〔개괄〕 대강 한데 묶음.
概述〔개술〕 대강 말함.
要目〔요목〕 중요한 조목.
要談〔요담〕 요긴한 말.
要請〔요청〕 긴요한 청.

體系 體系 體系

骨 13 **體** 몸 체
タイ(からだ)

糸 1 **系** 맬 계 / 실마리계
ケイ(つなぐ)

體系[체계] 세워진 계통.
體驗[체험] 실지로 경험함.
體罰[체벌] 신체에 고통을 주는 벌.
系統[계통] 순서에 따라 통일됨.
系譜[계보] 조상 때부터의 역사와 혈통을 적은 책.

懸案 懸案 懸案

心 16 **懸** 달 현
ケン(かける)

木 6 **案** 책상 안 / 안건 안
アン(つくえ)

懸案[현안] 결정하지 못한 의안.
懸賞[현상] 상품을 걸음.
懸隔[현격] 서로 멀어져 막힘.
案內[안내] 인도하여 줌.
案出[안출] 생각하여 냄.
案件[안건] 문서에 적힌 계획.

批評 批評 批評

手(扌) 4 **批** 칠 비 / 밀칠 비
ヒ(うつ)

言 5 **評** 평론할평
ヒョウ(はかる)

批評[비평] 사물의 선악을 판단함.
批判[비판] 옳고 그름을 가림.
批准[비준] 조약안을 확정함.
評定[평정] 비평하여 작정함.
評判[평판] 세상 사람의 비평.
評論[평론] 가치, 선악을 논정함.

價値 價値 價値

人(亻) 13 **價** 값 가
カ(あたい)

人(亻) 8 **値** 만날 치 / 값 치
チ(あたい)

價値[가치] 값어치.
價格[가격] 상품의 값.
價金[가금] 팔고 사는 물건의 값.
價錢[가전] '가금'과 같음.
價値判斷[가치판단] 진, 선, 미 따위의 가치에 관계시킨 판단.

追求 追求 追求

辵(辶) 6 **追** 쫓을 추
ツイ(おう)

水 2 **求** 구할 구
キュウ(もとめる)

追求[추구] 쫓아서 구함.
追加[추가] 나중에 더 넣음.
追慕[추모] 죽은 사람을 생각함.
求乞[구걸] 남에게 물건을 빔.
求職[구직] 직업을 구함.
求索[구색] 구하여 찾음.

勸勵 勸勵 勸勵

力 18 **勸** 권할 권
カン(すすめる)

力 15 **勵** 힘쓸 려
レイ(はげむ)

勸勵[권려] 권하여 격려함.
勸告[권고] 권하여 달램.
勸善[권선] 착한 일을 권함.
勵行[여행] 힘써 행함.
勵精[여정] 정신을 모아서 힘씀.
奬勵[장려] 권하여 힘쓰게 함.

推奬 推奬 推奬

手(扌)8 **推** 밀추(퇴) 犬11 **奬** 권면할장

スイ(おす) ショウ(すすめる)

推奬[추장] 추려서 장려함.
推薦[추천] 사람을 천거함.
推進[추진] 밀어 나아감.
奬學[장학] 학문을 장려함.
奬發[장발] 아름다운 점을 추어주고 골라서 뽑음.

栗谷 栗谷 栗谷

木6 **栗** 밤 률 谷0 **谷** 골 곡

リツ(くり) コク(たに)

栗谷[율곡] 이이. 선조때의 학자.
栗木[율목] 밤나무.
栗房[율방] 밤송이
谷澗[곡간] 산골짜기의 시내.
谷水[곡수] 골짜기 물.
谷泉[곡천] 골짜기의 샘.

程朱 程朱 程朱

禾7 **程** 길 정 한정 정 木2 **朱** 붉을 주

テイ(ほど) シュ(あかい)

程朱[정주] 옛날 중국의 학자.
程度[정도] 알맞은 한도.
程里[정리] 길의 잇수.
朱紅[주홍] 적색과 황색의 중간.
朱筆[주필] 붉은 먹으로 쓰는 붓.
朱土[주토] 붉은 흙.

博士 博士 博士

十10 **博** 넓을 박 士0 **士** 선비 사

ハク, バク(ひろい) シ(さむらい)

博士[박사] 전문 학술에 숙달한 사람으로 학위를 받은학자
博愛[박애] 모든 사람을 두루 사랑함.
博識[박식] 아는 것이 많음.
士氣[사기] 용기를 내는 기운.
士官[사관] 병정을 지휘하는 무관.

智略 智略 智略

日8 **智** 슬기 지 지혜 지 田6 **略** 간략할략 대강 략

チ(ちえ) リャク(ほぼ)

智略[지략] 지혜와 모략.
智能[지능] 지혜의 능력.
智慧[지혜] 슬기.
略歷[약력] 간단하게 적은 이력.
略述[약술] 대강 논술함.
略傳[약전] 대강 적은 전기.

自己 自己 自己

自0 **自** 스스로자 己0 **己** 몸 기 여섯째천간 기

ジ, シ(みずから) キ(おのれ)

自己[자기] 내 몸.
自覺[자각] 스스로 깨달음.
自首[자수] 범죄인이 자기의 죄를 관청에 고백함.
己未運動[기미운동] 기미년 만세 사건. 곧 三一 운동.

履歷 履歷 履歷

尸 12 **履** 가죽신 리 / 밟을 리 — リ(ふむ)

止 12 **歷** 지낼 력 — レキ(へる)

履歷〔이력〕 사람이 겪어 온 일.
履行〔이행〕 실제로 행함.
歷代〔역대〕 여러 대.
歷訪〔역방〕 여러 곳을 찾아 봄.
歷年〔역년〕 해를 보냄. 여러 해.
歷任〔역임〕 여러 벼슬을 지냄.

綜合 綜合 綜合

糸 8 **綜** 모을 종 — ソウ(すべる)

口 3 **合** 합할 합 — ゴウ(あう)

綜合〔종합〕 이것 저것을 한데 합함.
綜詳〔종상〕 몹시 꼼꼼하고 자세함.
合格〔합격〕 시험에 급제함.
合意〔합의〕 의견이 맞음.
合致〔합치〕 서로 일치함.
合理〔합리〕 이치에 알맞음.

壯途 壯途 壯途

士 4 **壯** 장할 장 / 굳셀 장 — ソウ(さかん)

辵(辶) 7 **途** 길 도 — ト(みち)

壯途〔장도〕 씩씩한 출발.
壯觀〔장관〕 볼만한 광경.
壯嚴〔장엄〕 규모가 크고 엄숙함.
壯丁〔장정〕 힘 센 사나이.
途上〔도상〕 길 위.
途中〔도중〕 일을 하던 중간.

開拓 開拓 開拓

門 4 **開** 열 개 — カイ(ひらく)

手(扌) 5 **拓** 넓힐 척 / 밀칠 탁 — タク(ひらく)

開拓〔개척〕 남이 손대지 않은 일에 손을 대어 열어 놓음.
開墾〔개간〕 산야를 개척함.
開發〔개발〕 거친 땅을 새로 이루어 발전시킴.
拓地〔척지〕 땅을 개척함.
拓殖〔척식〕 개척과 식민.

慣習 慣習 慣習

心(忄) 11 **慣** 익숙할 관 / 버릇 관 — カン(なれる)

羽 5 **習** 익힐 습 — シュウ(ならう)

慣習〔관습〕 전부터 있던 습관.
慣性〔관성〕 버릇.
慣用〔관용〕 늘 씀.
習慣〔습관〕 익어온 행습. 버릇.
習俗〔습속〕 습관과 풍속.
習性〔습성〕 버릇.

打破 打破 打破

手(扌) 2 **打** 칠 타 — ダ(うつ)

石 5 **破** 깨트릴 파 — ハ(やぶる)

打破〔타파〕 규정, 관례를 깨뜨려 버림.
打開〔타개〕 헤쳐서 열음.
打算〔타산〕 셈을 쳐 봄.
破壞〔파괴〕 깨뜨리고 무너뜨림.
破綻〔파탄〕 찢어지고 터짐.
破格〔파격〕 격식을 깨뜨림.

優勝 優勝 優勝

人(亻)15 **優** 넉넉할우 나을 우 ユウ(すぐれる)

力10 **勝** 이길 승 ショウ(かつ)

亻 伝 佴 僫 優 刂 月 胖 胅 勝

優勝〔우승〕 첫째로 이김.
優待〔우대〕 특별히 잘하는 대우.
優秀〔우수〕 매우 뛰어남.
勝利〔승리〕 겨루어 이김.
勝負〔승부〕 이김과 짐.
勝敗〔승패〕 이기고 짐.

授賞 授賞 授賞

手(扌)8 **授** 줄 수 ジュ(さずける)

貝8 **賞** 상줄 상 ショウ(ほめる)

扌 扌 扩 护 授 ⺌ 尚 常 賞 賞

授賞〔수상〕 상을 줌.
授與〔수여〕 훈장이나 상장을 줌.
授業〔수업〕 공부를 가르침.
賞給〔상급〕 상으로 줌.
賞罰〔상벌〕 상과 벌.
賞品〔상품〕 상으로 주는 물품.

榮譽 榮譽 榮譽

木10 **榮** 영화 영 エイ(さかえる)

言14 **譽** 기릴 예 이름날예 ヨ(ほまれ)

⺌ 火 炏 熒 榮 ⺽ 欤 與 與 譽

榮譽〔영예〕 영광스러운 영예.
榮光〔영광〕 영화스러운 현상.
榮華〔영화〕 명예스러움.
榮冠〔영관〕 영예.
譽言〔예언〕 칭찬하는 말.
譽聲〔예성〕 예언과 같음.

羅列 羅列 羅列

网(罒)14 **羅** 새그물라 깁 라 벌릴 라 ラ(あみ)

刀(刂)4 **列** 벌 렬 항렬 렬 レツ(つらなる)

罒 罕 羿 羅 羅 一 万 歹 列 列

羅列〔나열〕 벌려 놓음.
羅緞〔나단〕 주란사로 짠 비단.
羅衫〔나삼〕 부녀용 예복의 하나.
列國〔열국〕 세계의 여러 나라.
列擧〔열거〕 여럿을 들어 말함.
列席〔열석〕 자리에 벌려 앉음.

如此 如此 如此

女3 **如** 같을 여 ジョ(ごとし)

止2 **此** 이 차 シ(これ)

𡿨 女 女 如 如 丨 ト 止 止 此

如此〔여차〕 이와 같음.
如意〔여의〕 뜻과 같이 됨.
如何〔여하〕 어떠함.
此後〔차후〕 이후.
此際〔차제〕 이 즈음.
此世〔차세〕 이 세상.

美談 美談 美談

羊(⺶)3 **美** 아름다울 미 ビ(うつくしい)

言8 **談** 말씀 담 ダン(はなす)

⺷ 兰 羊 美 美 言 訁 訟 談 談

美談〔미담〕 아름다운 이야기.
美觀〔미관〕 아름다운 구경거리.
美擧〔미거〕 아름다운 행실.
談話〔담화〕 이야기. 말씀.
談笑〔담소〕 웃으면서 이야기함.
談判〔담판〕 시비를 가림.

非但 非但 非但

非 0 **非** 아닐 비 ヒ(あらず)

人(亻)5 **但** 다만 단 タン(ただし)

丿 ㅋ ㅋ 非 非 丿 亻 仴 但 但

非但〔비단〕 그 것뿐만 아니라.
非違〔비위〕 그르고 어긋남.
非凡〔비범〕 보통이 아님.
非行〔비행〕 어긋난 행위.
但只〔단지〕 다만.
但書〔단서〕 예외를 적은 글.

有益 有益 有益

月 2 **有** 있을 유 ユウ(ある)

皿 5 **益** 더할 익 エキ(ます)

丿 ナ 冇 有 有 八 兴 谷 谷 益

有益〔유익〕 이로움.
有功〔유공〕 공로가 있음.
有望〔유망〕 잘 될 희망이 있음.
益鳥〔익조〕 이로운 새.
益壽〔익수〕 목숨을 누림.
益友〔익우〕 유익한 친구.

佛典 佛典 佛典

人(亻)5 **佛** 부처 불 ブツ(ほとけ)

八 6 **典** 법 전 テン(のり)

亻 仁 佀 佛 佛 冂 冊 曲 曲 典

佛典〔불전〕 불교의 경전.
佛敎〔불교〕 석가가 세운 종교.
佛像〔불상〕 부처의 형상.
典當〔전당〕 물건을 잡고 돈을 줌.
典型〔전형〕 일정한 모양.
典禮〔전례〕 나라의 의식.

默念 默念 默念

黑 4 **默** 잠잠할묵 モク(だまる)

心 4 **念** 생각할념 ネン(おもう)

罒 罒 黑 默 默 人 今 今 念 念

默念〔묵념〕 마음 속으로 빎음.
默想〔묵상〕 가만히 생각함.
默認〔묵인〕 속으로 허락함.
念慮〔염려〕 걱정함.
念願〔염원〕 생각하고 바람.
念頭〔염두〕 생각의 시작.

私慾 私慾 私慾

禾 2 **私** 사사 사 シ(わたくし)

心 11 **慾** 욕심 욕 ヨク(よく)

二 千 禾 私 私 谷 谷 欲 慾 慾

私慾〔사욕〕 개인의 욕심.
私事〔사사〕 사사로운 일.
私財〔사재〕 개인의 재물.
慾望〔욕망〕 바라는 마음.
慾求〔욕구〕 하고자 함.
慾氣〔욕기〕 몹시 탐내는 마음.

禁止 禁止 禁止

示 8 **禁** 금할 금 キン(とどめる)

止 0 **止** 그칠 지 シ(とまる)

木 林 埜 埜 禁 丨 卜 止 止

禁止〔금지〕 못하게 함.
禁煙〔금연〕 담배를 피우지 못함.
禁斷〔금단〕 금지.
止揚〔지양〕 더 한 층 높은 통일체로 발전.
止熱〔지열〕 병의 열을 내리게 함.

厚意 厚意 厚意

厂 7 **厚** 두터울후 コウ(あつい)

心 9 **意** 뜻 의 イ(こころ)

厂 𠩺 𠩺 厚 厚 亠 产 音 意 意

厚意〔후의〕 두터운 마음.
厚待〔후대〕 두터운 대우.
厚德〔후덕〕 두터운 덕행.
意志〔의지〕 뜻. 실행하는 능력.
意氣〔의기〕 장한 마음.
意向〔의향〕 생각 또는 마음.

謝禮 謝禮 謝禮

言 10 **謝** 말씀 사 사례할사 シャ(あやまる)

示 13 **禮** 예도 례 レイ, ライ(れい)

言 訁 訃 詋 謝 礻 礻 禮 禮 禮

謝禮〔사례〕 고마운 뜻을 표함.
謝過〔사과〕 잘못을 사례함.
謝絕〔사절〕 요구를 거절함.
禮物〔예물〕 사례로 주는 물건.
禮訪〔예방〕 인사로 방문함.
禮儀〔예의〕 예를 차리는 몸가짐.

忍耐 忍耐 忍耐

心 3 **忍** 참을 인 ニン(しのぶ)

而 3 **耐** 견딜 내 タイ(たえる)

フ 刀 刃 忍 忍 ア 丙 而 耐 耐

忍耐〔인내〕 참음.
忍辱〔인욕〕 욕을 참음.
忍憤〔인분〕 분을 참음.
耐久〔내구〕 오랫동안 참음.
耐貧〔내빈〕 가난을 참음.
耐乏〔내핍〕 궁핍을 참고 견딤.

倦怠 倦怠 倦怠

人(亻) 8 **倦** 게으를권 ケン(うるむ, つかれる)

心 5 **怠** 게으를태 タイ(なまける)

亻 仁 仁 佚 倦 ㄥ 台 台 怠 怠

倦怠〔권태〕 게으름이나 실증이 나는 상태.
倦惰〔권타〕 싫어져서 태만함.
倦疲〔권피〕 권태가 나서 피곤함.
怠慢〔태만〕 게으름.
怠傲〔태오〕 게으르고 예의가 없음.
懶怠 게으름.

懶惰 懶惰 懶惰

心(忄) 16 **懶** 게으를라 ラン(おこたる)

心(忄) 9 **惰** 게으를타 ダ(おこたる)

忄 忄 怦 懶 懶 忄 忙 惰 惰 惰

懶弱〔나약〕 굳세지 못하고 아주 약함.
懶惰〔나타〕 게으름.
懶怠〔나태〕 게으르고 느림.
惰性〔타성〕 게으른 성질.
惰力〔타력〕 게으른 버릇.
惰容〔타용〕 게으르고 단정치 못한 용모.

祥瑞 祥瑞 祥瑞

示 6 **祥** 복 상 상서 상 ショウ(さいわい)

玉(王) 9 **瑞** 상서 서 スイ(みず)

亍 示 礻 祥 祥 王 珆 玶 瑞 瑞

祥光〔상광〕 서광이 비치는 것.
祥夢〔상몽〕 좋은 꿈.
祥月〔상월〕 대상을 치르는 달.
瑞氣〔서기〕 상서로운 조짐이 있는 기운.
瑞世〔서세〕 상서로운 세상.
瑞雲〔서운〕 상서롭게 보이는 구름

龜鑑 龜鑑 龜鑑

龜 0 **龜** 거북 귀 / 터질 균 — キ(かめ)

金 14 **鑑** 거울 감 — カン(かがみ)

龜鑑〔귀감〕 본보기가 될 만함.
龜裂〔균열〕 갈라져서 터짐.
龜龍〔구룡〕 거북이와 용.
鑑定〔감정〕 사물의 진부와 좋고 나쁨을 분별함.
鑑賞〔감상〕 예술작품을 음미함.
鑑識〔감식〕 감정하여 알아봄.

琢磨 琢磨 琢磨

玉(王) 8 **琢** 쫄 탁 — タク(みがく)

石 11 **磨** 갈 마 — マ(みがく)

琢磨〔탁마〕 옥이나 돌을 쪼고 갊음. 학문을 닦음.
琢木〔탁목〕 비파의 비곡(秘曲)의 한가지.
琢器〔탁기〕 쪼아서 고르게 만든 그릇.
磨滅〔마멸〕 닳아서 없어짐.
磨勘〔마감〕 끝막음.
磨碎〔마쇄〕 부서짐.

敷衍 敷衍 敷衍

攴(攵) 11 **敷** 베풀 부 / 펼 부 — フ(しく)

行 3 **衍** 성할 연 / 넓을 연 — エン(あふれる)

敷宣〔부선〕 널리 보임.
敷設〔부설〕 깔아서 베풀음.
敷土〔부토〕 흙, 모래를 펴 깔음.
衍文〔연문〕 글 가운데 쓸 데 없이 끼인 글.
衍字〔연자〕 글 가운데 쓸 데 없이 끼인 글자.
衍繹〔연역〕 글의 뜻을 널리 자세하게 풀어 놓음.

齷齪 齷齪 齷齪

齒 9 **齷** 악착할 악 — アク(こせつく)

齒 7 **齪** 악착할 착 — ソク(せまい)

齷齪〔악착〕 잔인스럽게 지독한 것.
齷齪人生〔악착인생〕 악착스런 인생.
齷齪發惡〔악착발악〕 악착같이 발악함.
齷齪反抗〔악착반항〕 악착스럽게 반항함.
齷齪鬪爭〔악착투쟁〕 악착스럽게 투쟁함.

弛緩 弛緩 弛緩

弓 3 **弛** 늦출 이 — シ(ゆるむ)

糸 9 **緩** 더딜 완 — カン(ゆるい)

弛惰〔이타〕 마음이 느릿하여 게으름.
弛禁〔이금〕 금령을 조금 풀어 줌.
弛張〔이장〕 늘어짐과 팽팽함.
緩曲〔완곡〕 느릿느릿 곡진함.
緩急〔완급〕 느리고 빠름.
緩慢〔완만〕 느릿느릿함.

耽照 耽照 耽照

耳 4 **耽** 즐길 탐 — タン(ふける)

火(灬) 9 **照** 비칠 조 — ショウ(てる)

耽讀〔탐독〕 글을 열심히 읽음.
耽樂〔탐락〕 오락에 빠져 즐김.
耽溺〔탐닉〕 흠뻑 빠짐.
照察〔조찰〕 잘 잘못을 보아 살핌.
照會〔조회〕 무엇을 묻거나 알리기 위해서 보내는 공문.

拔撰 拔撰 拔撰

手(扌)5 **拔** 빼 발 / 가릴 발 バツ(ぬく)

手(扌)12 **撰** 글지을 찬 セン(えらぶ)

扌 扩 扐 拔 拔 扌 挕 挕 撰 撰

撰文〔찬문〕 글을 갖추어 지음.
撰述〔찬술〕 글을 저술함.
撰次〔찬차〕 순서대로 씀.
拔根〔발근〕 뿌리를 뽑아버림.
拔出〔발출〕 빼어남.
拔本〔발본〕 근원을 뽑음.

食糧 食糧 食糧

食0 **食** 먹을 식 / 밥 사 ショク(たべる)

米12 **糧** 양식 량 リョウ(かて)

𠆢 今 今 食 食 米 米 粮 粮 糧

食糧〔식량〕 양식.
食費〔식비〕 밥 값.
食言〔식언〕 약속한 대로 안 지킴.
食物〔식물〕 먹는 물건.
糧食〔양식〕 식량.
糧穀〔양곡〕 양식으로 쓰는 곡식.

稻作 稻作 稻作

禾10 **稻** 벼 도 トウ(いね)

人(亻)5 **作** 지을 작 サク(つくる)

禾 秤 稻 稻 稻 亻 作 作 作

稻作〔도작〕 벼 농사.
稻扱機〔도급기〕 이삭에 붙은 벼를 훑어 떨어뜨리는 기계.
作別〔작별〕 서로 헤어짐.
作戰〔작전〕 싸움할 방법을 세움.
作定〔작정〕 마음에 정함.

麥粉 麥粉 麥粉

麥0 **麥** 보리 맥 バク(むぎ)

米4 **粉** 가루 분 フン(こな)

十 來 來 麥 麥 丷 米 料 粉 粉

麥粉〔맥분〕 밀가루.
麥嶺〔맥령〕 보리 고개.
麥秋〔맥추〕 보리가 익는 절기.
粉末〔분말〕 가루.
粉碎〔분쇄〕 잘게 부스러뜨림.
粉乳〔분유〕 가루 우유.

割耕 割耕 割耕

刀(刂)10 **割** 벨 할 カツ(わり)

耒4 **耕** 갈 경 コウ(たがやす)

宀 宀 宇 害 割 三 丰 耒 耒 耕

割耕〔할경〕 이웃한 남의 논 밭을 침범하여 가는 짓.
割腹〔할복〕 배를 찔러 자살함.
耕作〔경작〕 땅을 갈아 농사 짐.
耕讀〔경독〕 밭 갈이와 글 읽기.
耕地〔경지〕 농사를 짓는 땅.

培壤 培壤 培壤

土8 **培** 북돋울 배 バイ(つちかう)

土17 **壤** 흙 양 ジョウ(つち)

土 圹 埣 培 培 土 壚 壚 壤 壤

培養〔배양〕 ①초목을 북돋아 기름. ②사람을 길러 가르침.
培根〔배근〕 뿌리를 북돋움.
培栽〔배재〕 재배.
壤土〔양토〕 부드러운 흙.
壤地〔양지〕 강토.

穀畓 穀畓 穀畓

禾10 **穀** 곡식 곡 コク(たなつもみ)

水4 **畓** 거듭 답 / 섞일 답 トウ(かさなる)

穀價[곡가] 곡식의 값.
穀物[곡물] 곡식.
穀倉[곡창] ①곡식을 쌓아 두는 곳. ②곡식이 많이 나는 지방.
畓農[답농] 논에 짓는 농사.
畓土[답토] 논으로 된 땅.

綠肥 綠肥 綠肥

糸8 **綠** 푸를 록 リョク(みどり)

肉(月)4 **肥** 살찔 비 ヒ(こえる)

綠肥[녹비] 풋거름.
綠陰[녹음] 우거진 나무의 그늘.
綠化[녹화] 나무를 심어서 산과 들을 푸르게 만듬.
肥大[비대] 살이 쪄서 몸이 큼.
肥沃[비옥] 땅이 걸고 기름짐.

種苗 種苗 種苗

禾9 **種** 씨 종 シュ(たね)

艸(艹)5 **苗** 싹 묘 ビョウ(なえ)

種苗[종묘] 묘목이 될 씨를 심음.
種類[종류] 물건의 갈래.
種別[종별] 여러 갈래로 나눔.
種子[종자] 씨.
苗木[묘목] 어린 나무.
苗床[묘상] 못자리.

發芽 發芽 發芽

癶7 **發** 필 발 ハツ(おこる, いる)

艸(艹)4 **芽** 싹 아 ガ(め)

發芽[발아] 식물의 눈이 틈.
發覺[발각] 일의 비밀이 드러남.
發展[발전] 일이 잘 되어 나아감.
發狂[발광] 병으로 미친 증세가 일어남.
芽生[아생] 종자가 눈을 틈.

改良 改良 改良

攴(攵)3 **改** 고칠 개 カイ(あらためる)

艮1 **良** 어질 량 リョウ(よい)

改良[개량] 나쁜 점을 좋게 고침.
改善[개선] 못 됨을 고쳐 잘 되게 함.
改革[개혁] 구제도를 새로 고침.
良民[양민] 선한 백성.
良識[양식] 건전한 식견.
良心[양심] 어진 마음.

植樹 植樹 植樹

木8 **植** 심을 식 ショク(うえる)

木12 **樹** 나무 수 / 세울 수 ジュ(き)

植樹[식수] 나무를 심음.
植木[식목] 나무를 심음.
植物[식물] 생물의 한 가지.
樹林[수림] 나무가 무성한 숲.
樹齡[수령] 나무의 나이.

造林 造林 造林

走(辶)7 造 지을 조 ゾウ(つくる)
木 4 林 수풀 림 リン(はやし)

造林[조림] 숲을 만듦.
造作[조작] 물건을 만듦.
造成[조성] 물건을 만드는 일.
林野[임야] 나무가 무성한 숲.
林業[임업] 산림을 경영하는 일.
林産[임산] 산림의 산물.

桑木 桑木 桑木

木 6 桑 뽕나무 상 ソウ(くわ)
木 0 木 나무 목 モク(き)

桑木[상목] 뽕나무.
桑果[상과] 오디, 파인애플 따위.
桑田[상전] 뽕나무 밭.
木材[목재] 건축에 쓰는 나무.
木造[목조] 나무로 만듦.
木炭[목탄] 숯.

蠶室 蠶室 蠶室

虫 18 蠶 누에 잠 サン(かいこ)
宀 6 室 집 실 シツ(いえ)

蠶室[잠실] 누에 치는 방.
蠶食[잠식] 조금씩 먹어 들어감.
蠶農[잠농] 누에 농사.
蠶業[잠업] 누에 치는 일.
室內[실내] 방 안.
室人[실인] 자기의 아내.

捕蟲 捕蟲 捕蟲

手(扌)7 捕 잡을 포 ホ(とらえる)
虫 12 蟲 벌레 충 チュウ(むし)

捕蟲[포충] 벌레를 잡음.
捕虜[포로] 사로잡힌 적군.
捕縛[포박] 잡아 묶음.
捕捉[포착] 붙잡음.
蟲聲[충성] 벌레 소리.
蟲齒[충치] 삭은이.

鷄卵 鷄卵 鷄卵

鳥 10 鷄 닭 계 ケイ(にわとり)
卩 5 卵 알 란 ラン(たまご)

鷄卵[계란] 달걀.
鷄林八道[계림팔도] 우리 나라를 말함.
鷄湯[계탕] 닭 국.
卵白[난백] 흰 자위.
卵黃[난황] 노른 자위.

牛乳 牛乳 牛乳

牛 0 牛 소 우 ギュウ(うし)
乙(乚)7 乳 젖 유 ニュウ(ちち)

牛乳[우유] 암소에서 짜 낸 젖.
牛馬[우마] 소와 말.
乳母[유모] 남의 아이에게 젖을 먹여 주는 어머니.
乳房[유방] 젖통.
乳兒[유아] 젖먹이 아이.

畜舍 畜舍 畜舍

田5 **畜** 가축 축 / 쌓을 축 チク(かちく)

舌2 **舍** 집 사 シヤ(いえ)

一 亠 玄 畜 畜 八 亼 令 舍 舍

畜舍[축사] 가축의 울.
畜産[축산] 가축을 사육하여 생활에 이용하는 일.
畜生[축생] 온갖 가축.
舍監[사감] 기숙사의 우두머리.
舍廊[사랑] 안채와 떨어져 있어 바깥 주인이 거처하는 곳.

副産 副産 副産

刀(刂)9 **副** 버금 부 フク(そう)

生6 **産** 낳을 산 サン(うむ)

一 亠 畐 畐 副 文 产 产 産 産

副産物[부산물] 주요한 물건을 만드는 데 따라서 생기는 일.
副業[부업] 본업 밖에 하는 일.
産出[산출] 물건이 남.
産物[산물] 생산되는 물건.
産期[산기] 해산할 시기.

豆腐 豆腐 豆腐

豆0 **豆** 콩 두 / 팥 두 トウ(まめ)

肉8 **腐** 썩을 부 フ(くさる)

一 戸 戸 豆 豆 广 庁 府 腐 腐

豆腐[두부] 물에 불린 콩을 갈아 간수를 쳐서 익힌 음식.
豆太[두태] 팥과 콩.
腐敗[부패] 썩어 빠짐.
腐心[부심] 속을 썩힘.
腐蝕[부식] 썩어 들어감.

糖分 糖分 糖分

米10 **糖** 사탕 당 (탕) トウ(さとう)

刀2 **分** 나눌 분 ブン(わける)

丷 米 粐 糖 糖 丿 八 分 分

糖分[당분] 설탕의 성분.
糖屬[당속] 설탕으로 만든 음식.
分家[분가] 큰 집에서 나와 딴 살림을 차림.
分配[분배] 몫몫이 나눔.
分割[분할] 쪼개어 나눔.

牧童 牧童 牧童

牛(牜)4 **牧** 기를 목 / 목장 목 ボク(まき)

立7 **童** 아이 동 ドウ(わらべ)

𠂇 牛 牛 牧 牧 亠 立 音 音 童

牧童[목동] 마소를 치는 아이.
牧師[목사] 신도를 가르치는 사람.
牧場[목장] 마소를 치는 곳.
童謠[동요] 아이들이 부르는 노래.
童子[동자] 나이 어린 사내아이.
童心[동심] 어린 마음.

羊育 羊育 羊育

羊0 **羊** 양 양 ヨウ(ひつじ)

肉(月)4 **育** 기를 육 / 자랄 육 イク(そだてる)

丷 兰 兰 羊 亠 云 产 育 育

羊毛[양모] 양의 털.
羊腸[양장] 꼬불꼬불한 길.
羊角[양각] 양의 뿔.
育成[육성] 길러 냄.
育英[육영] 인재를 가르침.
育兒[육아] 어린 아이를 기름.

魚獲 魚獲 魚獲

魚 0 **魚** 고기 어 ギョ(うお)

犬(犭)14 **獲** 얻을 획 カク(える)

魚油〔어유〕 생선 기름.
魚物〔어물〕 생선. 생선 말린 것.
魚皮〔어피〕 물고기 가죽.
獲得〔획득〕 얻어 가짐.
獲利〔획리〕 이를 남김.
獲穀〔획곡〕 뻐꾸기.

若何 若何 若何

艸(艹)5 **若** 같을 약 만약 약 ジャク(ごとし)

人(亻)5 **何** 어찌 하 カ(なに)

若何〔약하〕 어떠함.
若干〔약간〕 얼마 되지 않음.
若此〔약차〕 이와 같이.
何等〔하등〕 어떠한. 아무.
何暇〔하가〕 어느 겨를.
何時〔하시〕 어느 때. 언제.

乾燥 乾燥 乾燥

乙 10 **乾** 하늘 건 마를 간 カン(かわく)

火 13 **燥** 마를 조 ソウ(かわく)

乾燥〔건조〕 물기가 마름.
乾坤〔건곤〕 하늘과 땅.
乾濕〔건습〕 마름과 젖음.
燥渴〔조갈〕 목이 마름.
燥濕〔조습〕 '건습'과 같음.
燥涸〔조학〕 바싹 말라 붙음.

貯藏 貯藏 貯藏

貝 5 **貯** 쌓을 저 チョ(たくわえる)

艸(艹)14 **藏** 감출 장 ゾウ(かくす)

貯藏〔저장〕 모아서 감춰 둠.
貯金〔저금〕 돈을 모아 둠.
貯蓄〔저축〕 절약하여 모아 둠.
藏書〔장서〕 가진 책.
藏置〔장치〕 감추어 둠.
藏版〔장판〕 보관하고 있는 판.

禾糠 禾糠 禾糠

禾 0 **禾** 벼 화 カ(いね)

米 11 **糠** 겨 강 コウ(ぬか)

禾糠〔화강〕 쌀겨.
禾穀〔화곡〕 벼.
禾穗〔화수〕 벼 이삭.
麥糠〔맥강〕 보리 겨.
粃糠〔비강〕 쭉정이와 겨.

灌漑 灌漑 灌漑

水(氵)18 **灌** 물댈 관 カン(そそぐ)

水(氵)11 **漑** 물댈 개 ガイ(そそぐ)

灌漑〔관개〕 논밭에 물을 댐.
灌木〔관목〕 키가 작고 줄기가 많이 나는 나무의 총칭.
灌佛〔관불〕 불상에다 냉수를 뿌리는 일.
灌腸〔관장〕 약을 항문으로부터 창자 속으로 넣음.

栽剪 栽剪 栽剪

木6 **栽** 심을 재　刀9 **剪** 가위 전

サイ(うえる)　セン(きる)

栽培〔재배〕 식물을 심어서 가꿈.
栽樹〔재수〕 나무를 심고 가꿈.
栽花〔재화〕 꽃을 가꿈.
剪刀〔전도〕 가위.
剪毛〔전모〕 짐승의 털을 깎음.
剪裁〔전재〕 옷감을 잘라 마름.

桂柏 桂柏 桂柏

木6 **桂** 계수나무 계　木5 **柏** 잣나무 백 / 측나무 백

ケイ(かつら)　ハク(かしわ)

月桂冠〔월계관〕 우승자가 쓰는 관.
月桂樹〔월계수〕 계수 나무.
柏舟〔백주〕 지팡 나무로 만든 배.
柏子〔백자〕 잣 나무의 열매.
冬柏〔동백〕 동백 나무의 열매.

塹壕 塹壕 塹壕

土11 **塹** 구덩이 참　土14 **壕** 해자 호

ザン(ほり)　ゴウ(ほり)

塹壕〔참호〕 야전에서 적의 공격에 대비하는 방어 시설. 구덩이를 파서 그 흙으로 막아 가리게 됨.
塹壕戰〔참호전〕 교전하는 쌍방이 참호에 의지하여 하는 싸움.
塹坑〔참갱〕 구덩이.

荒庵 荒庵 荒庵

艸(艹)6 **荒** 거칠 황　广8 **庵** 암자 암

コウ(あらい)　アン(いおり)

荒地〔황지〕 개간되지 아니한 땅.
荒野〔황야〕 거친 들판.
荒墳〔황분〕 헐어진 무덤.
庵子〔암자〕 작은 절.
庵主〔암주〕 암자의 주인.
小庵〔소암〕 작은 암자.

焚坑 焚坑 焚坑

焚 탈 분　土4 **坑** 구덩이 갱

フン(やく)　コウ(あな)

焚書〔분서〕 책을 불사름.
焚香〔분향〕 향료를 불에 피움.
焚火〔분화〕 불사름.
坑道〔갱도〕 구렁. 굴.
坑口〔갱구〕 구덩이 입구
礦坑〔광갱〕 광산의 갱도.

窟穴 窟穴 窟穴

穴8 **窟** 굴 굴 / 움 굴　穴0 **穴** 구멍 혈

クツ(いわや)　ケツ(あな)

窟穴〔굴혈〕 굴.
巢窟〔소굴〕 떼지어 숨어 있는 곳.
魔窟〔마굴〕 악마가 사는 곳.
穴農〔혈농〕 구메 농사.
穴深〔혈심〕 무덤 구덩이의 깊이.
穴盒〔혈합〕 서랍.

灑尿 灑尿 洒尿

水(氵)19 **灑** 뿌릴 쇄 サイ(そそぐ)
尸4 **尿** 오줌 뇨 ニョウ(ゆばり)

氵 氵 沔 灑 灑 ⺕ 尸 尸 尿 尿

灑落〔쇄락〕 마음이 깨끗하고 시원함.
灑掃〔쇄소〕 물을 뿌리고 먼지를 쓰는 일.
灑水〔쇄수〕 물을 뿌림.
尿道〔요도〕 오줌통에서 몸 밖으로 오줌이 나오는 길.
尿血〔요혈〕 오줌에 피가 섞이어 나오는 병.

果足 果足 果足

木4 **果** 실과 과 カ(くだもの)
足0 **足** 발 족 ソク(あし)

口 日 旦 甲 果 口 卩 卩 足 足

豐足〔풍족〕 매우 넉넉함.
果斷〔과단〕 용기있게 결정함.
果樹〔과수〕 과실이 열리는 나무.
果然〔과연〕 진실로. 정말로.
足跡〔족적〕 발자국.
足指〔족지〕 발가락.

沃菜 沃菜 沃菜

水(氵)4 **沃** 기름질 옥 ヨク(そそぐ)
艸(艹)8 **菜** 나물 채 サイ(な)

氵 氵 氵 汅 沃 艹 艹 芢 苹 菜

沃土〔옥토〕 기름진 땅.
沃素〔옥소〕 옥도.
菜蔬〔채소〕 소채.
菜田〔채전〕 채소 밭.
菜毒〔채독〕 창자나 밥통을 해하는 채소의 독기.

甘隘 甘隘 甘隘

甘0 **甘** 달 감 カン(あまい)
阜(阝)10 **隘** 좁을 애 / 막힐 액 アイ(せまい)

一 十 廿 廿 甘 阝 阝 阝 隘 隘

甘苦〔감고〕 달고 씀.
甘瓜〔감과〕 참외.
甘露〔감로〕 나무잎에 맺힌 이슬.
甘酒〔감주〕 단 술. 식혜.
隘路〔애로〕 좁고 험한 길.
隘害〔애해〕 해가 되는 것.
隘險〔애험〕 위험하고 좁음.

堡鑽 堡鑽 堡鑽

土9 **堡** 방축 보 / 작은성 보 ホウ(とりで)
金19 **鑽** 뚫을 찬 / 송곳 찬 サン(きり)

亻 亻 仔 保 堡 金 金 鈼 鑚 鑽

堡壘〔보루〕 진지.
橋頭堡〔교두보〕 하천 산맥 등을 이용하여 최전선을 만든 진지.
堡障〔보장〕 방위 벽.
鑽錢〔찬전〕 금강석 조각.
鑽石〔찬석〕 금강석.

插糞 插糞 插糞

手(扌)9 **插** 꽂을 삽 ソウ(さす)
米11 **糞** 똥 분 フン(くそ)

扌 扌 扌 插 插 米 米 米 糞 糞

插秧〔삽앙〕 모를 논에 꽂음.
插圖〔삽도〕 삽화.
插木〔삽목〕 꺾꽂이.
糞土〔분토〕 썩은 땅.
糞蟲〔분충〕 꽁지벌레.
糞尿〔분뇨〕 똥과 오줌.

埋歿 埋歿 埋歿

土7 **埋** 묻을 매 歹4 **歿** 죽을 몰

マイ(うめる) ボツ(しぬ)

埋沒〔매몰〕 파 묻음.
埋伏〔매복〕 적을 불시에 해치려고 일정한 곳에 숨어 있음.
埋葬〔매장〕 죽은 사람을 땅에 묻음.
歿後〔몰후〕 죽은 뒤.
歿世不忘〔몰세불망〕 한사코 잊지 않겠다는 뜻.

痕迹 痕迹 痕迹

疒6 **痕** 흔적 흔 辵(辶)6 **迹** 발자국적 자취 적

コン(あと) セキ(あと)

痕迹〔흔적〕 뒤에 남은 자취나 자국.
迹盜〔적도〕 도둑을 찾아냄.
迹象〔적상〕 지나간 자취.
形迹〔형적〕 발자취.
遺迹〔유적〕 남은 자취.
陳迹〔진적〕 지난 날의 묵은 자취.

驚蟄 驚蟄 驚蟄

馬13 **驚** 놀랄 경 虫11 **蟄** 벌레움츠릴 칩

キョウ(おどろく) チツ(かくれる)

驚動〔경동〕 놀라서 움직임.
驚倒〔경도〕 놀라 거꾸러짐.
驚蔘〔경삼〕 옮기어 심어서 자란 산삼.
驚蟄〔경칩〕 동면하던 벌레들이 깨어 꿈틀거리기 시작하는 시기.
蟄蟲〔칩충〕 겨울 철에 땅 속에 가만히 엎드려 있는 벌레.

稼芍 稼芍 稼芍

禾10 **稼** 심을 가 艸(艹)3 **芍** 작약 작

カ(みのり) シャク

稼植〔가식〕 심고 가꿈.
稼穡〔가장〕 농사 지음.
稼動〔가동〕 사람이나 기계가 움직여서 일함.
芍藥島〔작약도〕 인천 앞 바다에 있는 섬.
芍藥花〔작약화〕 함박꽃.

貿易 貿易 貿易

貝5 **貿** 무역할무 日4 **易** 바꿀 역 쉬울 이

ボウ(あきなう) エキ(かえる)

貿易〔무역〕 외국과의 장사.
貿販〔무판〕 푸줏간을 냄.
貿易商〔무역상〕 무역의 영업.
易書〔역서〕 점치는 데 쓰는 책.
易數〔역수〕 길흉을 미리 아는 술법.
容易〔용이〕 쉬움.

商街 商街 商街

口8 **商** 장사 상 行6 **街** 거리 가

ショウ(あきなう) ガイ(まち)

商街〔상가〕 상점만 있는 거리.
商品〔상품〕 팔고 사는 물건.
商界〔상계〕 장사하는 사회.
街道〔가도〕 도시를 통하는 큰 길.
街頭〔가두〕 길거리.
街村〔가촌〕 큰 길가에 있는촌락.

弗貨 弗貨 弗貨

弓2 **弗** 어길 불 / 아닐 불 フツ(あらず)

貝4 **貨** 재화 화 カ(たから)

弗貨[불화] 미국의 돈. 달러.
弗乎[불호] 부인하는 뜻.
弗素[불소] 화학 원소의 일종.
貨主[화주] 화물의 주인.
貨物[화물] 짐.
貨幣[화폐] 돈.

貸借 貸借 貸借

貝5 **貸** 빌릴 대 タイ(かす)

人(亻)8 **借** 빌 차 / 빌릴 차 シャク(かりる)

貸借[대차] 빌려 줌과 빌림.
貸與[대여] 빌려 줌.
貸地[대지] 남에게 세 준 땅.
借用[차용] 빌려 씀.
借家[차가] 집을 빌려 들음.
借款[차관] 나라 사이의 대차.

償還 償還 償還

人(亻)15 **償** 갚을 상 ショウ(つぐなう)

辵(辶)13 **還** 돌아올 환 / 돌아갈 환 カン(かえる)

償還[상환] 빌린 돈을 도로 갚음.
償金[상금] 돈을 갚음.
償復[상복] 물어 줌. 갚아 줌.
還甲[환갑] 회갑.
還國[환국] 제 나라에 돌아 옴.
還鄕[환향] 고향에 돌아 옴.

預蓄 預蓄 預蓄

頁4 **預** 미리 예 ヨ(あずける)

艸(艹)10 **蓄** 모을 축 / 쌓을 축 チク(たくわえる)

預金[예금] 은행이나 우편국 같은 곳에 돈을 맡기는 일.
預置[예치] 맡겨 둠.
蓄財[축재] 재물을 모음.
蓄積[축적] 쌓아 둠.
蓄妾[축첩] 첩을 둠.

投資 投資 投資

手(扌)4 **投** 던질 투 トウ(なげる)

貝6 **資** 재물 자 シ(もと)

投資[투자] 돈을 늘릴 목적으로 사업의 밑천을 댐.
投機[투기] 요행을 바라는 행위.
投降[투항] 적에게 항복함.
資格[자격] 신분의 바탕.
資金[자금] 밑천이 되는 돈.

企業 企業 企業

人4 **企** 바랄 기 / 계획할 기 キ(くわだてる)

木9 **業** 일 업 / 일할 업 ギョウ(わざ)

企業[기업] 사업을 계획하거나 잇대어 하는 생산 사업.
企圖[기도] 계획하고 도모함.
業務[업무] 직업으로 하는 일.
業績[업적] 사업의 성적.
業種[업종] 영업의 종류.

總販

貝 4

總 합할 총 ソウ(すべて)

販 팔 판 ハン(うる)

總販〔총판〕 도맡아 판매함.
總力〔총력〕 모든 힘.
總理〔총리〕 전체를 모두 관리함.
總意〔총의〕 모든 사람의 공통 의견.
販賣〔판매〕 상품을 팔음.
販路〔판로〕 팔아 먹을 길.

絹綿

糸 7 **絹** 비단 견 ケン(きぬ)

糸 8 **綿** 솜 면 メン(わた)

絹絲〔견사〕 비단을 짜는 명주실.
絹織〔견직〕 명주실로 짬.
綿布〔면포〕 무명 베.
綿綿〔면면〕 줄줄 잇달음.
綿密〔면밀〕 생각이 소홀하지 않고 일에 찬찬함.

毛絲

毛 0 **毛** 터럭 모 モウ(け)

糸 6 **絲** 실 사 シ(いと)

毛絲〔모사〕 털실.
毛皮〔모피〕 털이 붙은 짐승 가죽.
毛筆〔모필〕 붓.
毛族〔모족〕 털 가진 짐승.
絲竹〔사죽〕 거문고와 퉁수.
絲毫〔사호〕 아주 작은 수.

現品

玉(王) 7 **現** 나타날 현 ゲン(あらわれる)

口 6 **品** 품수 품, 가지 품 ヒン(しな)

現品〔현품〕 현재 있는 물품.
現金〔현금〕 맞돈.
現實〔현실〕 눈 앞에 나타난 사실.
品格〔품격〕 사람된 바탕.
品行〔품행〕 몸과 마음 가짐.
品目〔품목〕 물건의 이름.

賣買

貝 8 **賣** 팔 매 バイ(うる)

貝 5 **買** 살 매 バイ(かう)

賣買〔매매〕 물건을 사고 파는 일.
賣却〔매각〕 팔아 버림.
賣盡〔매진〕 모조리 팔림.
買收〔매수〕 ① 물건을 사들임. ② 남을 꾀어 자기 편을 만듬.
買占〔매점〕 모조리 사서 모음.

輸入

車 9 **輸** 보낼 수 ユ(おくる)

入 0 **入** 들 입 ニュウ(はいる)

輸入〔수입〕 외국 물품을 사들임.
輸出〔수출〕 외국으로 내 보냄.
輸送〔수송〕 물건을 실어 보냄.
入山〔입산〕 산에 들어감.
入黨〔입당〕 당에 가입함.
入寂〔입적〕 중이 죽음.

需給 需給 需給

雨 6 **需** 쓸 수 / 음식 수 — 糸 6 **給** 줄 급

ジュ(もとめる)　キュウ(たまう)

需給〔수급〕 수요와 공급.
需要〔수요〕 필요하여 얻고자 함.
需用〔수용〕 구하여 씀.
給付〔급부〕 내어 줌.
給料〔급료〕 노력에 대한 보수.
給費〔급비〕 비용을 주는 것.

閉店 閉店 閉店

門 3 **閉** 닫을 폐 — 广 5 **店** 가게점

ヘイ(とじる)　テン(みせ)

閉店〔폐점〕 상점 문을 닫음.
閉幕〔폐막〕 막을 내림.
閉會〔폐회〕 회의를 마침.
店員〔점원〕 점방에서 일보는 사람
店舖〔점포〕 가겟집.
店頭〔점두〕 가게의 앞 쪽.

財禍 財禍 財禍

貝 3 **財** 재물 재 — 示 9 **禍** 재화 화

ザイ(たから)　カ(わざわい)

財禍〔재화〕 재산상의 재앙.
財力〔재력〕 재산의 능력.
財閥〔재벌〕 재력이 있는 무리.
禍福〔화복〕 재화와 복록.
禍變〔화변〕 대단한 변고.
禍根〔화근〕 재앙의 근원.

茶房 茶房 茶房

艸(艹) 6 **茶** 차다(차) — 戶 4 **房** 방 방

チャ　ボウ(へや)

茶房〔다방〕 차 마시며 쉬는 집.
茶菓〔다과〕 차와 과자
茶盤〔다반〕 찻잔을 바치는 쟁반.
房貰〔방세〕 빌려 든 방의 삯.
房門〔방문〕 방으로 드나드는 문.
房外〔방외〕 방의 바깥.

共營 共營 共營

八 4 **共** 함께 공 — 火 13 **營** 지을 영 / 경영할영

キョウ(とも)　エイ(いとなむ)

共營〔공영〕 같이 경영함.
共同〔공동〕 여럿이 같이 함.
共鳴〔공명〕 어떤 일을 찬성함.
營爲〔영위〕 일을 경영함.
營利〔영리〕 이익을 꾀함.
營繕〔영선〕 건축하고 수리함.

精米 精米 精米

米 8 **精** 정교할정 / 정신 정 — 米 0 **米** 쌀 미

セイ(くわしい)　ベイ, マイ(こめ)

精米〔정미〕 벼를 찧어 쌀로 만듦.
精密〔정밀〕 썩 세밀함.
精進〔정진〕 정력을 다 해 나아감.
米糧〔미곡〕 쌀과 기타 곡식.
米粒〔미립〕 쌀알.
米壽〔미수〕 여든 여덟 살.

工場	皮革
工 (工 0) 공교할 공, 장인 공 コウ, ク(たくみ) / 場 (土 9) 마당 장 ジョウ(ば)	皮 (皮 0) 가죽 피 ヒ(かわ) / 革 (革 0) 가죽 혁, 고칠 혁 カク(かわ)
工場[공장] 물품을 만드는 곳.	皮革[피혁] 가죽의 총칭.
工藝[공예] 물건을 만드는 재주.	皮骨[피골] 살갗과 뼈.
工作[공작] 물건을 만듦.	皮下[피하] 피부 속.
場所[장소] 자리.	革新[혁신] 고쳐 새롭게 함.
場內[장내] 장소의 안.	革命[혁명] 구 정부를 뒤집음.
場長[장장] '공장장'의 준 말.	革世[혁세] 세상이 바뀜.

洋靴	鋼鐵
洋 (水(氵) 6) 큰바다 양 ヨウ(おおうみ) / 靴 (革 4) 신 화 カ(くつ)	鋼 (金 8) 강철 강 コウ(はがね) / 鐵 (金 13) 쇠 철 テツ(てつ)
洋靴[양화] 구두.	鋼鐵[강철] 강한 쇠.
洋女[양녀] 서양 여자.	鋼線[강선] 강철로 만든 선.
洋風[양풍] 서양 사람의 풍속.	鐵甲[철갑] 쇠로 만든 갑옷.
靴工[화공] 구두를 만드는 사람.	鐵脚[철각] 튼튼한 다리.
靴子[화자] 나막신.	鐵窓[철창] 감옥의 별칭.
靴店[화점] 구두를 파는 상점.	鐵石[철석] 쇠와 돌. 매우 굳센 것.

暖爐	機械
暖 (日 9) 더울 난 ダン(あたたかい) / 爐 (火 16) 화로 로 ロ(いろり)	機 (木 12) 기미 기, 기계 기 キ(はた) / 械 (木 7) 기계 계 カイ(かせ)
暖爐[난로] 방을 덥게하는 기구.	機械[기계] 틀.
暖流[난류] 온도가 높은 해류.	機密[기밀] 중요하고 비밀한 일.
暖帶[난대] 열대와 온대의 중간.	機構[기구] 기관의 구조.
暖氣[난기] 따뜻한 기운.	機智[기지] 얕은 슬기.
暖衣[난의] 따뜻한 옷.	機敏[기민] 눈치가 빠르고 날램.
爐邊[노변] 화롯가.	機會[기회] 묘하고 효과적인 때.

運轉 運轉 運轉

走(辶)9 **運** 운전할운 옮길 운 ウン(はこぶ)

車11 **轉** 구를 전 テン(ころがる)

冖 冒 軍 渾 運 亘 軻 輔 轉 轉

運轉〔운전〕움직이어 돌림.
運搬〔운반〕물건을 나름.
運賃〔운임〕물건을 운반하는 삯.
運河〔운하〕육지를 파서 만든 강.
轉職〔전직〕직장을 바꿈.
轉轉〔전전〕이리 저리 굴러 다님.

器具 器具 器具

口13 **器** 그릇 기 キ(うつわ)

八6 **具** 갖출 구 グ(そなえる)

口 吅 哭 哭 器 丨 冂 目 且 具

器具〔기구〕그릇. 세간. 연장.
器械〔기계〕그릇, 연장등의 총칭.
器皿〔기명〕음식을 담는 그릇.
具備〔구비〕빠짐없이 갖춤.
具格〔구격〕격식을 갖춤.
具體〔구체〕형상을 갖춤.

製絡 製絡 製絡

衣8 **製** 마를 제 지을 제 セイ(つくる)

糸6 **絡** 맥 락 이을 락 ラク(まとう)

咅 制 製 製 製 纟 糸 紁 終 絡

製作〔제작〕물건을 만듬.
製本〔제본〕책을 만듬.
製紙〔제지〕종이를 만듬.
製品〔제품〕만들어 낸 물품.
製材〔제재〕재목을 만듬.
連絡〔연락〕서로 관계를 맺음.

株券 株券 株券

木6 **株** 그루 주 나무 주 シュ(かぶ)

刀6 **券** 문서 권 ケン(てがた)

朩 朾 杵 株 株 丷 兰 关 券 券

株券〔주권〕주식의 증권.
株式〔주식〕주식회사의 자본 단위
株主〔주주〕주식회사에 주권을 가진 사람.
證券〔증권〕①증거가 되는 문권. ② 채권을 증명하는증권.

塩田 塩田 塩田

鹵13 **鹽** 소금 염 エン(しお)

田0 **田** 밭 전 デン(た)

臣 臣 臨 鹽 鹽 丨 冂 田 田 田

鹽田〔염전〕소금을 만드는 밭.
鹽飯〔염반〕① 소금엣밥. ② 반찬이 없는 밥.
田園〔전원〕농사 짓는 터전.
田畓〔전답〕밭과 논.
田穀〔전곡〕밭 곡식.

印章 印章 印章

卩4 **印** 도장 인 イン(しるし)

立6 **章** 글 장 ショウ(ふみ)

𠂆 E E 印 印 亠 产 音 音 章

印章〔인장〕도장.
印象〔인상〕자극을 받아 생기는 느낌.
印刷〔인쇄〕글, 그림의 판 박음.
印鑑〔인감〕관청에 등록한 도장.
章章〔장장〕밝은 모양.
章程〔장정〕조목별로 마련한 규정.

布袋 布袋 布袋

巾2 **布** 베 포 / 베풀 포 — フ(ぬの)

衣5 **袋** 부대 대 / 자루 대 — タイ(ふくろ)

ノ ナ 右 布　イ 代 岱 袋 袋

布袋〔포대〕포목으로 만든 자루.
布告〔포고〕일반에게 널리 알림.
布敎〔포교〕종교를 널리 폄.
布木〔포목〕베와 무명.
布帛〔포백〕베와 비단.
紙袋〔지대〕봉지.

酸液 酸液 酸液

酉7 **酸** 실 산 / 아플 산 — サン(すい)

水(氵)8 **液** 즙 액 — エキ(しる)

冂 酉 酊 酢 酸 氵 汇 汴 液 液

酸液〔산액〕산성분을 가진 액체.
酸味〔산미〕신 맛.
酸性〔산성〕산의 기운을 가진 성질.
液體〔액체〕유동하는 물체.
液化〔액화〕고체나 기체가 변하여 액체가 되는 현상

軟膜 軟膜 軟膜

車4 **軟** 연할 연 / 부드러울 연 — ナン(やわらか)

肉(月)11 **膜** 꺼풀 막 — マク(うすかわ)

亘 車 軻 軟 軟 月 腊 腊 膜 膜

軟骨〔연골〕연한 뼈.
軟弱〔연약〕연하고 약함.
軟性〔연성〕무르고 연한 성질.
鼓膜〔고막〕귀청.
皮膜〔피막〕살갗과 힘살을 에워 싼 점막.

土炭 土炭 土炭

土0 **土** 흙 토 — ド(つち)

火5 **炭** 숯 탄 / 석탄 탄 — タン(すみ)

一 十 土　山 屵 岸 炭 炭

土炭〔토탄〕토질의 석탄.
土臺〔토대〕밑바탕.
土地〔토지〕논 밭.
炭田〔탄전〕석탄이 묻혀 있는 땅.
炭鑛〔탄광〕석탄을 파내는 광산.
炭坑〔탄갱〕석탄을 파내는 구멍이.

管理 管理 管理

竹8 **管** 대통 관 / 주관할관 — カン(くだ)

玉(王)7 **理** 다스릴리 / 이치 리 — リ(おさめる)

𠂉 𥫗 笁 管 管 T 王 玾 理 理

管理〔관리〕일을 처리함.
管轄〔관할〕맡아 다스림.
管見〔관견〕좁은 소견.
理想〔이상〕자기의 바라는 생각.
理解〔이해〕사리를 헤아려 앎.
理性〔이성〕본래 타고난 지능.

窒素 窒素 窒素

穴6 **窒** 막을 질 — チツ(ふさぐ)

糸4 **素** 흴 소 — ソ(しろい)

宀 穴 空 窣 窒 十 主 妻 耒 素

窒素〔질소〕기체 원소의 하나.
窒息〔질식〕숨이 막힘.
窒急〔질급〕몹시 겁을 냄.
素朴〔소박〕꾸밈이 없음.
素質〔소질〕본디 타고난 성질.
素養〔소양〕본디 부터의 교양.

看板 看板 看板

目4 **看** 볼 간 　 木4 **板** 널조각 판

カン(みる) 　 ハン(いた)

看板〔간판〕 눈에 잘 띄도록 한 외관상의 표식.
看做〔간주〕 그렇게 여김.
看破〔간파〕 보아서 확실히 앎.
板門〔판문〕 판자로 만든 문.
板壁〔판벽〕 판자로 만든 벽.

蒸汽 蒸汽 蒸汽

艸(艹)10 **蒸** 찔 증 　 水(氵)4 **汽** 물끓는김 기

ジョウ(むす) 　 キ(ゆげ)

蒸汽〔증기〕 증발되는 기체.
蒸發〔증발〕 액체가 기체로 변함.
蒸炎〔증염〕 찌는 듯한 더위.
汽罐〔기관〕 불을 때어 물을 끓여 증기를 일으키는 가마.
汽船〔기선〕 증기 힘을 이용한 배.

吸引 吸引 吸引

口4 **吸** 숨들이쉴 흡 마실 흡 　 弓1 **引** 끌 인 당길 인

キュウ(すう) 　 イン(ひく)

吸引〔흡인〕 빨아서 이끎음.
吸收〔흡수〕 빨아 들임.
吸煙〔흡연〕 담배를 피움.
引責〔인책〕 책임을 이끌어 짐.
引導〔인도〕 가르쳐 이끎음.
引見〔인견〕 불러 만나 봄.

賄賂 賄賂 賄賂

貝6 **賄** 재물 회 선물 회 　 貝6 **賂** 줄 뢰 선물 뢰

ワイ(まかなう) 　 ロ(まいない)

賄賂〔회뢰〕 사사 이익을 얻기 위하여 남에게 부정한 물품을 보내는 일.
賄賂罪〔회뢰죄〕 뇌물을 주고 받음으로써 성립되는 죄.
賄買〔회매〕 재물을 부정하게 사들임.
賂物〔뇌물〕 자기의 뜻하는 바를 이루기 위하여 몰래 주는 정당치 못한 재물.

苛斂 苛斂 苛斂

艸(艹)5 **苛** 까다로울 가 　 攴(攵)13 **斂** 거둘 렴

カ(からい) 　 レン(おさめる)

苛令〔가령〕 너무 가혹한 명령.
苛酷〔가혹〕 각박하고 혹독함.
苛斂〔가렴〕 조세 같은 것을 가혹하게 징수하는 것.
斂錢〔염전〕 돈을 긁어 모음.
收斂〔수렴〕 거두어 드림.

捐耗 捐耗 捐耗

手(扌)7 **捐** 버릴 연 　 耒4 **耗** 빌 모 감할 모

エン(すてる) 　 モウ(へる)

捐補〔연보〕 자기 재물로 타인을 도와 줌.
捐世〔연세〕 사망(死亡)의 높힘말.
義捐金〔의연금〕 기부금.
耗捐〔모연〕 닳아 없어짐.
耗盡〔모진〕 닳아 없어짐.
消耗〔소모〕 닳아 없어짐.

租庸 租庸 租庸

禾 5 **租** 세금 조 — ソ(みつぎ)

广 8 **庸** 떳떳할 용 / 어리석을 용 — ヨウ(つね)

二 千 禾 和 租 广 户 肩 肩 庸

租界[조계] 외국인의 조차지.
租稅[조세] 세금.
租借[조차] 세를 내고 빌림.
庸君[용군] 어리석어 잘 다스릴 자격이 없는 왕.
庸劣[용렬] 재주가 없고 어리석음.
庸俗[용속] 범상하여 특징이 없음.

融貰 融貰 融貰

虫 10 **融** 화할 융 — ユウ(とおる, とける)

貝 5 **貰** 세낼 세 — セイ(もらう)

Ħ 鬲 鬲 鬲 融 一 卄 世 貰 貰

融資[융자] 자본을 융통함.
融合[융합] 여러 가지가 녹아서 한 가지로 합하는 것.
融解[융해] 녹아서 풀어짐.
貰家[세가] 집을 세놓는 것.
貰物[세물] 세를 받고 빌려 주는 물건.
貰冊[세책] 세를 내고 빌리는 책.

賠扱 賠扱 賠扱

貝 8 **賠** 물어줄 배 — バイ(つぐなう)

手(扌) 4 **扱** 걷어가질 급 — ソウ(あつかう)

Π 貝 貯 賠 賠 扌 扌 扔 扔 扱

賠償[배상] 손해를 물어 냄.
賠款[배관] 손해 배상. 배상금.
賠賺[배겸] 배상을 갚음.
賠償金[배상금] 갚는 돈.
賠𧸘[배소] 충분하게 남게 갚음.
取扱[취급] 다룸.

購緞 購緞 購緞

貝 10 **購** 살 구 — コウ(あがなう)

糸 9 **緞** 비단 단 — タン(どんす)

貝 貝 貝 購 購 幺 糸 糸 糸 緞

購買[구매] 물건을 사들임.
購讀[구독] 신문·잡지·서적 등을 사서 읽음.
購求[구구] 물건을 들임.
絨緞[융단] 보드러운 천.
綢緞[주단] 명주와 비단.
羽緞[우단] 천의 한가지.

擬堆 擬堆 擬堆

手(扌) 14 **擬** 의논할 의 / 흡사할 의 — ギ(なぞらえる)

土 8 **堆** 흙무더기 퇴 — タイ(うずたかい)

扌 扌 搓 擬 擬 土 圵 圵 圵 堆

擬經[의경] 경서에 본떠서 만들음.
擬作[의작] 본떠 만든 것.
擬勢[의세] 겉으로 나타나는 형세
堆肥[퇴비] 풀, 짚 등을 쌓아 썩힌 거름.
堆積[퇴적] 많이 쌓임.
堆花[퇴화] 떨어진 꽃이 쌓임.

孵慢 孵慢 孵慢

子 11 **孵** 알깔 부 — フ(かえる)

心(忄) **慢** 게으를 만 / 거만할 만 — マン(おごる)

孑 孵 孵 孵 孵 忄 忄 忄 慢 慢

孵化[부화] 병아리를 깜.
孵卵器[부란기] 병아리를 까는 기계.
孵化器[부화기] 병아리를 까는 기계.
倨慢[거만] 우쭐대고 오만함.
慢性[만성] 아주 길게 끄는 것.

旅客

旅客 旅客 旅客

方6 **旅** 나그네려 군사 려 — リョ(たび)

宀6 **客** 손 객 나그네객 — キャク(まろうど)

旅客[여객] 나그네.
旅行[여행] 다른 곳으로 가는 일.
旅館[여관] 길손이 묵는 집.
客地[객지] 집을 떠나 있는 곳.
客室[객실] 손님을 있게 하는 방.
客談[객담] 객적은 이야기.

車費

車費 車費 車費

車0 **車** 수레거(차) — シャ, キョ(くるま)

貝5 **費** 허비할비 — ヒ(ついやす)

車費[차비] 차 삯.
車輛[차량] 여러 가지 차의 총칭
車輪[차륜] 수레 바퀴.
費用[비용] 어떠한 일에 드는 돈.
費額[비액] 소비하여 쓴 돈.
浪費[낭비] 함부로 씀.

船賃

船賃 船賃 船賃

舟5 **船** 배 선 — セン(ふね)

貝6 **賃** 품팔이임 빌 임 — チン(やとう)

船價[선가] 배를 탈 때 내는 돈.
船舶[선박] 배.
船夫[선부] 뱃사공.
賃金[임금] 품 삯.
賃貸[임대] 돈을 받고 빌려 줌.
賃借[임차] 삯을 주고 빌림.

支拂

支拂 支拂 支拂

支0 **支** 지탱할지 가지 지 지지 지 — シ(ささえる)

手(扌)5 **拂** 떨칠 불 — フツ(はらう)

支拂[지불] 돈을 치룸
支援[지원] 지지하여 응원함.
支持[지지] 옳게 여겨 받듬.
拂拭[불식] 깨끗이 씻어 없앰.
拂込[불입] 돈을 여러 번 나눠 냄.
拂曙[불서] 막 동이 틀 때.

普通

普通 普通 普通

日8 **普** 넓을 보 — フ(あまねし)

辵(辶)7 **通** 통할 통 — ツウ(とおる)

普通[보통] 널리 일반에게 통함.
普遍[보편] 두루 공통됨.
普及[보급] 널리 퍼뜨림.
通告[통고] 알림.
通過[통과] 지나감.
通例[통례] 공통되는 예.

古京

古京 古京 古京

口2 **古** 옛 고 — コ(ふるい)

亠6 **京** 서울 경 — ケイ(みやこ)

古京[고경] 옛 서울. 고도.
古宮[고궁] 옛 대궐.
古今[고금] 옛날과 지금.
京鄕[경향] 서울과 시골.
京江[경강] 한강 일대의 총칭.
京山[경산] 서울 근처에 있는 산.

齊宮

齊 가지런할 제 (セイ(そろう))
宮 집 궁 (キュウ(みや))

齊唱[제창] 일제히 부름.
齊家[제가] 집안을 바로 다스림.
齊聲[제성] 여럿이 함께 소리냄.
宮中[궁중] 대궐 안.
宮女[궁녀] 궁중의 나인(內人).
宮闕[궁궐] 임금이 사는 곳.

徐行

徐 천천할 서 (ジョ(おもむろ))
行 갈 행, 행할 행, 항렬 항 (コウ(ゆく))

徐行[서행] 천천히 감.
徐徐[서서] 천천히.
徐緩[서완] 느림.
行方[행방] 간 곳.
行實[행실] 품행.
行列[항렬] 혈족 관계의 계급.

付標

付 부칠 부, 부탁 부 (フ(つける))
標 표할 표 (ヒョウ(しるし))

付託[부탁] 남에게 당부함.
付與[부여] 붙여 보내 줌.
付壁[부벽] 벽에 붙이는 글씨.
標識[표지] 눈에 잘 띄도록 한 표
標本[표본] 본보기가 되는 물건.
標榜[표방] 앞에 내세움.

驛馬

驛 역말 역 (エキ(うまや))
馬 말 마 (バ(うま))

驛前[역전] 정거장 앞.
驛夫[역부] 역에서 일하는 사람.
驛長[역장] 역의 우두머리.
馬夫[마부] 말을 끄는 사람.
馬具[마구] 말타는 데 쓰는 도구.
馬技[마기] 말을 타는 재주.

競走

競 다툴 경 (ケイ(きそう))
走 달릴 주, 달아날 주 (ソウ(はしる))

競走[경주] 달리는 경기.
競技[경기] 재주를 비교함.
競爭[경쟁] 서로 겨누어 다툼.
走馬[주마] 말을 달림.
走狗[주구] 사냥개. 앞잡이.
走力[주력] 달리는 실력.

番號

番 번수 번 (バン(ばん))
號 부를 짖을 호 (ゴウ(となえ))

番號[번호] 차례를 매긴 호수.
番數[번수] 차례의 수효.
番番[번번] 늘 자주.
號外[호외] 신문 따위를 임시로 발행하는 중요한 보도.
號令[호령] 지휘하여 명령함.

誤認　誤認　誤認

言 7 **誤** 그릇할 오　言 7 **認** 알 인 / 허가할 인

ゴ(あやまる)　ニン(みとめる)

誤認〔오인〕 그릇 인정함.
誤解〔오해〕 그릇 해석함.
誤報〔오보〕 그릇된 보도.
認可〔인가〕 인정하여 허락함.
認識〔인식〕 알아 봄.
認定〔인정〕 그러한 줄 알고 정함.

積送　積送　積送

禾 11 **積** 쌓을 적　辵(⻌) 6 **送** 보낼 송

セキ(つむ)　ソウ(おくる)

積送〔적송〕 실어 보냄.
積載〔적재〕 쌓아 실음.
積極〔적극〕 자진해서 일을 행함.
送金〔송금〕 돈을 보냄.
送客〔송객〕 객을 전송함.
送達〔송달〕 보내어 줌.

遲延　遲延　遲延

辵(⻌) 12 **遲** 더딜 지　廴 4 **延** 미칠 연 / 뻗칠 연

チ(おそい)　エン(のびる)

遲延〔지연〕 더디게 끌어감.
遲刻〔지각〕 정각보다 늦게 옴.
遲參〔지참〕 정한 시간보다 늦게 참석함.
延命〔연명〕 겨우 목숨을 이어감.
延長〔연장〕 늘이어 길게 함.

未着　未着　未着

木 1 **未** 아닐 미　羊(⺶) 6 **着** 붙을 착

ミ(いまだ)　チャク(きる)

未着〔미착〕 아직 이르지 못함.
未練〔미련〕 익숙치 못함.
未備〔미비〕 아직 다 갖추지 못함.
着服〔착복〕 공금 또는 남의 금품을 부정하게 떼어 먹음.
着實〔착실〕 침착하고 성실함.

摩擦　摩擦　摩擦

手 11 **摩** 갈 마　手(扌) 14 **擦** 비빌 찰

マ(する, こする)　サツ(さする)

摩挲〔마사〕 손으로 주물러 어루만짐.
摩擦〔마찰〕 물건과 물건이 서로 닿아서 비비는 것.
摩擦力〔마찰력〕 마찰할 때 두 물체 사이에서 생기는 힘.
摩擦熱〔마찰열〕 물체가 마찰할 때 생기는 열.
摩天樓〔마천루〕 고층 건물.

墟壑　墟壑　墟壑

土 12 **墟** 옛터 허　土 14 **壑** 구렁 학

キョ(しろあと)　ガク(たに)

墟基〔허기〕 풀에 못이겨 폐허가 된 무덤.
墟墓〔허묘〕 폐허된 무덤.
廢墟〔폐허〕 황폐된 터.
溝壑〔구학〕 구렁.
大壑〔대학〕 큰 구렁.
溪壑〔계학〕 계곡의 구렁.

浮舟 浮舟 浮舟

水(氵)7 **浮** 뜰 부 — フ(うかぶ)
舟0 **舟** 배 주 — シュウ(ふね)

浮流[부류] 떠서 흐름.
浮板[부판] 뜬 판자.
浮游[부유] 방향 없이 떠돌아 다님.
舟運[주운] 배로 운반하는 것.
舟遊[주유] 뱃놀이.
舟船[주선] 배와 선박.

陷穽 陷穽 陷穽

阜(阝)8 **陷** 빠질 함, 함정 함 — カン(おちいる)
穴4 **穽** 함정 정 — セイ(おとしあな)

陷穽[함정] 파놓은 구덩이.
陷壘[함루] 진루가 함락함.
陷沒[함몰] 모두 빠져 몰락함.
陷落[함락] 빼앗아 몰락시킴.
檻穽[남정] 함정.
布穽[포정] 함정을 파는 것.

迂廻 迂廻 迂廻

辵(辶)3 **迂** 굽을 우 (오) — ウ(まがる)
廴6 **廻** 돌 회 — ネ(まわる)

迂廻[우회] 멀리 돌아감.
迂闊[우활] 탐탁하지 않음.
迂怪[우괴] 성질이 우활하고 기괴함.
廻折[회절] 구부러짐.
廻曲[회곡] 구부러짐.
廻廊[회랑] 낭하. 베란다.

渡漕 渡漕 渡漕

水(氵)9 **渡** 건늘 도 — ト(わたる)
水(氵)11 **漕** 배질할조 — ソウ(こぐ)

渡江[도강] 강을 건늠.
渡河[도하] 개천, 물을 건늠.
渡船[도선] 물건느는 배.
漕米[조미] 조창에 있는 쌀.
漕運[조운] 배로 운반함.
漕船[조선] 운반하는 배.

輻輳 輻輳 輻輳

車9 **輻** 바퀴살복, 바퀴살통폭 — フク(や)
車9 **輳** 바퀴살통주 — ソウ(あつまる)

輻輳[폭주] 사물이 한곳으로 몰림.
輻射[폭사] 사방으토 내쏘는 현상.
四方輻輳 [사방폭주] 사방으로 몰림.
輻子[폭자] 바퀴의 살.
輻射熱[폭사열] 방사열과 같음.
輻射點[폭사점] 방사점.

軌轍 軌轍 軌轍

車2 **軌** 바퀴사이궤 — キ(わだち)
車12 **轍** 바퀴자국철 — テツ(わだち)

軌轍[궤철] 차가 지나간 바퀴 자국.
軌範[궤범] 본보기가 될 만한 법도.
軌迹[궤적] 수레가 지나간 자국.
軌條[궤조] 기차나 전차가 다니도록 깔아놓은 강철재의 줄.
轍迹[철적] 바퀴가 지나간 자국.
古轍[고철] 옛 일.

速物 速物 速物

速 辵(辶)7 빠를 속 ソク(はやい)

物 牛(牜)4 만물 물 ブツ(もの)

速度〔속도〕 빠른 정도.
速記〔속기〕 빨리 적음.
速成〔속성〕 빨리 이룸. 빨리 됨.
物望〔물망〕 명성이 높은 것.
物色〔물색〕 쓸만한 것을 고름.
物心〔물심〕 물질과 정신.

津棹 津棹 津棹

津 水(氵)6 나루 진 진액 진 シン(わたしば)

棹 木8 노저을도 トウ(さお)

津渡〔진도〕 나루.
津守〔진수〕 나루지기.
津埠〔진부〕 나루.
棹子〔도자〕 책상.
棹燈〔도등〕 책상 등.
棹腿〔도퇴〕 책상 다리.

謹賀 謹賀 謹賀

謹 言11 삼갈 근 キン(つつしむ)

賀 貝5 하례할하 ガ(よろこぶ)

謹賀〔근하〕 삼가서 축하함.
謹愼〔근신〕 언행을 삼가고 조심함
謹告〔근고〕 삼가 알림.
賀客〔하객〕 축하하는 손.
賀禮〔하례〕 축하하는 예식.
賀正〔하정〕 새 해를 축하함.

葉書 葉書 葉書

葉 艸(艹)9 잎 엽 ヨウ(は)

書 曰6 글 서 ショ(かく)

葉書〔엽서〕 '우편엽서'의 약.
葉錢〔엽전〕 구멍 뚫린 옛날의 돈.
葉片〔엽편〕 잎의 넓은 부분.
書生〔서생〕 유학을 공부하는 학생
書齋〔서재〕 글 읽는 방.
書翰〔서한〕 편지.

回答 回答 回答

回 口3 돌아올회 カイ, エ(めぐる)

答 竹6 대답 답 トウ(こたえる)

回答〔회답〕 물음에 대답함.
回復〔회복〕 이전의 상태로 됨.
回收〔회수〕 거두어 들임.
答辯〔답변〕 남이 묻는 데 대답함.
答案〔답안〕 문제의 해답.
答狀〔답장〕 회답하는 편지.

片紙 片紙 片紙

片 片0 조각 편 ヘン(かた)

紙 糸4 종이 지 シ(かみ)

片紙〔편지〕 소식을 알리는 글.
片面〔편면〕 한 쪽 면.
片舟〔편주〕 작은 배.
紙面〔지면〕 종이의 거죽.
紙物〔지물〕 온갖 종이.
紙幣〔지폐〕 종이 돈.

郵遞 郵便 郵便

邑(阝)8 **郵** 역말 우 / 우편 우 — ユウ(しゅくば)

辵(辶)10 **遞** 갈마들일 체 — テイ(かわる)

郵遞〔우체〕 우편으로 보냄.
郵便〔우편〕 여러 사람을 위하여 통신을 맡아 보는 업무.
郵送〔우송〕 우편으로 보냄.
遞信〔체신〕 우편.
遞傳〔체전〕 전하여 보냄.
遞送〔체송〕 우편으로 보냄.

吉報 吉報 吉報

口3 **吉** 길할 길 — キツ, キチ(よい)

土9 **報** 갚을 보 — ホウ(むくいる)

吉報〔길보〕 좋은 소식.
吉凶〔길흉〕 좋은 일과 궂은 일.
吉運〔길운〕 좋은 운수.
報答〔보답〕 남의 은혜를 갚음.
報復〔보복〕 앙갚음.
報酬〔보수〕 근로에 대한 소득.

至急 至急 至急

至0 **至** 이를 지 — シ(いたる)

心5 **急** 급할 급 — キュウ(いそぐ)

至急〔지급〕 썩 급함.
至誠〔지성〕 지극한 정성.
至當〔지당〕 사리에 꼭 맞음.
急行〔급행〕 빨리 감.
急報〔급보〕 급한 보고.
急變〔급변〕 갑자기 일어난 사고.

電波 電波 電波

雨5 **電** 번개 전 — デン(いなずま)

水(氵)5 **波** 물결 파 — ハ(なみ)

電波〔전파〕 전기의 파동.
電文〔전문〕 전문의 사연.
電光〔전광〕 번갯불.
派紋〔파문〕 물결의 무늬.
波及〔파급〕 차차 퍼져 미침.
波瀾〔파란〕 어수선한 일.

妨害 妨害 妨害

女4 **妨** 방해할 방 / 거리낄 방 — ボウ(さまたげる)

宀7 **害** 해할 해 — ガイ(そこなう)

妨害〔방해〕 남의 일을 해롭게 함.
妨礙〔방애〕 막아 거리끼게 함.
害虫〔해충〕 해로운 벌레.
害惡〔해악〕 해가 되는 나쁜 일.
害毒〔해독〕 해와 독을 끼침.
害鳥〔해조〕 해로운 새.

招請 招請 招請

手(扌)5 **招** 부를 초 — ショウ(まねく)

言8 **請** 청할 청 — セイ(うける, こう)

招請〔초청〕 청하여 부름.
招來〔초래〕 불러 옴.
招聘〔초빙〕 사람을 맞아 옴.
請婚〔청혼〕 혼인을 청함.
請求〔청구〕 달라고 요구함.
請諜〔청첩〕 청하는 편지.

交涉 交涉 交涉

土4 **交** 사귈 교 水(氵)7 **涉** 거닐 섭 간섭할섭

コウ(まじわる) ショウ(わたる)

亠 六 交 交 氵 氵 氵 氵 涉

交涉[교섭] 일을 위하여 의논함.
交友[교우] 벗을 사귐.
交換[교환] 서로 바꿈.
涉外[섭외] 외부와의 교섭.
涉世[섭세] 세상을 살아 감.
涉獵[섭렵] 온갖 책을 많이 읽음.

醫師 醫師 醫師

酉11 **醫** 의원 의 巾7 **師** 스승 사

イ(いしゃ) シ(いくさ)

医 医 殹 醫 醫 亻 卢 自 訂 師

醫師[의사] 병을 고치는 사람.
醫書[의서] 의학에 관한 책.
醫術[의술] 병을 고치는 재주.
師弟[사제] 스승과 제자.
師父[사부] 스승의 존칭.
師表[사표] 남의 모범이 됨.

藥局 藥局 藥局

艸(艹)15 **藥** 약 약 尸4 **局** 방 국 판 국

ヤク(くすり) キョク(つぼね)

艹 苜 蕕 藥 藥 ㅋ 尸 局 局

藥局[약국] 약을 파는 가게.
藥材[약재] 약의 재료.
藥令[약령] 약재를 매매하는 장.
局限[국한] 일부에만 한함.
局部[국부] 전체의 일부분.
局面[국면] 일이 있는 경우.

施療 施療 施療

方5 **施** 베풀 시 疒12 **療** 병고칠료

シ(ほどこす) リョウ(いやす)

亠 方 方 施 施 疒 疒 疒 瘠 療

施療[시료] 무료로 치료함.
施肥[시비] 논 밭에 거름을 줌.
施賞[시상] 상을 줌.
療養[요양] 병을 조섭함.
療法[요법] 병을 고치는 법.
療治[요치] 병을 고침.

建設 建設 建設

廴6 **建** 세울 건 言4 **設** 베풀 설 설령 설

ケン(たてる) セツ(もうける)

ㅋ 聿 聿 建 建 言 言 訁 設 設

建設[건설] 새로 만들어 설정함.
建國[건국] 나라를 세움.
建立[건립] 이룩하여 세움.
設計[설계] 계획을 세움.
設備[설비] 베풀어 갖춤.
設置[설치] 만들어 둠.

豫防 豫防 豫防

豕9 **豫** 미리 예 阜(阝)4 **防** 막을 방

ヨ(あらかじめ) ボウ(ふせぐ)

予 予 豫 豫 豫 阝 阝 阝 防 防

豫防[예방] 병을 미리 방지함.
豫測[예측] 미리 추측함.
豫言[예언] 어떤 일을 미리 말함.
防備[방비] 막는 설비.
防禦[방어] 남의 침입을 막음.
防止[방지] 막아서 그치게 함.

注射

水(氵)5 **注** 물댈 주 / 주낼 주 — チュウ(そそぐ)

寸7 **射** 쏠 사 — シャ(いる)

注射〔주사〕 약물을 몸속에 넣음.
注文〔주문〕 물건을 맞춤.
注視〔주시〕 주의하여 봄.
射擊〔사격〕 총포를 쏘아 침.
射殺〔사살〕 쏘아서 죽임.
射藝〔사예〕 활 쏘는 재주.

飯床

食(飠)4 **飯** 밥 반 — ハン(めし)

广4 **床** 평상 상 — ショウ(とこ, ゆか)

飯床〔반상〕 밥그릇을 올리는 상.
飯店〔반점〕 음식을 파는 가게.
飯酒〔반주〕 밥에 곁들여 먹는 술.
床播〔상파〕 못자리에 씨를 뿌림.
床奴〔상노〕 밥상을 나르고 잔 심부름을 하는 아이.

起寢

走3 **起** 일어날 기 — キ(おきる)

宀11 **寢** 잘 침 — シン(ねる)

起居〔기거〕 사람 살이의 형편.
起工〔기공〕 공사를 시작함.
起案〔기안〕 안을 초잡아 씀.
寢具〔침구〕 잠자는 데 쓰는 도구.
寢臺〔침대〕 잠자는 평상.
寢食〔침식〕 자는 것과 먹는 것.

環境

玉(王)13 **環** 옥고리 환 / 두를 환 — カン(たまき)

土11 **境** 지경 경 — キョウ(さかい)

環境〔환경〕 주위의 사정.
環狀〔환상〕 둥글게 된 모양.
環攻〔환공〕 둘러싸고 들이 침.
境界〔경계〕 사물이 맞닿은 자리.
境內〔경내〕 지경 안.
境遇〔경우〕 닥쳐 온 형편.

淨掃

水(氵)8 **淨** 깨끗할 정 — ジョウ(きよい)

手(扌)8 **掃** 쓸 소 — ソウ(はく)

淨土〔정토〕 극락 세계.
淨化〔정화〕 깨끗하게 함.
淨寫〔정사〕 글씨를 깨끗하게 씀.
掃除〔소제〕 깨끗이 쓸고 닦음.
掃蕩〔소탕〕 쓸어 없애 버림.
掃萬〔소만〕 모든 일을 제쳐 놓음

安眠

宀3 **安** 편안할 안 — アン(やすらか)

目5 **眠** 잘 면 / 졸 면 — ミン(ねむる)

安眠〔안면〕 편안히 잘 잠.
安寧〔안녕〕 편안함.
安心〔안심〕 마음이 편안함.
眠期〔면기〕 누에가 잠자는 기간.
眠食〔면식〕 살아가는 일.
眠息〔면식〕 자며 쉬는 것.

衛生 衛生 衛生

行10 **衛** 막을 위 호위할 위 エイ(まもる)

生0 **生** 날 생 살 생 セイ(いきる)

彳 彳 徫 衛 衛 ノ 𠂉 牛 牛 生

衛生〔위생〕몸이 튼튼하고 병이 안 나게 주의하는 일.
衛兵〔위병〕호위하는 병사.
生活〔생활〕살아 나감.
生存〔생존〕살아 있음.
生捕〔생포〕산 채로 잡음.

飮酒 飮酒 飮酒

食(飠)4 **飮** 마실 음 イン(のむ)

酉3 **酒** 술 주 シュ(さけ)

今 今 飠 飣 飮 氵 沂 洒 酒 酒

飮酒〔음주〕술을 마심.
飮料〔음료〕마시는 음식.
飮毒〔음독〕독약을 먹음.
酒客〔주객〕술을 잘 먹는 사람.
酒幕〔주막〕시골 길 가에서 술, 밥을 팔고 나그네도 치는 집

放免 放免 放免

攴(攵)4 **放** 내칠 방 놓을 방 ホウ(はなす)

儿5 **免** 면할 면 メン(まぬかれる)

亠 方 方 方 放 ⺈ ⺈ 𠂊 ⺈ 免

放免〔방면〕가둔 사람을 놓아줌.
放浪〔방랑〕지향없이 돌아다님.
放火〔방화〕불을 놓음.
免除〔면제〕의무를 지우지 않음.
免職〔면직〕직무에서 물러남.
免許〔면허〕관청에서 허가함.

衰弱 衰弱 衰弱

衣4 **衰** 쇠할 쇠 スイ(おとろえる)

弓7 **弱** 약할 약 ジャク(よわい)

亠 亭 衰 衰 衰 ㄱ ㄱ 弓 弓 弱

衰弱〔쇠약〕여위어서 약함.
衰退〔쇠퇴〕쇠하여 퇴폐함.
衰運〔쇠운〕쇠하여지는 운수.
弱質〔약질〕몸이 약한 사람.
弱體〔약체〕어느 조직체가 약함.
弱骨〔약골〕몸이 약한 사람.

休息 休息 休息

人(亻)4 **休** 쉴 휴 キュウ(やすむ)

心6 **息** 쉴 식 숨쉴 식 ソク(いき)

亻 仁 什 休 休 ′ 白 自 息 息

休息〔휴식〕무슨 일을 하다가 쉼.
休養〔휴양〕편안히 쉬어서 몸과 마음을 잘 기름.
休業〔휴업〕사업을 얼마 동안 쉼.
息訟〔식송〕서로 잘 타협하여 서로 소송을 그침.

全快 全快 全快

入4 **全** 온전 전 ゼン(すべて)

心(忄)4 **快** 쾌할 쾌 カイ(こころよい)

ノ 入 亼 全 全 ′ 忄 忄 快 快

全快〔전쾌〕병이 다 나음.
全力〔전력〕모든 힘.
全然〔전연〕아주. 전혀.
快感〔쾌감〕상쾌한 느낌.
快諾〔쾌락〕시원하게 허락함.
快樂〔쾌락〕만족하고 즐거움.

肺病 肺病 肺病

肉(月)4 **肺** 허파 폐 疒5 **病** 병들 병

ハイ(はい) ビョウ(やまい)

肺病〔폐병〕 폐를 앓는 병.
肺腑〔폐부〕 마음의 깊은 속.
肺結核〔폐결핵〕 '폐병'과 같음.
病中〔병중〕 앓는 동안.
病勢〔병세〕 병의 증세.
病死〔병사〕 병들어 죽음.

齒痛 齒痛 齒痛

齒0 **齒** 이 치 나이 치 疒7 **痛** 아플 통

シ(は) ツウ(いたむ)

齒痛〔치통〕 이 앓이.
齒牙〔치아〕 이.
齒序〔치서〕 나이 순서.
痛感〔통감〕 사무치게 느낌.
痛憤〔통분〕 몹시 분함.
痛歎〔통탄〕 몹시 한탄함.

濕症 濕症 濕症

水(氵)14 **濕** 젖을 습 疒5 **症** 병증세 증

シツ(しめる) ショウ(しるし)

濕氣〔습기〕 축축한 기운.
濕度〔습도〕 축축한 정도.
濕地〔습지〕 축축한 땅.
症勢〔증세〕 앓는 온갖 모양.
渴症〔갈증〕 몹시 목이 마름.
痛症〔통증〕 아픈 증세.

眼鏡 眼鏡 眼鏡

目6 **眼** 눈 안 金11 **鏡** 거울 경

ガン(め) キョウ(かがみ)

眼鏡〔안경〕 눈에 쓰는 기구.
眼目〔안목〕 사물을 분별하는 힘.
眼疾〔안질〕 눈 병.
鏡臺〔경대〕 거울 세우는 기구.
鏡面〔경면〕 거울이 비치는 쪽.
面鏡〔면경〕 작은 거울.

細胞 細胞 細胞

糸5 **細** 가늘 세 肉(月)5 **胞** 태 포 동포 포

サイ(ほそい) ホウ(えな)

細胞〔세포〕 생물체 조성의 단위.
細心〔세심〕 자세히 주의함.
細則〔세칙〕 자세한 규칙.
胞胎〔포태〕 아이를 뱀.
胞子〔포자〕 식물의 생식세포.
胞宮〔포궁〕 자궁.

心臟 心臟 心臟

心0 **心** 마음 심 肉(月)18 **臟** 오장 장

シン(こころ) ゾウ(はらわた)

心臟〔심장〕 염통.
心慮〔심려〕 마음속으로 근심함.
心腹〔심복〕 아주 가까운 사람.
臟器〔장기〕 내장의 기관.
臟腑〔장부〕 내장 전체.
五臟〔오장〕 다섯 가지 내장.

毒菌 毒菌 毒菌	傳染 傳染 傳染
毋 4 **毒** 독할 독 ドク(そこなう) 艸(艹) 8 **菌** 버섯 균 세균 균 キン(きのこ)	人(亻) 11 **傳** 전할 전 デン(つたえる) 木 5 **染** 물들일염 セン(そめる)
一 丰 丰 毒 毒 一 艹 芇 芮 菌	亻 伂 俥 傳 傳 氵 氿 氿 垬 染
毒菌〔독균〕 독을 가진 균.	傳染〔전염〕 병이 옮는 것.
毒感〔독감〕 심한 감기.	傳統〔전통〕 전하여 오는 계통.
毒舌〔독설〕 심한 욕.	傳言〔전언〕 말을 전함.
菌根〔균근〕 균이 있는 뿌리.	染色〔염색〕 피륙에 물을 들임.
菌傘〔균산〕 버섯의 웃 머리.	染料〔염료〕 물감.
菌類〔균류〕 곰팡이 따위의 총칭.	染俗〔염속〕 세속에 물들음.

骨肉 骨肉 骨肉	鮮血 鮮血 鮮血
骨 0 **骨** 뼈 골 コツ(ほね) 肉 0 **肉** 고기 육 살 육 ニク(にく)	魚 6 **鮮** 고울 선 생선 선 セン(あざやか) 血 0 **血** 피 혈 ケツ(ち)
冂 冎 冎 咼 骨 冂 冂 内 肉 肉	魚 魚 魚 鮮 鮮 丿 门 皿 血
骨肉〔골육〕 뼈와 살.	鮮血〔선혈〕 상하지 않은 피.
骨格〔골격〕 뼈대.	鮮明〔선명〕 산뜻하고 밝음.
骨子〔골자〕 긴요한 부분.	鮮美〔선미〕 산뜻하고 아름다움.
肉眼〔육안〕 안경을 쓰지 않은 눈.	血氣〔혈기〕 격동하기 쉬운 의기
肉感〔육감〕 육체의 감각.	血淚〔혈루〕 피 눈물.
肉筆〔육필〕 손수 쓴 글씨.	血書〔혈서〕 피로 쓴 글씨.

疾患 疾患 疾患	根治 根治 根治
疒 5 **疾** 병 질 シツ(やまい) 心 7 **患** 근심 환 カン(うれえ)	木 6 **根** 뿌리 근 コン(ね) 水(氵) 5 **治** 다스릴치 ジ, チ(おさめる)
广 疒 疒 疒 疾 口 吕 串 患 患	木 村 村 根 根 氵 汁 治 治
疾患〔질환〕 질병.	根治〔근치〕 병의 뿌리를 뺌.
疾走〔질주〕 빨리 달림.	根絶〔근절〕 뿌리를 빼어 버림.
疾風〔질풍〕 몹시 빠른 바람.	根據〔근거〕 사물의 토대.
患者〔환자〕 병을 앓는 사람.	治績〔치적〕 정치의 공적.
患難〔환난〕 재앙와 근심 걱정.	治安〔치안〕 편안하게 다스림.
患候〔환후〕 병세의 존댓말.	治世〔치세〕 태평한 세상.

頭髮 頭髮 頭髮

頁7 **頭** 머리 두 髟5 **髮** 터럭 발

トウ(あたま) ハツ(かみ)

頭髮〔두발〕 머리털.
頭目〔두목〕 우두머리.
頭序〔두서〕 일의 실마리.
髮膚〔발부〕 머리털과 살.
髮際〔발재〕 목 뒤에 머리털이 난 근처에 나는 부스름.

洗手 洗手 洗手

水(氵)6 **洗** 씻을 세 手0 **手** 손 수

セン(あらう) シュ(て)

洗手〔세수〕 낯을 씻음.
洗滌〔세척〕 깨끗하게 씻는 일.
洗濯〔세탁〕 빨래.
手交〔수교〕 손수 내 줌.
手續〔수속〕 일하는 절차.
手足〔수족〕 손과 발.

香油 香油 香油

香0 **香** 향기 향 水(氵)5 **油** 기름 유

コウ(かおり) ユ(あぶら)

香油〔향유〕 향내 나는 기름.
香氣〔향기〕 향내.
香料〔향료〕 향을 만드는 원료.
香煙〔향연〕 향이 타는 연기
油菓〔유과〕 기름에 볶는 과자.
油印〔유인〕 프린트.

微笑 微笑 微笑

彳10 **微** 작을 미 가늘 미 竹4 **笑** 웃음 소

ビ(かすか) ショウ(わらう)

微笑〔미소〕 소리없이 빙긋 웃음.
微力〔미력〕 적은 힘.
微物〔미물〕 작은 물건
笑納〔소납〕 편지에 쓰는, 약소하나마 받아 달라는 말.
笑話〔소화〕 우스운 이야기.

鎭靜 鎭靜 鎭靜

金10 **鎭** 진정할진 青8 **靜** 고요할정

チン(しずめる) セイ(しずか)

鎭靜〔진정〕 편안하게 함.
鎭痛〔진통〕 아픈 것을 진정시킴.
鎭壓〔진압〕 눌러서 진정시킴.
靜寂〔정적〕 매우 고요함.
靜肅〔정숙〕 고요하고 엄숙함.
靜止〔정지〕 고요히 그침.

調劑 調劑 調劑

言8 **調** 고를 조 刀(刂)14 **劑** 약재료제

チョウ(ととのう) ザイ(もる)

調劑〔조제〕 약을 지음.
調査〔조사〕 자세히 살펴 알아 봄.
調和〔조화〕 고르게 맞춤.
調節〔조절〕 알맞게 맞춤.
藥劑〔약제〕 여러가지 약을 섞은 약＝약품〔藥品〕

沐浴 沐浴 沐浴

水(氵)4 **沐** 머리감을 목 水(氵)7 **浴** 목욕할 욕

モク(かみをあらう) ヨク(あびる)

氵 汁 汴 沐 沐 氵 氵 沴 浴 浴 浴

沐浴〔목욕〕 머리와 몸을 씻는 일.
沐間〔목간〕 목욕간의 준말.
沐浴桶〔목욕통〕 목욕할 때 쓰는 통.
沐沫〔목말〕 목욕.
浴湯〔욕탕〕 목욕탕.
海水浴〔해수욕〕 바닷물에서 미역 감음.

酩酊 酩酊 酩酊

酉6 **酩** 비틀거릴 명 酉2 **酊** 비틀거릴 정

メイ(よう) テイ(よう)

冂 西 酉 酌 酩 厂 冂 酉 酉 酊

酩酊〔명정〕 몹시 취함.

酩酊無所知〔명정무소지〕 몹시 취해서 아무 것도 모르는 것.

酩酒〔명주〕 좋은 술. 단술.

酒酊〔주정〕 술주정. 주사.

佳肴 佳肴 佳肴

人(亻)6 **佳** 아름다울 가 肉(月)4 **肴** 안주 효

カ(よい) コウ(さかな)

亻 仁 佳 佳 佳 ㄨ 㐅 产 肴 肴

佳人〔가인〕 좋은 사람.

佳節〔가절〕 좋은 시절.

佳肴〔가효〕 좋은 안주.

佳姬〔가희〕 예쁜 계집.

肴味〔효미〕 안주 맛.

肴樑〔효과〕 안주와 과일.

痘瘡 痘瘡 痘瘡

疒7 **痘** 마마 두 疒10 **瘡** 부스럼 창

トウ(ほうそう) ソウ(かさ)

疒 疒 疒 痘 痘 广 疒 瘡 瘡 瘡

痘瘡〔두창〕 천연두.

痘痕〔두흔〕 천연두 앓은 흔적.

牛痘〔우두〕 종두.

瘡病〔창병〕 매독.

瘡傷〔창상〕 연장에 다침.

膀腺 膀腺 膀腺

肉(月)10 **膀** 오줌통 방 肉(月)9 **腺** 멍울 선 땀구멍 선

ホウ セン(せん)

月 肣 肣 膀 膀 月 胆 腺 腺 腺

膀胱〔방광〕 오줌통.
膀胱炎〔방광염〕 방광의 염증.
腺炎〔선염〕 분비선의 염증.
分泌腺〔분비선〕 분비물을 내는 선.
性腺〔성선〕 성 홀몬을 분비하는 선.
甲狀腺〔갑상선〕 갑상 홀몬 분비선.

汗顔 汗顔 汗顔

水(氵)3 **汗** 땀 한 頁9 **顔** 얼굴 안

カン(あせ) ガン(かお)

氵 氵 汀 汗 汗 产 彦 顔 顔 顔

汗衫〔한삼〕 손을 감추기 위하여 두루마기나 여자의 저고리 끝에 흰 헝겊으로 길게 덧대는 소매.
汗衣〔한의〕 땀이 밴 옷.
汗疹〔한진〕 땀띠.
顔面〔안면〕 얼굴. 서로 알만한 친분.
顔色〔안색〕 얼굴에 나타난 기색.

犧牲 犧牲 犧牲

牛(牜)16 **犧** 희생 희
ギ(いけにえ)

牛(牜)5 **牲** 희생 생
セイ(いけにえ)

牜 牜 㸾 犠 犧 牜 牛 牛 牪 牲

犧牲〔희생〕 몸을 바쳐 일함.
犧牲精神〔희생정신〕 희생하는 정신.
牲牢〔생뢰〕 제물로 쓰는 짐승.
牲殺〔생살〕 제사 때 짐승을 잡음.
牲醴〔생례〕 제사 때 쓰는 고기와 술.
牲酒〔생주〕 고기와 술.

炊粥 炊粥 炊粥

心(忄)11 **慘** 슬플 참 혹독할참
サン(みじめ)

火4 **炊** 불땔 취
スイ(たく)

忄 忄 忄 惨 慘 火 火 炊 炊 炊

自炊〔자취〕 손수 음식을 지어 먹음.
炊飯〔취반〕 밥을 지음.
炊食〔취식〕 밥을 지어 먹음.
炊煙〔취연〕 밥 짓는 연기.
粥筩〔죽통〕 마소의 밥통.
米粥〔미죽〕 쌀 죽.

飽喫 飽喫 飽喫

食(飠)5 **飽** 배부를포
ホウ(あきる)

口9 **喫** 먹을 끽 마실 끽
キツ(のむ)

今 食 飣 飽 飽 口 口 口 喫 喫

飽食〔포식〕 배불리 먹음.
飽喫〔포끽〕 배불리 먹음.
飽暖〔포난〕 넉넉함.
喫煙〔끽연〕 담배를 피움.
喫緊〔끽긴〕 아주 필요함.
喫茶〔끽다〕 차를 마심.

肝膽 肝膽 肝膽

肉(月)3 **肝** 간 간
カン(きも)

肉13 **膽** 쓸개 담
タン(きも)

月 月 肝 肝 肝 月 膀 膀 膽 膽

肝膽〔간담〕 간장과 쓸개.
肝臟〔간장〕 내장의 하나.
肝銘〔간명〕 깊이 결심함.
膽囊〔담낭〕 쓸개보.
膽大〔담대〕 담력이 많고 큼.
膽略〔담략〕 대담한 꾀.

沸騰 沸騰 沸騰

水(氵)5 **沸** 끓을 비
フツ(わく)

馬10 **騰** 오를 등
トウ(のぼる)

氵 氵 氵 沪 沸 月 胖 勝 騰 騰

沸騰〔비등〕 끓어 오름.
沸湯〔비탕〕 끓음.
沸昇〔비승〕 물이 끓어 오름.
沸然〔불연〕 병을 불끈 내는 모양.
沸點〔비점〕 비등점의 준말.
騰貴〔등귀〕 물건 값이 오름.

粧飾 粧飾 粧飾

米6 **粧** 단장할장
ショウ(よそおう)

食(飠)5 **飾** 꾸밀 식
ショク(かざる)

丷 半 米 粧 粧 今 飠 飠 飾 飾

粧刀〔장도〕 평복에 차는 칼.
粧帖〔장첩〕 꾸미어 만든 서화첩.
粉粧〔분장〕 곱게 꾸밈.
粧飾〔장식〕 외양을 꾸밈.
飾詐〔식사〕 남을 속이기 위하여 거짓 꾸밈.
飾緖〔식서〕 피륙의 올이 풀리지 않도록 짠 가상자리.

牆涯 牆涯 牆涯

爿 13 **牆** 담 장 ショウ(かき)

水(氵) 8 **涯** 물가 애 ガイ(みぎわ)

| 爿 爿 牆 牆 氵 汇 沪 涯 涯

牆壁〔장벽〕 담벽.
牆籬〔장리〕 담과 울타리.
牆外〔장외〕 담친 바깥.
涯角〔애각〕 한쪽으로 치우친 땅.
無涯〔무애〕 끝 없는 물.
生涯〔생애〕 일평생.

逢厄 逢厄 逢厄

辵(辶) 7 **逢** 만날 봉 ホウ(あう)

厂 2 **厄** 재앙 액 ヤク(わざわい)

夂 夆 夆 逢 逢 一 厂 厅 厄

逢年〔봉년〕 풍년을 만남.
逢變〔봉변〕 남에게 모욕을 당함.
逢受〔봉수〕 남의 물건을 받음.
厄運〔액운〕 액을 당한 운수.
殃厄〔앙액〕 재앙.
災厄〔재액〕 재앙과 액운.

挽撤 挽撤 挽撤

手(扌) 7 **挽** 당길 만 / 상여꾼노래 만 バン(ひく)

手(扌) 12 **撤** 걷을 철 / 치울 철 テツ(すてる)

扌 扩 挽 挽 挽 扌 扩 揹 撤 撤

挽回〔만회〕 바로 잡아 회복함.
挽留〔만류〕 붙들어 말림.
挽詞〔만사〕 죽은 이를 회상하여 쓴 글.
撤去〔철거〕 걷어서 치워버림.
撤兵〔철병〕 군대를 철수함.
撤收〔철수〕 시설을 거두어 들임.

頻徙 頻徙 頻徙

頁 7 **頻** 자주 빈 / 찡그릴빈 ヒン(しきりに)

彳 8 **徙** 옮길 사 シ(うつる)

⺊ 步 步 頻 頻 彳 彳 徙 徙 徙

頻度〔빈도〕 잦은 도수.
頻發〔빈발〕 자주 일어남.
頻煩〔빈번〕 매우 잦고 번거로움.
徙居〔사거〕 옮겨 살음.
徙月〔사월〕 달이 바뀜.
移徙〔이사〕 집을 옮김.

痲痺 痲痺 痲痺

疒 8 **痲** 저릴 마 / 마목 마 マ(しびれ)

疒 8 **痺** 새이름비 ヒ(しびれる)

广 疒 疒 痲 痲 疒 疒 疸 痺 痺

痲痺〔마비〕 신경, 근육의 기능이 상실됨.
痲醉〔마취〕 마비되어 도취됨.
痲藥〔마약〕 마비시키는 약.
痲藥法〔마약법〕 마약 취급법의 준말.
痲疹〔마진〕 홍역.
痺疳〔비감〕 만성 소화기병.

臥賦 臥賦 臥賦

臣 2 **臥** 누울 와 ガ(ふす)

貝 8 **賦** 구실 부 / 거둘 부 フ(とりたて)

| 𠂆 𦣝 臣 臥 貝 賦 賦 賦 賦

臥病〔와병〕 병으로 누워 있음.
臥房〔와방〕 침실. 침방.
臥食〔와식〕 일하지 않고 놀고 먹음.
賦稅〔부세〕 부과하는 세금.
賦課〔부과〕 구실을 매김.
賦與〔부여〕 나누어 줌.

逍遙 逍遙 逍遙

辵(辶)7 **逍** 거닐 소 ショウ(ぶらつく)

辵(辶)10 **遙** 멀 요 노닐 요 ヨウ(はるか)

逍風[소풍] 운동을 목적으로 먼 길을 걷는 일. 「다님.
逍遙[소요] 정한 곳 없이 거닐어
遙望[요망] 멀리 바라봄.
遙拜[요배] 먼 곳을 바라보며 절을 함.
遙遠[요원] 멀고 멀음.
遙度[요탁] 먼 곳에서 남의 마음을 헤아림.

蹉跌 蹉跌 蹉跌

足(⻊)10 **蹉** 지날 차 넘어질 차 サ(つまずく)

足(⻊)5 **跌** 넘어질 질 テツ(つまずく)

蹉跌[차질] 발을 헛딛어 넘어짐. 일이 실패로 돌아감.
蹉跎[차타] 미끄러져 넘어짐.
蹉跎光陰[차타광음] 때를 놓침.
跌宏[질굉] 거의 방탕에 가깝도록 흠썬 노는 것.
跌價[질가] 엎드러져 넘어짐.

潛跡 潛跡 潛跡

水(氵)12 **潛** 잠길 잠 セン(ひそむ)

足(⻊)6 **跡** 자취 적 セキ(あと)

潛龍[잠룡] 잠복한 용.
潛伏[잠복] 숨어 엎드림.
潛入[잠입] 가만이 들어옴.
追跡[추적] 뒤를 밟아 쫓음.
遺跡[유적] 옛 건축물이 있었던 곳.

孟浪 孟浪 孟浪

子5 **孟** 첫 맹 힘쓸 맹 モウ(おさ,はじめ)

水(氵)7 **浪** 물결 랑 함부로쓸 랑 ロウ(なみ)

孟春[맹춘] 첫봄. 봄을 셋으로 나눈 처음 봄.
孟風[맹풍] 맹렬히 부는 바람.
孟母三遷[맹모삼천] 맹자의 어머니가 맹자를 위하여 세 번 이사했다는 고사.
風浪[풍랑] 심한 바람과 물결.
海浪[해랑] 바다 물결.

徘徊 徘徊 徘徊

彳8 **徘** 배회할 배 ハイ(さまよう)

彳6 **徊** 배회할 회 カイ(たちもとおる)

徘徊[배회] 머뭇머뭇 돌아다님.
徘徊庭園[배회정원] 정원을 이리저리 돌아다님.
徘徊於江[배회어강] 강가를 배회함.
暗夜徘徊[암야배회] 캄캄한 밤중에 어슬렁어슬렁 돌아다님.

泡沫 泡沫 泡沫

水(氵)5 **泡** 물거품 포 ホウ(あわ)

水(氵)5 **沫** 물끓는거품 말 マツ(あわ)

泡沫[포말] 물거품.
泡起[포기] 물거품 모양 불어오름.
泡水[포수] 물을 먹임.
泡影[포영] 물거품과 그림자.
粉沫[분말] 가루.
碎沫[쇄말] 갈아 부숨.

東西 東西 东西

木4 **東** 동녘 동 トウ(ひがし)

西(襾)0 **西** 서녘 서 セイ(にし)

東亞〔동아〕 동쪽 아시아.
東邦〔동방〕 동쪽에 있는 나라.
西洋〔서양〕 구라파의 여러 나라.
西海〔서해〕 서쪽 바다. 황해
東問西答〔동문서답〕 묻는 말에 대하여 대답이 아주 만판임.

南北 南北

十7 **南** 남녘 남 ナン(みなみ)

匕3 **北** 북녘 북 달아날 배 ボク(きた)

南向〔남향〕 남쪽을 향함.
南國〔남국〕 남쪽에 있는 나라.
南極〔남극〕 지축의 남쪽 끝.
北端〔북단〕 북쪽 끝.
北伐〔북벌〕 북쪽을 치는 일
北進〔북진〕 북쪽으로 나아감.

春夏 春夏

日5 **春** 봄 춘 シュン(はる)

夊7 **夏** 여름 하 カ, ゲ(なつ)

春耕〔춘경〕 봄갈이.
春光〔춘광〕 봄 볕.
春風〔춘풍〕 봄 바람.
夏穀〔하곡〕 여름에 거두는 곡식.
夏期〔하기〕 여름의 시기.
夏節〔하절〕 여름 철.

秋冬 秋冬

禾4 **秋** 가을 추 シュウ(あき)

冫3 **冬** 겨울 동 トウ(ふゆ)

秋霜〔추상〕 가을 서리.
秋風落葉〔추풍낙엽〕 가을 바람에 떨어지는 나무 잎과 같이 떨어져 흩어지는 모양.
冬季〔동계〕 겨울 철.
冬服〔동복〕 겨울 옷.
冬寒〔동한〕 겨울의 추위.

寒來 寒来

宀9 **寒** 찰 한 カン(さむい)

人6 **來** 올 래 ライ(くる)

寒冷〔한랭〕 몹시 추움.
寒心〔한심〕 딱하게 여기는 마음.
寒村〔한촌〕 가난한 마을.
來訪〔내방〕 남이 찾아 옴.
來賓〔내빈〕 식장이나 회장에 찾아온 손님.
來往〔내왕〕 오고 감.

暑往 暑往

日9 **暑** 더울 서 ショ(あつい)

彳5 **往** 갈 왕 オウ(ゆく)

暑氣〔서기〕 더위.
暑毒〔서독〕 더위의 독.
暑退〔서퇴〕 더위가 물러감.
往年〔왕년〕 지난 해.
往訪〔왕방〕 가서 찾아봄.
往診〔왕진〕 의사가 환자의 집에 가서 진찰함.

海岸 海岸 海岸

水(氵)7 **海** 바다 해 山5 **岸** 언덕 안

カイ(うみ) ガン(きし)

氵 氵 汇 海 海 山 屵 屵 岸 岸

海岸〔해안〕 바닷가의 언덕.
海深〔해심〕 바다의 깊이.
海峽〔해협〕 육지 사이에 낀 좁은 바다.
海拔〔해발〕 육지나 산이 바다보다 높은 정도.
岸壁〔안벽〕 배를 육지에 대려고 쌓은 옹벽.

港灣 港灣 港灣

水(氵)9 **港** 항구 항 水(氵)22 **灣** 물굽이 만

コウ(みなと) ワン(いりうみ)

氵 洪 洪 港 港 氵 氵 灣 灣 灣

港灣〔항만〕 항구와 해만.
港口〔항구〕 배가 나들고 머무는 곳.
港都〔항도〕 항구 도시.
灣 〔만〕 바다가 육지로 넓게 들어온 곳.

河川 河川 河川

水(氵)5 **河** 물 하 巛(川)0 **川** 내 천

カ(かわ) セン(かわ)

氵 汀 河 河 丿 川 川

河川〔하천〕 강, 내.
河畔〔하반〕 강 가, 강 언덕.
河海〔하해〕 큰 강과 바다.
川谷〔천곡〕 내와 골짜기.
川獵〔천렵〕 냇물에서 고기를 잡음.
川澤〔천택〕 내와 못.

山脈 山脈 山脈

山0 **山** 메 산 肉(月)6 **脈** 맥 맥

サン(やま) ミャク(すじ)

丨 山 山 月 肵 脈 脈 脈

山脈〔산맥〕 산 줄기.
山菜〔산채〕 산 나물.
山火〔산화〕 산 불.
脈度〔맥도〕 맥이 뛰는 정도.
脈盡〔맥진〕 기력이 다 빠짐.
脈搏〔맥박〕 쉬지 않고 뛰는 맥.

絶頂 絶頂 絶頂

糸6 **絶** 끊을 절 / 뛰어날 절 頁2 **頂** 이마 정 / 꼭대기 정

ゼツ(たえる) チョウ(いただき)

糸 糸 紹 絽 絶 丁 丁 顶 頂 頂

絶頂〔절정〕 맨 꼭대기.
絶望〔절망〕 희망이 끊어짐.
絶交〔절교〕 서로 교분을 끊음.
頂門〔정문〕 정수리
頂上〔정상〕 산의 맨 꼭대기.
頂禮〔정례〕 이마를 땅에 대고 하는 절.

太陽 太陽 太陽

大1 **太** 클 태 / 콩 태 阜(阝)9 **陽** 볕 양

タイ(ふとい) ヨウ(ひ)

一 ナ 大 太 阝 阝 阻 陽 陽

太陽〔태양〕 해.
太古〔태고〕 아주 옛날.
太平〔태평〕 나라나 집안이 편안함
陽光〔양광〕 따뜻한 봄 빛.
陽氣〔양기〕 볕의 기운.
陽曆〔양력〕 태양력.

晝間

日 7 **晝** 낮 주 — チュウ(ひる)

門 4 **間** 사이 간 — カン(あいだ)

晝間〔주간〕 낮 동안.
晝夜〔주야〕 밤과 낮.
晝學〔주학〕 낮에 배워서 공부함.
間隙〔간격〕 틈.
間言〔간언〕 남을 이간하는 말.
間諜〔간첩〕 적의 비밀을 알리는 사람.

月光

月 0 **月** 달 월 — ゲツ(つき)

儿 4 **光** 빛 광 — コウ(ひかる)

月光〔월광〕 달 빛.
月刊〔월간〕 다달이 펴내는 출판물.
月例〔월례〕 다달이 행하는 정례.
光明〔광명〕 밝은 빛, 밝고 환함.
光復〔광복〕 빛나게 회복함.
光陰〔광음〕 세월, 시간.

夜燈

夕 5 **夜** 밤 야 — ヤ(よる)

火 12 **燈** 등잔 등 — トウ(ひ)

夜燈〔야등〕 등불.
夜行〔야행〕 밤에 길을 감.
夜戰〔야전〕 밤에 하는 싸움.
燈臺〔등대〕 밤중에 뱃길을 알리는 신호등.
燈火〔등화〕 등불.
燈下〔등하〕 등잔 밑, 등불 아래.

流星

水(氵) 6 **流** 흐를 류 — リュウ(ながれる)

日 5 **星** 별 성 — セイ(ほし)

流星〔유성〕 별똥.
流行〔유행〕 세상에 널리 퍼지어 행함.
流彈〔유탄〕 빗나간 총탄.
星霜〔성상〕 세월.
星群〔성군〕 별의 떼.
星期〔성기〕 혼인 날짜.

曲線

曰 2 **曲** 굽을 곡 / 곡조 곡 — キョク(まがる)

糸 9 **線** 줄 선 — セン(すじ)

曲線〔곡선〕 구부러진 선.
曲調〔곡조〕 음악의 가락.
曲藝〔곡예〕 눈을 속이는 재주.
線路〔선로〕 기차, 전차가 다니는 길.
線上〔선상〕 선 위.
線分〔선분〕 점 사이의 직선.

陸路

阜(阝) 8 **陸** 뭍 륙 — リク(おか)

足(⻊) 6 **路** 길 로 — ロ(みち)

陸路〔육로〕 육지의 길.
陸橋〔육교〕 구름다리.
陸戰〔육전〕 육지에서 싸우는 전쟁
路線〔노선〕 ① 가는 길. ② 주의 주장.
路上〔노상〕 길 위.
路傍〔노방〕 길 가. 길 옆.

航空	關門
航空 航空 航空	關門 関門 关门
舟4 航 건널 항 배질할항 / 穴3 空 빌 공 하늘 공	門11 關 통할 관 겪을 관 / 門0 門 문 문
コウ(わたる) クウ(そら)	カン(せき) モン(かど)
航空[항공] 비행기로 공중을 날음 航行[항행] 뱃길을 다님. 航路[항로] 뱃길. 空手[공수] 빈 손. 空氣[공기] 지구를 둘러싸고 있는 기체. 空軍[공군] 비행기로 싸우는 군대.	關門[관문] 국경, 요지에 들어가는 곳. 關心[관심] 마음에 잊지 아니함. 關聯[관련] 서로 관계가 됨. 門人[문인] 제자. 門客[문객] 문안 오는 손님. 門戶[문호] 집으로 드나드는 곳.

經由	探訪
經由 經由 经由	探訪 探訪 探访
糸7 經 날 경 지날 경 / 田0 由 말미암을 유	手(扌)8 探 찾을 탐 / 言4 訪 물을 방 심방할방
ケイ(へる) ユウ, ユ(よる)	タン(さぐる) ホウ(おとずれる)
經由[경유] 거쳐 감. 經費[경비] 일하는 데 드는 돈 經營[경영] 계획을 세워 일을 다스림. 由來[유래] 일이나 물건의 내력. 由緖[유서] 전하여 오는 이유와 내력. 由前由後[유전유후] 앞 뒤가 같음.	探訪[탐방] 탐문하여 찾아 봄. 探究[탐구] 더듬어서 연구함. 探偵[탐정] 비밀된 사정을 살핌 探問[탐문] 더듬어서 캐어 물음. 訪問[방문] 남을 찾아 봄. 訪花[방화] 꽃을 찾아 구경함.

地球	半島
地球 地球 地球	半島 半島 半岛
土3 地 땅 지 / 玉(王)7 球 공 구 둥글 구	十3 半 반 반 / 山7 島 섬 도
チ(つち) キュウ(たま)	ハン(なかば) トウ(しま)
地球[지구] 우리가 살고 있는 땅덩이. 地域[지역] 일정한 구역 안의 땅. 地盤[지반] 근거를 삼는 땅. 球菌[구균] 구슬 모양의 세균. 球面[구면] 공의 거죽. 球形[구형] 공같이 둥근 모양.	半島[반도] 한쪽만 육지에 닿고 그 나머지 세면은 바다에 싸인 땅. 半身[반신] 온 몸의 반. 島嶼[도서] 크고 작은 여러 섬. 島民[도민] 섬에서 사는 백성. 島國[도국] 섬 나라.

堤沿 堤沿 堤沿

土 9 **堤** 방죽 제　水(氵) 5 **沿** 물따라내려갈 연

テイ(つつみ)　エン(そう)

堤防[제방] 물을 막기 위해 쌓은 둑.
堤堰[제언] ① 방죽. ② 웅덩이.
沿路[연로] 큰 길가에 있는 땅.
沿邊[연변] 국경이나 강가 또는 큰 길가 일대에 있는 지방.
沿革[연혁] 변하여 내려온 내력.

廣橋 廣橋 廣橋

广 12 **廣** 넓을 광　木 12 **橋** 다리 교

コウ(ひろい)　キョウ(はし)

廣橋[광교] 넓은 다리.
廣大[광대] 넓고 큼.
廣野[광야] 넓은 들.
橋梁[교량] 다리.
橋脚[교각] 다리 전체를 받치는 기둥의 아랫도리.

巨巖 巨巖 巨巖

工 2 **巨** 클 거　山 20 **巖** 바위 암

キョ(おおきい)　ガン(いわ)

巨巖[거암] 큰 바위
巨物[거물] 위엄이 있는 큰 인물.
巨星[거성] 어떤 사업계의 큰 인물.
巨人[거인] 키가 매우 큰 사람
巖石[암석] 바위.
巖窟[암굴] 바위에 뚫린 굴.

氷庫 氷庫 氷庫

水 1 **氷** 얼음 빙　广 7 **庫** 곳집 고

ヒョウ(こおり)　コ(くら)

氷庫[빙고] 얼음을 넣어 두는 곳집.
氷結[빙결] 얼음이 얼어 붙음.
氷河[빙하] 얼어 붙은 강.
庫間[고간] 곳간, 곳집.
庫直[고직] 창고를 지키는 사람.
庫房[고방] 세간을 넣어 두는 곳.

亞洲 亞洲 亞洲

二 6 **亞** 버금 아　水(氵) 6 **洲** 섬 주 뭍 주

ア(つぐ)　シュウ(す)

亞洲[아주] 아시아주.
亞鉛[아연] 함석.
亞聖[아성] 성인의 다음가는 사람
亞細亞洲[아세아주] 오대주의 하나. 동반구의 동북부에 위치해 있는 주.

友邦 友邦 友邦

又 2 **友** 벗 우　邑(阝) 4 **邦** 나라 방

ユウ(とも)　ホウ(くに)

友邦[우방] 가까이 사귀는 나라.
友愛[우애] 형제 사이의 애정.
友情[우정] 동무 사이의 정.
邦家[방가] 나라.
邦慶[방경] 나라의 경사.
邦國[방국] 나라.

砂漠 砂漠 砂漠

石 4 **砂** 모래 사 サ(すな)

水(氵) 11 **漠** 사막 막 バク(すなはら)

丆 石 矷 砂 砂 氵 汁 汁 涄 漠

砂漠〔사막〕 모래만이 있는 넓은 벌판.
砂金〔사금〕 모래에 섞인 금.
砂器〔사기〕 사기 그릇.
漠漠〔막막〕 넓고 아득한 모양.
漠然〔막연〕 확실하지 않음. 분명하지 않음.

鉛鑛 鉛鑛 鉛鑛

金 5 **鉛** 납 연 エン(なまり)

金 15 **鑛** 쇳돌 광 コウ(あらがね)

金 金 釒 鉛 鉛 金 鈩 鈩 鑛 鑛

鉛鑛〔연광〕 납을 파내는 광산.
鉛筆〔연필〕 글씨 쓰는 것.
鉛版〔연판〕 납으로 만든 인쇄판.
鑛山〔광산〕 광물을 캐내는 산.
鑛産〔광산〕 광업에서 산출된 물건.
鑛主〔광주〕 광업의 권리를 가진 사람.

江邊 江邊 江邊

水(氵) 3 **江** 물 강 コウ(え)

辵(辶) 15 **邊** 가 변 ヘン(ほとり)

氵 汇 汀 江 自 臱 臱 臱 邊

江邊〔강변〕 강 가.
江山〔강산〕 ① 강과 산. ② 나라땅
江村〔강촌〕 강 가에 있는 마을.
邊利〔변리〕 길미로 느는 이자.
邊方〔변방〕 나라의 변두리 방면.
邊民〔변민〕 변두리에 사는 백성.

永住 永住 永住

水 1 **永** 길 영 エイ(ながい)

人(亻) 5 **住** 머무를주 ジュウ(すむ)

亅 刁 永 永 亻 仁 什 住 住

永住〔영주〕 오래도록 머물러 살음.
永久〔영구〕 길고 오램.
永遠〔영원〕 영구한 세월.
住民〔주민〕 그 땅에 사는 사람.
住居〔주거〕 머물러 살음.
住持〔주지〕 절을 주관하는 중.

朝夕 朝夕 朝夕

月 8 **朝** 아침 조 조정 조 チョウ(あさ)

夕 0 **夕** 저녁 석 セキ(ゆうべ)

十 古 卓 朝 朝 ノ ク 夕

朝夕〔조석〕 아침 저녁.
朝廷〔조정〕 옛날 나라의 정치를 보던 곳.
朝野〔조야〕 조정과 민간.
夕刊〔석간〕 저녁에 오는 신문.
夕陽〔석양〕 저녁 나절.
夕照〔석조〕 해 질 무렵에 비치는 햇빛.

熱冷 熱冷 熱冷

火(灬) 11 **熱** 더울 열 ネツ(あつい)

冫 5 **冷** 찰 랭 レイ(つめたい)

坴 圥 埶 埶 熱 冫 冫 冷 冷 冷

熱狂〔열광〕 좋아서 미친듯이 날뜀
熱情〔열정〕 열렬한 애정.
熱誠〔열성〕 열의와 정성.
冷却〔냉각〕 차게 함.
冷待〔냉대〕 푸대접.
冷情〔냉정〕 쌀쌀하게 사람을 대함

徵兆 徵兆 徵兆

彳12 **徵** 부를 징 / 효험 징 チョウ(しるし)

儿4 **兆** 조짐 조 / 조 조 チョウ(きざし)

彳 徃 徎 徨 徵 丿 ㇈ 兆 兆

徵兆〔징조〕 미리 보이는 조짐.
徵收〔징수〕 거두어 들임.
徵集〔징집〕 불러서 모음.
兆 〔 조 〕 억의 만 배.
兆朕〔조짐〕 미리 드러나는 징조.
兆域〔조역〕 무덤이 있는 지역.

磁極 磁極 磁極

石10 **磁** 지남석 자 / 사기그릇 자 ジ(じしゃく)

木9 **極** 다할 극 / 지극할 극 キョク(きわむ)

石 矿 矿 磁 磁 木 朽 柄 極 極

磁極〔자극〕 자석의 음양의 두 극.
磁性〔자성〕 쇠를 끌어 당기는 성질.
磁石〔자석〕 지남석.
極度〔극도〕 더 할 수 없는 정도.
極貧〔극빈〕 지극히 가난함.
極刑〔극형〕 가장 중한 형벌.

律曆 律曆 律曆

彳6 **律** 법 률 リツ(のり)

日12 **曆** 책력 력 / 세월 력 レキ(こよみ)

彳 彳 行 伊 律 律 厂 厂 厤 厤 曆

律曆〔율력〕 책력.
律動〔율동〕 규율이 바른 활동.
律令〔율령〕 법.
律文〔율문〕 형률의 조문.
曆書〔역서〕 달력. 책력.
曆數〔역수〕 자연의 운수.

創置 創置 創置

刀(刂)10 **創** 날에 다칠 창 / 비로소 창 ソウ(はじめ)

网(罒)8 **置** 둘 치 チ(おく)

𠆢 今 刍 倉 創 罒 罒 罟 置 置

創置〔창치〕 처음으로 만들어 둠.
創立〔창립〕 업세를 처음 이룩함
創業〔창업〕 사업을 처음 시작함.
置重〔치중〕 중요하게 여김.
置身〔치신〕 남을 대하는 위신.
置簿〔치부〕 금전 물품의 출납을 기록함.

晴雨 晴雨 晴雨

日8 **晴** 갤 청 セイ(はれる)

雨0 **雨** 비 우 ウ(あめ)

日 旪 晴 晴 晴 一 门 币 雨 雨

晴雨〔청우〕 날이 갬과 비가 내림.
晴曇〔청담〕 날씨의 맑음과 흐림.
晴天〔청천〕 맑게 갠 하늘.
雨天〔우천〕 비오는 날.
雨量〔우량〕 비가 오는 분량.
雨氣〔우기〕 비가 올 듯한 기운.

雲曇 雲曇 雲曇

雨4 **雲** 구름 운 ウン(くも)

日12 **曇** 구름낄 담 ドン(くもる)

一 乕 雫 雲 雲 日 昙 曇 曇 曇

雲雀〔운작〕 종달새.
雲霞〔운하〕 구름과 놀.
雲霧〔운무〕 구름과 안개.
曇天〔담천〕 구름낀 하늘.
曇後晴〔담후청〕 날씨가 흐리다가 뒤에는 개임.

氣象 氣象 気象

气 6 **氣** 기운 기 — キ(いき)
豕 5 **象** 코끼리 상 — ショウ(ぞう)

氣象[기상] 날씨가 변하는 현상.
氣魄[기백] 씩씩한 기상과 정신.
氣勢[기세] 기운과 세력.
象徵[상징] 눈에 보이지 않는 내용을 물건이나 일을 통해서 나타내는 일.
象牙[상아] 코끼리의 어금니.

測候 測候 測候

水(氵) 9 **測** 측량할 측 — ソク(はかる)
人(亻) 8 **候** 살필 후 / 철 후 — コウ(きこう)

測候[측후] 날씨의 변함을 헤아림.
測量[측량] 지형의 생김새를 재어서 헤아림.
候補[후보] 어떤 지위에 오를 자격이 있는 사람.
候鳥[후조] 철을 따라 옮겨 사는 새.

倉卒 倉卒 倉卒

人 8 **倉** 곳집 창 / 갑자기 창 — ソウ(くら)
十 6 **卒** 군사 졸 / 항오 졸 — ソツ(おわる)

倉卒[창졸] 갑작스러움.
倉庫[창고] 곳간. 곳집.
倉穀[창곡] 곳집에 쌓아 둔 곡식.
卒兵[졸병] 병사.
卒地[졸지] 갑자기.
卒倒[졸도] 갑자기 쓰러짐.

變更 変更 変更

曰 3 **更** 고칠 경 / 다시 갱 — コウ(ふける)
言 16 **變** 변할 변 — ヘン(かわる)

變更[변경] 바꾸어 다르게 고침.
變動[변동] 움직여서 변함.
變貌[변모] 바뀐 모습.
更張[경장] 고치어 새로 함.
更迭[경질] 사람을 바꾸어 넣음.
更生[갱생] 사경에서 되살아 남.

霞靄 霞靄 霞靄

雨 9 **霞** 놀 하 — カ(かすみ)
雨 16 **靄** 아지랭이 애 — アイ(もや)

霞觴[하상] 옛날 선인들이 쓰던 술잔.
朝霞[조하] 아침 놀.
夕霞[석하] 저녁 놀.
烟霞[연하] 연기 같은 놀.
靄然[애연] 온화함.
靄靄[애애] 안개가 많이 낀 모양.

濃霧 濃霧 濃霧

水(氵) 13 **濃** 두터울 농 / 무르녹을 농 — ノウ(こい)
雨 11 **霧** 안개 무 — ム(きり)

濃淡[농담] 짙고 엷음.
濃藍[농람] 짙은 남색.
濃霧[농무] 짙은 안개.
濃熟[농숙] 무르녹은 듯이 익음.
霧露[무로] 안개.
霧散[무산] 안개가 흩어지듯이 헤어짐.

淋漓 淋漓 淋漓

水(氵)8 **淋** 축일 림 / 지적지적할 림 — リン(そそぐ)

水(氵)11 **漓** 물스밀리 — リ(したたる)

氵 汁 沐 淋 淋 氵 汸 浐 漓 漓

淋漓[임리] 물이 뚝뚝 흘러 떨어지는 것.
淋疾[임질] 성병의 일종.
淋汗[임한] 땀.
淋灑[임쇄] 계속했다가 끊어지는 모양.
淋滲[임삼] 새의 깃의 보드라운 모양.

池淵 池淵 池淵

水(氵)3 **池** 못 지 — チ(いけ)

水(氵)9 **淵** 못 연 — エン(ふち)

氵 氵 汩 沖 池 氵 沜 淵 淵 淵

池塘[지당] 연못가.
池澤[지택] 연못.
池魚[지어] 연못 고기.
淵叢[연총] 사물이 많이 모인 곳.
淵水[연수] 깊은 강.
深淵[심연] 깊은 연못.

沼澤 沼澤 沼澤

水(氵)5 **沼** 못 소 / 늪 소 — ショウ(ぬま)

水(氵)13 **澤** 못 택 / 덕택 택 — タク(さわ)

氵 氵 氾 沼 沼 氵 浬 澤 澤 澤

沼澤[소택] 늪.
沼地[소지] 늪 근처의 땅.
沼氣[소기] 늪에서 발하는 기체
澤畔[택반] 못가. 물가.
澤地[택지] 못가의 땅.
潤澤[윤택] 비옥하고 풍부함.

幽奧 幽奧 幽奧

幺6 **幽** 숨을 유 / 그윽할 유 — ユウ(かすか)

大10 **奧** 깊을 오 — オウ(おく)

丨 幺 丝 幽 幽 冂 向 宀 奧 奧

幽靈[유령] 죽은 사람의 영혼.
幽冥[유명] 그윽하고 어두움.
幽明[유명] 이 세상과 저 세상.
幽僻[유벽] 깊숙하고 궁벽함.
奧妙[오묘] 심오하고 미묘함.
深奧[심오] 깊고 그윽함.

寂寞 寂寞 寂寞

宀8 **寂** 고요할 적 — ジャク(さびしい)

宀11 **寞** 쓸쓸할 막 — バク(さびしい)

宀 宇 宇 宋 寂 宀 宀 宵 寞 寞

寂寞[적막] 쓸쓸하고 고요함.
寂滅[적멸] 번뇌의 경계를 떠남.
寂然[적연] 아주 조용함.
寂寥[적요] 고요하고 적적함.
寞寞[막막] 괴괴하고 쓸쓸함.

炎涼 炎涼 炎涼

火4 **炎** 불꽃 염 — エン(ほのお)

水(氵)8 **涼** 서늘할 량 — リョウ(すずしい)

丷 火 火 炎 炎 氵 氵 泞 涼 涼

炎涼[염량] 더위와 추위.
炎熱[염열] 심한 더위.
炎症[염증] 몸의 어떤 부분이 덥고 붓고 아픈 병.
炎天[염천] 몹시 더운 시절. 남쪽 하늘.
涼薄[양박] 얼굴이 푸더분하지 못함.
清涼[청량] 맑고 시원함.

旱魃 旱魃 旱魃

日 3 **旱** 가물 한 — カン(ひでり)

鬼 5 **魃** 가물귀신 발 — ハツ(ひでり)

旱魃〔한발〕 몹시 가뭄.
旱稻〔한도〕 밭 벼.
旱毒〔한독〕 가뭄의 해독.
旱路〔한로〕 육로.
旱害〔한해〕 가뭄의 피해.
旱損〔한손〕 한발로 인한 손해.

潭塘 潭塘 潭塘

水(氵) 12 **潭** 연못 담 / 깊을 담 — タン(ふち)

土 10 **塘** 못 당 — トウ(つつみ)

潭影〔담영〕 연못의 그림자.
雲潭〔운담〕 구름같이 맑은 못.
池潭〔지담〕 연못.
塘馬〔당마〕 말 탄 척후의 임무를 군사.
塘報〔당보〕 척후병이 적의 사정을 알림.
池塘〔지당〕 연못.

苑囿 苑囿 苑囿

艸(艹) 5 **苑** 동산 원 — エン(その)

口 6 **囿** 논밭 유 — ユウ(その)

苑囿〔원유〕 궁중 동산.
昌慶苑〔창경원〕 서울에 있는 궁명.
秘苑〔비원〕 궁궐 안의 동산.
淵苑〔연원〕 연못 있는 동산.
宮囿〔궁유〕 왕궁의 동산.

溪畔 溪畔 溪畔

水(氵) 10 **溪** 시내 계 — ケイ(たに)

田 5 **畔** 밭두둑반 — ハン(あぜ, ほとり)

溪谷〔계곡〕 골짜기.
溪流〔계류〕 산골짜기에서 흐르는 물.
溪水〔계수〕 시냇물.
溪畔〔계반〕 시냇가 둔덕. 냇가.
畔界〔반계〕 경계가 되는 두둑.
畔疇〔반주〕 비오리.

冥闇 冥闇 冥闇

冖 8 **冥** 어두울명 — メイ(くらい)

門 9 **闇** 어두울암 — アン(くらい)

冥界〔명계〕 저승.
冥福〔명복〕 죽은 뒤에 저승에서 받는 복.
冥漠〔명막〕 멀고 넓어 까마득함.
闇昧〔암매〕 사리에 어두움. 어리석음.
闇夜〔암야〕 어두운 밤. 캄캄한 밤.
闇弱〔암약〕 어리석고 겁이 많음.

峻嶺 峻嶺 峻嶺

山 7 **峻** 높을 준 — シュン(けわしい)

山 14 **嶺** 재 령 — レイ(みね)

峻急〔준급〕 몹시 가파르고 험함.
峻德〔준덕〕 큰 덕.
峻嶺〔준령〕 험한 산 고개.
嶺南〔영남〕 경상도.
嶺峯〔영봉〕 산봉우리.
嶺頭〔영두〕 제일 높은 마루.

蒼穹

艸(艹)10 **蒼** 푸를 창 / 백성 창 — ソウ(あお)

穴3 **穹** 높을 궁 / 하늘 궁 — キュウ(そら)

蒼穹[창궁] 새파란 하늘.
蒼茫[창망] 넓고 멀어서 아득함.
蒼白[창백] 해쓱함.
蒼生[창생] 백성.
穹天[궁천] 넓은 하늘.
穹谷[궁곡] 깊은 골짜기.

兩泉

入6 **兩** 둘 량 / 양 량 — リョウ(ふたつ)

水5 **泉** 샘 천 — セン(いずみ)

兩便[양편] 두 편.
兩家[양가] 두 집.
兩親[양친] 아버지와 어머니.
泉脈[천맥] 땅 속에 있는 샘 줄기.
泉水[천수] 샘 물.
泉下[천하] 저승.

泰虹

水(氺)5 **泰** 클 태 — タイ(おおきい)

虫3 **虹** 무지개 홍 — コウ(にじ)

泰山[태산] 높고 큰 산.
泰安[태안] 크게 편안한 시절.
泰平[태평] 크게 편안함.
虹彩[홍채] 눈알을 둘러싼 얇은 막.
鮮虹[선홍] 아름다운 무지개.
虹洞[홍동] 깊고 먼 모양.

螢岳

虫10 **螢** 개똥벌레 형 — ケイ(ほたる)

山5 **岳** 큰산 악 — ガク(たけ)

螢光[형광] 반딧불.
螢虫[형충] 개똥 벌레.
螢光體[형광체] 형광을 내는 물질.
山岳[산악] 산.
岳丈[악장] 장인의 경칭.
岳母[악모] 장모.
岳父[악부] 장인.

蘇赫

艸(艹)16 **蘇** 깨어날 소 — ソ(よみがえる)

赤7 **赫** 빛날 혁 — カク(かがやく)

蘇生[소생] 다시 살아남.
蘇聯[소련] 나라 이름. 〈소비에트 연방〉.
蘇復[소복] 다시 회복함.
赫怒[혁노] 버럭 성을 냄.
赫業[혁업] 빛나는 업적.
赫赫[혁혁] 빛나는 모양.

男女

田2 **男** 사내 남 — ダン(おとこ)

女0 **女** 계집 녀 — ジョ(おんな)

男女[남녀] 남자와 여자.
男便[남편] 장가 든 남자를 그 아내가 일컫는 말.
女息[여식] 딸.
女王[여왕] 여자 임금.
女優[여우] '여배우'의 준말. 여자 배우.

順序

順序 順序 順序

頁 3 **順** 순할 순 좇을 순 ジュン(したがう)

4 **序** 차례 서 ジョ(ついで)

丿 川 川丁 順 順 順 亠 广 序 序 序

順序〔순서〕 차례.
順理〔순리〕 도리에 따름.
順從〔순종〕 순하게 따름.
序文〔서문〕 머릿말.
序曲〔서곡〕 가극에서 개막전에 아뢰는 악곡.

愼擇

愼擇 愼擇 愼擇

心(忄) 10 **愼** 삼갈 신 シン(つつしむ)

手(扌) 13 **擇** 가릴 택 タク(えらぶ)

忄 忄 愔 愼 愼 扌 挥 擇 擇 擇

愼重〔신중〕 삼가고 조심함.
愼言〔신언〕 말을 삼가함.
愼思〔신사〕 삼가 생각함.
擇一〔택일〕 하나를 고름.
擇日〔택일〕 좋은 날짜를 가림.
擇婚〔택혼〕 혼인할 자리를 고름.

懇切

懇切 懇切 懇切

心 13 **懇** 간절할 간 정성 간 コン(ねんごろ)

刀 2 **切** 끊을 절 온통 체 セツ,サイ,(きる)

豸 豸ヨ 豸艮 貇 懇 一 七 切 切

懇切〔간절〕 지성스러움.
懇請〔간청〕 간절히 부탁함.
懇望〔간망〕 간절히 바람.
懇談〔간담〕 정답게 이야기함.
切望〔절망〕 간절히 바람.
切實〔절실〕 아주 긴요함.

揮揚

揮揚 揮揚 揮揚

手(扌) 9 **揮** 뽐낼 휘 휘두를휘 キ(ふるう)

手(扌) 9 **揚** 날릴양 ヨウ(あげる)

扌 扩 揎 揮 揮 扌 扌 担 挦 揚

揮帳〔휘장〕 둘러 치는 장막.
揮筆〔휘필〕 붓을 휘두름.
揮發油 개솔린.
揚名〔양명〕 이름을 세상에 떨침.
揚水〔양수〕 물을 퍼서 올림.
揚揚〔양양〕 활기찬 모양.

簡單

簡單 簡單 簡單

竹 12 **簡** 편지 간 간략할간 カン(てがみ)

口 9 **單** 홑 단 タン(ひとえ)

⺮ 笇 筲 簡 簡 吅 罒 𠱠 單 單

簡單〔간단〕 간략하고 단출함.
簡略〔간략〕 간단하게 줄임.
簡易〔간이〕 간단하고 쉬움.
單獨〔단독〕 단 하나. 단 혼자.
單純〔단순〕 까다롭지 아니 함.
單騎〔단기〕 혼자 말을 타고 감.

過輕

過輕 過輕 過輕

辵(辶) 9 **過** 허물 과 지날 과 カ(すぎる)

車 7 **輕** 가벼울경 ケイ(かるい)

冂 冎 咼 渦 過 亘 車 車 輕 輕

過激〔과격〕 너무 지나침.
過敏〔과민〕 너무 재빠름.
過誤〔과오〕 그릇된 일.
輕蔑〔경멸〕 깔 봄.
輕擧〔경거〕 경솔한 행동.
輕快〔경쾌〕 홀가분함.

顯嫌

顯 頁 14 나타날현 밝을 현
ケン(あきらか)

嫌 女 10 의심할혐 싫어할혐
ケン(きらう)

顯妣[현비] 돌아가신 어머니.
顯考[현고] 돌아가신 아버지.
顯官[현관] 높은 관리.
顯貴[현귀] 지위가 드러나게 높고 귀함.
顯達[현달] 벼슬과 명망이 세상에 드러남.
嫌惡[혐오] 싫어하고 미워함.
嫌怒[혐노] 싫어하고 성냄.

峽豁

峽 山 7 물낀산골 협
キョウ(はざま)

豁 谷 10 시원할활 열릴 활
カツ(ひらく)

峽谷[협곡] 산골짜기.
峽路[협로] 두멧 길.
山峽[산협] 두메.
豁達[활달] 도량이 넓고 큼.
豁如[활여] 막힘이 없이 넓은 모양.
豁然[활연] 환하게 터진 모양.

狹壺

狹 犬(犭) 7 좁을 협
キョウ(せまい)

壺 士 9 병 호
コ(つぼ)

狹薄[협박] 땅이 좁고 메마름.
狹小[협소] 좁고 작음.
狹隘[협애] 마음이 좁고 옹졸함.
狹窄[협착] 몹시 비좁음.
唾壺[타호] 가래침을 뱉는 단지.

脅壕

脅 肉(月) 6 갈비 협 으를 협
キョウ(おびやかす)

壕 士 14 해자 호
ゴウ(ほり)

塹壕[참호] 야전에서 적의 공격에 대비하는 방어 시설. 구덩이를 파서 그 흙으로 막아 가리게 됨.
塹壕戰[참호전] 교전하는 쌍방이 참호에 의지하여 하는 싸움.
脅制[협제] 옭아 매어 제어함.

狐亨

狐 犬(犭) 5 여우 호
コ(きつね)

亨 亠 5 형통할형
キョウ, コウ(とおる)

狐疑[호의] 대단히 의심함.
狐尾[호미] 여우 꼬리.
狐裘[호구] 여우 털로 만든 의복.
狐狸[호리] 여우.
亨通[형통] 온갖 일이 잘 되어감.
亨嘉[형가] 번영.

毫慧

毫 毛 7 털끝 호
ゴウ(け)

慧 心 11 총명할혜 지혜 혜
ケイ(さとい)

毫緖[호서] 붓 끝.
毫末[호말] 털끝만한 일.
毫釐[호리] 몹시 적은 분량.
慧星[혜성] 별의 이름.
慧心[혜심] 슬기로운 마음.
慧智[혜지] 총명한 슬기.

荊棘 荊棘 荊棘

艸(艹)6 **荊** 가시 형　ケイ(いばら)

木8 **棘** 가시나무 극　キョク(いばら)

荊芥〔형개〕 정가. 약초의 하나.
荊妻〔형처〕 자기 아내의 호칭.
荊棘〔형극〕 나무 가시. 고난.
棘人〔극인〕 상제.
棘圍〔극위〕 과거장에 드나드는 것을 막기 위한 울타리.

軋轢 軋轢 軋轢

車1 **軋** 수레삐걱거릴 알　アツ(きしる)

車15 **轢** 수레바퀴에치일력　レキ(きしる)

軋轢〔알력〕 수레 바퀴가 삐걱거림. 의견이 서로 상치됨.
軋刑〔알형〕 수레 바퀴 밑에 깔아 죽이는 형벌.
軋輪〔알륜〕 구르는 바퀴.
軋碎〔알쇄〕 부수어 가루로 만들음.
轢死〔역사〕 수레바퀴에 치어죽음.

旬重 旬重 旬重

日2 **旬** 열흘 순　ジュン(とおか)

里2 **重** 무거울중　ジュウ, チョウ(おもい)

莫重〔막중〕 매우 중함.
旬報〔순보〕 열흘마다 한 번씩 내는 신문이나 잡지 따위.
旬日〔순일〕 열흘.
重大〔중대〕 매우 중요함.
重態〔중태〕 병이 위중한 상태.

披焦 披焦 披焦

手(扌)5 **披** 헤칠 피　ヒ(ひらく)

火8 **焦** 탈 초　ショウ(こげる, あせる)

披瀝〔피력〕 마음 속에 먹은 것을 털어 놓음.
披髮〔피발〕 머리를 풀어 헤침.
披覽〔피람〕 책을 펼쳐 보임.
披見〔피견〕 펴서 봄.
焦眉〔초미〕 썩 위급한 경우.
焦心〔초심〕 마음을 태움.

塗艱 塗艱 塗艱

土10 **塗** 진흙 도 바를 도　ト(ぬる)

艮11 **艱** 어려울간 근심 간　カン(なやむ)

塗褙〔도배〕 종이로 벽이나 천장 등을 바르는 일.
塗料〔도료〕 물체의 겉에 칠해 상하지 않게 하거나 외관상 아름답게 하는 재료.
艱難〔간난〕 매우 힘들고 어려운 고생.

酌爾 酌爾 酌爾

酉3 **酌** 잔질할작 짐작할작　シャク(くむ)

爻10 **爾** 너 이　ジ(なんじ, しかり)

酌定〔작정〕 짐작하여 결정함.
酌婦〔작부〕 술 붓는 여자.
爾今〔이금〕 이로부터.
爾來〔이래〕 이때까지.
爾後〔이후〕 그 후.

輝煌 輝煌 輝煌

車 8 **輝** 빛날 휘 キ(かがやく)

火 9 **煌** 빛날 황 コウ(かがやく)

輝煌[휘황] 광채가 빛나서 눈이 부시게 착란함.
輝光[휘광] 번쩍번쩍 빛나는 빛.
輝石[휘석] 조암 광물의 한가지.
煌煌[황황] 밝은 모양.
煌熒[황형] 빛남.

欣徽 欣徽 欣徽

欠 4 **欣** 기쁠 흔 キン(よろこぶ)

彳 14 **徽** 아름다울 휘 / 기 휘 キ(しるし)

欣舞[흔무] 기뻐서 춤을 춤.
欣然[흔연] 매우 기뻐하는 모양.
欣快[흔쾌] 기쁘고 유쾌함.
徽章[휘장] 신분, 명예의 표장.
徽旨[휘지] 왕세자 섭정시의 명령.

欠彙 欠彙 欠彙

欠 0 **欠** 하품 흠 / 이지러질 흠 ケツ(かける)

彐(彑) 10 **彙** 무리 휘 / 모을 휘 イ(たぐい)

欠事[흠사] 결점이 있는 일.
欠伸[흠신] 하품하며 기지개를 켬.
欠身[흠신] 존경하는 뜻을 나타내느라고 몸을 굽히는 것.
欠節[흠절] 잘못된 점.
彙類[휘류] 같은 종류나 같은 속성을 따라 모은 종류.

欽戲 欽戲 欽戲

欠 8 **欽** 공경할 흠 キン(つつしむ)

戈 13 **戲** 놀 희 ギ(たわむれる)

欽仰[흠앙] 공경하고 우러러 사모함.
欽慕[흠모] 즐거이 사모함.
欽歎[흠탄] 아름다운 점을 몹시 칭찬함.
欽羨[흠선] 흠모하여 부러워함.
戲弄[희롱] 웃는 말로 농함.
戲談[희담] 실없이 웃기는 말.

虧稀 虧稀 虧稀

虍 11 **虧** 이지러질 휴 キ(かける)

禾 7 **稀** 드물 희 キ(まれ)

虧盈[휴영] 모자람과 꽉 참.
虧月[휴월] 이지러진 달.
虧貳[휴이] 딴 마음을 가짐.
稀慴[희접] 극히 무서워하는 것.
稀怪[희괴] 드물고 썩 이상함.
稀貴[희귀] 드물고 귀함.

疼痛 疼痛 疼痛

疒 5 **疼** 아플 동 トウ(うずく)

疒 7 **痛** 아플 통 ツウ(いたむ)

疼痛[동통] 아픔.
疼腫[동종] 앓아서 종기가 생김.
痛覺[통각] 아픔을 느끼는 감각.
痛烈[통렬] 몹시 맵고 사나움.
痛飮[통음] 술을 흠뻑 많이 마심.
痛症[통증] 몹시 아픈 증세.
痛悔[통회] 매우 뉘우침.

崖邁 崖邁 崖邁

山8 **崖** 낭떠러지 애 ガイ(がけ)
辵(辶)13 **邁** 힘쓸 매 멀리갈 매 マイ(ゆく)

崖路[애로] 절벽 위에 있는 길.
崖碑[애비] 바위를 갈아서 비문을 새긴 비.
崖錐[애추] 풍화 작용으로 낭떠러지에 쌓인 돌 부스러기.
崖椒[애초] 식물 이름으로 분디라고 함.
邁進[매진] 힘써 나아감.

伽奸 伽奸 伽奸

人(亻)5 **伽** 절 가 カ(とぎ)
女3 **奸** 간음할 간 거짓 간 カン(おかす)

伽陀[가타] 부처를 찬미하는 노래.
伽藍堂[가람당] 가람신을 모신 당.
伽倻琴[가야금] 악기의 하나.
奸人[간인] 간사한 사람.
奸妖[간요] 간사하고 요망함.

嘉杆 嘉杆 嘉杆

口11 **嘉** 아름다울 가 カ(よい)
木3 **杆** 몽둥이 간 방패 간 カン(てこ)

嘉行[가행] 아름다운 행동.
嘉喜[가희] 몹시 즐겁고 기쁨.
嘉典[가전] 아름다운 식전.
欄杆[난간] 층계나 다리의 가장자리에 나무나 쇠로 건너 세워 놓은 살.
杆棒[간봉] 몽둥이. 막대기.

竿架 竿架 竿架

竹3 **竿** 낚싯대 간 カン(さお)
木5 **架** 시렁 가 カ(かける)

竿竹[간죽] 담뱃설대.
釣竿[조간] 낚싯대.
架空[가공] 공중에 가설함. 터무니 없음.
架構物[가구물] 낱낱이 재료를 수집해서 만든 구조물.
架線[가선] 가설하여 놓은 전선.
架橋[가교] 다리를 놓음.

袈諫 袈諫 袈諫

衣5 **袈** 가사 가 ケ(けさ)
言9 **諫** 간할 간 カン(いさめる)

袈裟[가사] 중의 옷.
袈裟施主[가사시주] 가사불의 비용을 내는 것.
諫院[간원] 사간원의 준말.
諫言[간언] 간하는 말.
諫止[간지] 못하도록 간함.

却渴 却渴 却渴

卩5 **却** 물리칠 각 キャク(しりぞける)
水(氵)9 **渴** 목마를 갈 カツ(かわく)

却步[각보] 퇴보.
却下[각하] 신청을 받지 않음.
棄却[기각] 버리고 쓰지 않음.
渴望[갈망] 간절히 바람.
渴水[갈수] 물이 마름.
渴泉[갈천] 마른 샘.

葡萄葡萄葡萄

艸(艹)9 **葡** 포도 포 ブ(ぶどう)
艸(艹)8 **萄** 포도 도 トウ(ぶどう)

葡萄[포도] 포도나무의 열매.
葡萄糖[포도당] 포도·무화과 등에 있는 단당류(單糖類)의 하나.
葡萄園[포도원] 포도를 가꾸는 과수원.
葡萄酒[포도주] 포도를 원료로 해서 만든 술.
葡萄汁[포도즙] 포도를 짜서 만든 즙액.

挑戰挑戰挑戰

手(扌)6 **挑** 돋울 조 / 뛸 도 チョウ(いどむ)
戈12 **戰** 싸움 전 セン(いくさ)

挑戰[도전] 싸움을 걸거나 돋움.
挑發[도발] 집적거려 일이 일어나게 함.
挑禍[도화] 재화를 만듦.
戰功[전공] 전쟁에서 세운 공훈.
戰局[전국] 싸움의 상황.
戰力[전력] 전투의 능력.
戰船[전선] 싸움에 쓰이는 배의 총칭.

幢竿幢竿幢竿

巾12 **幢** 기 당 トウ(はた)
竹3 **竿** 낚싯대 간 カン(さお)

幢竿[당간] 당(幢…獻天花 춤에 쓰이는 旗)을 달아 세우는, 대.
幢牙[당아] 대장이 세우는 기.
幢容[당용] 수레 안에 드리우는 휘장.
竿牘[간독] 편지. 서찰(書札).
竿頭[간두] 장대 끝. 매우 위험한 지경.
釣竿[조간] 낚싯대.

譚叢譚叢譚叢

言12 **譚** 말씀 담 タン(はなし)
又16 **叢** 떨기 총 / 모을 총 ソウ(くさむら)

譚叢[담총] 여러 가지 이야기를 모아 놓은 것.
譚思[담사] 깊이 생각함.
奇譚[기담] 기이하고 재미나는 이야기.
叢談[총담] 여러 가지의 이야기.
叢竹[총죽] 군생(群生)한 대. 대숲.
叢中[총중] 한 떼의 가운데.
叢集[총집] 떼지어 모임.

惹鬧惹鬧惹鬧

心9 **惹** 끌 야 / 어지러울 야 ジャク(ひく)
門5 **鬧** 시끄러울 뇨 トウ(さわがしい)

惹鬧[야뇨] 생트집을 하고 함부로 떠들어댐.
惹起[야기] 끌어 일으킴.
惹起鬧端[야기요단] 시비의 시초를 끌어 일으킴. 略 惹端
鬧歌[요가] 떠들썩하게 노래함.
鬧市[요시] 번잡한 시장.
鬧裝[요장] 곱게 단장한 의대(衣帶).

奸佞奸佞奸佞

女3 **奸** 간음할 간 / 거짓 간 カン(おかす)
人(亻)5 **佞** 아첨할 녕 / 재주 녕 ネイ(おもねる)

奸佞[간녕] 간교하게 아첨함.
奸計[간계] 간사한 꾀.
奸巧[간교] 간사하고 교사(巧詐)함.
奸邪[간사] 간교하고 올바르지 못함.
佞姦[영간] 간사하고 마음이 바르지 못함.
佞邪[영사] 영간(佞姦).
佞人[영인] 간사한 사람.

恪褐 恪褐 恪褐

心(忄)6 **恪** 삼갈 각 カク(つつしむ)

衣(衤)9 **褐** 털베 갈 / 굵은베갈 カツ(けおり)

恪勤[각근] 부지런히 힘씀.
恪愼[각신] 삼가 모심.
誠恪[성각] 정성스럽게 받들음.
褐炭[갈탄] 탄화 작용이 불완전한 갈색 석탄.
褐色[갈색] 거무스름한 주황색.
褐鐵[갈철] 흑갈색의 철.

堪殼 堪殼 堪殼

土9 **堪** 견딜 감 カン(たえる)

殳8 **殼** 껍질 각 カク(から)

堪耐[감내] 어려움을 참고 견딤.
堪能[감능] 감당할 만한 능력.
堪亂[감란] 난리를 평정시킴.
貝殼[패각] 조개 껍질.
舊殼[구각] 낡은 껍질.
地殼[지각] 땅 껍질.

脚嵌 脚嵌 脚嵌

肉(月)7 **脚** 다리 각 キャク(あし)

山9 **嵌** 깊은골감 カン(あな)

嵌谷[감곡] 산 골짜기.
嵌空[감공] 속이 깊은 굴.
嵌巉[감참] 산을 깎아지른 듯 위험스러운 것.
羈絆[기반] 굴레로 얽음.
纏絆[전반] 얽어맴.

薑蓋 薑蓋 薑蓋

艸(艹)13 **薑** 생강 강 キョウ(はじかみ)

艸(艹)10 **蓋** 덮을 개 / 뚜껑 개 ガイ(おおう)

芥薑[개강] 겨자와 생강.
薑茶[강차] 생강 차.
薑粉[강분] 생강 가루.
薑酒[강주] 생강 술.
蓋覆[개복] 덮개를 덮음.
蓋世[개세] 세상을 뒤덮음.

疥羹 疥羹 疥羹

疒4 **疥** 옴 개 カイ(しつ)

羊(⺷)13 **羹** 국 갱 コウ(あつもの)

疥癬[개선] 손가락과 발가락 사이가 진무르기 시작하여 차차 전신에 퍼지며 상처가 몹시 가려운 흉악한 피부병.
疥疕[개선] 옴.
羹味[갱미] 국 맛.

愆渠 愆渠 愆渠

水(氵)9 **渠** 도랑 거 / 클 거 キョ(みぞ)

心9 **愆** 허물 건 ケン(あやまる)

溝渠[구거] 개골창.
愆過[건과] 잘못. 허물.
愆謬[건류] 잘못.
渠輩[거배] 우리. 저희.
渠帥[거수] 수두(首頭). 앞장 선 사람.
川渠[천거] 개천.

撚絲 撚糸 撚絲

手(扌)12 **撚** 손끝으로 비빌 년 ネン(ひねる)

糸6 **絲** 실 사 シ(いと)

撚絲〔연사〕꼰 실.
撚斷〔연단〕손끝으로 비벼서 끊음.
撚紙〔연지〕책 등을 매기 위하여 손끝으로 비벼 꼰 종이 끈.
絲狀〔사상〕실같이 가늘고 긴 모양.
絲雨〔사우〕실 같은 가랑비.
毛絲〔모사〕털실.

腎囊 腎囊 腎囊

肉(月)8 **腎** 콩팥 신 ジン(じんぞう)

口19 **囊** 주머니 낭 ノウ(ふくろ)

腎囊〔신낭〕불알.
腎岸〔신안〕불두덩.
腎腸〔신장〕신장(腎臟)과 창자.
腎臟〔신장〕콩팥.
囊刀〔낭도〕주머니칼.
囊中〔낭중〕주머니 속.

捺染 捺染 捺染

手(扌)8 **捺** 도장찍을 날 ナツ(おす)

木5 **染** 물들일 염 セン(そめる)

捺染〔날염〕피륙이나 실 등에 어떤 모양을 물들이는 방법의 하나.
捺印〔날인〕도장을 찍음.
捺章〔날장〕날인(捺印).
染工〔염공〕염색하는 직공.
染色〔염색〕물을 들임.
汚染〔오염〕더러움에 물듦.

羞赧 羞赧 羞赧

羊(⺶)5 **羞** 부끄러울 수 음식 수 シュウ(はじる)

赤5 **赧** 무안할 난 タン(あからめる)

羞赧〔수난〕부끄러워 얼굴을 붉힘.
羞辱〔수욕〕부끄럽고 욕됨.
羞恥〔수치〕부끄러움.
珍羞〔진수〕진귀한 음식. 좋은 음식.
赧愧〔난괴〕부끄러워하여 얼굴을 붉힘.
赧顔〔난안〕부끄러워 붉어진 얼굴.
赧然〔난연〕부끄러워 얼굴을 붉히는 모양.

撓屈 撓屈 撓屈

手(扌)12 **撓** 흔들 뇨 굴할 뇨 ドウ(たわむ)

尸5 **屈** 굽을 굴 굽힐 굴 クツ(かがむ)

撓屈〔요굴〕못 견디게 흔들어서 굴하게 함.
撓改〔요개〕휘어서 고침.
撓折〔요절〕꺾음.
撓敗〔요패〕흔들어 패하게 함.
屈曲〔굴곡〕이리저리 굽음.
屈服〔굴복〕힘이 모자라서 복종함.
屈身〔굴신〕몸을 굽힘.

魯縞 魯縞 魯縞

魚4 **魯** 노둔할 로 노나라 로 ロ(おろか)

糸10 **縞** 흰깁 호 コウ(しろぎぬ)

魯縞〔노호〕노(魯)나라에서 나던 비단.
魯鈍〔노둔〕어리석고 둔함.
魯朴〔노박〕어리석고 소박함.
魚魯不辨〔어로불변〕어(魚)자와 노(魯)자를 분간 못할 만큼 무식함.
縞巾〔호건〕흰 비단 수건.
縞衣〔호의〕① 희고 깨끗한 비단옷. ② 학의 날개.

傑 人(亻)10 호걸 걸 ケツ(すぐれる)
憩 心12 쉴 게 ケイ(やすむ)

傑杰〔걸걸〕호탕한 모양.
傑作〔걸작〕잘 된 작품.
傑出〔걸출〕남보다 훨씬 뛰어남.
休憩〔휴게〕쉼.
安憩〔안게〕편안히 쉼.
暫憩〔잠게〕잠간 쉼.

隔 阜(阝)10 막힐 격 カク(へだてる)
肩 肉(月)4 어깨 견 ケン(かた)

隔塞〔격색〕멀리 떨어져 막힘.
隔岸〔격안〕사이가 언덕으로 막힘.
間隔〔간격〕사이.
肩骨〔견골〕어깨 뼈.
肩強〔견강〕어깨의 굳센 힘.
雙肩〔쌍견〕두 어깨.

牽 牛7 당길 견 이끌 견 ケン(ひく)
訣 言4 이별할결 비결 결 ケツ(わかれる)

牽連〔견련〕서로 얽히어 관련됨.
牽龍〔견룡〕고려 때 무관인 위사(衛士)의 한 종류.
牽夫〔견부〕말구종.
永訣〔영결〕영원히 작별함.
秘訣〔비결〕숨겨두고 혼자만이 쓰는 좋은 방법.

遣 辵(辶)10 보낼 견 ケン(つかわす)
謙 言10 겸손할겸 ケン(へりくだる)

遣外〔견외〕외국에 파견함.
遣奠祭〔견전제〕발인할 때 문 앞에서 지내는 제사.
遣歸〔견귀〕돌려 보냄.
謙沁〔겸심〕깊이 감사함.
謙恭〔겸공〕저를 낮추고 남을 높이는 태도
謙謹〔겸근〕겸손하고 삼가함.

憬 心(忄)12 깨달을경 멀 경 ケイ(あこがれる)
屆 尸5 이를 계 속 届 カイ(とどける)

憧憬〔동경〕마음 속으로 바라고 사모함.
憧憬者〔동경자〕동경하고 있는 사람.
屆出〔계출〕신고.
留宿屆〔유숙계〕유숙함을 계출함.
婚姻屆〔혼인계〕혼인한 것을 계출하는 서류.

瓊 玉(王)15 붉은옥경 ケイ(たま)
叩 口2 두드릴고 꾸벅거릴고 コウ(たたく)

瓊枝玉葉〔경지옥엽〕금지옥엽.
瓊玉〔경옥〕가치있는 구슬.
瓊瑤〔경요〕매우 아름다움.
瓊杯〔경배〕옥으로 된 잔.
叩門〔고문〕문을 두드림.
叩聲〔고성〕두드리는 소리.

鹵掠 鹵掠 鹵掠

鹵 0 **鹵** 홈칠 로 / 염밭 로

ロ(しおつち)

手(扌) 8 **掠** 노략질할 략

リャク(かすめる)

⺊ 卢 卤 鹵 鹵 扌 扩 拧 掠 掠

鹵掠[노략] 재물을 약탈함.
鹵田[노전] 소금기가 있는 메마른 땅.
鹵獲[노획] 전쟁에서 적의 물품을 얻
掠盜[약도] 탈취하여 도둑질함. └음.
掠定[약정] 탈취하여 복종시킴.
掠治[약치] 채찍질하여 죄인을 다스림.
掠奪[약탈] 폭력을 써서 빼앗음.

漁撈 漁撈 漁撈

水(氵) 11 **漁** 고기잡을 어

ギョ(すなどる)

手(扌) 12 **撈** 건져낼 로 / 잡을 로

ロウ(とる)

氵 洎 渔 漁 漁 扌 扌 撈 撈 撈

漁撈[어로] 수산물을 잡음.
漁夫[어부] 고기잡이를 직업으로 삼는
漁船[어선] 고기잡이하는 배. └사람.
漁翁[어옹] 고기잡이하는 늙은이.
漁村[어촌] 어부들이 모여 사는 마을.
出漁[출어] 물고기를 잡으러 나감.
豐漁[풍어] 어획이 많음.

蝸廬 蝸廬 蝸廬

虫 9 **蝸** 달팽이와

カ(かたつむり)

广 16 **廬** 농막 려 / 풀집 려

ロ(いおり)

口 虫 蚆 蝸 蝸 广 庐 庐 廬 廬

蝸廬[와려] 작고 누추한 집의 비유.
蝸角[와각] 달팽이의 촉각.
蝸屋[와옥] 와려(蝸廬).
蝸牛[와우] 달팽이.
廬落[여락] 마을. 부락.
廬幕[여막] 무덤 근처에 두어 상제가
廬舍[여사] 집. 초막. └거처하는 초막.

津梁 津梁 津梁

水(氵) 6 **津** 나루 진 / 진액 진

シン(わたしば)

木 7 **梁** 대들보 량 / 다리 량

リョウ(うつばり)

氵 汀 浕 津 津 汈 汈 汈 梁 梁

津梁[진량] 나루터의 다리.
津船[진선] 나룻배. 「체 물질의 진국.
津液[진액] 생물체 내에서 생겨 나는 액
松津[송진] 소나무에서 나는 끈끈한 액
梁棟[양동] 들보와 마룻대. └체.
梁上君子[양상군자] ① 도둑. ② 쥐.
橋梁[교량] 다리.

翼亮 翼亮 翼亮

羽 12 **翼** 날개 익 / 도울 익

ヨク(つばさ)

亠 7 **亮** 밝을 량

リョウ(あきらか)

羽 羽 翌 翼 翼 亠 亠 亭 亭 亮

翼亮[익량] 임금을 도와 천하를 다스림.
翼善[익선] 선한 일은 도와 실행시킴.
輔翼[보익] 도와서 좋은 데로 인도함.
羽翼[우익] ① 새의 날개. ② 보좌하는
亮明[양명] 환하게 밝음. └사람.
亮節[양절] 높은 절개.
亮直[양직] 마음이 밝고 바름.

潑剌 潑剌 潑剌

水(氵) 12 **潑** 물뿌릴 발 / 활발할 발

ハツ(そそぐ)

刀(刂) 7 **剌** 고기뛰는 소리 랄

ラツ(もとる)

氵 氵 氵 潑 潑 一 㠯 申 束 剌

潑剌[발랄] 힘차게 약동하는 모양. 「일.
潑墨[발묵] 서화 등에서 먹물이 퍼지는
潑潑[발발] 고기가 물에서 노는 모양.
潑皮[발피] 무뢰한(無賴漢). 건달.
活潑[활발] 기운차게 움직이는 모양.
剌剌[날랄] ① 바람 소리. ② 어그러지
剌謬[날류] 상반(相反)함. └는 모양.

硬姑 硬姑 硬姑

石 7 **硬** 단단할경　女 5 **姑** 시어미고 고모 고 장모 고

コウ(かたい)　コ(しゅうとめ)

硬度〔경도〕 굳은 정도.
硬質〔경질〕 굳은 물질.
硬水〔경수〕 센 물.
姑母〔고모〕 아버지의 여형제.
姑母父〔고모부〕 고모의 남편.
姑婦〔고부〕 시어머니와 며느리.

枯梏 枯梏 枯梏

木 5 **枯** 마를 고　木 7 **梏** 수갑 곡

コ(かれる)　コク(てかせ)

枯渴〔고갈〕 물이 바짝 마름.
枯木〔고목〕 마른 나무.
枯死〔고사〕 시들어 죽음.
桎梏〔질곡〕 자유를 몹시 속박함.

苦坤 苦坤 苦坤

艸(艹) 5 **苦** 괴로울고　土 5 **坤** 땅 곤

ク(くるしい)　コン(つち)

苦待〔고대〕 애태우며 기다림.
苦難〔고난〕 어려움과 괴로움.
苦悶〔고민〕 몹시 괴로와함.
坤命〔곤명〕 여자의 일컬음.
坤卦〔곤괘〕 점괘의 하나.
坤宮〔곤궁〕 황후의 처소.

痼昆 痼昆 痼昆

疒 8 **痼** 고질 고　日 4 **昆** 형 곤 자손 곤

コ(ながやみ)　コン(あに)

痼癖〔고벽〕 고치기 어려운 병.
痼疾〔고질〕 고치기 대단히 어려운 병.
痼弊〔고폐〕 오래되어 바로잡기 어려운 폐단.
昆布〔곤포〕 다시마.
昆兄〔곤형〕 맏형.
昆季〔곤계〕 형제.

鞏睾 鞏睾 鞏睾

目(罒) 9 **睾** 불알 고 질편할고　革 6 **鞏** 가죽테공 굳을 공

コウ(きんたま)　キョウ(かたい)

無辜〔무고〕 죄 없음.
保辜〔보고〕 사람을 때린 범인을 피해자의 상처가 나을 때까지 그 죄를 보류하는 일.
鞏固〔공고〕 튼튼하고 굳셈.
鞏鞏〔공공〕 견고하고 굳음.
鞏靭〔공인〕 단단하고 질김.

瞽棺 瞽棺 瞽棺

目 13 **瞽** 장님 고　木 8 **棺** 널 관 입관할관

コ(めしい)　カン(ひつぎ)

瞽者〔고자〕 장님.
胎瞽〔태고〕 태어날 때부터 장님.
瞽議〔고의〕 어리석은 논쟁.
棺柩〔관구〕 관.
棺槨〔관곽〕 관과 곽.
棺材〔관재〕 관곽을 만드는 재목.

糖酪 糖酪 糖酪

米 10 **糖** 사탕 당 (탕) トウ(さとう)

酉 6 **酪** 소젖 락 ラク(ちちじる)

糖酪[당락] 달콤한 유즙(乳汁).
糖分[당분] 사탕질의 성분.
糖乳[당유] 진하게 달인 우유. 回煉乳
雪糖[설탕] 흰 가루 사탕.
酪農[낙농] 소·염소 등의 젖을 짜서 버터·치이즈·밀크 등을 가공·제조하는 농업.

侯邏 侯邏 侯邏

人(亻) 7 **侯** 임금 후 コウ(まと)

辵(辶) 19 **邏** 순라 라 ラ(めぐる)

侯邏[후라] 적의 정세를 정탐하는 병정.
君侯[군후] 제후(諸侯)의 존칭.
王侯[왕후] 임금과 제후.
諸侯[제후] 봉건 시대에 영토를 가지고 그 영내의 백성을 다스리던 사람.
邏騎[나기] 순라하던 기병.
邏卒[나졸] 순라하던 하급 군인.

編磬 編磬 編磬

糸 9 **編** 기록할 편 엮을 편 ヘン(あむ)

石 11 **磬** 경쇠 경 ケイ(いしのがっき)

編磬[편경] 아악기의 한 가지. 한 층에 여덟 개씩 두 층으로 매어 단 경쇠.
編入[편입] 짜서 넣음.
編輯[편집] 자료를 모아 책이나 신문을 엮어 짬.
編綴[편철] 엮어 짬. 만듦.
改編[개편] 고쳐 편찬함.
磬鐘[경종] 돌로 만든 경과 쇠로 만든 종.

遺憾 遺憾 遺憾

辵(辶) 12 **遺** 남을 유 끼칠 유 イ, ユイ(のこす)

心(忄) 13 **憾** 한할 감 섭섭할 감 カン(うらむ)

遺憾[유감] 마음에 섭섭함.
遺棄[유기] 버림.
遺德[유덕] 고인(故人)의 덕행.
遺訓[유훈] 예전 사람이 남긴 훈계.
憾怨[감원] 원망함.
憾情[감정] 언짢게 여겨 성나는 마음.
憾恨[감한] 원망함.

煖堗 煖堗 煖堗

火 9 **煖** 더울 난 따뜻할 난 ダン(あたたか)

土 9 **堗** 굴뚝 돌 つく にわか

煖堗[난돌] 따뜻한 구들방.
煖閣[난각] 화덕불로 따뜻하게 데운 전각.
煖氣[난기] 따뜻한 기운.
煖爐[난로] 화덕. 스토오브.
煖房[난방] 따뜻한 방.
煖房裝置[난방장치] 방안을 덥게 하는 시설.
煙堗[연돌] 굴뚝.

京畿 京畿 京畿

亠 6 **京** 서울 경 ケイ(みやこ)

田 10 **畿** 경기 기 지경 기 キ(さかい)

京畿[경기] 서울 부근.
京闕[경궐] 서울의 왕궁.
京鄕[경향] 서울과 시골.
離京[이경] 서울을 떠남.
上京[상경] 시골에서 서울로 올라옴.
畿伯[기백] 경기도 관찰사의 이칭.
畿察[기찰] 기백(畿伯).

稿款 稿款 稿款

禾 10 **稿** 볏짚 고 / 원고 고 — コウ(わら)

欠 8 **款** 조목 관 — カン(まこと)

稿料[고료] 원고료.
稿本[고본] 초벌 원고로 만든 책.
脫稿[탈고] 원고를 다 씀.
款項[관항] 관리 항목.
款待[관대] 잘 대우함.
借款[차관] 대차. 빌려줌.

羔卦 羔卦 羔卦

羊(⺷) 4 **羔** 새끼양고 / 염소 고 — コウ(こひつじ)

卜 6 **卦** 점괘 괘 — ケ(うらかた)

羔羊[고양] 어린 양.
羔雁[고안] 양과 기러기.
珍珠羔[진주고] 산 새끼양의 털이 꼬불 꼬불한 모양.
黑羔皮[흑고피] 검은 염소 가죽.
占卦[점괘] 점친 괘.
易卦[역괘] 주역의 괘.

股壞 股壞 股壞

肉(月) 4 **股** 다리 고 — コ(もも)

土 16 **壞** 무너뜨릴 괴 — カイ(こわす)

股肉[고육] 다리 살.
股肱[고굉] 다리와 팔.
股關[고관] 다리와 관절.
壞木[괴목] 쓰러진 나무.
壞滅[괴멸] 쓰러져 멸망함.
倒壞[도괴] 무너짐.

乖咬 乖咬 乖咬

丿 7 **乖** 어그러질 괴 — カイ(そむく)

口 6 **咬** 물 교 / 씹을 교 — コウ(かむ)

乖亂[괴란] 어긋나고 어지러움.
乖戾[괴려] 사리에 어그러짐.
乖離[괴리] 서로 등지어 떨어짐.
乖隙[괴극] 어긋난 틈.
咬齒[교치] 소리를 치며 이를 가는 것.

嬌塊 嬌塊 嬌塊

女 12 **嬌** 아리따울 교 — キョウ(なまめかしい)

土 10 **塊** 흙덩이괴 — カイ(かたまり)

嬌態[교태] 아양떠는 자태.
嬌女[교녀] 아양떠는 여자.
嬌激[교격] 굳세고 과격함.
塊根[괴근] 덩이 뿌리.
塊金[괴금] 금덩이.
塊炭[괴탄] 덩이 석탄.

郊丘 郊丘 郊丘

邑(阝) 6 **郊** 들 교 / 시외 교 — コウ(いなか)

一 4 **丘** 언덕 구 — キュウ(おか)

郊祀[교사] 성문 밖에서 제사 지냄.
郊外[교외] 성문 밖.
近郊[근교] 도시 변두리.
丘陵[구릉] 언덕. 등성이.
丘園[구원] 언덕과 동산.
丘壑[구학] 언덕과 골짝.

弈 廾6 바둑둘혁 エキ(いご)

棋 木8 바둑 기 キ(ごいし)

弈棋 [혁기] 바둑.
弈具 [혁구] 바둑의 도구.
弈敗 [혁패] 바둑을 두어 짐.
棋客 [기객] 바둑 두는 사람.
棋盤 [기반] 바둑판.
棋士 [기사] 바둑을 직업적으로 잘 두는 사람.
棋石 [기석] 바둑돌.

喉 口9 목구멍후 コウ(のど)

衿 衣(衤)4 옷깃 금 / 옷고름금 キン(えり)

喉衿 [후금] 목구멍과 옷깃. 곧 급소.
喉骨 [후골] 성년 남자의 갑상연골의 돌기 부분.
喉頭 [후두] 인두(咽頭).
喉舌 [후설] 목구멍과 혀. 곧 중요한 곳.
喉聲 [후성] 목소리.
衿契 [금계] 마음을 서로 허락한 벗.
衿喉 [금후] 후금(喉衿).

僅 人(亻)11 겨우 근 / 적을 근 キン(わずか)

少 小1 적을 소 / 젊을 소 ショウ(すこし)

僅少 [근소] 조금. 약간.
僅僅 [근근] 겨우.
僅僅得生 [근근득생] 간신히 살아감.
少女 [소녀] 어린 여자 아이.
少數 [소수] 적은 수효.
少額 [소액] 적은 액수.
老少 [노소] 노인과 젊은이.

隙 阜(阝)10 틈 극 ケキ(ひま)

駒 馬5 망아지구 ク(こま)

隙駒 [극구] 세월이 빠르다는 말.
隙孔 [극공] 틈. 틈새
隙駒光陰 [극구광음] 빠른 세월.
隙地 [극지] 빈터. 공지(空地).
寸隙 [촌극] 얼마 안 되는 짧은 겨를.
駒隙 [구극] 세월은 빨리 흐르고 인생은 덧없음.
駒馬 [구마] 망아지와 말.

厥 厂10 그 궐 / 짧을 궐 ケツ(その)

弛 弓3 늦출 이 シ(ゆるむ)

厥弛 [궐이] 동요하는 모양.
厥女 [궐녀] 그 여자. 그녀.
厥尾 [궐미] 짧은 꼬리.
厥者 [궐자] 그 사람.
弛壞 [이괴] 풀어져 무너짐.
弛禁 [이금] 엄한 금령을 늦춤.
解弛 [해이] 마음의 긴장 등이 풀려 느즈러짐.

眷 目6 돌아볼권 / 붙이 권 ケン(かえりみる)

率 玄6 거느릴솔 / 헤아릴률 / 비례 률 ソツ(ひきいる)

眷率 [권솔] 자기에게 딸린 집안 식구.
眷庇 [권비] 돌보아 보호함.
眷屬 [권속] 한 집안의 식구.
眷然 [권연] 정을 두고 돌보는 모양.
率先 [솔선] 남보다 앞장섬.
率直 [솔직] 꾸밈 없고 정직함.
高率 [고율] 높은 율.

皎仇 皎仇 皎仇

白 6 **皎** 달밝을 교 / 흴 교
キョウ(あきらか)

人(亻) 2 **仇** 원수 구
キュウ(あだ)

白 白' 皎 皎 皎 ノ 亻 仇 仇

皎潔〔교결〕 희고 깨끗함.
皎月〔교월〕 희고 밝은 달.
皎白〔교백〕 깨끗하고 흼.
皓白〔호백〕 아주 흰 것.
皓雪〔호설〕 흰 눈.
仇視〔구시〕 원수같이 대함.

絞俱 絞俱 絞俱

糸 6 **絞** 목맬 교
コウ(しぼる, しめる)

人(亻) 8 **俱** 함께 구
ク(ともに)

⺌ 幺 糸 絞 絞 亻 仴 俱 俱 俱

絞殺〔교살〕 목을 매서 죽임.
絞首〔교수〕 교살(絞殺)과 같음.
絞首臺〔교수대〕 교수형 집행 장소.
俱發〔구발〕 한꺼번에 발생함.
俱全〔구전〕 모두 다 온전함.
俱存〔구존〕 양친이 다 살아 계심.

垢弓 垢弓 垢弓

土 6 **垢** 때 구
コウ(あか)

弓 0 **弓** 활 궁
キュウ(ゆみ)

土 圹 垢 垢 垢 ㄱ ㄱ 弓 弓

垢穢〔구예〕 아주 더러운 것.
塵垢〔진구〕 먼지와 때.
洗垢〔세구〕 더러운 것을 씻어버림.
含垢〔함구〕 부끄러움을 참음.
弓矢〔궁시〕 활과 화살.
弓馬〔궁마〕 활과 말. 병기.
檀弓〔단궁〕 좋은 활.

懼圈 懼圈 懼圈

心(忄) 18 **懼** 두려울 구
ク(おそれる)

囗 8 **圈** 우리 권 / 둥글 권
ケン(おり)

丷 忄 懼 懼 懼 冂 冂 冃 圈 圈

悚懼〔송구〕 마음에 두렵고 미안함.
懼然〔구연〕 두려워함.
驚懼〔경구〕 깜짝 놀람.
圈牢〔권뢰〕 짐승을 가두어 두는 우리.
圈內〔권내〕 일정한 금을 그은 안쪽.
圈外〔권외〕 범위 바깥.

溝蹶 溝蹶 溝蹶

水(氵) 10 **溝** 도랑 구
コウ(みぞ)

足(⻊) 12 **蹶** 쓰러질 궐 / 뛸 궐
ケツ(つまずく)

氵 泎 泔 溝 溝 ⻊ 𨀁 蹶 蹶 蹶

溝渠〔구거〕 개골창.
溝壑〔구학〕 구렁. 골짝.
溝瀆〔구독〕 개천과 수렁.
猖蹶〔창궐〕 좋지 못한 세력이 퍼져서 제어하기 어려움.
蹶起〔궐기〕 들고 일어남.

狗几 狗几 狗几

犬(犭) 5 **狗** 개 구
コウ(いぬ)

几 0 **几** 안석 궤 / 책상 궤
キ(つくえ)

ノ 犭 犭 豹 狗 丿 几

狗醬〔구장〕 개장국.
狗慾〔구욕〕 개같은 욕심.
狗尾〔구미〕 개의 꼬리.
几案〔궤안〕 걸상. 의자.
几筵〔궤연〕 영좌(靈座).
几直〔궤직〕 찌꺼기가 껴서 쓸 데 없는 물건.

柑橘 柑橘 柑橘

木 5 **柑** 감귤 감　木 12 **橘** 귤 귤

カン(みかん)　キツ(たちばな)

柑橘[감귤] 귤.
柑果[감과] 귤의 열매.
柑皮[감피] 감자나 밀감의 껍질.
蜜柑[밀감] 운향과의 상록 활엽 관목.
橘顆[귤과] 귤나무의 과실. 귤.
橘柚[귤유] 귤과 유자.
橘酒[귤주] 귤을 넣고 빚은 술.

舅姑 舅姑 舅姑

臼 7 **舅** 시아비 구 / 외숙 구 / 장인 구　女 5 **姑** 시어미 고 / 고모 고 / 장모 고

キュウ(しゅうと)　コ(しゅうとめ)

舅姑[구고] 시아버지와 시어머니.
舅家[구가] 시집.
舅父[구부] 외숙(外叔).
舅弟[구제] 외사촌 형제. 외종(外從).
姑母[고모] 아버지의 누이.
姑婦[고부] 시어머니와 며느리.
姑從四寸[고종사촌] 고모의 자녀.

崎嶇 崎嶇 崎嶇

山 8 **崎** 산길험할 기　山 11 **嶇** 산가파를 구

キ(けわしい)　ク(けわしい)

崎嶇[기구] ①산길이 험악한 모양. ②처세하기 어려운 모양.
崎崟[기음] 험악한 산봉우리.
崎險[기험] 성질이 궂고 험상스러움.
嶇路[구로] 험악한 길.
嶇崟[구음] 산의 험한 모양. 또는 험한 산.
嶇岑[구잠] 산·암석 등의 험한 모양.

僑胞 僑胞 僑胞

人(亻) 12 **僑** 높을 교 / 붙어살 교　肉(月) 5 **胞** 태 포 / 동포 포

キョウ(かりずまい)　ホウ(えな)

僑胞[교포] 외국에 나가 사는 동포.
僑居[교거] 임시로 삶.
僑軍[교군] 다른 곳에서 온 군대.
僑人[교인] 여행중에 있는 사람.
胞宮[포궁] 아기집.
胞胎[포태] 아이를 배는 것.
同胞[동포] 한 나라·한 민족에 속하는 백성.

槐鉉 槐鉉 槐鉉

木 10 **槐** 느티나무 괴 / 상공 괴　金 5 **鉉** 솥귀 현

カイ(えんじゅ)　ゲン

槐鉉[괴현] 대신(大臣)의 자리.
槐木[괴목] 홰나무.
槐門[괴문] 대신의 별칭.
槐宸[괴신] 제왕의 궁전.
槐位[괴위] 삼공(三公)의 지위.
鉉席[현석] 삼공(三公)의 지위.
鼎鉉[정현] ①솥의 손잡이. ② 삼공의 지위.

昭曠 昭曠 昭曠

日 5 **昭** 밝을 소 / 소명할 소　日 15 **曠** 밝을 광 / 멀 광

ショウ(あきらか)　コウ(からにする)

昭曠[소광] 산야 등이 밝고 넓음.
昭光[소광] 밝게 빛나는 빛.
昭明[소명] 밝음.
昭詳[소상] 분명하고 자세함.
曠劫[광겁] 넓고 끝없는 세상.
曠達[광달] 마음이 넓어 구애받지 않음.
曠野[광야] 넓고 큰 들.

歐詭 歐詭 歐詭

欠 11 **歐** 성 구 / 토할 구

オウ(はく)

言 6 **詭** 속일 궤 / 간사할궤

キ(いつわる)

歐洲[구주] 유럽주.
歐美[구미] 유럽과 아메리카를 총괄하여 말함.
歐羅巴[구라파] 유럽.
詭詐[궤사] 간사한 거짓.
詭辯[궤변] 억지로 공교롭게 꾸며대는 말.
詭秘[궤비] 극 비밀.

灸窺 灸窺 灸窺

火 3 **灸** 구울 구 / 뜸질할구

キュウ(やいと)

穴 11 **窺** 엿볼 규

キ(うかがう)

灸災[구재] 뜸의 해독.
灸瘡[구창] 병자리에 뜸질함.
艾絨灸[예융구] 쑥솜 뜸질.
鍼灸[침구] 침 놓고 뜸질함.
窺見[규견] 몰래 엿봄.
窺視[규시] 몰래 엿봄.

閨駒 閨駒 閨駒

門 6 **閨** 협문 규 / 색시 규

ケイ(ねや)

馬 5 **駒** 망아지구

ク(こま)

閨房[규방] 도장방. 안방.
閨秀[규수] 처녀. 문예에 뛰어난 여자.
閨中[규중] 부녀가 거처하는 방.
馬駒[마구] 밑다 망아지.
千里駒[천리구] 센 말.

毒鳩 毒鳩 毒鳩

鳥 2 **鳩** 비둘기구

キュウ(はと)

艸(艹) 8 **菌** 버섯 균 / 세균 균

キン(きのこ)

毒菌[독균] 독을 가진 균.
鳩首[구수] 우두머리.
鳩聚[구취] 한데 모임.
菌根[균근] 균이 있는 뿌리.
菌傘[균산] 버섯의 웃 머리.
菌類[균류] 곰팡이 따위의 총칭.

鷗懃 鷗懃 鷗懃

鳥 11 **鷗** 갈매기구

オウ(かもめ)

心 13 **懃** 은근할근

キン, ゴン(ねんごろ)

慇懃[은근] 드러내거나 떠들지 않고 가만히 함.
鷗鷺[구로] 갈매기와 해오라기.
慇慇懃懃[은은근근] 매우 조심스런 모양.
海鷗[해구]바다 갈매기

衾肯 衾肯 衾肯

衣 4 **衾** 이불 금

キン(ふすま)

肉(月) 4 **肯** 즐길 긍

コウ(うべなう)

衾枕[금침] 이부자리와 베개.
衾具[금구] 이부자리.
肯定[긍정] 인정함.
肯志[긍지] 찬성의 뜻.
首肯[수긍] 끄덕이어 긍정함.

製菓 製菓 製菓

製 (衣 8) 마를 제 / 지을 제 セイ(つくる)

菓 (艸(艹) 8) 실과 과 / 과자 과 カ(くだもの)

製菓[제과] 과자를 만듦.
製氷[제빙] 얼음을 만듦.
製絲[제사] 솜 또는 고치로 실을 만듦.
製造[제조] 물건을 만듦.
茶菓[다과] 차와 과자.
銘菓[명과] 특별한 제법으로 만들고 독특한 상표가 붙은 좋은 과자.

汨沒 汨沒 汨沒

汨 (水(氵) 4) 잠길 골 / 물이름 멱 コツ(しずむ)

沒 (水(氵) 4) 잠길 몰 / 다할 몰 ボツ(しずむ)

汨沒[골몰] 어떤 한 가지 일에만 정신을 쏟음.
汨沒無暇[골몰 무가] 바빠서 조금도 틈이 없음.
汨羅[멱라] 굴원(屈原)이 투신했다는 중국의 강.
沒頭[몰두] 일에 열중함.
沒殺[몰살] 죄다 죽임.
埋沒[매몰] 파묻음.

禁錮 禁錮 禁錮

禁 (示 8) 금할 금 キン(とどめる)

錮 (金 8) 땜질할 고 / 오랜병 고 コ(ふさぐ)

禁錮[금고] 감옥에 가두어 두고 일을 시키지 않는 자유형의 하나.
禁忌[금기] 금하는 것과 꺼리는 것.
禁男[금남] 남자의 출입을 금함.
禁物[금물] 쓰기를 금한 물건.
禁止[금지] 금하여 못 하게 함.
錮疾[고질] 오래도록 낫지 않는 병.

悸慄 悸慄 悸慄

悸 (心(忄) 8) 두근거릴 계 キ(わななく)

慄 (心(忄) 10) 떨 률 リツ(おそれる)

悸慄[계율] 두려워하여 떪.
悸悸[계계] 겁이 나서 가슴이 두근거리는 모양.
悸病[계병] 가슴이 두근거리는 병.
驚悸[경계] 잘 놀라는 증세.
心悸[심계] 심장의 고동(鼓動).
慄烈[율렬] 추위가 혹독한 모양.
慄然[율연] 두려워 떠는 모양.

堅壘 堅壘 堅壘

堅 (土 8) 굳을 견 ケン(かたい)

壘 (土 15) 진 루 ルイ(とりで)

堅壘[견루] 견고한 보루.
堅強[견강] 굳세고 강함.
堅實[견실] 확실하고 틀림이 없음.
堅忍[견인] 굳게 참고 견딤.
壘壁[누벽] 보루.
壘垣[누원] 보루를 둘러친 담.
壘塹[누참] 보루와 참호.

幕僚 幕僚 幕僚

幕 (巾 11) 장막 막 バク(まく)

僚 (人(亻) 12) 벗 료 / 동관 료 リョウ(とも)

幕僚[막료] 장군을 보좌하는 참모관.
幕舍[막사] 임시로 되는 대로 허름하게 지은 집.
幕下[막하] 대장의 휘하.
黑幕[흑막] 드러나지 않은 음흉한 내막.
僚輩[요배] 요우(僚友).
僚友[요우] 같은 일자리에 있는 벗.
官僚[관료] 관리들.

既冀 既冀 既冀

无 7 **既** 이미 기 キ(すでに)

八 14 **冀** 바랄 기 キ(こいねがう)

既決〔기결〕 이미 결정됨.
既望〔기망〕 음력 열엿새 날 밤.
既報〔기보〕 이미 알려진 보도.
冀望〔기망〕 바라고 바람.
冀願〔기원〕 바라고 원함.

岐乃 岐乃 岐乃

山 4 **岐** 갈림길기 キ(えだみち)

丿 1 **乃** 어조사내 ダイ(すなわち)

岐路〔기로〕 갈림길.
岐巍〔기위〕 산 벼랑 꼭대기.
岐念〔기념〕 서로 어긋나는 생각.
乃來〔내래〕 이에 옴.
乃今〔내금〕 이제. 방금.
乃出〔내출〕 이에 나감.

耆奈 耆奈 耆奈

老 4 **耆** 늙을 기 キ(としより)

大 5 **奈** 어찌 나 어찌 내 ナ(いかん)

耆社〔기사〕 노인들을 대우하는 국가 기관.
耆年〔기년〕 예순 살 이상의 나이.
耆老〔기로〕 예순 살 이상의 노인.
奈何〔내하〕 의문사로, 어찌하리오의 뜻.
奈落 불교에서 말하는 지옥

幾泥 幾泥 幾泥

幺 9 **幾** 얼마 기 キ(いく)

水(氵) 5 **泥** 진흙 니 デイ(どろ)

幾何〔기하〕 얼마.
幾個〔기개〕 몇 개.
幾數〔기수〕 수가 얼마.
泥土〔이토〕 진흙 투성이.
泥溝〔이구〕 진흙.
區區泥泥〔구구니니〕 구구한 사정에 얽매임.

欺壇 欺壇 欺壇

欠 8 **欺** 속일 기 ギ(あざむく)

土 13 **壇** 단 단 ダン(だん)

欺瞞〔기만〕 남을 속임.
欺心〔기심〕 자기 마음을 속임.
詐欺〔사기〕 남을 속임.
祠壇〔사단〕 제사 지내는 단.
花壇〔화단〕 꽃밭.

祈撻 祈撻 祈撻

示 4 **祈** 빌 기 キ(いのる)

手(扌) 13 **撻** 종아리칠 달 タツ(むちうつ)

祈禱〔기도〕 마음으로 바라는 바를 빌음.
祈望〔기망〕 이루어지기를 빌고 바람.
撻楚〔달초〕 종아리를 침.
撻笞〔달태〕 볼기를 침.
鞭撻〔편달〕 채찍으로 때림.

萬籟萬籟萬籟

萬 艸(艹) 9 일만 만 — マン(よろず)

籟 竹 16 퉁소 뢰 / 소리 뢰 — ライ(ふえ)

萬籟[만뢰] 자연계에서 일어나는 여러 가지 소리.
萬民[만민] 모든 백성.
萬福[만복] 온갖 행복.
萬有[만유] 우주 만물.
松籟[송뢰] 소나무 숲 사이를 스쳐 부는 바람.
天籟[천뢰] 바람 소리·빗소리 등의 자연의 소리.

庚伏庚伏庚伏

庚 广 5 일곱째천간 경 — コウ(かのえ)

伏 人(亻) 4 엎드릴복 — フク(ふせる)

庚伏[경복] 여름에 가장 더울 때.
庚戌[경술] 육십 갑자의 마흔 일곱째.
庚熱[경열] 경염(庚炎).
庚炎[경염] 불꽃 같은 삼복 더위.
伏乞[복걸] 엎드려 빎.
伏慕[복모] 웃어른을 공손히 사모함.
伏祝[복축] 삼가 축원함.

爵祿爵祿爵祿

爵 爪(爫) 14 벼슬 작 — シャク(さかずき)

祿 示 8 복 록 / 녹 록 — ロク(ふち)

爵祿[작록] 벼슬과 봉록.
爵位[작위] 지위. 작호와 위계.
爵號[작호] 작위의 칭호.
天爵[천작] 존경받을 만한 선천적 덕행.
祿命[녹명] 타고난 운명.
祿俸[녹봉] 벼슬아치에게 주던 봉급.
福祿[복록] 복과 녹.

脆怯脆怯脆怯

脆 肉(月) 6 연할 취 / 약할 취 — ゼイ(もろい)

怯 心(忄) 5 겁낼 겁 — キョウ(おそれる)

脆怯[취겁] 의지가 약해서 소용이 없음.
脆味[취미] 연해서 좋은 맛.
脆薄[취박] 연하고 엷음.
脆弱[취약] 무르고 약함.
怯劣[겁렬] 비겁하고 용렬함.
怯心[겁심] 겁나는 마음.
怯弱[겁약] 겁이 많고 나약함.

黔黎黔黎黔黎

黔 黑 4 검을 검 — キン(くろい)

黎 黍 3 무리 려 / 동틀 려 / 검을 려 — レイ(もろもろ)

黔黎[검려] 검은 맨머리. 곧 일반 백성.
黔突[검돌] 시커멓게 솟아오르는 연기.
黔炭[검탄] 품질이 낮은 참숯.
黎明[여명] 밝아 오는 새벽.
黎庶[여서] 머리가 검은 사람. 곧 백성.
黎獻[여헌] 백성 가운데의 현자(賢者).
黎黑[여흑] 빛이 검음.

燎炬燎炬燎炬

燎 火 12 뜰에세운 횃불 요 — リョウ(にわび)

炬 火 5 횃불 거 — キョ(かがりび)

燎炬[요거] 횃불.
燎亂[요란] 불이 붙어서 어지러움.
燎原[요원] 불이 난 벌판.
燎燭[요촉] 요화(燎火).
燎火[요화] 횃불.
炬燭[거촉] 초.
炬火[거화] 횃불.

饑澹 饑澹 饑澹

食(飠)12 **饑** 흉년들기 주릴 기
キ(うえる)

水(氵)13 **澹** 맑을 담 담박할담
タン(あわい)

飠 飣 飢 饑 饑 氵 氵 浐 澹 澹

饑餓〔기아〕 배고픔.
饑荒〔기황〕 흉년으로 곡식이 부족함.
澹烟〔담연〕 고요히 잠긴 연기.
澹白〔담백〕 욕심이 없고 마음이 깨끗함.
澹雅〔담아〕 고요하고 아담함.

倒垈 倒垈 倒垈

人(亻)8 **倒** 넘어질 도
トウ(たおれる)

土 5 **垈** 집터 대
タイ(つち)

亻 亻 仁 侄 倒 亻 代 代 垈 垈

倒置〔도치〕 뒤바뀜.
倒立〔도립〕 거꾸로 섬.
顚倒〔전도〕 거꾸로 됨.
垈地〔대지〕 터.
低垈〔저대〕 낮은 터.
高垈〔고대〕 높은 터.

度戴 度戴 度戴

广 6 **度** 법도 도 헤아릴탁
ド(たび)

戈 14 **戴** 일 대
タイ(いただく)

亠 广 庐 度 度 亠 亩 萛 冀 戴

度量〔도량〕 너그러운 품성.
度數〔도수〕 얼마인 번수. 회수.
度地〔탁지〕 토지를 측량함.
戴冠〔대관〕 왕관을 머리에 씀.
戴冠式〔대관식〕 왕관을 쓰는 식.
推戴〔추대〕 떠 받들어 모심.

踏痰 踏痰 踏痰

足(⻊)8 **踏** 밟을 답
トウ(ふむ)

疒 8 **痰** 가래 담
タン(たん)

⻊ 趴 趴 跞 踏 广 疒 疒 疢 痰

踏襲〔답습〕 이어 받음.
踏査〔답사〕 실지로 가서 조사하는 것.
踏破〔답파〕 밟는 것.
痰結〔담결〕 가래가 뭉친 병.
痰聲〔담성〕 가래 끓는 소리.
痰涎〔담연〕 가래침.

堵待 堵待 堵待

土 9 **堵** 담 도 편히살도
ト(かきね)

彳 6 **待** 기다릴대
タイ(まつ)

土 圵 圵 堵 堵 彳 什 往 待 待

堵列〔도열〕 많은 사람이 쭉 늘어섬.
堵住〔도주〕 멈추는 것.
堵塞〔도색〕 막힘.
待期〔대기〕 때를 기다림.
待接〔대접〕 예를 차려 대우함.
待望〔대망〕 바라고 기다림.

搗沌 搗沌 搗沌

手(扌)10 **搗** 찧을 도
トウ(つく)

水(氵)4 **沌** 뭉킬 돈
トン(ふさがる)

扌 扩 抻 搗 搗 氵 氵 沪 沪 沌

搗亂〔도란〕 매우 어지럽힘.
搗亂份子〔도란분자〕 질서를 어지럽히는 사람.
搗白〔도백〕 쓸데 없이 지꺼림.
搗藥〔도약〕 가루 약.
沌沌〔돈돈〕 물의 따라 흐르는 모양.

喀痰 喀痰 喀痰

口9 **喀** 기침할객 토할 객 カク(はく)

疒8 **痰** 가래 담 タン(たん)

喀痰[객담] 담을 뱉음.
喀喀[객객] 토하는 소리.
喀血[객혈] 피를 토함.
痰聲[담성] 가래가 목구멍에서 끓어 오르는 소리.
痰喘[담천] 가래가 끓어서 숨이 가쁨.
痰唾[담타] 가래와 침.
痰咳[담해] 가래와 기침.

芥屑 芥屑 芥屑

艸(艹)4 **芥** 겨자 개 티끌 개 カイ(あくた)

尸7 **屑** 조촐할설 가루 설 セツ(くず)

芥屑[개설] ① 먼지. 부스러기. ② 겨자.
芥舟[개주] 작은 배.
塵芥[진개] 먼지와 쓰레기.
草芥[초개] 지푸라기.
屑糖[설당] 가루사탕.
屑塵[설진] 티끌. 먼지.
屑鐵[설철] 헌 쇠. 쇠부스러기.

侮辱 侮辱 侮辱

人(亻)7 **侮** 업신여길 모 ブ(あなどる)

辰3 **辱** 욕될 욕 ジョク(はずかしめる)

侮辱[모욕] 깔보아 욕되게 함.
侮慢[모만] 남을 얕보고 스스로 잘난체함.
侮蔑[모멸] 멸시하고 낮봄.
侮狎[모압] 업신여김.
辱說[욕설] 남을 저주하는 말.
屈辱[굴욕] 남에게 꺾여 업신여김을 받음.
恥辱[치욕] 수치와 모욕.

煤煙 煤煙 煤煙

火9 **煤** 그을음매 バイ(すす)

火9 **煙** 연기 연 エン(けむり)

煤煙[매연] 그을음이 섞인 연기.
煤氣[매기] 그을음이 섞인 공기.
煤油[매유] 석유(石油).
煤炭[매탄] 석탄(石炭).
煙突[연돌] 굴뚝.
煙霧[연무] 연기와 안개.
煙火[연화] 밥 짓는 굴뚝 연기.

介鱗 介鱗 介鱗

人2 **介** 낄 개 딱지 개 カイ(はさまる)

魚12 **鱗** 비늘 린 물고기린 リン(うろこ)

介鱗[개린] 조개와 물고기.
介意[개의] 마음에 두고 생각함.
介入[개입] 중간에 끼어 들어감.
介在[개재] 중간에 끼어 있는 것.
鱗羽[인우] 물고기와 새.
魚鱗[어린] 물고기의 비늘.
片鱗[편린] 사물의 극히 작은 한 부분.

彌勒 彌勒 彌勒

弓14 **彌** 두루 미 더할 미 ミ(あまねし)

力9 **勒** 굴레 륵 새길 륵 ロク(くつわ)

彌勒[미륵] ①「미륵 보살」의 준말. ②돌부처의 범칭.
彌滿[미만] 가득 참.
彌縫[미봉] 떨어진 곳을 꿰맴.
彌日[미일] 날짜를 거듭함.
勒銘[늑명] 문자를 금석에 새김.
勒奪[늑탈] 폭력으로 빼앗음.
勒婚[늑혼] 억지로 허락받은 혼인.

陶豚 陶豚 陶豚

阜(阝)8 **陶** 질그릇도 　豕4 **豚** 돼지 돈

トウ(やきもの)　トン(ぶた)

阝 阝 阝 陶 陶 月 豚 豚 豚 豚

陶工〔도공〕 옹기를 굽는 사람.
陶棺〔도관〕 옹기로 만든 관.
陶器〔도기〕 오지그릇.
豚犬〔돈견〕 돼지와 개.
豚肉〔돈육〕 돼지 고기.
豚柵〔돈책〕 돼지 우리.

憧禱 憧禱 憧禱

心(忄)12 **憧** 뜻정하지 못할 동 　示14 **禱** 빌 도

ショウ,ドウ(あこがれる)　トウ(いのる)

忄 憧 憧 憧 憧 礻 禱 禱 禱 禱

憧憬〔동경〕 마음 속으로 바라고 사모함.
憧憬者〔동경자〕 동경하고 있는 사람.
憧憧〔동동〕 걱정스런 마음.
憧心〔동심〕 속으로 좀 근심이 되는 마음.
禱福〔도복〕 복을 비는 것.

敦篤 敦篤 敦篤

攴(攵)8 **敦** 도타울돈 　竹10 **篤** 도타울독

トン(あつい)　トク(あつい)

亠 享 享 敦 敦 竹 竺 竺 篤 篤

敦厚〔돈후〕 인정이 두터움.
敦篤〔돈독〕 인정이 두터움.
敦迫〔돈박〕 자주 재촉함.
篤敬〔독경〕 말과 행실이 공손함.
篤工〔독공〕 열성을 가지고 착실히 공부함.
篤志〔독지〕 두텁고 친절한 마음.

桐濫 桐濫 桐濫

木6 **桐** 오동나무 동 　水(氵)14 **濫** 넘칠 람

ドウ(きり)　ラン(あふれる)

木 杉 杉 桐 桐 氵 氵 氵 濫 濫

梧桐〔오동〕 오동 나무.
濫發〔남발〕 함부로 발행함.
梧桐喪杖〔오동상장〕 모친상에 짚는 오동 나무 지팡이.
梧桐欌〔오동장〕 오동 나무로 만든장.
梧桐欌籠〔오동장롱〕 오동 나무로 만든 장과 옷 농.

屯藍 屯藍 屯藍

屮1 **屯** 모일 둔 둔전 둔 　艸(艹)14 **藍** 남빛 람 절 람 옷해질람

トン(たむろ)　ラン(あい)

一 匚 口 屯 艹 艹 藍 藍 藍

屯兵〔둔병〕 주둔한 병사.
屯營〔둔영〕 군사가 주둔한 군영.
屯聚〔둔취〕 여럿이 한 곳에 모임.
駐屯〔주둔〕 머물러 있음.
伽藍〔가람〕 절.
魚藍〔어람〕 고기 바구니.

遁籃 遁籃 遁籃

辵(辶)9 **遁** 달아날둔 　竹14 **籃** 바구니람

トン(のがれる)　ラン(かご)

厂 斤 盾 盾 遁 竹 竹 籃 籃 籃

遁避〔둔피〕 숨어서 피함.
遁世〔둔세〕 세상을 하직하고 일에 관계하지 아니함.
籃輿〔남여〕 두껑이 없고 의자처럼 된 가마.
搖籃〔요람〕 젖먹이를 그 속에 눕혀 재우는 재롱.

經綸 经纶 (cursive)

糸7 **經** 날 경 / 지날 경 ケイ(へる)
糸8 **綸** 벼리 륜 / 낚싯줄륜 リン(いと)

經綸[경륜] 천하를 다스림.
經過[경과] ①거쳐 지나감. ②일의 중간 상태.
經費[경비] 일을 하는 데 드는 비용.
經由[경유] 거쳐 지남.
政經[정경] 정치와 경제.
綸言[윤언] 임금이 아랫사람에게 내리는 말.
綸旨[윤지] 임금의 말씀.

蒸溜 (cursive)

艸(艹)10 **蒸** 찔 증 ジョウ(むす)
水(氵)10 **溜** 낙수물류 / 증류수류 リュウ(しずく)

蒸溜[증류] 액체를 가열하여 생긴 증기를 다시 액화하여 분리·정제함.
蒸氣[증기] 액체가 증발하거나 고체가 승화한 기체.
蒸暑[증서] 찌는 듯한 더위.
溜飮[유음] 음식이 체하여 신물이 나오는 병.
溜漕[유조] 빗물을 받는 큰 통.
溜滑[유활] 매우 미끌미끌함.

係累 (cursive)

人(亻)7 **係** 맬 계 / 이을 계 ケイ(かかる)
糸5 **累** 맬 루 / 얽힐 루 ルイ(かさねる)

係累[계루] 이어서 얽매임.
係嗣[계사] 후손(後孫).
係長[계장] 한 계의 책임자.
關係[관계] 둘 이상이 서로 걸림.
累加[누가] 차례로 더함.
累計[누계] 모든 수의 합계.
累乘[누승] 같은 수를 여러 번 곱함.

襤褸 (cursive)

衣(衤)14 **襤** 옷해질람 ラン(ぼろ)
衣(衤)11 **褸** 옷해질루 ル(おくみ)

襤褸[남루] ① 누더기. ② 옷이 해어져 지저분함.
南楚凡人貧 衣被醜弊 或謂之襤褸[남초범인빈 의피추폐 혹위지남루] 남초의 많은 사람들이 가난하여 추하고 해진 옷을 입으니 혹자는 일러 남루(襤褸)라 했다.

漏洩 (cursive)

水(氵)11 **漏** 샐 루 ロウ(もれる)
水(氵)6 **洩** 샐 설 セツ(もれる)

漏洩[누설] 세어 나감.
漏氣[누기] 축축하게 새어 나오는 물기.
漏落[누락] 기록에서 빠짐.
漏濕[누습] 축축한 기운이 새어 나옴.
漏屋[누옥] 비가 새는 집.
脫漏[탈루] 빠져서 샘.
洩漏[설루] 물이 샘. 비밀이 샘.

屢次 (cursive)

尸11 **屢** 여러 루 ル(しばしば)
欠2 **次** 버금 차 / 차례 차 ジ(つぎ)

屢次[누차] 여러 번.
屢代[누대] 여러 대(代).
屢度[누도] 여러 번.
屢朔[누삭] 여러 달.
次期[차기] 다음 시기.
次男[차남] 둘째 아들.
目次[목차] 목록이나 조목의 차례.

謄拉 謄拉 謄拉

言 10 **謄** 베낄 등
トウ(うつす)

手(扌) 5 **拉** 꺾을 랍 / 잡아갈랍
ラツ(くだく)

謄本〔등본〕 원본을 베껴낸 서류.
謄寫〔등사〕 베껴 쓰는 일.
謄抄〔등초〕 원본에서 베껴냄.
拉北〔납북〕 북으로 잡혀 감.
拉致〔납치〕 잡아 데리고 감.
拉縛〔납박〕 잡아서 옭아맴.

洛臘 洛臘 洛臘

水(氵) 6 **洛** 물이름락
ラク(かわのな)

肉(月) 15 **臘** 납향제랍 / 섣달 랍
ロウ(くれ)

洛東江〔낙동강〕 영남 지방을 호르는 강 이름.
洛陽春〔낙양춘〕 경사 때 노는 유희.
臘梅〔납매〕 섣달에 피는 매화.
臘月〔납월〕 섣달.
臘日〔납일〕 동지 뒤 셋째 술(戌)일.

瀾蠟 瀾蠟 瀾蠟

水(氵) 17 **瀾** 큰물결란
ラン(なみ)

虫 15 **蠟** 밀 랍 / 초 랍
ロウ(みつろう)

絢瀾〔현란〕 바람에 출렁거리는 잔 물결.
絢爛〔현란〕 눈부시게 빛남.
蠟紙〔납지〕 밀 올린 종이.
蠟燭〔납촉〕 밀로 만든 초.
蠟絲〔납사〕 밀 먹인 실.

欄狼 欄狼 欄狼

木 17 **欄** 난간 란
ラン(てすり)

犬(犭) 7 **狼** 이리 랑 / 낭자할랑
ロウ(おおかみ)

欄杆〔난간〕 층계나 다리의 가장자리에 나무나 쇠로 건너 세워 놓은 살.
欄外〔난외〕 신문, 서적들의 둘레의 줄의 바깥.
狼狽〔낭패〕 일이 틀려짐.
狼火〔낭화〕 봉화.

廊掠 廊掠 廊掠

广 10 **廊** 곁채 랑 / 행랑 랑
ロウ(ひさし)

手(扌) 8 **掠** 노략질할 략
リャク(かすめる)

廊屬〔낭속〕 하인배의 총칭.
廊底〔낭저〕 대문간에 붙어 있는 작은 방.
廊下〔낭하〕 긴 마루.
掠奪〔약탈〕 폭력을 써서 억지로 빼앗음.
掠治〔약치〕 죄인을 치며 심문함.

戾礫 戾礫 戾礫

戶 4 **戾** 어기어질 려
レイ(もとる)

石 15 **礫** 조약돌력
レキ(こいし)

磊礫〔뇌력〕 많은 돌과 자갈.
毒戾〔독려〕 악독하고, 지독함.
惡戾〔악려〕 악하고 지독함.
礫石〔역석〕 자갈돌.
瓦礫〔와력〕 부서진 벽돌.

胚孕胚孕

肉(月)5 **胚** 아이밸배 ハイ(たね)

子2 **孕** 아이밸잉 ヨウ(はらむ)

胚孕[배잉] 아이 또는 새끼를 뱀.
胚芽[배아] 식물의 씨 속에 있는 발생 초기의 어린 식물.
胚胎[배태] 아이나 새끼를 뱀.
孕婦[잉부] 잉태한 여자.
孕胎[잉태] 아이를 뱀.
懷孕[회잉] 아이를 뱀. 임신.

餞杯餞杯

食(飠)8 **餞** 보낼 전 セン(はなむけ)

木4 **杯** 잔 배 ハイ(さかずき)

餞杯[전배] 송별의 술잔.
餞別[전별] 떠나는 사람을 배웅함.
餞送[전송] 전별하여 보냄.
餞筵[전연] 송별의 연회.
杯酒[배주] 술잔에 따른 술.
杯池[배지] 썩 작은 못.
銀杯[은배] 은으로 만든 잔.

陪審陪審

阜(阝)8 **陪** 모실 배 도울 배 ハイ(したがう)

宀12 **審** 살필 심 シン(つまびらか)

陪審[배심] 재판의 심리에 배석함.
陪席[배석] 어른과 자리를 같이함.
陪從[배종] 임금을 모시고 따라감.
陪行[배행] 웃사람을 모시고 따라감.
審理[심리] 상세히 조사하여 처리함.
審美[심미] 미와 추를 분별해 살핌.
審査[심사] 자세히 조사함.

勃鬱勃鬱

力7 **勃** 활발할발 발끈할발 ボツ(おこる)

鬯19 **鬱** 답답할울 막힐 울 ウツ(しげる)

勃鬱[발울] 가슴이 답답하게 막힘.
勃起[발기] 갑자기 성이 발끈 일어남.
勃發[발발] 일이 갑자기 터져 일어남.
勃然[발연] 발끈 성내는 모양.
鬱氣[울기] 답답한 기운.
鬱林[울림] 우거진 숲.
鬱寂[울적] 마음이 적막함.

霜雹霜雹

雨9 **霜** 서리 상 ソウ(しも)

雨5 **雹** 우박 박 ヒョウ(あられ)

霜雹[상박] 서리와 우박.
霜雪[상설] 서리와 눈.
霜晨[상신] 서리가 내린 새벽.
霜葉[상엽] 서리를 맞아 단풍든 잎.
雨雹[우박] 큰 물방울이 공중에서 갑자기 찬 기운을 만나 얼어 떨어지는 것.

船舶船舶

舟5 **船** 배 선 セン(ふね)

舟5 **舶** 큰배 박 ハク(おおぶね)

船舶[선박] 배.
船價[선가] 배삯.
船客[선객] 배를 탄 손님.
船具[선구] 배에서 쓰는 기구.
舶物[박물] 외국에서 들어온 물품.
舶船[박선] 큰 배. 배.
舶載[박재] 배에 실음.

黎蓮 黎蓮 黎蓮

黍 3 **黎** 무리 려 / 동틀 려 / 검을 려 — レイ(もろもろ)

艸(艹) 11 **蓮** 연꽃 련 — レン(はす)

黎明[여명] 밝을녘.
黎明期[여명기] 새로운 문화로 발전하려는 시기.
蓮根[연근] 연 뿌리.
蓮塘[연당] 연 못.
蓮花[연화] 연 꽃.

鍊冽 鍊冽 鍊冽

金 9 **鍊** 불릴 련 — レン(ねる)

冫 6 **冽** 맵게추울 렬 — レツ(さむい)

鍊達[연달] 익숙하고 통달함.
鍊磨[연마] 깊이 연구하고 숙달시킴.
鍊武[연무] 무예를 단련함.
鍛鍊[단련] 쇠붙이를 뚜드려 늘림.
冽風[열풍] 모진 바람.
冽霜[열상] 된서리.

廉零 廉零 廉零

广 10 **廉** 청렴할렴 / 쌀 렴 — レン(いさぎよい)

雨 5 **零** 떨어질령 — レイ(おちる)

廉恥[염치] 청렴하고 깨끗하여 부끄러움을 아는 마음.
廉價[염가] 실지 가격보다 싼 값
廉白[염백] 청렴하고 결백함.
零落[영락] 말라서 떨어짐.
零瑣[영쇄] 자질구레함.
零細民[영세민] 가난한 백성.

磊瓏 磊瓏 磊瓏

玉(王) 16 **瓏** 환할 롱 / 옥소리롱 — ロウ(うつくしい)

石 10 **磊** 돌무더기 뢰 — ライ(おおくのいし)

玲瓏[영롱] 광채가 찬란함.
玲瓏望秋月[영롱망추월] 영롱한 가을 달을 바라봄.
玲玎[영정] 물건이 떨어지는 맑은 소리.
磊礫[뇌력] 많은 돌과 자갈.
玲玲如振玉[영령여진옥] 옥이 말랑말랑 흔들림.

籠燎 籠燎 籠燎

竹 16 **籠** 농 롱 / 새장 롱 — ロウ(かご)

火 12 **燎** 뜰에세운 횃불 요 — リョウ(にわび)

籠球[농구] 운동 경기의 일종.
籠絡[농락] 남을 교묘하게 조롱함.
籠城[농성] 성안에서의 항쟁.
輝燎[휘료] 빛나고 밝음.

淚硫 淚硫 淚硫

水(氵) 8 **淚** 눈물 루 — ルイ(なみだ)

石 7 **硫** 유황 류 — リュウ(ゆおう)

淚滌[누척] 눈물을 씻음.
淚痕[누흔] 눈물의 흔적.
流淚[유루] 흐르는 눈물.
落淚[낙루] 떨어지는 눈물.
硫燐[유린] 유황의 불꽃.
硫黃[유황] 석류황(石硫黃).

憐憫

心(忄)12 **憐** 불쌍할련

レン(あわれむ)

心(忄)12 **憫** 딱할 민 / 불쌍할민

ビン(あわれむ)

憐憫[연민] 불쌍하게 여김.
憐悼[연도] 죽은 사람을 불쌍히 여김.
憐惜[연석] 불쌍히 여기며 아낌.
可憐[가련] 딱하고 가여움.
憫惘[민망] 딱하여 걱정스러움.
憫然[민연] 가엾이 여기는 모양.
憫恤[민휼] 불쌍하게 여겨 구휼함.

辨誣

辛 9 **辨** 판단할변 / 분별할변

ベン(わきまえる)

言 7 **誣** 속일 무

フ(いつわる)

辨誣[변무] 억울함에 대하여 변명함.
辨明[변명] 죄가 없음을 밝힘.
辨白[변백] 사리를 구별하여 밝힘.
辨償[변상] 남을 대신하여 물어줌.
誣告[무고] 없는 일을 꾸며대어 고소함.
誣言[무언] 꾸며댄 말.
誣陷[무함] 없는 일을 꾸며 남을 함정에 몰아 넣음.

戊戌

戈 1 **戊** 다섯째천간 무

ボ(つちのえ)

戈 2 **戌** 개 술 / 열한째지지 술

ジュツ(いぬ)

戊戌[무술] 육십 갑자의 서른 다섯째.
戊夜[무야] 오전 4시경.
戊辰[무진] 육십 갑자의 다섯째.
戌年[술년] 태세의 지지가 술(戌)인 해.
戌削[술삭] 깎아서 만듦.
戌生[술생] 술년(戌年)에 난 사람.
戌日[술일] 일진의 지지가 술(戌)인 날.

懷憮

心(忄)16 **懷** 생각할회 / 품을 회

カイ(ふところ, なつく)

心(忄)12 **憮** 어루만질 무

ブ(いつくしむ)

懷憮[회무] 잘 어루만져 안심시킴.
懷慕[회모] 마음속 깊이 사모함.
懷柔[회유] 어루만져 잘 달램.
懷誘[회유] 잘 달래어 유혹함.
懷妊[회임] 애기를 뱀.
憮俺[무엄] 사랑함.
憮敖[무오] 경멸하여 거만함.

倦憊

人(亻)8 **倦** 게으를권

ケン(うるむ, つかれる)

心 12 **憊** 고달플비

ハイ(つかれる)

倦憊[권비] 싫증이 나고 고달픔.
倦勤[권근] 일에 싫증이 남.
倦厭[권염] 게을러지고 염증이 남.
倦怠[권태] 싫증이 나서 게을러짐.
憊困[비곤] 노곤함.
憊色[비색] 피로한 얼굴빛.
憊眩[비현] 피곤하여 정신이 어지러움.

庇護

广 4 **庇** 덮을 비

ヒ(おおう)

言 14 **護** 호위할호

ゴ(まもる)

庇護[비호] 감싸서 보호함.
庇免[비면] 덕택으로 벗어남.
庇佑[비우] 보호함.
庇蔭[비음] 옹호하여 도움.
護國[호국] 나라를 지킴.
護身[호신] 자기 몸을 보호함.
看護[간호] 환자나 어린이 등을 보살펴 돌봄.

訥陋 訥陋 訥陋

阜(阝)6 **陋** 더러울루 좁을 루 ロウ(せまい)

言11 **謬** 그릇 류 ビュウ(あやまる)

阝 阝 陌 陋 陋 言 言 訒 謬 謬

陋醜〔누추〕더럽고 추함.
固陋〔고루〕고집스럽고 비루함.
賤陋〔천루〕천하고 더러움.
誤謬〔오류〕잘못된 일.
謬習〔유습〕잘못된 습관.
犯謬〔범류〕오류를 범함.

樓倫 樓倫 樓倫

木11 **樓** 다락 루 ロウ(たかどの)

人(亻)8 **倫** 인륜 륜 リン(みち)

朾 朾 棲 樓 樓 亻 伶 倫 倫 倫

樓閣〔누각〕사방을 바라볼 수 있는 높은 집.
樓門〔누문〕다락문.
樓上〔누상〕다락 위. 윗층.
倫紀〔윤기〕윤리의 기강.
倫序〔윤서〕차례.
倫常〔윤상〕인륜의 상도.

琉璃 琉璃 琉璃

玉(王)6 **琉** 유리 류 ル(るり)

玉(王)11 **璃** 유리 리 リ

王 王 玞 玞 琉 王 玞 璃 璃 璃

琉璃〔유리〕유리.
琉璃瓶〔유리병〕유리로 만든 병.
琉璃瓦〔유리와〕유리 그릇.
琉璃珠〔유리주〕유리로 된 구슬.
琉璃窓〔유리창〕유리로 된 창문.
琉璃盞〔유리잔〕유리로 만든 잔.

隆凜 隆凜 隆凜

阜(阝)9 **隆** 성할 륭 リュウ(さかん)

冫13 **凜** 찰 름 リン(さむい)

阝 阝 降 隆 隆 冫 沪 凜 凜 凜

隆盛〔융성〕매우 기운차게 성함.
隆興〔융흥〕기운차게 일어남.
隆昌〔융창〕일이 잘 되어감.
凜冽〔늠열〕늠름하고 매서움.
凜然〔늠연〕시원하고 깨끗함.
凜凜〔늠름〕점잖고 위엄 있음.

慄痢 慄痢 慄痢

心(忄)10 **慄** 떨 률 リツ(おそれる)

疒7 **痢** 곱똥 리 설사 리 リ(はらくだり)

忄 忄 慄 慄 慄 广 疒 疒 痢 痢

戰慄〔전율〕몹시 두려워 떨음.
恐慄〔공률〕공포와 떨음.
悍慄〔한율〕몹시 떨음.
痢疾〔이질〕똥에 곱이 섞이어 나오면서 뒤가 잦은 병.
泄痢〔설리〕설사병.

籬燐 籬燐 籬燐

竹19 **籬** 울타리리 リ(まがき)

火12 **燐** 도깨비불 린 인 린 リン(りん)

⺮ 笧 篱 篱 籬 火 炒 燐 燐 燐

籬落〔이락〕울타리.
籬藩〔이번〕울타리.
燐鑛〔인광〕인을 파내는 광산.
燐光〔인광〕황린의 푸른 불꽃.
燐火〔인화〕도깨비 불.
赤燐〔적린〕발화점이 높은 인.

鹽 (鹵 13) 소금 염 — エン(しお)

釜 (金 2) 가마 부 — フ(かま)

鹽釜[염부] 바닷물을 조리어 소금을 만들 때 쓰는 큰 가마.
鹽氣[염기] 염분이 섞인 습기.
鹽飯[염반] 찬 없는 밥을 두고 이르는 말.
鹽田[염전] 바닷물을 이용하여 소금을 만드는 밭.
釜煮[부자] 솥에 삶음.
釜鼎器[부정기] 부엌에서 쓰는 그릇.

赴 (走 2) 다다를 부 / 달릴 부 — フ(おもむく)

任 (人(亻) 4) 맡길 임 — ニン(まかせる)

赴任[부임] 임명을 받아 새 임지로 감.
赴援[부원] 구원하러 감.
任官[임관] 관직에 임명됨.
任期[임기] 어떤 임무를 맡은 기간.
任免[임면] 임용과 파면.
任意[임의] 마음대로 함.
所任[소임] 맡은 바 임무.

賻 (貝 10) 부의 부 — フ(おくりもの)

儀 (人(亻) 13) 모양 의 / 법도 의 — ギ(のり)

賻儀[부의] 초상난 집에 부조로 보내는 돈이나 물건.
賻儀金[부의금] 부의로 주는 돈.
賻助[부조] 초상난 집에 물건이나 돈을 보냄.
儀禮[의례] 의식. 전례(典禮). 예식.
儀表[의표] 모범. 본.
威儀[위의] 무게 있어 외경할 만한 거동.

臟 (肉(月) 18) 오장 장 — ゾウ(はらわた)

腑 (肉(月) 8) 장부 부 — フ(はらわた)

臟腑[장부] 오장(五臟)과 육부(六腑).
臟器[장기] 내장의 여러 기관.
內臟[내장] 가슴과 배 속의 여러 기관의 총칭.
五臟[오장] 간장·심장·비장·폐장·신장의 다섯 내장.
六腑[육부] 대장·소장·위·담·방광·삼초(三焦)의 총칭.

烽 (火 7) 봉화 봉 — ホウ(のろし)

燧 (火 13) 봉화 수 — スイ(ひうち)

烽燧[봉수] 봉화대에서 난리를 알리는 불.
烽臺[봉대] 봉화를 올리는 높은 대.
烽樓[봉루] 봉대(烽臺).
烽燧軍[봉수군] 봉화를 맡아 보던 군사.
烽煙[봉연] 봉화를 올리는 연기.
燧烽[수봉] 봉화불.
燧石[수석] 부싯돌.

坦 (土 5) 평평할 탄 / 넓을 탄 — タン(たいらか)

腹 (肉(月) 9) 배 복 — フク(はら)

坦腹[탄복] 사위를 달리 이르는 말.
坦道[탄도] 넓고 평평한 길.
坦坦[탄탄] 넓고 평평한 모양.
平坦[평탄] 지면이 넓고 평평함.
腹案[복안] 마음속에 품고 있는 생각.
腹中[복중] ①뱃속. ②마음속.
腹痛[복통] 배가 아픈 것.

麻躪 麻躪 麻躪

足(⻊)20 **躪** 짓밟을린 リン(ふむ)

麻0 **麻** 삼 마 マ(あさ)

蹂躪[유린] 함부로 짓밟고 억누름.
麻楷[마해] 삼대.
麻姑[마고] 늙은 신선 할미.
麻莖[마경] 삼대.
馬躪[마린] 말발굽에 짓밟힘.

漫邈 漫邈 漫邈

水(氵)11 **漫** 물질펀할 만 「만 부질없을 マン(そぞろ)

辵(辶)14 **邈** 아득할막 バク(とおい)

悠邈[유막] 오래고 먼 것.
漫然[만연] 태연함.
漫畫[만화] 우스운 형용으로 그린 그림.
邈然[막연] 아득한 모양.
邈遠[막원] 아주 먼 것.

妄媒 妄媒 妄媒

女3 **妄** 망녕될망 허망할망 ボウ, モウ(みだり)

女9 **媒** 중매 매 バイ(なかだち)

妄佞[망망] 망령됨.
妄動[망동] 망령된 행동.
妄發[망발] 망언(妄言).
媒介[매개] 중개.
媒介物[매개물] 매개하는 물질.
仲媒[중매] 두사람 사이에서 혼인을 어울리게 하는 일.

瞞網 瞞網 瞞網

目11 **瞞** 속일 만 マン(だます)

糸8 **網** 그물 망 モウ(あみ)

欺瞞[기만] 남을 속임.
瞞報[만보] 거짓의 보고.
網打[망타] 일망타진.
網席[망석] 멍석.
網紗[망사] 그물처럼 성기게 짠 깁.
網狀[망상] 그물 모양.

罔麪 罔麪 罔麪

网3 **罔** 없을 망 속일 망 モウ(ない)

麥4 **麪** 밀가루면 국수 면 ベン(むぎこ)

罔極[망극] 은혜가 끝이 없음.
麪餠[면병] 밀가루 떡.
麪酒[면주] 술.
溫滷麪[온로면] 울면.

鳴蔑 鳴蔑 鳴蔑

鳥3 **鳴** 울 명 メイ(なく)

艸(艹)11 **蔑** 업신여길 멸 ベツ(ないがしろにする)

凌蔑[능멸] 몹시 멸시함.
鳴鳩[명구] 우는 비둘기.
鳴禽[명금] 잘 우는 새.
鳴鼓[명고] 북을 울림.
蔑視[멸시] 업신여김.
蔑稱[멸칭] 경멸함.

炳映 炳映 炳映

火 5 **炳** 밝을 병 빛날 병
ヘイ(あきらか)

日 5 **映** 비칠 영
エイ(うつる)

炳映[병영] 번쩍번쩍 빛남.
炳如日星[병여일성] 해와 별처럼 밝음.
炳然[병연] 빛이 비쳐 밝은 모양.
炳煜[병욱] 밝게 빛남.
映寫[영사] 영화나 환등을 상영함.
映像[영상] 비치는 그림자.
映輝[영휘] 비치고 빛남.

硯屛 硯屛 硯屛

石 7 **硯** 벼루 연
ケン(すずり)

尸 8 **屛** 병풍 병
ヘイ(へい)

硯屛[연병] 먹이 튀는 것을 막기 위해 벼루 머리에 놓는 작은 병풍.
硯匣[연갑] 벼룻집.
硯滴[연적] 벼루에 쓸 물을 담아 두는 그릇.
屛風[병풍] 바람을 막고 무엇을 가리기 위하여 방안에 치는 물건.
繡屛[수병] 수를 놓은 병풍.

辯舌 辯舌 辯舌

辛 14 **辯** 말잘할 변
ベン(じょうずにいう)

舌 0 **舌** 혀 설
ゼツ(した)

辯舌[변설] 입담 있게 잘하는 말 솜씨.
辯論[변론] 변명하여 논함.
辯明[변명] 죄가 없음을 밝힘.
辯護[변호] 남의 이익을 위하여 변명함.
舌根[설근] 혀의 뿌리.
舌端[설단] 혀끝.
舌音[설음] 혀를 움직여 내는 자음. 혓소리.

仙桃 仙桃 仙桃

人(亻) 3 **仙** 신선 선
セン(せんにん)

木 6 **桃** 복숭아 도
トウ(もも)

仙桃[선도] 선경에 있다는 복숭아.
仙境[선경] 신선이 사는 곳.
仙女[선녀] 여자 선인(仙人).
仙藥[선약] 마시면 신선이 된다는 약.
桃李[도리] 복숭아와 오얏.
桃仁[도인] 복숭아 씨의 알맹이.
桃花[도화] 복숭아 꽃.

稼穡 稼穡 稼穡

禾 10 **稼** 심을 가
カ(みのり)

禾 13 **穡** 거둘 색
ショク(とりいれ)

稼穡[가색] ① 농작물을 심는 것과 거두어 들이는 것. ② 농사.
稼器[가기] 농사에 쓰이는 기구.
稼動[가동] 기계나 사람이 움직여 일함.
稼行[가행] 광산에서 작업을 진행함.
穡夫[색부] 색인(穡人).
穡人[색인] 농사 짓는 사람. 농부.

雙棲 双棲 雙棲

隹 10 **雙** 둘 쌍 짝 쌍
ソウ(ふた)

木 8 **棲** 쉴 서 깃들일 서
セイ(すむ)

雙棲[쌍서] 부부가 같이 삶. 동서함.
雙肩[쌍견] 양쪽 어깨.
雙手[쌍수] 두 손.
雙全[쌍전] 양쪽이 모두 온전함.
棲宿[서숙] 깃들임. 「깃들임.
棲息[서식] ① 삶. ② 새 등이 나무에
棲隱[서은] 세상에 안 나오고 숨어 삶.

睦慕 睦慕 睦慕

心(小) 11 **慕** 사모할 모 ボ(したう)

目 8 **睦** 화목 목 ボク(むつぶ)

艹 芦 莫 慕 慕 ‖ 目 目 目土 目夫 睦

慕心[모심] 그리워하는 마음.
慕戀[모련] 그리워하여 늘 생각함.
睦友[목우] 형제와 같이 친함.
親睦[친목] 서로 친하여 화목함.
和睦[화목] 서로 의좋고 정다움.
敦睦[돈목] 사랑이 두텁고 정다움.

貌朧 貌朧 貌朧

豸 7 **貌** 모양 모 / 얼굴 모 ボウ(かたち)

月 14 **朦** 지는달빛 / 희미할 몽 モウ(おぼろ)

豸 豸 豹 貌 貌 月 月艹 朦 朦 朦

朦朧[몽롱] 흐리멍덩함.
朦瞽[몽고] 소경.
朦昏[몽혼] 마취되어 정신이 없음.
朦睡[몽수] 마비되어 자는 모양.
朦夢[몽몽] 꿈인지 아닌지 흐리멍덩함.
善貌 어진 모습.

杳渺 杳渺 杳渺

木 4 **杳** 아득할 묘 ヨウ(くらい)

水(氵) 9 **渺** 물질펀히 / 흐를 묘 / 아득할 묘 ビョウ(はるか)

一 十 木 杏 杳 氵 氵目 渺 渺 渺

杳然[묘연] 까마득한 것.
杳冥[묘명] 깊고 아득하여 어두움
杳杳[묘묘] 멀어서 아득함.
渺漠[묘막] 광막함.
渺茫[묘망] 아득한 것.
渺然[묘연] 넓고 끝이 없음.

彌畝 彌畝 彌畝

弓 14 **彌** 두루 미 / 더할 미 ミ(あまねし)

田 5 **畝** 이랑 무 / [俗音]묘 ホ(せ, うね)

弓 弓 弥 弥 彌 亠 亠 亩 亩 畝

彌縫[미봉] 임시 변통으로 얽어매어 탈 없이 해감.
彌勒[미륵] 돌로 새겨 만든 부처.
彌滿[미만] 널리 가득함.
田畝[전무] 밭 이랑.
畝頃[무경] 밭 이랑.
畝數[무수] 경작 단위.

撫薇 撫薇 撫薇

手(扌) 12 **撫** 어루만질 무 フ(なでる)

艸(艹) 13 **薇** 장미 미 ビ(ぜんまい)

扌 扌 扌 撫 撫 艹 艹 薇 薇 薇

撫摩[무마] 어루만져 달램.
撫育[무육] 잘 기름.
安撫[안무] 편안히 어루만짐.
薇菜[미채] 고비 나물.
薇蕩[미탕] 고비국.
採薇[채미] 고사리를 캠.

巫尾 巫尾 巫尾

工 4 **巫** 무당 무 フ(みこ)

尸 4 **尾** 꼬리 미 ビ(お)

一 丁 兀 巫 巫 ㄱ コ 尸 尸 尾

巫覡[무격] 무당.
巫卜[무복] 무당 점.
巫術[무술] 무당의 요술.
巫俗[무속] 무당의 풍속.
巫堂[무당] 귀신을 섬기며 길흉을 점치고 굿을 하는 여자.
尾行[미행] 몰래 따라 다님.

硬澁 硬澁 硬澁

石 7 **硬** 단단할경 コウ(かたい)

水(氵) 12 **澁** 깔깔할삽 떫을 삽 ジュウ(しぶい)

硬澁[경삽] 문장 등이 딱딱하고 부드럽지 못함.
硬性[경성] 딱딱한 성질.
硬化[경화] 단단하게 굳어짐.
强硬[강경] 굳세게 버티어 굽히지 않음.
澁味[삽미] 떫은 맛.
澁語[삽어] 더듬거리며 하는 말.
澁劑[삽제] 맛이 몹시 떫은 약.

袈裟 袈裟 袈裟

衣 5 **袈** 가사 가 ケ(けさ)

衣 7 **裟** 가사 사 サ(けさ)

袈裟[가사] 중이 장삼 위에, 왼쪽 어깨에서 오른쪽 겨드랑이 밑으로 걸쳐 입는 법복.
袈裟佛事[가사 불사] 가사를 짓는 일.
袈裟施主[가사 시주] 가사를 짓는 경비를 내는 사람.
袈裟長衫[가사 장삼] 가사와 장삼.

瓦斯 瓦斯 瓦斯

瓦 0 **瓦** 기와 와 ガ(かわら)

斤 8 **斯** 이 사 シ(この)

瓦斯[와사] 가스. 기체의 총칭.
瓦家[와가] 기와로 지붕을 이은 집.
瓦解[와해] 기와가 깨어지듯이 사물이 깨어져 흩어짐.
斯界[사계] 이 방면의 사회.
斯須[사수] 잠시.
如斯[여사] 이와 같음.

河濱 河濱 河濱

水(氵) 5 **河** 물 하 カ(かわ)

水(氵) 14 **濱** 물가 빈 ヒン(はま)

河濱[하빈] 강가.
河口[하구] 바다로 들어가는 강의 어귀.
河岸[하안] 하천 양쪽의 육지.
河港[하항] 강안에 있는 항구.
河海[하해] 강과 바다.
濱涯[빈애] 물가.
濱海[빈해] 해변.

誹謗 誹謗 誹謗

言 8 **誹** 헐뜯을비 ヒ(そしる)

言 10 **謗** 헐뜯을방 ボウ(そしる)

誹謗[비방] 남을 헐어서 욕함.
誹笑[비소] 비웃음.
誹譽[비예] 헐뜯음과 칭찬함.
誹毁[비훼] 명예를 손상시킴.
謗聲[방성] 남을 비방하는 소리.
謗怨[방원] 비방하고 원망함.
謗沮[방저] 헐뜯어 방해함.

緋緞 緋緞 緋緞

糸 8 **緋** 붉은빛비 붉은깁비 ヒ(あか)

糸 9 **緞** 비단 단 タン(どんす)

緋緞[비단] 명주실로 짠 피륙의 총칭.
緋甲[비갑] 붉은 빛의 갑옷.
緋納[비납] 붉은 비단옷.
緋鯰[비념] 퉁가리.
緋緞褓[비단보] 비단으로 만든 보자기.
緋玉[비옥] 붉은 옷과 옥관자(玉冠子). 곧 당상관(堂上官)의 관복.

墨媚 墨媚 墨媚

土12 **墨** 먹 묵 ボク(すみ)

女9 **媚** 아첨할미 ビ(こびる)

冂 罒 罒 黑 墨 女 女冖 女罒 娟 媚

墨筆〔묵필〕 먹과 붓.
紙墨〔지묵〕 종이와 먹.
近墨者黑〔근묵자흑〕 먹을 가까이 하면 자연이 검어진다는 말.
嬌態〔교태〕 아양떠는 자태.
嬌女〔교녀〕 아양떠는 여자.

紋描 紋描 紋描

糸4 **紋** 무늬 문 モン(もよう)

手(扌)9 **描** 그릴 묘 / 모뜰 묘 ビョウ(えがく)

幺 糸 紅 紋 紋 扌 扌艹 扩 描 描

紋繡〔문수〕 무늬와 수.
紋織〔문직〕 무늬 들은 천.
紋彩〔문채〕 무늬와 채색.
描寫〔묘사〕 있는 그대로를 그림.
描出〔묘출〕 그려 나타냄.

悶泊 悶泊 悶泊

心8 **悶** 번민할민 / 민망할민 モン(もだえる)

水(氵)5 **泊** 머무를박 ハク(とまる)

丨 𠃌 門 門 悶 氵 氵 氵 泊 泊

痞悶〔비민〕 가슴과 배가 몹시 답답한 병. 「답답함.
悶沓〔민답〕 딱한 생각으로 가슴이
悶死〔민사〕 근심 끝에 죽음.
悶絶〔민절〕 너무 민망하여 정신을 잃고 기절함.
淡泊〔담박〕 욕심이 없고 깨끗함.
碇泊〔정박〕 배가 닻을 내리고 머무름.

蜜駁 蜜駁 蜜駁

虫8 **蜜** 꿀 밀 ミツ(みつ)

馬4 **駁** 논박할박 バク(まだら)

宀 宓 宓 蜜 蜜 𠃌 𠃌 馬 馬 駁

蜜柑〔밀감〕 귤.
蜜蜂〔밀봉〕 참벌.
蜜水〔밀수〕 꿀 물.
辨駁〔변박〕 도리에 맞지 않는 말을 논박함.
駁論〔박론〕 시비를 논박함.
駁文〔박문〕 박론하는 글.

搬潑 搬潑 搬潑

手(扌)10 **搬** 옮길 반 ハン(うつす)

水(氵)12 **潑** 물뿌릴발 / 활발할발 ハツ(そそぐ)

扌 扌 扌 搬 搬 氵 氵 氵 潑 潑

搬出〔반출〕 운반해 내감.
搬入〔반입〕 운반하여 들여옴.
搬移〔반이〕 세간을 싣고 이사함.
潑剌〔발랄〕 활발하게 약동하는 모양.
潑皮〔발피〕 직업 없는 허랑한사람.
散潑〔산발〕 때때로 일어남.

跋斑 跋斑 跋斑

文8 **斑** 아롱질반 / 얼룩질반 ハン(まだら)

足(𧾷)5 **跋** 밟을 발 / 뛸 발 バツ(ふむ)

丁 王 王 玟 斑 口 𧾷 趵 跋 跋

點點斑斑〔점점반반〕 점이 알록 알록 찍혀 있음.
跋扈〔발호〕 이곳저곳에서 날뛰고 야단침.
跋剌〔발랄〕 물고기가 뛰는 소리.
跋文〔발문〕 책 끝에 그 책에 관하여 적은 글.
跋涉〔발섭〕 산 넘고 물 건너 돌아다님.

禾穗 禾穗 禾穗

禾 0 **禾** 벼 화 カ(いね)

禾 12 **穗** 이삭 수 スイ(ほ)

一 二 千 禾 禾 禾 䅐 穗 穗 穗

禾穗 [화수] 벼 이삭.
禾穀 [화곡] 벼 종류 곡식의 총칭.
禾苗 [화묘] 볏모.
禾黍 [화서] 벼와 기장.
穗狀 [수상] 곡식의 이삭과 같은 형상.
花穗 [화수] 이삭 모양으로 피어나는 꽃.
黑穗 [흑수] 깜부기.

腦髓 腦髓 腦髓

肉(月) 9 **腦** 머릿골 뇌 ノウ(のう)

骨 13 **髓** 뼛속기름 수 ズイ(のうみそ)

月 月 月 腦 腦 腦 骨 骨 骨 髓 髓

腦髓 [뇌수] 머릿골.
腦裏 [뇌리] 생각하는 머리 속.
腦膜 [뇌막] 뇌수를 싼 막.
頭腦 [두뇌] ① 머릿골. ② 사리를 판단하는 힘.
骨髓 [골수] 골강에 차 있는 결체질의 물질.
精髓 [정수] 뼈 속에 있는 골.
眞髓 [진수] 사물의 가장 중요한 부분.

稚筍 稚筍 稚筍

禾 8 **稚** 어린벼 치 어릴 치 チ(わかい)

竹 6 **筍** 죽순 순 シュン(たけのこ)

千 禾 稚 稚 稚 ⺮ 竹 笋 筍 筍

稚筍 [치순] 어린 죽순(竹筍).
稚氣 [치기] 유치한 모양이나 행동.
稚兒 [치아] 어린애.
稚拙 [치졸] 어리석고 졸렬함.
幼稚 [유치] ① 나이가 어림. ② 정도가 낮음.
筍席 [순석] 죽순 껍질로 만든 방석.
筍輿 [순여] 대로 만든 수레.

桑蠅 桑蠅 桑蠅

木 6 **桑** 뽕나무 상 ソウ(くわ)

虫 13 **蠅** 파리 승 ヨウ(はえ)

又 叒 叒 桑 桑 虫 虫 蚆 蠅 蠅

桑蠅 [상승] 뽕파리.
桑實 [상실] 오디. 뽕나무의 열매.
桑園 [상원] 뽕나무 밭.
農桑 [농상] 농사일과 누에 치는 일.
蠅頭 [승두] 파리의 대가리.
蠅利 [승리] 파리 대가리만큼의 작은 이익.
蠅集 [승집] 파리가 떼지어 몰림.

媤叔 媤叔 媤叔

女 9 **媤** 시집 시 おっとのいえ

又 6 **叔** 아재비 숙 シュク(おじ)

女 如 媤 媤 媤 上 卡 赤 叔 叔

媤叔 [시숙] 남편의 형제.
媤家 [시가] 시집. 시부모가 있는 집.
媤父母 [시부모] 시아버지와 시어머니.
媤同生 [시동생] 남편의 동생.
叔母 [숙모] 숙부의 아내.
叔父 [숙부] 아버지의 동생.
叔行 [숙항] 아저씨 뻘의 항렬.

猜忌 猜忌 猜忌

犬(犭) 8 **猜** 시기할 시 サイ(そねむ)

心 3 **忌** 꺼릴 기 질투할 기 キ(いむ)

犭 犭 猜 猜 猜 ㄱ ㄱ 己 忌 忌

猜忌 [시기] 새암하여 미워함.
猜疑 [시의] 시기하고 의심함.
猜嫌 [시혐] 새암하여 싫어함.
猜毁 [시훼] 미워하여 비난함.
忌憚 [기탄] 꺼림. 어려워함.
忌避 [기피] 꺼리어 피함.
妬忌 [투기] 강새암.

盤鉢 盤鉢 盤鉢

皿 10 **盤** 소반 반 バン(さら)

金 5 **鉢** 바리때 발 ハツ(はち)

盤屈[반굴] 서려서 얼크러짐.
盤石[반석] 넓고 평평하게 된 큰 돌.
盤柿[반시] 납작한 감.
托鉢僧[탁발승] 탁발하러 다니는 중.
鉢臺[발대] 바릿대를 놓는 대.

磐傍 磐傍 磐傍

石 10 **磐** 반석 반 バン(いわ)

人(亻) 10 **傍** 곁 방 ボウ(かたわら)

磐石[반석] 넓고 편편한 큰 돌.
磐桓[반환] 집 같은 것이 넓고 큼.
磐牙[반아] 함께 모임.
傍系[방계] 갈려 나온 계통.
傍觀[방관] 곁에서 봄.
傍助[방조] 옆에서 도와 줌.

絆盃 絆盃 絆盃

糸 5 **絆** 옭아맬반 말굴레반 ハン(きずな)

皿 4 **盃** 잔 배 ハイ(さかずき)

絆緣[반연] 올가미로 얽힌 인연.
羈絆[기반] 굴레로 얽음.
纏絆[전반] 얽어맴.
銀盃[은배] 은 잔.
一盃[일배] 한 잔.
添盃[첨배] 덧잔.

魄閥 魄閥 魄閥

鬼 5 **魄** 넋 백 ハク(たましい)

門 6 **閥** 가문 벌 공적 벌 バツ(いえがら)

魄力[백력] 힘.
奪魄[탈백] 넋을 잃음.
形魄[형백] 형태. 꼴.
派閥[파벌] 한 파에서 갈린 가벌이나 지방벌.
家閥[가벌] 한 집안의 사회적 지위.

帆碧 帆碧 帆碧

巾 3 **帆** 돛 범 ハン(ほ)

石 9 **碧** 푸를 벽 ヘキ(あおい)

碧空[벽공] 푸른 하늘.
碧桃[벽도] 선경에 있다는 과실.
碧溪[벽계] 푸른 시내.
帆船[범선] 돛단 배.
帆布[범포] 돛을 만드는 포목.
帆檣[범장] 돛대.

氾辨 氾辨 氾辨

水(氵) 2 **氾** 넘칠 범 ハン(あふれる)

辛 9 **辨** 판단할변 분별할변 ベン(わきまえる)

氾論[범론] 전반에 걸쳐 개괄한 언론(言論).
辨駁[변박] 도리에 맞지 않는 말을 논박함.
辨理[변리] 일을 맡아 처리함.
辨償[변상] 빚을 갚음.
辨論[변론] 시비를 분별함.

豺狼 豺狼 豺狼

豸3 **豺** 승냥이시 늑대 시
サイ(やまいぬ)

犬(犭)7 **狼** 이리 랑 낭자할랑
ロウ(おおかみ)

豺狼[시랑] ① 승냥이와 이리. ② 무자비하고 잔혹한 사람.
豺虎[시호] 승냥이와 범.
豺狐[시호] 승냥이와 여우.
狼藉[낭자] 흩어져 어지러운 모양.
狼狽[낭패] 일이 실패되어 딱하게 됨.
虎狼[호랑] 범과 이리.

泰嶽 泰嶽 泰嶽

水(氺)5 **泰** 클 태
タイ(おおきい)

山14 **嶽** 큰산 악
ガク(たけ)

泰嶽[태악] 높고 큰 산. 「술의 권위자.
泰斗[태두] ①태산과 북두성. ②학문·예
泰平[태평] 나라가 잘 다스려져 편안함.
泰然[태연] 침착한 모양.
嶽降[악강] 귀인의 탄생.
嶽丈[악장] 아내의 아버지. 장인.
海嶽[해악] 바다와 산.

潰瘍 潰瘍 潰瘍

水(氵)12 **潰** 무너뜨릴 궤
カイ(つぶれる)

疒9 **瘍** 상처 양
ヨウ(かさ)

潰瘍[궤양] 짓무르고 허는 증상.
潰滅[궤멸] 무너져 망함.
潰裂[궤열] 헤져 찢어짐.
潰走[궤주] 패하여 달아남.
腫瘍[종양] 세포가 병적으로 증식하여 생리적으로 무의미한 조직괴(組織塊)를 만드는 병증.

忽焉 忽焉 忽焉

心4 **忽** 깜짝할홀 잊을 홀
コツ(たちまち)

火(灬)7 **焉** 어찌 언 어조사언
エン(いずくんぞ)

忽焉[홀언] 갑작스레.
忽待[홀대] 소홀히 대접함.
忽視[홀시] 깔봄.
忽然[홀연] 뜻하지 않게 갑자기.
焉敢生心[언감생심] 감히 그런 마음을 품을 수도 없음.
終焉[종언] 계속하던 일이 끝장이 남.

穩健 穩健 穩健

禾14 **穩** 편안할온
オン(おだやか)

人(亻)9 **健** 굳셀 건
ケン(すこやか)

穩健[온건] 온당하고 건실함. 「맞음.
穩當[온당] 사리에 어그러지지 않고 알
穩宿[온숙] 편안하게 잠을 잠.
平穩[평온] 고요하고 안온함.
健康[건강] 병이 없고 튼튼함.
健兒[건아] 건장한 남아.
健鬪[건투] 용감하게 싸움.

罌粟 罌粟 罌粟

缶14 **罌** 병 앵
オウ(かめ)

米6 **粟** 조 속
ショク(あわ)

罌粟[앵속] 양귀비의 이칭.
罌缶[앵부] 장군. 뒤웅.
罌粟殼[앵속각] 양귀비 열매의 껍질.
罌粟子[앵속자] 양귀비 씨.
罌粟花[앵속화] 양귀비꽃.
粟奴[속노] 조의 깜부기.
粟粒[속립] 조의 알.

瞥 12 잠깐볼별 ベツ(ちらりとみる)

倂 人(亻)6 나란할병, 아우를병 (略) 併 ヘイ(あわせる)

瞥觀〔별관〕 잠깐 봄.
瞥眼間〔별안간〕 갑자기. 눈 깜짝 할 사이.
倂存〔병존〕 함께 존재함.
倂合〔병합〕 둘 이상을 하나로 합침.
倂行〔병행〕 함께 나란히 감.

瓶 瓦 6 병 병 ヘイ(びん, かめ)

菩 艸(艹)8 보살 보 ボ(ほとけのざ)

瓶花〔병화〕 병에 꽂는 꽃.
花瓶〔화병〕 꽃 병.
空瓶〔공병〕 빈 병.
菩提樹〔보리수〕 인도 가야산 밑에 있고 석가가 이 나무 아래에서 득도함.

俯 人(亻)8 구부릴부 フ(ふす)

伏 人(亻)4 엎드릴복 フク(ふせる)

俯伏〔부복〕 고개를 숙이고 엎드림.
俯仰〔부앙〕 엎드려 바라다 봄.
俯觀〔부관〕 엎드려서 봄.
伏罪〔복죄〕 죄에 대한 처분에 복종함.
伏中〔복중〕 삼복의 동안.
伏望〔복망〕 윗사람의 처분을 바람.

捧 手(扌)8 받들 봉, 움큼 봉 ホウ(ささげる)

傅 人(亻)10 스승 부, 가까울부 フ(もり)

捧留〔봉류〕 거두어들인 물건을 보관함.
捧上〔봉상〕 봉납.
捧受〔봉수〕 거두어 받음.
傅育〔부육〕 애지중지 기름.
傅訓〔부훈〕 교훈.
師傅〔사부〕 스승.

卜 卜 0 점 복 ボク(うらなう)

縫 糸 11 꿰맬 봉 ホウ(ぬう)

卜卦〔복괘〕 점치는 괘.
卜日〔복일〕 점으로 좋은 날을 가림.
卜占〔복점〕 점을 침.
卜定〔복정〕 길흉을 점쳐 정하는 일.
縫線〔봉선〕 꿰매는 실.
裁縫〔재봉〕 옷을 지음.

馥 香 9 향기 복 フク(かおり)

訃 言 2 통부 부, 부고 부 フ(しらせ)

馥郁〔복욱〕 그윽한 향기가 풍김.
馥馥〔복복〕 향기.
香馥〔향복〕 향기.
訃告〔부고〕 사람의 죽음을 알리는 것.
訃聞〔부문〕 사람의 죽음을 알리는 것.
訃信〔부신〕 사람의 죽음을 알림.

堰堤

堰堤 堰堤 堰堤

土 9 **堰** 방죽 언 エン(せき)

土 9 **堤** 방죽 제 テイ(つつみ)

- 堰堤[언제] 강이나 바다 일부를 가로질러 둑을 쌓아 물을 가둬두는 구조물. 댐(dam).
- 堤塘[제당] 제방.
- 堤防[제방] 둑. 방죽.
- 堤堰[제언] 언제(堰堤).
- 防波堤[방파제] 거센 파도를 막기 위하여 항만에 쌓은 둑.

刈穫

刈穫 刈穫 刈穫

刀(刂) 2 **刈** 풀벨 예 ガイ(かる)

禾 14 **穫** 곡식거둘 확 カク(とりいれる)

- 刈穫[예확] 곡물을 베어 들임.
- 刈刀[예도] 낫의 일종.
- 穫稻[확도] 벼를 거두어 들임.
- 收穫[수확] 곡식을 거두어 들임.
- 一樹百穫[일수백확] 인재를 한사람 길러 사회에 많은 이익을 줌.
- 秋穫[추확] 가을의 수확.

磊嵬

磊嵬 磊嵬 磊嵬

石 10 **磊** 돌무더기 뢰 ライ(おおくのいし)

山 10 **嵬** 산뾰족할 외 カイ(けわしい)

- 磊嵬[뇌외] 산이 높은 모양.
- 磊落[뇌락] 마음이 활달하여 조그마한 일에는 구애되지 않는 모양.
- 磊磈[뇌외] 많은 돌이 쌓인 모양.
- 嵬崛[외굴] 산이 빼어나게 불끈 솟아 있음.
- 嵬說[외설] 쓸데없는 허망한 풍설.
- 嵬峨[외아] 산이 높이 솟은 모양.

使嗾

使嗾 使嗾 使嗾

人(亻) 6 **使** 부릴 사, 하여금 사 シ(つかう)

口 11 **嗾** 개부릴 수 (주) ソウ(けしかける)

- 使嗾[사주] 남을 부추기어 나쁜 일을 시킴.
- 使命[사명] 지워진 임무.
- 使用[사용] 물건을 씀.
- 使人[사인] 심부름군.
- 使者[사자] 임무를 띠고 심부름하는 사람.
- 行使[행사] 권리의 내용을 실행함.
- 嗾囑[주촉] 남을 부추겨서 시킴.

耘鋤

耘鋤 耘鋤 耘鋤

耒 4 **耘** 김맬 운 ウン(くさぎる)

金 7 **鋤** 호미 서 ジョ(すき)

- 耘鋤[운서] 잡초를 베내고 논밭을 갊.
- 耘培[운배] 잡초를 뽑고 북을 돋움.
- 耘藝[운예] 풀을 베고 심음.
- 耕耘[경운] 논밭을 갈고 김을 맴.
- 鋤犂[서려] 쟁기.
- 鋤除[서제] 김을 맴.
- 鋤禾[서화] 논에 김을 맴.

萎縮

萎縮 萎縮 萎縮

艸(艹) 8 **萎** 시들 위 イ(なえる)

糸 11 **縮** 오그라들 축 シュク(ちぢむ)

- 萎縮[위축] 오그라들어 작아짐.
- 萎落[위락] 시들어 떨어짐.
- 萎靡[위미] 활기가 없음.
- 萎絶[위절] 시들고 말라서 떨어짐.
- 縮小[축소] 줄여 작게 함.
- 縮首[축수] 두려워 머리를 움츠림.
- 減縮[감축] 덜고 줄여서 적게 함.

符忿 符忿 符忿

竹5 **符** 증거 부 / 부적 부 — フ(わりふ)

心4 **忿** 분할 분 / 성낼 분 — フン(いかる)

怏忿〔앙분〕 분하게 여겨 앙갚음 할 마음이 있음.
符合〔부합〕 꼭 들어맞음.
符號〔부호〕 특별한 뜻을 나타내려고 적은 기호.
忿頭〔분두〕 분김. 성냄.
忿痛〔분통〕 분하여 생긴 병.
鬱忿〔울분〕 울적하고 분함.

芙噴 芙噴 芙噴

艸(艹)4 **芙** 연꽃 부 — フ(はす)

口13 **噴** 뿜을 분 동 噴 — フン(ふく)

芙蓉〔부용〕 연꽃.
芙蓉劍〔부용검〕 의장에 쓰는 은빛, 금빛의 보검의 별칭.
芙蓉姿〔부용자〕 아름다운 여자의 맵시.
芙蓉帳〔부용장〕 부용을 그린 방장.
噴氣〔분기〕 수증기나 까스를 뿜어 냄.

扶崩 扶崩 扶崩

手(扌)4 **扶** 도울 부 / 붙들 부 — フ(たすける)

山8 **崩** 무너질 붕 — ホウ(くずれる)

扶植〔부식〕 뿌리를 박아 심음.
扶養〔부양〕 떠 맡아 기름.
扶輔〔부보〕 떠 맡아 도와 줌.
崩壞〔붕괴〕 무너지고 쓰러짐.
崩頹〔붕퇴〕 붕괴와 같음.
崩御〔붕어〕 임금이 세상을 떠남.

剖鵬 剖鵬 剖鵬

刀(刂)8 **剖** 쪼갤 부 / 가를 부 — ボウ(さく)

鳥8 **鵬** 붕새 붕 — ホウ(おおとり)

解剖〔해부〕 갈라 쪼갬.
剖折〔부절〕 쪼개어 나눔.
剖半〔부반〕 반으로 쪼갬.
鵬鳥〔붕조〕 붕새. 상상상의 큰 새.
鵬圖〔붕도〕 한없이 큰 의도.
鵬程〔붕정〕 멀고 먼 전정.

匕捨 匕捨 匕捨

匕0 **匕** 숟가락비 / 비수 비 — ヒ(さじ)

手(扌)8 **捨** 버릴 사 — シャ(すてる)

匕首〔비수〕 날카로운 잘 드는 칼.
匕刀〔비도〕 잘 드는 칼.
匙匕〔시비〕 숟가락.
捨象〔사상〕 제쳐 버림.
取捨〔취사〕 취하고 버림.
棄捨〔기사〕 버림.

妣瀉 妣瀉 妣瀉

女4 **妣** 죽은어머니 비 — ヒ(はは)

水(氵)15 **瀉** 쏟을 사 / 설사할사 — シャ(そそぐ)

顯妣〔현비〕 돌아가신 어머니.
先妣〔선비〕 돌아가신 어머니.
祖妣〔조비〕 돌아가신 할머니.
泄瀉〔설사〕 배탈이 생겨 자주 나오는 묽은 똥.

幼孺 幼孺 幼孺

幺 2 **幼** 어릴 유 ヨウ(おさない)

子 14 **孺** 젖먹이유 딸릴유 ジュ(ちのみご)

幼孺[유유] 어린 아이.
幼懦[유나] 어리고 가냘픔.
幼時[유시] 나이 어릴 때.
幼稚[유치] 나이가 어림.
孺子[유자] 아이. 젖먹이.
孺人[유인] 남편에게 딸린 사람이라는 뜻으로 대부(大夫)의 아내.

惟獨 惟独 惟獨

心(忄) 8 **惟** 오직 유 생각할유 イ(おもう, これ)

犬(犭) 13 **獨** 홀로 독 ドク(ひとり)

惟獨[유독] 오직 홀로.
惟一[유일] 오직 하나.
惟日不足 시간이 모자람.
獨梁[독량] 외나무다리.
獨善[독선] 자기만이 옳다고 생각함.
獨食[독식] 어떤 이익을 혼자서 차지함.
獨特[독특] 특별나게 다름.

耶蘇 耶蘇 耶蘇

耳 3 **耶** 어조사야 그런가야 ヤ(や, か)

艸(艹) 16 **蘇** 깨어날소 ソ(よみがえる)

耶蘇[야소] 예수.
耶孃[야양] 부모.
耶枉[야왕] 사악함.
蘇復[소복] 병 뒤에 원기를 회복함.
蘇生[소생] 다시 살아남.
蘇息[소식] 숨을 돌려서 쉼.
蘇活[소활] 다시 살아남.

障碍 障碍 障碍

阜(阝) 11 **障** 막힐 장 ショウ(さわる)

石 8 **碍** 거리낄애 ガイ(ささえる)

障碍[장애] 막아서 거치적거림.
障壁[장벽] 서로 격한 벽.
障扇[장선] 햇볕을 가리기 위한 자루가 긴 부채.
障害[장해] 거리껴서 해가 되게 함.
碍子[애자] 전선을 지주(支柱)에 맬 때 쓰는 사기로 된 절연체.
妨碍[방애] 헤살을 놓아 해를 끼침.

蔭藹 蔭藹 蔭藹

艸(艹) 11 **蔭** 덮을 음 그늘 음 イン(かげ)

艸(艹) 16 **藹** 초목우거질 애 アイ(さかん)

蔭藹[음애] 수목이 무성하게 우거진 모양.
蔭德[음덕] 조상의 덕.
蔭林[음림] 나무가 무성한 숲.
蔭蔚[음울] 초목이 무성한 모양.
藹然[애연] 왕성한 모양.
藹鬱[애울] 초목이 무성하여 빽빽함.
藹彩[애채] 신선한 모양.

昂騰 昂騰 昂騰

日 4 **昂** 밝을 앙 높을 앙 コウ(あがる)

馬 10 **騰** 오를 등 トウ(のぼる)

昂騰[앙등] 물건 값이 오름.
昂貴[앙귀] 값이 오름.
昂奮[앙분] 매우 흥분함.
昂揚[앙양] 높이 올림.
騰貴[등귀] 물가가 오름.
騰極[등극] 임금의 자리에 오름.
騰落[등락] 값의 오르고 내림.

泌邪 泌邪 泌邪

水(氵)5 **泌** 샘물졸졸 흐를 비 　 邑(阝)4 **邪** 간사할사

ヒツ(にじむ) 　 ジャ(よこしま)

氵 氵 泌 泌 泌 一 ㄷ 牙 邪 邪

泌尿器[비뇨기] 장기 계통으로서 오줌의 분비와 배설을 맡은 기관.
邪見[사견] 옳지 못하고 요사스런 의견.
邪曲[사곡] 요사하고 옳지 못함.
邪惡[사악] 간사하고 악독함.

鄙獅 鄙獅 鄙獅

邑(阝)11 **鄙** 더러울비 시골 비 　 犬(犭)10 **獅** 사자 사

ヒ(むら, いなか) 　 シ(しし)

口 몹 몹 몹 鄙 犭 犭 犭 獅 獅

鄙陋[비루] 더럽고 고루함.
鄙懷[비회] 자기의 소회.
鄙地[비지] 자기의 사는 곳.
獅子[사자] 맹수의 하나.
獅子吼[사자후] 사자의 우는소리. 외침 소리. 웅변.

扉祀 扉祀 扉祀

戶8 **扉** 문짝 비 　 示3 **祀** 제사 사

ヒ(とびら) 　 シ(まつる)

厂 戶 戶 戶 扉 亍 示 示 祀 祀

郊祀[교사] 성문 밖에서 제사 지냄.
柴扉[시비] 싸리 문.
門扉[문비] 싸리 문짝.
祀壇[사단] 제사 지내는 단.
祀廟[사묘] 묘당에 제사 지냄.
祭祀[제사] 조상에게 제를 지냄.

琵斜 琵斜 琵斜

玉(王)8 **琵** 비파 비 　 斗7 **斜** 빗길 사

ビ(こと) 　 シャ(ななめ)

王 珏 珏 琵 琵 亽 余 余 斜 斜

琵琶[비파] 악기의 일종.
琵琶聲[비파성] 비파 소리.
琵琶骨[비파골] 목뼈.
琵琶撥[비파발] 악기를 치는 채 이름.
斜陽[사양] 저녁 해.
斜面[사면] 기울어진 빗면.
斜線[사선] 비끼어 그은 줄.

牝蛇 牝蛇 牝蛇

牛(牜)2 **牝** 암컷 빈 　 虫5 **蛇** 뱀 사

ヒン(うし) 　 ジャ(へび)

𠂉 牛 牛 牝 牝 口 虫 蛇 蛇 蛇

牝牡[빈모] 암컷과 수컷.
牝鹿[빈록] 암 사슴.
牝馬[빈마] 암 말.
蛇足[사족] 없어도 좋은 것.
蛇行[사행] 꾸불꾸불 걷는 것.
蛇尾[사미] 뱀꼬리.

聘詐 聘詐 聘詐

耳7 **聘** 부를 빙 장가들빙 　 言5 **詐** 속일 사 거짓 사

ヘイ(めす) 　 サ(いつわる)

耳 耶 聃 聃 聘 言 言 訁 詐 詐

詐計[사계] 속이는 꾀.
詐僞[사위] 거짓.
詐欺[사기] 남을 꾀로 속여 해침.
招聘[초빙] 예로써 사람을 맞음.
詭詐[궤사] 간사한 거짓.

妖艶 妖艶 妖艶

女4 **妖** 요괴로울 요
ヨウ(なまめく)

色13 **艶** 고울 염
エン(つや)

妖艶[요염] 사람이 홀릴 만큼 아리따움.
妖鬼[요귀] 요사한 귀신.
妖妄[요망] 요사스럽고 망녕됨.
妖惡[요악] 요망스럽고 간악함.
艶麗[염려] 화려하고 아름다움.
艶聞[염문] 남녀간의 정사(情事)에 관한 소문.
艶態[염태] 아름다운 자태.

邀擊 邀擊 邀擊

辵(辶)13 **邀** 맞을 요
ヨウ(むかえる)

手13 **擊** 칠 격
ゲキ(うつ)

邀擊[요격] 도중에서 기다리다가 적을 냅다 치는 일.
邀來[요래] 맞아서 옴.
邀招[요초] 청하여 맞아들임.
奉邀[봉요] 웃어른을 와 줍시사고 청함.
擊鼓[격고] 북을 침.
擊滅[격멸] 쳐서 멸망시킴.
擊破[격파] 쳐서 깨뜨림.

鎔接 鎔接 鎔接

金10 **鎔** 녹일 용
ヨウ(とける)

手(扌)8 **接** 이을 접 / 접할 접
セツ(つぐ)

鎔接[용접] 쇠붙이를 높은 전열이나 가스열로 붙여 땜질하는 일.
鎔點[용점] 고체가 액체로 되는 열도.
鎔解[용해] 금속을 녹임, 또는 녹음.
接客[접객] 손님을 대접함.
接骨[접골] 부러진 뼈를 이어 맞춤.
接續[접속] 서로 맞대어 이음.

夭逝 夭逝 夭逝

大1 **夭** 일찍죽을 요
ヨウ(わかじに)

辵(辶)7 **逝** 갈 서 / 죽을 서
セイ(ゆく)

夭逝[요서] 나이가 젊어서 죽음.
夭死[요사] 나이가 젊어서 죽음.
夭殤[요상] 요절(夭折).
夭折[요절] 젊어서 죽음.
逝去[서거] 돌아가심. 「사망(死亡)」의 경칭.
逝世[서세] 「별세(別世)」의 경칭.
急逝[급서] 갑자기 죽어서 세상을 떠남.

舞踊 舞踊 舞踊

舛8 **舞** 춤출 무
ブ(まう)

足(⻊)7 **踊** 뛸 용
ヨウ(おどる)

舞踊[무용] 춤. 「총칭.
舞曲[무곡] 춤을 위하여 작곡된 악곡의
舞臺[무대] 연극·춤 등을 연출하는 곳.
舞姬[무희] 춤을 잘 추는 여자.
劍舞[검무] 칼춤.
踊貴[용귀] 물건 값이 뛰어오름.
踊躍[용약] 훌쩍 뛰면서 좋아함.

月暈 月暈 月暈

月0 **月** 달 월
ゲツ(つき)

日9 **暈** 무리 운 (훈)
ウン(かさ)

月暈[월훈] 달무리.
月光[월광] 달빛.
月給[월급] 다달이 받는 급료.
月產[월산] 한달 동안에 생산되는 양.
月前[월전] 한달쯤 전.
暈輪[훈륜] 달무리 또는 햇무리 등의 둥근 테두리.
暈圍[훈위] 훈륜(暈輪).

賜賞 賜賞 賜賞

貝8 **賜** 줄 사　貝8 **賞** 상줄 상

シ(たまわる)　ショウ(ほめる)

賜藥[사약] 왕이 내리는 사약
賜金[사금] 왕이 주는 돈.
賜暇[사가] 관청에서 휴가를 줌.
賞給[상급] 상으로 줌.
賞罰[상벌] 상과 벌.
賞品[상품] 상으로 주는 물품.

削索 削索 削索

刀(刂)7 **削** 깎을 삭　糸4 **索** 노 삭 / 쓸쓸할 삭 / 찾을 색

サク(けずる)　サク(さがす)

搜索[수색] 찾아 밝힘.
削減[삭감] 깎아서 감소시킴.
削除[삭제] 깎아서 없애버림.
索莫[색막] 잊어버려 생각나지 않음.
索引[색인] 찾아보기.
索出[색출] 찾아서 뽑아 냄.

朔甥 朔甥 朔甥

月6 **朔** 초하루 삭　生7 **甥** 생질 생 / 사위 생

サク(ついたち)　ソウ(おい)

閏朔[윤삭] 음력의 윤달.
朔望[삭망] 초하루와 보름.
甥姪[생질] 누이의 자식.
甥姪婦[생질부] 누이의 며느리.
甥姪壻[생질서] 누이의 사위.

傘庶 傘庶 傘庶

人10 **傘** 우산 산 / 양산 산　广8 **庶** 여럿 서 / 서자 서

サン(かさ)　ショ(もろもろ)

傘下[산하] 보호를 받는 어떤 세력의 범위.
庶孼[서얼] 서자와 그 자손.
庶民[서민] 일반 백성.
庶子[서자] 첩에서 난 아들.
庶政[서정] 일반 정치.

珊昔 珊昔 珊昔

玉(王)5 **珊** 산호 산　日4 **昔** 옛 석

サン　セキ(むかし)

珊瑚島[산호도] 산호가 바다 위로 드러나서 된 섬.
珊瑚珠[산호주] 산호로 만든 구슬.
珊瑚礁[산호초] 산호충의 암초.
珊瑚樹[산호수] 산호충의 뼈가 나무 가지 모양을 이룬 것.
昔時[석시] 옛적.

薩逝 薩逝 薩逝

艸(艹)14 **薩** 보살 살　辵(辶)7 **逝** 갈 서 / 죽을 서

サツ　セイ(ゆく)

菩薩[보살] 부처 다음으로 중생을 공제할 수 있는 성인.
逝去[서거] 돌아가심.
逝世[서세] 세상을 떠남.
逝日[서일] 헛되이 날을 보냄.

浮萍 浮萍 浮萍

水(氵)7 **浮** 뜰 부 フ(うかぶ)

艸(艹)8 **萍** 개구리밥 평 ヘイ(うきくさ)

浮萍[부평] 「부평초」의 준말.
浮動[부동] 떠 움직임.
浮薄[부박] 천박하고 경솔함.
浮雲[부운] 하늘에 떠 있는 구름.
浮萍草[부평초] 개구리밥.
萍泊[평박] 정처없이 여기저기 떠돌아다님.
萍寓[평우] 여기저기 떠돌아다니며 삶.

漂流 漂流 漂流

水(氵)11 **漂** 뜰 표 ヒョウ(ただよう)

水(氵)6 **流** 흐를 류 リュウ(ながれる)

漂流[표류] 물에 떠서 흘러감.
漂浪[표랑] 물 위에 떠돌아다님.
漂白[표백] 빨아서 희게 함.
漂然[표연] 높고 먼 모양.
流浪[유랑] 정처없이 떠돌아다님.
流域[유역] 강가의 지역.
濁流[탁류] 흘러가는 흐린 물.

廈屋 廈屋 廈屋

广10 **廈** 큰집 하 カ(いえ)

尸6 **屋** 집 옥 オク(いえ)

廈屋[하옥] 큰 집.
廣廈[광하] 크고 넓은 집.
大廈[대하] 규모가 큰 건물.
屋内[옥내] 방안.
屋上[옥상] 지붕 위.
家屋[가옥] 사람이 사는 집.
草屋[초옥] 풀로 인 집.

白蛤 白蛤 白蛤

白0 **白** 흰 백 / 아뢸 백 ビャク(しろい)

虫6 **蛤** 조개 합 コウ(はまぐり)

白蛤[백합] 참조개과의 조개.
白玉[백옥] 흰 빛깔의 구슬.
白衣[백의] 흰 옷.
白人[백인] 백색 인종.
白日[백일] 한낮.
蛤子[합자] 홍합과 섭조개를 말린 어물.
紅蛤[홍합] 홍합과의 바다 조개.

瀑布 瀑布 瀑布

水(氵)15 **瀑** 소나기 포 / 폭포수 폭 バク(たき)

巾2 **布** 베 포 / 베풀 포 フ(ぬの)

瀑布[폭포] 높은 절벽에서 흘러 떨어지는 물.
飛瀑[비폭] 매우 높은 곳에서 세차게 떨어지는 폭포.
布告[포고] 고시하여 일반에게 널리 알림.
布衣[포의] 베로 만든 옷.
布陣[포진] 진을 침.
毛布[모포] 담요.

叩稟 叩稟 叩稟

口2 **叩** 두드릴 고 / 꾸벅거릴 고 コウ(たたく)

禾8 **稟** 줄 품 / 여쭐 품 ヒン(うける)

叩稟[고품] 머리를 숙여 아룀.
叩頭[고두] 머리가 땅에 닿도록 절함.
叩門[고문] 남을 방문하여 문을 두드림.
叩謝[고사] 머리를 숙여 사례함.
稟決[품결] 품고(稟告)해서 처결함.
稟告[품고] 웃어른에게 여쭘.
稟定[품정] 여쭈어 결정함.

插碩 插碩 插碩

手(扌)9 **插** 꽂을 삽 ソウ(さす)

石9 **碩** 클 석 セキ(おおきい)

扌 扌 扩 插 插 厂 石 矿 碩 碩

插秧〔삽앙〕모를 논에 꽂음.

插圖〔삽도〕삽화.

插木〔삽목〕꺾꽂이.

碩士〔석사〕벼슬 없는 선비의 존칭.

碩德〔석덕〕높고 큼직한 덕.

碩儒〔석유〕거유.

尙錫 尙錫 尙錫

小5 **尙** 일찍 상 숭상할상 오히려상 ショウ(なお)

金8 **錫** 주석 석 セキ(すず, たもう)

丨 小 尙 尙 尙 ㅅ 金 鈤 鍻 錫

尙古〔상고〕옛 것을 숭상함.
尙今〔상금〕이제까지.
尙早〔상조〕시기가 너무 이름.

錫匠〔석장〕납일하는 사람.

錫箔〔석박〕종이처럼 얇게 늘인 납.

錫鉛〔석연〕주석과 납.

扇叟 扇叟 扇叟

戶6 **扇** 부채 선 セン(おうぎ)

又8 **叟** 늙은이수 ソウ(おきな)

厂 戶 戶 扇 扇 F 日 田 申 叟

須叟〔수수〕잠시.

圓扇〔원선〕둥근 부채.

尾扇〔미선〕꼬리 지느러미.

叟翁〔수옹〕늙은 이.

叟求〔수구〕열심히 찾음.

煽垂 煽垂 煽垂

火10 **煽** 불붙일선 부추길선 セン(あおる)

土5 **垂** 드리울수 スイ(たれる)

火 炉 炉 煽 煽 三 千 丘 垂 垂

煽動〔선동〕남을 꾀어 일으킴.

垂柳〔수류〕수양 버들.

垂範〔수범〕모범을 보임.

垂直〔수직〕반듯하게 내리움.

禪僧 禪僧 禪僧

示12 **禪** 고요할선 중 선 ゼン(ゆずる)

人(亻)12 **僧** 중 승 ソウ(ぼうず)

示 祀 禅 禪 禪 亻 伫 伶 僧 僧

禪家〔선가〕불가(佛家).
禪位〔선위〕임금의 자리를 물려 줌.

禪道〔선도〕참선(參禪)하는 길.
僧侶〔승려〕중들.
僧夕〔승석〕이른 저녁 때
僧正〔승정〕승가의 우두머리.
僧舞〔승무〕여승이 파계하고 놀아 나는 춤.

繕搜 繕搜 繕搜

糸12 **繕** 기울 선 다스릴선 ゼン(つくろう)

手(扌)10 **搜** 찾을 수 ソウ(さがす)

糸 紳 紳 繕 繕 扌 扌 押 搜 搜

繕備〔선비〕고쳐 장만함.

繕抄〔선초〕베낌.

修繕〔수선〕고장을 다시 고침.

搜索〔수색〕찾아 밝힘.

搜檢〔수검〕검사함.

搜查〔수사〕찾아서 조사함.

續絃 續絃 續絃

糸 15 **續** 이을 속　糸 5 **絃** 줄 현

ゾク(つづく)　ゲン(いと)

續絃[속현] 끊어진 거문고의 줄을 다시 이음. 곧 재취(再娶)의 비유.
續出[속출] 계속하여 나옴.
續行[속행] 계속하여 행함.
繼續[계속] 끊이지 아니하고 잇대어 나아감.
絃琴[현금] 거문고.
絃樂[현악] 줄이 있는 악기를 탄주하는 음악.

阻峭 阻峭 阻峭

阜(阝) 5 **阻** 막힐 조　山 7 **峭** 가파를초

ソ(はばむ)　ショウ(きびしい)

阻峭[조초] 험난한 땅을 사이에 두고 적을 막음.
阻隘[조애] 험하고 좁음.
阻害[조해] 방해함.
阻險[조험] 험난함.
峭刻[초각] 엄하고 가혹함.
峭峻[초준] 산이 높고 가파름.
峭寒[초한] 몹시 추움.

熾烈 熾烈 熾烈

火 12 **熾** 불활활붙을 치　火 6 **烈** 매울 렬 빛날 렬

シ(さかん)　レツ(はげしい)

熾烈[치열] 세력이 불길같이 맹렬함.
熾盛[치성] 불길같이 성하게 일어남.
熾熱[치열] 매우 뜨거움.
烈光[열광] 몹시 강한 빛.
烈女[열녀] 정절(貞節)이 곧은 여자.
烈士[열사] 절의를 굳게 지키는 사람.
烈風[열풍] 세게 불어오는 바람.

謹飭 謹飭 謹飭

言 11 **謹** 삼갈 근　食(飠) 4 **飭** 갖출 칙 신칙할칙

キン(つつしむ)　チョク(つつしむ)

謹飭[근칙] 삼가서 스스로 신칙함.
謹身[근신] 몸차림이나 행동을 삼감.
謹愼[근신] 언행을 삼가고 조심함.
謹賀[근하] 삼가 축하함.
飭勵[칙려] 스스로 경계하여 격려함.
飭正[칙정] 삼가고 바름.
申飭[신칙] 단단히 타일러 경계함.

預託 預託 預託

頁 4 **預** 미리 예　言 3 **託** 부탁할탁

ヨ(あずける)　タク(よる)

預託[예탁] 부탁하여 맡겨 둠.
預金[예금] 은행 같은 곳에 돈을 맡김.
預備[예비] 미리 준비함.
預度[예탁] 미리 짐작함.
託故[탁고] 일을 빙자하여 핑계함.
託送[탁송] 남에게 부탁하여 물건을 부침.
寄託[기탁] 부탁하여 맡겨 둠.

爭霸 爭霸 爭霸

爪(爫) 4 **爭** 다툴 쟁　雨 13 **霸** 으뜸 패

ソウ(あらそう)　ハ(はたがしら)

爭霸[쟁패] 패권을 잡으려고 다툼.
爭訟[쟁송] 서로 송사를 하여 다툼.
爭鬪[쟁투] 서로 다투어 가며 싸움.
黨爭[당쟁] 당파 싸움.
霸權[패권] 패자의 권리. 승자의 권력.
霸氣[패기] 패자의 기상.
霸者[패자] ①제후의 우두머리. ② 가장 힘이 센 사람.

羨 羊(⺷)7 부러워할 선
セン(うらやむ)

贏羨〔영선〕 재물이 넉넉하여 남의 부러움을 받게 되는 것.
羨望〔선망〕 남을 부러워하고 자기도 그렇게 되기를 바라는 것.

數 攴(攵)11 셀 수 / 자주 삭
スウ(かず)

數億〔수억〕 아주 많은 수효.
數次〔수차〕 두어 번.
數遞〔삭체〕 관리가 자주 갈림.

膳 肉(月)12 반찬 선
ゼン(ぜん)

膳物〔선물〕 선사하는 물건.
膳品〔선품〕 선물할 품명.
膳饌〔선찬〕 맛 있는 음식.

袖 衣(衤)5 소매 수
シュウ(そで)

袖手〔수수〕 팔짱을 낌.
襟袖〔금수〕 옷 소매.
領袖〔영수〕 우두머리.

泄 水(氵)5 샐 설
セツ(もれる)

泄瀉〔설사〕 배탈이 생겨 자주 나오는 묽은 똥.
泄氣〔설기〕 휘발성 기운이 꼭 담겨 있지 않고 새어 흩어짐.
泄精〔설정〕 몽설.

蒐 艸(艹)10 모을 수
シュウ(あつめる)

蒐輯〔수집〕 여러 가지 재료를 모아서 편집함.

洩 水(氵)6 샐 설
セツ(もれる)

漏洩〔누설〕 새어 나옴.
洩忿〔설분〕 분이 새어 나감.
洩氣〔설기〕 휘발성이 있는 것.

粹 米8 순수할 수
スイ(すい)

國粹〔국수〕 한 민족 고유의 정신.
純粹〔순수〕 잡된 것이 없음.
精粹〔정수〕 깨끗하고 순수함.

夙 夕3 이를 숙 / 빠를 숙
シュク(つと, あした)

夙起〔숙기〕 일찍 일어남.
夙成〔숙성〕 나이에 비해 성숙함
夙夜〔숙야〕 아침부터 저녁까지.

睡 目8 졸 수 / 잘 수
スイ(ねむる)

睡魔〔수마〕 졸음으로 인한 장애.
睡眠〔수면〕 잠.
睡醉〔수취〕 졸음에 취함.

纖 糸17 가늘 섬
セン(ちいさい)

纖巧〔섬교〕 섬세하고 교묘함.
纖細〔섬세〕 가늘고 세밀함.
纖維〔섬유〕 천의 올실.

繡 糸12 수놓을 수
シュウ(ぬいとり)

繡畫〔수화〕 수놓아 그린 그림.
繡枕〔수침〕 수놓은 베개.
繡靴〔수화〕 수놓은 신.

緻密

緻 糸 10 빽빽할치 チ(こまかい)

密 宀 8 빽빽할밀 비밀할밀 ミツ(ひそか)

緻密[치밀] ①자상하고 꼼꼼함. ②곱고 빽빽함.
巧緻[교치] 정교하고 치밀함.
精緻[정치] 정교하고 치밀함.
密計[밀계] 비밀한 꾀.
密林[밀림] 나무가 빽빽하게 들어선 숲.
密賣[밀매] 법을 어겨 파는 일.
密約[밀약] 비밀의 약속.

托鉢

托 手(扌) 3 밀칠 탁 차반 탁 タク(たのむ)

鉢 金 5 바리때발 ハツ(はち)

托鉢[탁발] 중이 수행을 위하여 바리때를 들고 쌀 등을 구걸하면서 집집마다 돌아다니는 일.
茶托[차탁] 차잔을 받쳐 드는 반.
鉢器[발기] 중의 밥그릇.
鉢盂[발우] 중의 밥그릇.
周鉢[주발] 위가 벌어지고 뚜껑 있는 놋쇠 밥그릇.

丘坂

丘 一 4 언덕 구 キュウ(おか)

坂 土 4 언덕 판 비탈 판 ハン(さか)

丘坂[구판] 언덕과 고개.
丘陵[구릉] 언덕.
丘民[구민] 시골에 사는 평민.
丘墳[구분] ①무덤. ②언덕.
丘嫂[구수] 맏형수.
丘壑[구학] 언덕과 구렁.
坂路[판로] 고갯길.

鞭撻

鞭 革 9 채찍 편 ベン(むち)

撻 手(扌) 13 종아리칠 달 タツ(むちうつ)

鞭撻[편달] ①채찍으로 때림. ②격려함.
鞭策[편책] ①말 채찍. ②채찍질함.
鞭笞[편태] ①채찍. ②채찍질함.
教鞭[교편] 교사로서 수업함.
撻辱[달욕] 매로 때려 욕을 보임.
撻戮[달육] 달욕(撻辱).
笞撻[태달] 매질. 호된 매질.

詛呪

詛 言 5 저주할조 맹세할조 ソ(のろう)

呪 口 5 저주할주 방자할주 ジュ(のろう)

詛呪[조주] 남이 못 되기를 빌고 바람.
詛盟[조맹] 맹세함.
呪文[주문] 술법을 행할 때 외는 글.
呪物[주물] 미개인 사이에서 신성시되는 물건.
呪誦[주송] 주문을 읽음.
呪術[주술] 무당 등이 재액을 물리치거나 내려달라고 비는 술법.

枚陳

枚 木 4 줄기 매 낱 매 マイ(みき)

陳 阜(阝) 8 벌릴 진 묵을 진 チン(つらねる)

枚陳[매진] 낱낱이 들어 진술함.
枚擧[매거] 낱낱이 들어서 말함.
枚數[매수] 장으로 세는 물건의 수효.
陳艮醬[진간장] 오래 묵어 진해진 간장.
陳穀[진곡] 묵은 곡식.
陳腐[진부] 케케묵음.
陳列[진열] 물건 등을 보이기 위하여 죽 벌여 놓음.

攝讎 攝讎 攝讎

攝 手(扌)18 끌 섭 / 이을 섭 セツ(とる)

讎 言16 원수 수 シュウ(あだ)

攝生〔섭생〕 병이 걸리지 않게 함.
攝政〔섭정〕 왕을 대신하여 정사를 맡음.
攝取〔섭취〕 양분을 빨아들임.
讎仇〔수구〕 원수.
讎交〔수교〕 다른 것과 견주어 고침.
讎敵〔수적〕 원수. 적.

宵首 宵首 宵首

宵 宀7 밤 소 ショウ(よい)

首 首0 머리 수 シュ(くび)

宵中〔소중〕 밤 중.
宵征〔소정〕 밤에 정진함.
首都〔수도〕 서울.
首尾〔수미〕 처음과 끝.
首班〔수반〕 행정부의 우두머리.
首腦〔수뇌〕 단체, 기관의 우두머리.
首肯〔수긍〕 옳다고 여김.

疏須 疏須 疏須

疏 疋6 뚫릴 소 / 멀 소 ソ(ときあかす)

須 頁3 잠깐 수 / 모름지기 수 シュ(しばらく)

疎忽〔소홀〕 탐탁하게 생각지 않음.
疎遠〔소원〕 서로 멀리 함.
疎漏〔소루〕 물이 샘.
須臾〔수수〕 잠시.
須知〔수지〕 마땅히 알아야 할 일.
須用〔수용〕 꼭 필요함.

騷鬚 騷鬚 騷鬚

騷 馬10 소동할 소 ソウ(さわがしい)

鬚 髟12 턱수염 수 シュ(ひげ)

騷擾〔소요〕 소란하고 요동스러움.
鬚髥〔수염〕 아래 위 턱에 난 털.
鬚眉〔수미〕 수염과 눈썹.
鬚髮〔수발〕 수염과 머리털.
露鬚〔노수〕 흰 수염.
長鬚〔장수〕 긴 수염.

悚碎 悚碎 悚碎

悚 心(忄)7 두려울 송 ショウ(おそれる)

碎 石8 부술 쇄 サイ(くだく)

悚懼〔송구〕 마음에 두렵고 미안함.
悚愧〔송괴〕 황송하고 부끄러움.
悚縮〔송축〕 송구스러워 몸을 움츠림.
悚慄〔송률〕 놀라 떨음.
碎金〔쇄금〕 아름다운 글을 가리키는 말.
碎片〔쇄편〕 부스러진 돌.

頌淑 頌淑 頌淑

頌 頁4 칭송할 송 / 읠 송 ショウ(ほめる)

淑 水(氵)8 맑을 숙 シュク(しとやか)

頌詩〔송시〕 공덕을 칭송하는 시.
頌德〔송덕〕 덕을 칭송함.
稱頌〔칭송〕 치하함.
淑德〔숙덕〕 부녀의 덕행.
淑姿〔숙자〕 부녀의 자태.
淑行〔숙행〕 정숙한 행실.

芭蕉 芭蕉 芭蕉

艸(艹) 4 **芭** 파초 파
バ(ばしょう)

艸(艹) 12 **蕉** 파초 초 / 파리할초
ショウ(ばしょう)

芭蕉[파초] 파초과에 딸린 다년생 풀.
芭蕉扇[파초선] 의정(議政)이 외출할 때 머리 위를 가리던 파초의 잎 모양으로 된 큰 부채.
蕉葉[초엽] 파초의 잎.
蕉萃[초췌] 마르고 파리한 모양.
蕉布[초포] 파초의 섬유로 짠 베.

古塚 古塚 古塚

口 2 **古** 옛 고
コ(ふるい)

土 10 **塚** 무덤 총
チョウ(つか)

古塚[고총] 오래된 무덤.
古宮[고궁] 옛 궁궐.
古木[고목] 오래 묵은 나무.
古詩[고시] 고대의 시.
塚墓[총묘] 무덤.
塚主[총주] 무덤을 지키는 임자.
貝塚[패총] 조개무지.

增募 增募 增募

土 12 **增** 더할 증
ゾウ(ふえる)

力 11 **募** 뽑을 모
ボ(つのる)

增募[증모] 사람을 더 모집함.
增減[증감] 늘임과 줄임.
增設[증설] 더 늘여 설치함.
激增[격증] 급격하게 증가함.
募集[모집] 뽑아서 모음.
募債[모채] 공채나 사채(社債) 등을 모음.
應募[응모] 모집에 응함.

診斷 診斷 診斷

言 5 **診** 볼 진 / 맥짚을진
シン(みる)

斤 14 **斷** 끊을 단
ダン(たつ, ことわる)

診斷[진단] 의사가 병의 상태를 판단함.
診療[진료] 진찰하고 치료함.
診脈[진맥] 맥박을 진찰함.
診察[진찰] 의사가 환자의 상태를 살펴 봄.
斷交[단교] 교제를 끊음.
斷念[단념] 생각을 아주 끊어 버림.
斷想[단상] 단편적인 생각.

焰硝 焰硝 焰硝

火 8 **焰** 불빛 염
エン(ほのお)

石 7 **硝** 망초 초
ショウ(しょうせき)

焰硝[염초] ① 진흙에서 구워 내던 화약의 원료. 곧 지금의 초석(硝石)을 이르는 말. ②화약.
火焰[화염] 가연 가스가 연소할 때 열과 빛을 내는 부분. 곧 불꽃.
硝煙[초연] 대포 등을 쏘았을 때 나오는 화약의 연기.
硝子[초자] 유리.

頻蹙 頻蹙 頻蹙

頁 7 **頻** 자주 빈 / 찡그릴빈
ヒン(しきりに)

頁 11 **顣** 찡그릴축
セキ(しかめる)

頻顣[빈축] 얼굴을 찡그림.
頻度[빈도] 잦은 도수.
頻發[빈발] 일이 자주 생겨남.
頻煩[빈번] 도수가 잦아 복잡함.
頻繁[빈번] ① 빈번(頻煩). ② 바쁨.
頻數[빈삭] 매우 잦음.
頻出[빈출] 자주 외출함.

肅尸 肅尸 肅尸

肅 엄숙할숙 (聿 7) シュク(つつしむ)

尸 주검 시 (尸 0) シ(しかばね)

肅軍〔숙군〕 군의 부정을 일신하여 정군함.
靜肅〔정숙〕 고요하고 엄숙함.
嚴肅〔엄숙〕 엄하고 정숙함.
尸童〔시동〕 옛날 제사 때 신위 대신 앉히던 어린이.
尸孟〔시맹〕 맹주.
尸解〔시해〕 혼백이 신성화된 시체.

詢戌 詢戌 詢戌

詢 물을 순, 꾀할 순 (言 6) ジュン(はかる)

戌 개 술, 열한째지지 술 (戈 2) ジュツ(いぬ)

詢謀僉同〔순모첨동〕 여러 사람의 의견이 똑 같음.
詢問〔순문〕 하순(下詢)함.
戌生〔술생〕 술해에 낳음.
戌年〔술년〕 개 해.
戌時〔술시〕 오후 7시~9시.

殉膝 殉膝 殉膝

殉 따라죽을순, 바칠 순 (歹 6) ジュン(したがう)

膝 무릎 슬 (肉(月) 11) シツ, シチ(ひざ)

殉職〔순직〕 직무를 위해서 목숨을 바침.
殉烈〔순열〕 충렬을 위해서 죽음.
殉死〔순사〕 나라를 위해서 죽음.
膝下〔슬하〕 어버이가 계시는 그 곁.
膝行〔슬행〕 무릎으로 걸음.

襲繩 襲繩 襲繩

襲 껴입을습, 엄습할습 (衣 16) シュウ(おそう)

繩 노 승 (糸 13) ジョウ(なわ)

襲衣〔습의〕 시체에 입히는 옷.
襲擊〔습격〕 갑자기 적을 침.
襲用〔습용〕 전대로 사용하는 것.
繩尺〔승척〕 먹줄과 자. 일정한 규칙을 뜻하는 말.
結繩〔결승〕 노끈을 맺음.
大繩〔대승〕 밧줄.

昇弑 昇弑 昇弑

昇 오를 승 (日 4) ショウ(のぼる)

弑 윗사람죽일 시 (弋 9) シ(ころす)

昇華〔승화〕 열을 가하면 고체가 기체로 되는 현상.
昇汞〔승홍〕 염화 제이 수은.
弑殺〔시살〕 윗사람을 죽임.
弑逆〔시역〕 반역하여 윗사람을 죽임.
弑害〔시해〕 사람을 죽임.

柴薪 柴薪 柴薪

柴 섶 시, 불땔나무 시 (木 5) サイ(しば)

薪 땔나무신 (艸(艹) 13) シン(たきぎ)

柴草〔시초〕 땔 나무 풀.
柴薪〔시신〕 땔 나무 섶.
柴扉〔시비〕 싸리문.
柴糧〔시량〕 땔 나무와 양식.
薪炭〔신탄〕 땔감. 땔 탄. 숯.
薪木〔신목〕 땔 나무.

咨周 咨周

口 6 **咨** 꾀할 자 / 원망할자　口 5 **周** 두루 주

シ(はかる)　シュウ(まわり)

咨周[자주] 성실한 사람에게 의견을 물어 봄.
咨詢[자순] 의논함.
咨嗟[자차] 탄식함. 한숨쉼.
周年[주년] 돐이 돌아온 해.
周到[주도] 주의가 두루 미쳐 실수가 없음.
周邊[주변] ①주위의 가. ②변두리.
周知[주지] 여러 사람이 두루 앎.

荒莊 荒莊

艸(艹) 6 **荒** 거칠 황　艸(艹) 7 **莊** 씩씩할장 / 농가 장

コウ(あらい)　ソウ(おごそか)

荒莊[황장] 황폐한 농가.
荒忙[황망] 어리둥절하여 어쩔 줄을 모름.
荒田[황전] 거칠어진 토지.
荒波[황파] 거친 물결.
莊潔[장결] 씩씩하고 깨끗함.
莊嚴[장엄] 씩씩하고 엄숙함.
山莊[산장] 산에 있는 별장.

紬廛 紬廛

糸 5 **紬** 명주 주　广 12 **廛** 전방 전

チュウ(つむぎ)　テン(みせ)

紬廛[주전] 명주를 파는 상점.
紬緞[주단] 명주와 비단.
紬繹[주역] 실마리를 끌어내어 찾아냄.
紬績[주적] 실을 뽑아 냄.
廛門[전문] 가게의 문.
廛房[전방] 상점. 전포.
廛市[전시] 가게. 저자. 상점.

空挺 空挺

穴 3 **空** 빌 공 / 하늘 공　手(扌) 7 **挺** 빼어날정 / 당길 정

クウ(そら)　テイ(ぬく)

空挺[공정] 공중으로 정진(挺進)함.
空拳[공권] 빈 주먹.
空論[공론] 쓸데없는 의논.
空中[공중] 하늘. 중천(中天).
空車[공차] ①빈 차. ②공으로 타는 차.
挺傑[정걸] 아주 월등하게 뛰어남.
挺然[정연] 남들보다 뛰어난 모양.

媒妁 媒妁

女 9 **媒** 중매 매　女 3 **妁** 중매 작

バイ(なかだち)　シャク(なこうど)

媒妁[매작] 중매함. 또는 중매장이.
媒介[매개] 중간에서 관계를 맺어 줌.
媒緣[매연] 중간에서 매개가 되고 인연이 됨.
媼[매온] 매파(媒婆).
媒質[매질] 물리적 작용을 한 곳에서 다른 곳으로 전해 주는 매개물.
媒婆[매파] 중매하는 할멈.

殆哉 殆哉

歹 5 **殆** 위태할태 / 거의 태　口 6 **哉** 비로소재 / 어조사재

タイ(あやうい)　サイ(かな)

殆哉[태재] 몹시 위태로움.
殆無[태무] 거의 없음.
殆半[태반] 거의 절반.
危殆[위태] 안전치 못하고 위험스러움.
哉生明[재생명] 음력 초사흘.
哉生魄[재생백] 음력 16일.
哀哉[애재] 「슬프도다」의 뜻.

矢殖 矢殖 矢殖

矢0 **矢** 살 시
シ(や)

歹8 **殖** 심을 식 많아질식
ショク(うえる)

矢言〔시언〕 맹세하여 약속한 말.
嚆矢〔효시〕 온갖 사물의 맨 처음.
殖産〔식산〕 산업을 늘임.
殖利〔식리〕 이자를 늘임.
拓殖〔척식〕 개척하고 산업을 늘임.

拭伸 拭伸 拭伸

手(扌)6 **拭** 닦을 식
ショク(ぬぐう)

人(亻)5 **伸** 펼 신
シン(のびる)

拭目〔식목〕 눈을 부비고 씻음.
拭涕〔식체〕 눈물을 닦음.
拂拭〔불식〕 털고 훔침.
伸寃〔신원〕 원통한 것을 풀어버림.
伸長〔신장〕 길게 벋어남.
伸張〔신장〕 길게 늘임.

蝕燼 蝕燼 蝕燼

虫9 **蝕** 일식 식 벌레먹을 식
ショク(むしばむ)

火14 **燼** 탄나머지 신
ジン(もえのこり)

日蝕〔일식〕 태양의 일부 또는 전부가 달에 가려지는 현상.
月蝕〔월식〕 달의 일부 또는 전부가 지구에 가려지는 현상
灰燼〔회신〕 불탄 끄트머리.
餘燼〔여신〕 타다 남은 불똥.
燒燼〔소신〕 불살라 버림.

迅牙 迅牙 迅牙

辵(辶)3 **迅** 빠를 신
ジン(はやい)

牙0 **牙** 어금니아 대장기아
ガ(きば)

迅速〔신속〕 날쌔고 빠름.
迅急〔신급〕 매우 급함.
迅雷〔신뢰〕 맹렬한 우뢰.
牙輪〔아륜〕 톱니.
牙城〔아성〕 주장이 있는 성.
齒牙〔치아〕 이.

腎按 腎按 腎按

肉(月)8 **腎** 콩팥 신
ジン(じんぞう)

手(扌)6 **按** 살필 안
アン(おさえる)

腎囊〔신낭〕 불알.
腎疳〔신감〕 설사병.
腎管〔신관〕 배설 기관.
按抑〔안억〕 눌러 억제함.
按摩〔안마〕 손으로 몸을 주무름.
按擔〔안담〕 남의 책임을 맡아 감.

紳押 紳押 紳押

糸5 **紳** 큰띠 신 벼슬아치 신
シン(おおおび)

手(扌)5 **押** 누를 압 찌를 압
オウ(おす)

紳士〔신사〕 품행·예절이 바른 사람.
官紳〔관신〕 관리의 신사도.
押牢〔압뢰〕 옥에다 가둠.
押付〔압부〕 죄인을 압송하여 넘김.
押收〔압수〕 물품이나 서류 등을 빼앗아 둠.

剽竊剽竊剽竊

刀(刂)11 **剽** 겁박할표 ヒョウ(おびやかす)

穴17 **竊** 좀도둑절 セツ(ぬすむ)

剽竊[표절] 남의 시문을 따다가 자기 것으로 발표함.
剽攻[표공] 위협함.
剽掠[표략] 협박하여 빼앗음.
剽狡[표교] 난폭하고 교활함.
竊盜[절도] 남의 물건을 훔침, 또는 그 사람.
竊視[절시] 몰래 엿봄.
竊取[절취] 몰래 훔쳐 가짐.

鵲噪鵲噪鵲噪

鳥8 **鵲** 까치 작 ジャク(かささぎ)

口13 **噪** 뭇새지저귈 조 ソウ(さわぐ)

鵲噪[작조] 까치가 지저귀어 떠드는 소리. 기쁜 일의 징조.
鵲豆[작두] 까치콩.
鵲語[작어] 까치 짖는 소리. 기쁨의 징조.
烏鵲[오작] 까마귀와 까치.
噪蟬[조선] 시끄럽게 우는 매미.
喧噪[훤조] 시끄러운 것.

石匠石匠石匠

石0 **石** 돌 석 セキ(いし)

匚4 **匠** 장인 장 대목 장 ショウ(たくみ)

石匠[석장] 돌을 다루어 물건을 만드는 사람.
石窟[석굴] 바위에 뚫린 굴.
石門[석문] 돌로 된 문.
石柱[석주] 돌로 만든 기둥.
匠色[장색] 물건 만드는 것을 업으로 삼는 사람.
巨匠[거장] 그 방면에 뛰어난 사람.
名匠[명장] 이름난 장색.

鷗渚鷗渚鷗渚

鳥11 **鷗** 갈매기구 オウ(かもめ)

水(氵)9 **渚** 물가 저 ショ(なぎさ)

鷗渚[구저] 갈매기가 있는 물가.
鷗鷺[구로] 갈매기와 해오라기.
鷗汀[구정] 갈매기가 있는 물가.
白鷗[백구] 갈매기.
渚宮[저궁] 물가에 있는 궁전.
渚畔[저반] 물가.
渚岸[저안] 물가.

霑潤霑潤霑潤

雨8 **霑** 젖을 점 テン(うるおす)

水(氵)12 **潤** 불을 윤 윤택할윤 ジュン(うるむ)

霑潤[점윤] 젖음. 땀이나 물기가 배어 젖음.
霑濕[점습] 물기에 젖음.
霑汗[점한] 땀이 뱀.
均霑[균점] 평등하게 이익을 받음.
潤氣[윤기] 윤택이 나는 기운.
潤色[윤색] 광택을 내고 색칠을 함.
潤澤[윤택] 아름답게 윤이 나는 빛.

糟糠糟糠糟糠

米11 **糟** 지게미조 ソウ(かす)

米11 **糠** 겨 강 コウ(ぬか)

糟糠[조강] 술지게미와 쌀겨.
糟糠不厭[조강불염] 몹시 가난함.
糟糠之妻[조강지처] 가난할 때 고생을 같이하던 아내.
糟粕[조박] 찌꺼기.
糠糜[강미] 겨로 만든 죽.
糠秕[강비] 겨와 쭉정이.
糠粥[강죽] 겨로 쑨 죽.

斡腋 斡腋 斡腋	癌尋 癌尋 癌尋
斗10 **斡** 돌 알 / 주장할 간 アツ(めぐる)　肉(月)8 **腋** 겨드랑이 액 エキ(わき)	疒12 **癌** 암 암 / 괴병 암 ガン(がん)　寸9 **尋** 찾을 심 ジン(たずねる)
斡旋〔알선〕남의 일을 주선하여 줌. 斡流〔알류〕물이 돌아 흐름. 斡周〔알주〕알선하여 주선함. 腋臭〔액취〕겨드랑에서 나는냄새. 腋氣〔액기〕겨드랑에서 나는 나쁜 냄새.	癌腫〔암종〕전신에 장애를 일으키는 고약한 종기. 乳癌〔유암〕젖에 나는 암. 尋人〔심인〕사람을 찾음. 尋求〔심구〕찾아 구함. 尋索〔심색〕찾아 살핌.
愕埃 愕埃 愕埃	余艾 余艾 余艾
心(忄)9 **愕** 놀랄 악 ガク(おどろく)　土7 **埃** 티끌 애 アイ(ほこり)	人5 **余** 나 여 / 남을 여 ヨ(あまる)　艸(艹)2 **艾** 쑥 애 ガイ(よもぎ)
愕然〔악연〕몹시 놀라는 모양. 愕視〔악시〕놀라 봄. 驚愕〔경악〕놀람. 埃及〔애급〕나라 이름. 〈이집트〉. 埃滅〔애멸〕티끌과 같이 없어짐. 埃垢〔애구〕티끌. 먼지.	余等〔여등〕우리들. 艾年〔애년〕쉰 살. 艾老〔애로〕쉰 살 이상의 사람. 艾葉〔애엽〕쑥잎. 艾湯〔애탕〕어린 쑥과 고기를 뭉글게 만들어 맑은 장국에 넣어서 끓인 국.
疫彦 疫彦 疫彦	鶯冶 鶯冶 鶯冶
疒4 **疫** 염병 역 エキ(やくびょう)　彡6 **彦** 선비 언 ゲン(ひこ)	鳥10 **鶯** 꾀꼬리 앵 オウ(うぐいす)　冫5 **冶** 풀무 야 / 녹일 야 ヤ(いる)
疫痢〔역리〕설사하는 전염병. 疫疾〔역질〕마마. 천연두. 疫病〔역병〕유행병. 彦眞山〔언진산〕황해도 수안군에 있는 산. 彦聖〔언성〕훌륭한 선비.	鶯歌〔앵가〕꾀꼬리 소리. 鶯語〔앵어〕꾀꼬리 노래 소리. 鶯衫〔앵삼〕웃옷의 하나. 冶金〔야금〕금속을 골라내는 기술. 陶冶〔도야〕인격을 잘 닦음.

須臾

頁 3 **須** 잠깐 수 / 모름지기 수 — シュ(しばらく)

臼 2 **臾** 잠깐 유 — ユ(しばらく)

須臾[수유] 잠시.
須彌壇[수미단] 절의 불전(佛殿)에 불상(佛像)을 안치하는 단.
須髮[수발] 턱에 있는 수염.
須要[수요] 없어서는 안 될 일. 소중한 것.
須臾間[수유간] 잠시 동안.
必須[필수] 꼭 필요함.

癸酉

癶 4 **癸** 열째천간 계 / 경도 계 — キ(みずのと)

酉 0 **酉** 열째지지 유 / 닭 유 — ユウ(とり)

癸酉[계유] 육십 갑자의 열째.
癸水[계수] 월경(月經).
癸丑[계축] 육십 갑자의 쉰째.
癸亥[계해] 육십 갑자의 예순째.
酉年[유년] 태세의 지지가 유(酉)인 해.
酉時[유시] 오후 5시부터 7시 사이.
酉月[유월] 음력 8월.

鷹鷲

鳥 13 **鷹** 매 응 — ヨウ(たか)

鳥 12 **鷲** 독수리 취 — シュ(わし)

鷹鷲[응취] 매와 독수리.
鷹犬[응견] ① 매와 개. ② 주구(走狗).
鷹視[응시] 매처럼 눈을 부릅뜨고 봄.
鷹揚[응양] 매가 하늘을 날 듯, 무용·예명 등을 떨침.
鷹爪[응조] 매의 발톱.
鷲頭[취두] 망새.
鷲瓦[취와] 망새.

翌曉

羽 5 **翌** 이튿날 익 — ヨク(あくるひ)

日 12 **曉** 밝을 효 / 새벽 효 — ギョウ(あかつき)

翌曉[익효] 이튿날 새벽.
翌年[익년] 이듬해.
翌日[익일] 이튿날.
翌朝[익조] 이튿날 아침.
曉色[효색] 새벽 경치.
曉星[효성] 새벽 하늘에 드문드문 보이는 별.
曉鐘[효종] 새벽에 치는 종.

瘡痍

疒 10 **瘡** 부스럼 창 — ソウ(かさ)

疒 6 **痍** 상할 이 / 다칠 이 — イ(きず)

瘡痍[창이] 연장에 다친 상처.
瘡口[창구] 종기의 구멍.
瘡毒[창독] 종기의 독기.
瘡藥[창약] 부스럼에 쓰는 약.
凍瘡[동창] 모진 추위에 얼어서 생기는 종창.
傷痍[상이] 부상을 입음.
創痍[창이] 병기에 다친 상처.

千仞

十 1 **千** 일천 천 — セン(ち)

人(亻) 3 **仞** 길 인 / 깊을 인 / 높을 인 — ジン(ひろ, たかい)

千仞[천인] 산이나 바다가 몹시 높고 깊음.
千劫[천겁] 오랜 세월.
千古[천고] 오랜 옛적.
千金[천금] 많은 돈.
千萬多幸[천만다행] 아주 다행함.
千辛萬苦[천신만고] 무한히 애를 씀.
千秋[천추] 오래고 긴 세월.

鸚惹 鸚惹 鸚惹

鳥17 **鸚** 앵무새앵 心9 **惹** 끌 야 어지러울 야

オウ(おうむ) ジャク(ひく)

鸚鵡[앵무] 앵무새.
鸚歌[앵가] 앵무새 노래.
鸚鵡石[앵무석] 공작석의 한가지.
惹起[야기] 어떤 사건을 일으킴.
惹端[야단] 떠들고 법석거림.
惹禍[야화] 화를 가져 옴.

爺躍 爺躍 爺躍

父9 **爺** 아비 야 足(⻊)14 **躍** 뛸 약

ヤ(ちち) ヤク(おどる)

爺嬤[야마] 부모.
爺爺[야야] 아버지.
躍動[약동] 생기있게 뜀.
躍進[약진] 빠르게 진보함.
飛躍[비약] 뛰어 날음.
狂躍[광약] 미칠 듯이 뜀.

楊禦 楊禦 楊禦

木9 **楊** 버들 양 示11 **禦** 막을 어

ヨウ(やなぎ) ギョ(ふせぐ)

楊柳[양류] 버들.
楊墨[양묵] 양주와 묵적.
楊子江[양자강] 중국에 있는 아시아 제일, 세계 3위의 강.
垂楊[수양] 버들이 늘어져 있음.
禦冬[어동] 겨울 추위를 막는 준비.
禦侮[어모] 모욕을 막아냄.

硯抑 硯抑 硯抑

石7 **硯** 벼루 연 手(扌)4 **抑** 누를 억

ケン(すずり) ヨク(おさえる)

硯屏[연병] 벼루 머리에 놓는 작은 병풍.
硯石[연석] 벼룻돌.
硯水[연수] 벼룻물.
抑壓[억압] 힘으로 억제함.
抑制[억제] 억눌러서 제어함.
按抑[안억] 눌러 억제함.

筵悅 筵悅 筵悅

竹7 **筵** 대자리연 心(忄)7 **悅** 즐거울열

エン(むしろ) エツ(よろこぶ)

筵席[연석] 임금과 신하가 모인 자리.
筵說[연설] 임금과 신하가 하는 「말.
筵飭[연칙] 임금이 꾸짖고 타이름.
悅口[열구] 음식이 입에 맞음.
悅親[열친] 부모의 마음을 즐겁게 함.

閱焰 閱焰 閱焰

門7 **閱** 점호할열 볼 열 火8 **焰** 불빛 염

エツ(けみする) エン(ほのお)

焰心[염심] 불꽃의 중심.
焰色[염색] 불꽃의 빛갈.
火焰[화염] 불꽃.
閱覽[열람] 조사하여 봄.
閱兵[열병] 군대를 검열함.
閱武[열무] 왕이 열병함.

歪曲 歪曲 歪曲

歪 (止 5) 비뚤 왜 ワイ(ゆがむ)

曲 (曰 2) 굽을 곡 / 곡조 곡 キョク(まがる)

歪曲[왜곡] 비틀어서 구부러지게 함.
歪斜[왜사] 옳지 못함. 바르지 못함.
歪詩[왜시] 졸렬한 시.
曲境[곡경] 몹시 어려운 지경.
曲論[곡론] 편벽되어 바르지 않은 이론.
曲線[곡선] 구부러진 선.
樂曲[악곡] 음악의 곡조.

猥褻 猥褻 猥褻

猥 (犬(犭) 9) 더러울 외 / 잡될 외 ワイ(みだら)

褻 (衣 11) 더러울 설 / 평복 설 セツ(ふだんぎ)

猥褻[외설] 색정을 일으키게 하는 추잡한 행위.
猥濫[외람] 분수에 넘치는 일을 하여 죄송함.
猥雜[외잡] 음탕하고 어지러움.
褻漫[설만] 행동이 무례함.
褻服[설복] 속옷.
褻衣[설의] ① 사복(私服). ② 속옷.

凹凸 凹凸 凹凸

凹 (凵 3) 오목할 요 オウ(ぼこ)

凸 (凵 3) 뾰족할 철 トツ(でこ)

凹凸[요철] 오목하게 들어감과 볼록하게 솟음.
凹鏡[요경] 오목거울.
凹面[요면] 가운데가 오목하게 들어간 면.
凹處[요처] 오목한 곳.
凸鏡[철경] 반사면의 가운데가 볼록하게 솟은 거울.
凸起[철기] 가운데가 볼록하게 솟음.

遼遠 遼遠 遼遠

遼 (辵(辶) 12) 멀 료 リョウ(はるか)

遠 (辵(辶) 10) 멀 원 エン(とおい)

遼遠[요원] 아득히 멂.
遼隔[요격] 멀리 떨어져 있음.
遼落[요락] 멀리 떨어져 미치지 못하는 모양.
遠客[원객] 먼 곳에서 온 손님.
遠大[원대] 뜻이 깊고도 큼.
遠路[원로] 먼 길.
遠洋[원양] 뭍에서 멀리 떨어진 넓은 바다.

浴槽 浴槽 浴槽

浴 (水(氵) 7) 목욕할 욕 ヨク(あびる)

槽 (木 11) 말구유 통 조 ソウ(おけ)

浴槽[욕조] 목욕할 때 쓰는 통.
浴室[욕실] 목욕탕.
浴恩[욕은] 은혜를 입음.
浴湯[욕탕] 「목욕탕(沐浴湯)」의 준말.
沐浴[목욕] 머리를 감고 몸을 씻음.
槽櫪[조력] 말 구유와 마판. 말을 기르는 곳.
水槽[수조] 물을 담아 두는 통.

于嗟 于嗟 于嗟

于 (二 1) 말할 우 / 어조사 우 ウ(ここに)

嗟 (口 10) 탄식할 차 / 슬플 차 サ(なげく)

于嗟[우차] 탄식하는 소리.
于嘔[우구] 구토증을 일으킴.
于歸[우귀] 시집을 감.
于飛[우비] 부부가 화합함의 비유.
嗟懼[차구] 탄식하고 두려워함.
嗟惜[차석] 아까와서 탄식함.
嗟歎[차탄] 탄식.

艷嬰 艷嬰 艷嬰

色 13 **艷** 고울 염 エン(つや)

女 14 **嬰** 어릴 영 エイ(みどりご)

艷氣[염기] 요염한 기색.
艷冶[염야] 곱고 아름다움.
嬰兒[영아] 어린 아기. 젖먹이.
嬰孩[영해] 어린 아이.
嬰病[영병] 어린 아이의 병.
退嬰[퇴영] 뒤떨어짐.

曳盈 曳盈 曳盈

曰 2 **曳** 끌 예 エイ(ひく)

皿 4 **盈** 찰 영 エイ(みちる)

曳履聲[예리성] 신 끄는 소리.
曳兵[예병] 군사를 이끎.
曳網[예망] 끌어 당기어 물고기를 잡는 그물.
盈盈[영영] 물이 찰랑찰랑한 모양.
盈月[영월] 만월.
盈虧[영휴] 가득함과 빔.

詠蕊 詠蕊 詠蕊

言 5 **詠** 읊을 영 エイ(うたう)

艸(艹) 12 **蕊** 꽃술 예 ズイ(しべ)

詠誦[영송] 소리내어 읊음.
詠懷[영회] 읊는 회포.
吟詠[음영] 시부를 읊음.
蕊宮[예궁] 도교의 묘우(廟宇).
蕊珠經[예주경] 도교의 경문.

吾詣 吾詣 吾詣

口 4 **吾** 나 오 / 웅얼거릴 오 ゴ(われ)

言 6 **詣** 나아갈예 ケイ(まいる)

吾黨[오당] 우리 당.
吾門[오문] 우리 문중.
吾輩[오배] 우리 무리.
吾等[오등] 우리들.
銳敏[예민] 날카롭고 촉감이 빠름.

銳娛 銳娛 銳娛

金 7 **銳** 날카로울 예 エイ(するどい)

女 7 **娛** 즐거울오 ゴ(たのしむ)

娛悅[오열] 즐김.
娛樂[오락] 즐겨 노는 놀이.
歡娛[환오] 즐거움.
詣闔[예합] 대궐에 들어가 명을 기다림.
詣闕[예궐] 대궐에 들어감.
造詣[조예] 학문, 기예가 깊은 경지에 이른 지경.

溫寤 溫寤 溫寤

水(氵) 10 **溫** 따뜻할 온 オン(あたたか)

宀 11 **寤** 깰 오 ゴ(さめる)

溫泉[온천] 땅의 열로 더운 물이 솟아나는 샘.
溫順[온순] 성질이 온화하고 순함.
寤寐[오매] 잠을 잠.
寤夢[오몽] 잠꿈.
深寤[심오] 깊은 잠.

墾闢 墾闢 墾闢

土 13 **墾** 받갈 간 門 13 **闢** 열 벽

コン(ひらく) ヘキ(ひらく)

墾闢 [간벽] 논밭을 개간함.
墾耕 [간경] 땅을 파서 갊.
墾植 [간식] 개간하여 심음.
墾田 [간전] ① 개간함. ② 새로 만든 밭.
闢邪 [벽사] 사설을 풀어 밝혀 물리침.
闢土 [벽토] 땅을 갈아 쓰게 만드는 일.
開闢 [개벽] 천지가 처음으로 생김.

龕室 龕室 龕室

龍 6 **龕** 취할 감 / 감실 감 宀 6 **室** 집 실

ガン(ずし) シツ(いえ)

龕室 [감실] 신주를 모셔 두는 장.
龕燈 [감등] 불단의 등불.
龕像 [감상] 불상을 안치함.
室內 [실내] 방 안.
居室 [거실] 거처하는 방.
産室 [산실] 해산하는 방.
寢室 [침실] 잠자도록 마련된 방.

艮醬 艮醬 艮醬

艮 0 **艮** 그칠 간 / 괘이름간 酉 11 **醬** 식혜 장 / 간장 장

コン(うしとら) ショウ(ひしお)

艮醬 [간장] 「간장」의 취음(取音).
艮卦 [간괘] 8괘의 하나. 상형은
艮方 [간방] 정동과 정북 중간의 방위.
艮坐 [간좌] 간방(艮方)을 등진 좌향.
醬油 [장유] 간장과 참기름.
醬肉 [장육] 장조림.
醬太 [장태] 장 담그는 콩.

臂胛 臂胛 臂胛

肉(月) 13 **臂** 팔뚝 비 肉(月) 5 **胛** 어깨죽지 갑

ヒ(ひじ) コウ(かいがらぼね)

臂胛 [비갑] 팔과 어깨죽지.
臂力 [비력] 팔의 힘.
臂膊 [비박] 팔과 어깨.
臂痛 [비통] 팔이 아픔.
胛骨 [갑골] 견갑골(肩胛骨)의 준말.
肩胛 [견갑] 어깨뼈가 있는 곳.
肩胛骨 [견갑골] 어깨뼈.

疆界 疆界 疆界

田 14 **疆** 지경 강 田 4 **界** 지경 계

キョウ(さかい) カイ(さかい)

疆界 [강계] 경계. 국경.
疆域 [강역] 나라의 지경. 또는 경내의 땅.
疆土 [강토] 그 나라 국경 안에 있는 땅.
邊疆 [변강] 변경(邊境).
界面 [계면] 두 가지 물질의 경계의 면.
外界 [외계] 바깥 세계. 자기 몸 밖의 범위.
限界 [한계] 정해 놓은 범위.

乞丐 乞丐 乞丐

乙 2 **乞** 구걸할 걸 一 3 **丐** 빌 개 / 거지 갈

キツ(こう) カイ(こう)

乞丐 [걸개] 거지.
乞求 [걸구] 남에게 구걸함.
乞食 [걸식] 빌어 먹음.
乞人 [걸인] 거지.
丐命 [개명] 목숨을 빌음.
丐養 [개양] 양자(養子).
丐子 [개자] 거지.

悟蘊 悟蘊 悟蘊

心(忄)7 **悟** 깨달을 오 ゴ(さとる)

艸(艹)16 **蘊** 쌓을 온 ウン, オン(つむ)

悟悔〔오회〕 전죄를 깨닫고 뉘우침.
蘊藉〔온자〕 완전하여 결점이 없
蘊奧〔온오〕 온자하고 심오함.
蘊蓄〔온축〕 학문이 깊고 넓음.
蘊抱〔온포〕 흉중에 재주를 품음.

梧擁 梧擁 梧擁

木 7 **梧** 오동 오 ゴ(あおぎり)

手(扌)13 **擁** 안을 옹 품을 옹 ヨウ(いだく)

梧桐〔오동〕 오동 나무.
梧葉〔오엽〕 오동 나무 잎.
梧桐喪杖〔오동상장〕 모친상에 짚는 오동 나무 지팡이.
梧桐欌〔오동장〕 오동 나무로 만든 장.
擁護〔옹호〕 부축하여 보호함.
擁衛〔옹위〕 부축하여 호위함.

烏翁 烏翁 烏翁

火(灬)6 **烏** 까마귀 오 ウ(からす)

羽 4 **翁** 늙은이 옹 オウ(おきな)

烏鴉〔오아〕 까마귀.
烏鵲〔오작〕 까마귀와 까치.
烏鵲橋〔오작교〕 칠석날 은하수에 까막 까치가 놓는 다리.
翁婿〔옹서〕 장인과 사위.
老翁〔노옹〕 늙은이.

腕渦 腕渦 腕渦

肉(月)8 **腕** 팔뚝 완 ワン(うで)

水(氵)9 **渦** 소용돌이 와 カ(うず)

腕力〔완력〕 팔 힘.
腕章〔완장〕 팔에 두르는 어떤 표장.
腕骨〔완골〕 손목뼈.
渦紋〔와문〕 무늬.
渦中〔와중〕 시끄러운 속.
渦湧〔와용〕 소용돌이.

矮瓦 矮瓦 矮瓦

矢 8 **矮** 난장이 왜 줄일 왜 アイ(みじかい)

瓦 0 **瓦** 기와 와 ガ(かわら)

矮縮〔왜축〕 쪼그러짐.
矮人〔왜인〕 난쟁이.
矮小〔왜소〕 매우 작음.
瓦溝〔와구〕 기와 고랑.
瓦葺〔와용〕 기와로 지붕을 이음.
瓦斯〔와사〕 가스.

訛僥 訛僥 訛僥

言 4 **訛** 거짓말 와 그릇될 와 カ(あやまる)

人(亻)12 **僥** 요행 요 거짓 요 ギョウ(さいわい)

訛謊〔와황〕 거짓으로 떠듬.
訛言〔와언〕 그릇 전하는 말.
訛傳〔와전〕 잘못 전해짐.
訛音〔와음〕 사투리 발음.
焦僥〔초요〕 초조하면서 다행스러운 것.

看做 看做 看做

看 目4 볼 간 カン(みる)
做 人(亻)9 지을 주 (자) サ(なす)

看做 [간주] 그렇다고 침.
看過 [간과] 보고도 본체만체함.
看病 [간병] 환자를 간호함.
看破 [간파] 속내를 환하게 알아냄.
做工 [주공] 공부나 일을 힘써 함.
做業 [주업] 직업에 종사함.
做作 [주작] 없는 사실을 꾸며 만듦.

甲冑 甲冑 甲冑

甲 田0 갑옷 갑 コウ(よろい)
冑 冂7 투구 주 チュウ(かぶと)

甲冑 [갑주] 갑옷과 투구.
甲年 [갑년] 환갑의 해.
甲論乙駁 [갑론을박] 서로 논란하고 반박함.
甲富 [갑부] 첫째 가는 부자.
甲紗 [갑사] 품질이 좋은 얇은 비단.
甲族 [갑족] 훌륭한 집안.
還甲 [환갑] 61세의 일컬음.

概括 概括 概括

概 木11 절개 개 대강 개 ガイ(おおむね)
括 手(扌)6 맺을 괄 모을 괄 カツ(くくる)

概括 [개괄] 유사한 사물을 하나로 통괄함.
概觀 [개관] 대충대충 살펴봄.
概論 [개론] 전체에 대한 대강의 논설.
概況 [개황] 대개의 상황.
括弧 [괄호] 글이나 산식을 한데 묶기 위하여 사용하는 부호. 「 」·( ) 등.
一括 [일괄] 한데 묶음.

巨擘 巨擘 巨擘

巨 工2 클 거 キョ(おおきい)
擘 手(扌)13 나눌 벽 엄지손가락 벽 ハク(さく, おやゆび)

巨擘 [거벽] ① 엄지손가락. ②뛰어난 인물.
巨姦 [거간] 큰 죄를 범한 사람.
巨金 [거금] 거액의 돈.
巨物 [거물] 큰 인물이나 물건.
巨匠 [거장] 위대한 예술가.
巨漢 [거한] 몸집이 큰 사나이.
擘指 [벽지] 엄지손가락.

銀杏 銀杏 銀杏

銀 金6 은 은 ギン(しろがね)
杏 木3 살구 행 キョウ(あんず)

銀杏 [은행] 은행나무의 열매.
銀金 [은금] 은과 금.
銀絲 [은사] 은실.
銀波 [은파] 달빛에 비쳐 은백색으로 번쩍거리는 물결.
銀貨 [은화] 은으로 만든 화폐.
杏仁 [행인] 살구씨의 알맹이.
杏花 [행화] 살구꽃.

勁卒 勁卒 勁卒

勁 力7 굳셀 경 ケイ(つよい)
卒 十6 군사 졸 항오 졸 ソツ(おわる)

勁卒 [경졸] 씩씩하고 굳센 병졸.
勁騎 [경기] 굳센 기병.
勁兵 [경병] 강하고 용감한 군사.
勁直 [경직] 굳세고 바름.
卒遽 [졸거] 갑자기. 별안간.
卒年 [졸년] 죽은 해.
卒伍 [졸오] 졸병들의 대오.

曰宂 曰宂 曰宂

曰 0 **曰** 가로되왈 宀 2 **宂** 번잡할용 긴찮을용

エツ(いわく) ジョウ(むだ)

曰可[왈가] 가하다 함.
曰否[왈부] 부라 함.
名曰[명왈] 이름하여 말하기를.
曰玉[왈옥] 옥이라 이름.
宂官[용관] 중요하지 않은 벼슬.
宂費[용비] 꼭 필요하지 않은 비용.

搖佑 搖佑 搖佑

扌(手) 10 **搖** 흔들 요 人(亻) 5 **佑** 도울 우

ヨウ(ゆする) ユウ(たすける)

搖籃[요람] 젖먹이를 그 속에 눕혀 재우는 재롱.
搖動[요동] 움직이고 흔들림.
搖落[요락] 흔들려 떨어짐.
搖撼[요감] 흔들리게 함.
佑啓[우계] 도와서 이루게 함.
佑助[우조] 도와 줌.

瑤寓 瑤寓 瑤寓

玉(王) 10 **瑤** 옥돌 요 宀 9 **寓** 부칠 우 살 우

ヨウ(たま) グ(よせる)

瑤臺[요대] 구슬로 만든 대. 아름다운 높은 지대.
瑤玉[요옥] 아름답고 귀중한 구슬
瑤池境[요지경] 재미있는 그림을 넣어 굴리면서 구경하게 한 것.
寓舍[우사] 우거하여 있는 집.
寓生[우생] 남에게 붙어 삶.

窯盂 窯盂 窯盂

穴 10 **窯** 기와가마 요 皿 3 **盂** 바리 우 밥그릇우

ヨウ(かま) ウ(はち)

窯業[요업] 도자기업.
窯工[요공] 도자기 공업.
窯匠[요장] 도자기 만드는 사람.
盂皿[우명] 그릇.
盂只[우지] 놋쇠로 만든 큰 합.
盂盒[우합] 넓적한 대접.

羽繞 羽繞 羽繞

羽 0 **羽** 깃 우 糸 12 **繞** 얽힐 요 둘릴 요

ウ(はね) ジョウ(めぐる)

羽傑[우걸] 새 중 가장 뛰어난 새.
羽毛[우모] 날개 털.
羽翼[우익] 날개.
繞客[요객] 혼인때 따라가는 상객
繞佛[요불] 불좌의 주위를 경을 읽으면서 도는 일.

郁擾 郁擾 郁擾

邑(阝) 6 **郁** 자욱할욱 향내날욱 手(扌) 15 **擾** 어지러울 요

イク(かぐわしい) ジョウ(みだれる)

郁補[욱보] 약을 먹어 몸을 보호함.
郁氛[욱분] 향기가 좋은 기운.
郁郁[욱욱] 무늬가 찬란함.
擾民[요민] 백성을 귀찮게 굴음.
擾亂[요란] 시끄럽고 떠들석함.
騷擾[소요] 소란하고 요동스러움.

繭蠶繭蚕繭蠶

糸13 **繭** 고치 견
ケン(まゆ)

虫18 **蠶** 누에 잠
サン(かいこ)

繭蠶[견잠] 고치가 된 누에.
繭絲[견사] ① 고치와 실. ② 고치에서 「뽑은 실.
繭紬[견주] 멧누에 고치에서 뽑은 실로 「짠 비단.
繭綢[견주] 견주(繭紬).
蠶具[잠구] 누에를 치는 데 쓰는 기구.
蠶農[잠농] 누에 농사.
蠶室[잠실] 누에를 기르는 방.

乙巳乙巳乙巳

乙0 **乙** 새 을 / 천간이름 을
オツ(きのと)

己0 **巳** 뱀 사 / 여섯째지지 사
シ(み)

乙巳[을사] 육십 갑자의 마흔 두째.
乙科[을과] 이조 때 과거의 성적에 따라 나눈 두째 등급.
乙卯[을묘] 육십 갑자의 쉰 두째.
巳年[사년] 태세의 지지가 사(巳)인 해.
巳生[사생] 사년(巳年)에 난 사람.
巳日[사일] 일진의 지지가 사(巳)인 날.

紫綬紫綬紫綬

糸5 **紫** 자주빛자
シ(むらさき)

糸8 **綬** 인끈 수
ジュ(ひも)

紫綬[자수] 정삼품 당상관 이상의 관리가 차던 호패의 자색 술.
紫桃[자도] 오얏.
紫色[자색] 자주빛.
紫雲[자운] 자주빛의 구름. 좋은 징조 「로 생각함.
紫衣[자의] 자색의 의복.
印綬[인수] 옛날 관인(官印)의 꼭지에 「단 끈.

潮汐潮汐潮汐

水(氵)12 **潮** 조수 조 / 밀물 조
チョウ(しお)

水(氵)3 **汐** 썰물 석
セキ(しお)

潮汐[조석] 조수와 석수.
潮流[조류] ① 바닷물의 흐름. ② 시세의 「경향.
潮候[조후] 조수가 드나드는 시각.
紅潮[홍조] 부끄러워 붉어지는 얼굴빛.
汐曇[석담] 썰물이 밀고 오는 수기로 구름이 낌.
汐水[석수] 저녁때 밀어 들어왔다가 나 「가는 바닷물.

逸藻逸藻逸藻

辵(辶)8 **逸** 숨을 일 / 편안할일 / 뛰어날일
イツ(やすらか)

艸(艹)16 **藻** 마름 조 / 글 조
ソウ(も)

逸藻[일조] 뛰어난 시재(詩才).
逸樂[일락] 편안하게 놀고 즐김.
逸隱[일은] 속세를 피하여 숨음.
逸才[일재] 뛰어난 재주.
藻飾[조식] 몸치장을 함.
藻雅[조아] 시문에 풍치가 있고 아담함.
藻翰[조한] 아름답고 훌륭한 문장.

祚胤祚胤祚胤

示5 **祚** 복 조
ソ(さいわい)

肉(月)5 **胤** 맏아들윤 / 대이을윤
イン(たね)

祚胤[조윤] 자손(子孫).
祚命[조명] 하늘의 복으로 도움을 받 「음.
祚業[조업] 임금이 나라를 다스리는 일.
福祚[복조] 복(福).
胤裔[윤예] 자손. 후손.
胤玉[윤옥] 남의 아들의 존칭.
胤子[윤자] 자손. 사자(嗣子).

旭腰 旭腰 旭腰

日 2 **旭** 빛날 욱 キョク(あさひ)

肉(月) 9 **腰** 허리 요 ヨウ(こし)

丿 九 九 旭 旭 月 肥 腰 腰 腰

旭光〔욱광〕 솟아오르는 햇빛.
旭日〔욱일〕 밝은 날. 좋은 날.
旭日昇天〔욱일승천〕 아침 해가 하늘에 떠 오름.
腰帶〔요대〕 허리띠.
腰骨〔요골〕 허리에 있는 뼈.
腰氣〔요기〕 자궁병.

韻緯 韻緯 韻緯

音 10 **韻** 울림 운 / 운치 운 イン(ひびき)

糸 9 **緯** 씨 위 / 경위 위 イ(よこいと)

立 音 韵 韻 韻 糸 紼 緯 緯 緯

韻響〔운향〕 울리는 소리.
韻鏡〔운경〕 한문자의 음운을 도시한 책.
韻致〔운치〕 고아한 품격을 갖춘 멋.
韻統〔운통〕 한자 운서에 있는 운자의 계통.
緯線〔위선〕 씨줄.
經緯〔경위〕 경선과 위선.

蔚儒 蔚儒 蔚儒

艸(艹) 11 **蔚** 초목우거질 울 / 진모양 위 / 땅이름 울 ウツ(しげる)

人(亻) 14 **儒** 선비 유 ジュ(がくしゃ)

艹 艹 芦 蔚 蔚 亻 仁 俨 儒 儒

蔚茂〔울무〕 무성하고 울창함.
蔚鬱〔울울〕 울창하고 무성함.
蔚藍天〔울람천〕 짙푸른 하늘.
碩儒〔석유〕 거유.
儒家〔유가〕 유생.
儒道〔유도〕 유교의 도덕.
儒巾〔유건〕 유생의 예관.

寃垣 寃垣 寃垣

宀 8 **寃** 원통할 원 エン(かがむ)

土 6 **垣** 담 원 エン(かき)

宀 宂 宮 寃 寃 十 土 圹 垣 垣

寃垣〔원원〕 원굴한 담. 원망스런 담.
寃死〔원사〕 원통한 죽음.
寃恨〔원한〕 한을 품음.
寃屈〔원굴〕 원통하게 누명을 씀.
牆垣〔장원〕 담.
後垣〔후원〕 뒷 담.

猿愉 猿愉 猿愉

犬(犭) 10 **猿** 원숭이 원 エン(さる)

心(忄) 9 **愉** 기뻐할 유 ユ(よろこぶ)

犭 犭 猜 猿 猿 忄 忄 愉 愉 愉

猿猴〔원후〕 원숭이.
猿臂〔원비〕 원숭이와 같이 긴 팔.
類人猿〔유인원〕 인류의 원조라는 원숭이.
愉愉〔유유〕 좋아하는 모양.
愉色〔유색〕 기쁜 얼굴 빛.
愉快〔유쾌〕 마음이 즐거움.

悠邈 悠邈 悠邈

心 7 **悠** 멀 유 / 한가할 유 ユウ(とおい)

辶 16 **邈** 멀 막 マク(とおい)

亻 仆 攸 悠 悠 豸 豸 貌 貌 邈

悠邈〔유막〕 오래고 먼 것.
悠久〔유구〕 연대가 길고 오램.
悠然〔유연〕 느릿느릿한 모양.
悠長〔유장〕 오래고 긴 것.
邈然〔막연〕 아득한 모양.
邈遠〔막원〕 아주 먼 것.

泥濘泥濘泥濘

水(氵)5 **泥** 진흙 니 — デイ(どろ)

水(氵)14 **濘** 진흙 녕 — ネイ(ぬかる)

泥濘[이녕] 진창.
泥溝[이구] 흙탕물어 흐르는 도랑.
泥水[이수] 진흙이 많이 섞인 물.
泥醉[이취] 술에 몹시 취함.
泥土[이토] 진흙.
濘溺[영닉] 진흙 속에 빠짐.
洿濘[오녕] 진창. 同 泥濘

爾汝爾汝爾汝

爻10 **爾** 너 이 — ジ(なんじ, しかり)

水(氵)3 **汝** 너 여 — ジョ(なんじ)

爾汝[이여] 너희들.
爾今[이금] 지금부터.
爾來[이래] 그 후부터. 그때부터.
爾餘[이여] 그 외. 그 밖.
汝等[여등] 너희들.
汝輩[여배] 여등(汝等).
汝曹[여조] 너희들. 당신들. 同 汝輩

彫塑彫塑彫塑

彡8 **彫** 새길 조 — チョウ(ほる)

土10 **塑** 허수아비 소 — ソ(つちざいく)

彫塑[조소] 조각과 소상(塑像).
彫刻[조각] 나무·금속 등에 서화를 새기는 일.
彫琢[조탁] 새기고 쪼음.
木彫[목조] 나무에 무늬나 형상을 새기는 일.
塑佛[소불] 흙으로 만든 불상.
塑人[소인] 흙으로 만든 인형.
塑造[소조] 소상(塑像)을 만듦.

繕葺繕葺繕葺

糸12 **繕** 기울 선 / 다스릴선 — ゼン(つくろう)

艸(艹)9 **葺** 기울 즙 / 지붕이을 즙 — シュウ(ふく)

繕葺[선즙] 가옥 등을 수선하여 고침.
繕修[선수] 수선하여 고침.
繕造[선조] 수선하여 지음.
營繕[영선] 건축물의 수리와 건조.
葺茅[즙모] 떠풀로 지붕을 이음.
葺繕[즙선] 수선(修繕).
瓦葺[와즙] 기와로 지붕을 임.

纖悉纖悉纖悉

糸17 **纖** 가늘 섬 — セン(ちいさい)

心7 **悉** 다알 실 / 다 실 — シツ(ことごとく)

纖悉[섬실] 세미한 데까지 두루 미침.
纖毛[섬모] 가는 털.
纖腰[섬요] 날씬한 허리.
纖塵[섬진] 자질구레한 티끌.
悉皆[실개] 다. 모두. 남김없이.
悉心[실심] 마음을 다함.
悉知[실지] 다 앎.

遡及遡及遡及

辵(辶)10 **遡** 거스를소 — ソ(さかのぼる)

又2 **及** 미칠 급 — キュウ(およぶ)

遡及[소급] 지나간 일에까지 거슬러 올라가서 미침.
遡源[소원] 학문의 본원을 궁구함.
遡風[소풍] 앞에서 불어오는 바람.
及落[급락] 급제와 낙제.
普及[보급] 세상에 널리 퍼지게 함.
言及[언급] 어떤 일에 대하여 말함.

柔尹 柔尹 柔尹

木 5 **柔** 부드러울 유 尸 1 **尹** 다스릴윤 믿을 윤

ジュウ(やわらかい) イン(おさ)

柔儒[유유] 연약하고 겁이 많음.
柔順[유순] 성질이 온화하고 공손함.
尹任[윤임] 대윤의 거두.
伊尹[이윤] 중국 고대 전설상의 인물.
尹瓘[윤관] 고려 예종왕 때 명장.

潤癒 潤癒 潤癒

水(氵) 12 **潤** 불을 윤 윤택할윤 疒 13 **癒** 병나을유

ジュン(うるむ) ユ(いえる)

潤美[윤미] 윤이 나고 아름다움.
潤色[윤색] 윤기나는 색.
潤澤[윤택] 아름답게 빛남.「음.
癒合[유합] 상처가 나아서 아물
癒着[유착] 연결되어 융합함.
治癒[치유] 병이 나음.

隱閏 隱閏 隱閏

阜(阝) 14 **隱** 숨을 은 門 4 **閏** 윤달 윤

イン(かくれる) ジュン(うるう)

隱遁[은둔] 숨어서 살음.
隱身[은신] 몸을 감춤.
隱士[은사] 벼슬하지 않고 몸을 감추어 사는 선비.
隱謐[은밀] 남몰 숨김래.
閏年[윤년] 1년이 366일이 되는 해.

慇椅 慇椅 慇椅

心 10 **慇** 은근할은 木 8 **椅** 교의 의

イン(うれえる) イ(こしかけ)

慇懃[은근] 드러내거나 떠들지 않고 가만히 함.
慇心[은심] 근심 걱정하는 마음.
慇慇懃懃[은은근근] 매우 조심스런 모양.
椅几[의궤] 조그만 책상.
椅子[의자] 앉는 기구.

矣伊 矣伊 矣伊

矢 2 **矣** 어조사의 人(亻) 4 **伊** 저 이

イ イ(これ)

矣徒[의도] 저희들.
伊時[이시] 그 때.
伊尹[이윤] 벼슬 이름.

縊姨 縊姨 縊姨

糸 10 **縊** 목맬 의 女 6 **姨** 이모 이

イ(くびる) イ(おば)

縊死[의사] 목매어 죽음.
縊牛[의우] 소의 목에 매는 끈.
縊殺[의살] 목매어 죽임.
姨母[이모] 어머니의 언니나 아우.
姨姪[이질] 아내의 언니나 아우의 아들 딸.

疑訝疑訝 (calligraphy forms)

疋9 **疑** 의심할 의 — ギ(うたがう)

言4 **訝** 의아할 아 — ガ(いぶかる)

疑訝[의아] 의심스럽고 괴이쩍음.
疑問[의문] 의심하여 물음.
疑心[의심] 미심쩍게 여기는 마음.
疑惑[의혹] 의심하여 분별에 당혹함.
懷疑[회의] 의심을 품음.
訝鬱[아울] 의아하여 가슴이 답답함.
訝惑[아혹] 의혹(疑惑).

鮮晶鮮晶 (calligraphy forms)

魚6 **鮮** 고울 선, 생선 선 — セン(あざやか)

日8 **晶** 맑을 정, 수정 정 — ショウ(あきらか)

鮮晶[선정] 선명하게 빛남.
鮮麗[선려] 선명하고 고움.
鮮明[선명] 산뜻하고 밝음.
鮮魚[선어] 갓 잡은 신선한 물고기.
生鮮[생선] 말리지 아니한 물고기.
晶光[정광] 밝은 빛. 투명한 빛.「하나.
水晶[수정] 6각 주상(柱狀)인 석영의

爽快爽快 (calligraphy forms)

爻7 **爽** 새벽 상, 시원할 상 — ソウ(さわやか)

心(忄)4 **快** 쾌할 쾌 — カイ(こころよい)

爽快[상쾌] 기분이 시원하고 유쾌함.
爽達[상달] 마음이 상쾌하고 이치에 통
爽涼[상량] 산뜻하고 시원함. ㄴ달함.
爽闊[상활] 상쾌(爽快).
快感[쾌감] 상쾌하고 즐거운 느낌.
快刀[쾌도] 아주 잘 드는 칼.
快諾[쾌락] 쾌히 승락함.

蔘茸蔘茸 (calligraphy forms)

艸(艹)11 **蔘** 인삼 삼 — サン(にんじん)

艸(艹)6 **茸** 녹용 용 — ジョウ(しげる)

蔘茸[삼용] 인삼과 녹용. 「린 인삼.
白蔘[백삼] 잔 뿌리를 따고 다듬어서 말
山蔘[산삼] 깊은 산중에 야생하는 삼.
水蔘[수삼] 말리지 않은 인삼.
茸茂[용무] 초목이 무성한 모양.
鹿茸[녹용] 사슴의 새로 돋은 연한 뿔.
尨茸[방용] 털이 어지럽게 난 모양.

拙劣拙劣 (calligraphy forms)

手(扌)5 **拙** 졸할 졸 — セツ(つたない)

力4 **劣** 용렬할 렬, 못날 렬 — レツ(おとる)

拙劣[졸렬] 옹졸하고 비열함.
拙計[졸계] 어리석은 계책.
拙作[졸작] 졸렬한 작품.
拙筆[졸필] 자기 글씨의 겸칭.
劣等[열등] 낮은 등급.
劣勢[열세] 세력이나 힘이 줄어듦.
劣敗[열패] 힘이 남보다 못하여 짐.

敍景敍景 (calligraphy forms)

攴7 **敍** 지을 서, 차례 서 — ジョ(のべる)

日8 **景** 빛 경, 경치 경 — ケイ(ひかげ)

敍景[서경] 경치를 글로 써서 나타냄.
敍說[서설] 차례를 따라 설명함.
敍述[서술] 차례를 좇아 진술함.
敍情[서정] 자기의 정서를 그려냄.
景觀[경관] 경치. 풍경.
景勝[경승] 경치가 좋은 곳.
雪景[설경] 눈이 온 경치.

寅滋	孕姊
宀 8 **寅** 세째지지 인 범 인 イン(とら) 水(氵) 9 **滋** 맛 자 더할 자 ジ(ます, しげる) 寅時〔인시〕 아침 3시~5시 사이. 寅年〔인년〕 태세의 간지가 인에 드는 해. 滋案〔자안〕 일이 자꾸 생김. 滋養〔자양〕 몸의 양분이 됨. 滋味〔자미〕 좋은 맛.	子 2 **孕** 아이밸잉 ヨウ(はらむ) 女 5 **姊** 맏누이자 シ(あね) 孕胎〔잉태〕 아이를 뱀. 姊妹篇〔자매편〕 서로 관련된 두책 姊兄〔자형〕 손위 누이의 남편. 妹兄〔매형〕 '자형'과 같음. 妹氏〔매씨〕 남의 누이의 존칭. 妹家〔매가〕 누이의 시집.
雀恣	炙鵲
隹 3 **雀** 참새 작 ジャク(すずめ) 心 6 **恣** 방자할자 シ(ほしいまま) 雀躍〔작약〕 매우 기뻐 뛰는 모양. 雀麥〔작맥〕 귀리. 雀巢〔작소〕 새집. 孔雀〔공작〕 공작새. 恣行〔자행〕 제멋대로 함부로 행함.	火 4 **炙** 고기구이 자(적) シャ(あぶる) 鳥 8 **鵲** 까치 작 ジャク(かささぎ) 炙鐵〔자철〕 석쇠. 烏鵲〔오작〕 까마귀와 까치. 烏鵲橋〔오작교〕 칠석날 은하수에 까막 까치가 놓는 다리. 鵲報〔작보〕 길조. 까치 소식. 鵲巢〔작소〕 까치 집.
盞瓷	岑諮
皿 8 **盞** 술잔 잔 サン(さかずき) 瓦 6 **瓷** 사기그릇 자 ジ(じき) 盞臺〔잔대〕 잔 받치는 그릇. 瓷器〔자기〕 사기 그릇. 靑瓷〔청자〕 푸른 빛이 나는 자기. 고려 자기. (瓷는 磁와 同).	山 4 **岑** 멧부리 잠 シン(みね) 言 9 **諮** 물을 자 꾀 자 シ(はかる) 岑峯〔잠봉〕 산봉우리. 岑寂〔잠적〕 고요하고 쓸쓸함. 岑樓〔잠루〕 높은 누각. 諮問〔자문〕 높은사람이 아래에 대하여 서로 의논하고 물음. 諮詢〔자순〕 의견을 물어 봄.

甥姪 甥姪 甥姪

生7 **甥** 생질 생 / 사위 생　ソウ(おい)

女6 **姪** 조카 질　テツ(めい)

甥姪[생질] 누이의 아들.
甥館[생관] 사위가 거처하는 방.
舅甥[구생] ①외숙과 생질. ②장인과 사위.
外甥[외생] 장인에 대한 사위의 자칭.
姪女[질녀] 조카딸.
姪婦[질부] 조카며느리.
姪孫[질손] 형제의 손자.

撒袋 撒袋 撒袋

手(扌)12 **撒** 뿌릴 살 / 흩어질 살　サツ(まく)

衣5 **袋** 부대 대 / 자루 대　タイ(ふくろ)

撒袋[살대] 화살을 넣는 자루.
撒肥[살비] 비료를 뿌림.
撒水[살수] 물을 흩어서 뿌림.
撒布[살포] 뿌림.
袋鼠[대서] 캥거루우의 별칭.
慰問袋[위문대] 위문품을 넣은 주머니.
布袋[포대] 포목으로 만든 자루.

足鎖 足鎖 足鎖

足0 **足** 발 족　ソク(あし)

金10 **鎖** 자물쇠 쇄 / 쇠사슬 쇄　サ(くさり)

足鎖[족쇄] 죄인 발목에 채우던 쇠사슬.
足件[족건] 버선.
足掌[족장] 발바닥.
足跡[족적] 발자국.
鎖國[쇄국] 외국과의 국교를 끊음.
鎖金[쇄금] 자물쇠.
鎖門[쇄문] 문을 걸어 잠금.

壽宴 壽宴 壽宴

士11 **壽** 목숨 수　ジュ(ことぶき)

宀7 **宴** 잔치 연　エン(さかもり)

壽宴[수연] 장수를 축하하는 잔치.
壽骨[수골] 오래 살 수 있게 생긴 골격.
壽命[수명] 살아 있는 동안의 목숨.
壽昌[수창] 오래 살고 번창함.
宴席[연석] 잔치를 베푼 자리.
祝宴[축연] 축하하는 잔치.
饗宴[향연] 남을 향응(饗應)하는 잔치.

誰某 誰某 誰某

言8 **誰** 누구 수　スイ(たれ)

木5 **某** 아무 모　ボウ(それがし)

誰某[수모] 아무개.
誰昔[수석] 옛날.
誰怨誰咎[수원수구] 남을 원망하거나 꾸짖을 것이 없음.
誰何[수하] 누구.
某人[모인] 어떤 사람.
某種[모종] 어떤 종류.
某處[모처] 아무 곳.

巡哨 巡哨 巡哨

巛4 **巡** 돌 순 / 순행할 순　ジュン(めぐる)

口7 **哨** 도적방비할 초　ショウ(みはり)

巡哨[순초] 돌아다니며 적의 정세를 살핌.
巡檢[순검] 순찰하여 검사함.
巡歷[순력] 각처로 돌아다니며 구경함.
巡視[순시] 돌아다니며 시찰함.
哨兵[초병] 보초 선 병사.
哨船[초선] 보초의 임무를 지닌 배.
哨所[초소] 보초가 서 있는 곳.

雌丈 雌丈 雌丈

隹5 **雌** 암컷 자 シ(めす)

一2 **丈** 길 장 / 어른 장 ジョウ(たけ)

雌雄〔자웅〕 암컷과 수컷.
雌蕊〔자예〕 암꽃술.
雌伏〔자복〕 남에게 복종함.
丈席〔장석〕 학문과 덕망이 높은 이.
丈夫〔장부〕 장성한 남자.

滓葬 滓葬 滓葬

水(氵)10 **滓** 앙금 재 / 찌끼 재 シ(かす)

艸(艹)9 **葬** 장사 장 ソウ(ほうむる)

渣滓〔사재〕 찌꺼기.
葬禮〔장례〕 장사 지내는 예절.
葬具〔장구〕 장례 때 쓰는 기구.
沈滓〔침재〕 찌꺼기가 가라앉음.
塵滓〔진재〕 티끌과 찌꺼기.
垢滓〔구재〕 더러운 찌꺼기.

腸載 腸載 腸載

肉(月)9 **腸** 창자 장 チョウ(はらわた)

車6 **載** 실을 재 サイ(のせる)

揭載〔게재〕 글을 실음.
胃腸〔위장〕 밥통과 창자.
腸內〔장내〕 창자 속.
載書〔재서〕 글에 올림.
載積〔재적〕 실음.
載籍〔재적〕 서적.

齋醬 齋醬 齋醬

齊3 **齋** 재계할 재 / 집 재 サイ(ものいみ)

酉11 **醬** 식혜 장 / 간장 장 ショウ(ひしお)

齋戒〔재계〕 마음과 몸을 깨끗이 함.
齋期〔재기〕 재계하는 기간.
齋閣〔재각〕 제사의 소용으로 지은 집.
齋沐〔재목〕 재계와 목욕.
醬菜〔장채〕 저린 야채.
醬色〔장색〕 검붉은 색.

猪嫡 猪嫡 猪嫡

犬(犭)9 **猪** 돼지 저 チョ(いのしし)

女11 **嫡** 정실 적 チャク(よつぎ)

猪肉〔저육〕 돼지의 고기.
猪勇〔저용〕 산돼지처럼 앞뒤를 돌아보지 않고 앞으로만 나아가는 용맹.
嫡家〔적가〕 서자가 적자손의 집을 가리키는 말.
嫡孫〔적손〕 정실의 몸에서 낳은 손자.

箸滴 箸滴 箸滴

竹9 **箸** 젓가락 저 チョ(はし)

水(氵)11 **滴** 물방울 적 テキ(したたり)

箸筒〔저통〕 수저를 꽂아두는 통.
竹箸〔죽저〕 대로 만든 젓가락.
匙箸〔시저〕 수저.
滴水〔적수〕 물방울.
滴露〔적로〕 이슬이 맺혀 떨어짐.
渴滴〔갈적〕 목마름.

仔詳 仔詳 仔詳

人(亻)3 **仔** 맡길 자 / 자세할 자 シ(たえる)

言6 **詳** 자세할 상 ショウ(くわしい)

丿 亻 仁 仔 仔 ⺀ 言 訁 詳 詳

仔詳[자상] 찬찬하고 자세함.
仔肩[자견] 잘 지탱함.
仔細[자세] 상세함. 「되기 전의 일컬음.
仔蟲[자충] 곤충이 알에서 깨어 성충이
詳報[상보] 상세한 보고.
詳細[상세] 자상하고 자세함. 「음.
未詳[미상] 상세하지 않음. 알려지지 않

汀岸 汀岸 汀岸

水(氵)2 **汀** 물가 정 テイ(みぎわ)

山5 **岸** 언덕 안 ガン(きし)

丶 氵 氵 汀 汀 山 屵 屵 岸 岸

汀岸[정안] 물가.
汀蘭[정란] 물가에 난 난초.
汀沙[정사] 물가의 모래.
汀渚[정저] 물가의 펀펀한 땅.
岸壁[안벽] 깎아지른 듯이 험한 물가.
斷岸[단안] 깎아 세운 듯한 언덕.
海岸[해안] 바닷가의 언덕. 바닷가.

宸闕 宸闕 宸闕

宀7 **宸** 집 신 / 대궐 신 シン(のき)

門10 **闕** 대궐 궐 / 빌 궐 ケツ(もん)

宀 宀 宀 宸 宸 冂 門 門 闕 闕

宸闕[신궐] 궁궐(宮闕).
宸居[신거] 임금의 거소.
宸念[신념] 임금의 뜻.
宸筆[신필] 임금의 친필.
闕內[궐내] 대궐 안.
闕席[궐석] 결석(缺席).
宮闕[궁궐] 임금이 거처하는 집.

雖孰 雖孰 雖孰

隹9 **雖** 비록 수 スイ(いえども)

子8 **孰** 누구 숙 ジュク(たれ)

口 虽 虽 雖 雖 亠 享 孰 孰 孰

雖孰[수숙] 비록 누구라 하여도.
雖曰不可[수왈불가] 누구라도 불가하다 고 말할 사람이 없음.
雖然[수연] …라고 하지만.
孰能禦之[숙능어지] 능히 막기 어려움.
孰若[숙약] 양쪽을 비교해서 의문을 물어 볼 때 쓰는 말.

鼎俎 鼎俎 鼎俎

鼎0 **鼎** 솥 정 テイ(かなえ)

人7 **俎** 도마 조 ソ(まないた)

目 旦 旦 鼎 鼎 ㅅ 仌 刅 俎 俎

鼎俎[정조] 솥과 도마. 「야기.
鼎談[정담] 세 사람이 둘러앉아 하는 이
鼎立[정립] 솥발과 같이 셋이 섬.
鼎足[정족] 솥발.
俎刀[조도] 도마와 식칼.
俎上肉[조상육] 도마에 오른 고기. 곧 어찌할 수 없이 된 운명.

顏筋 顏筋 顏筋

頁9 **顏** 얼굴 안 ガン(かお)

竹6 **筋** 힘줄 근 キン(すじ)

产 彦 彦 顏 顏 ⺮ 竹 竻 筋 筋

顏筋[안근] 얼굴의 근육.
顏面[안면] ① 얼굴. ② 서로 얼굴이나 알 만한 사이.
顏色[안색] 얼굴빛.
筋骨[근골] 힘줄과 뼈.
筋力[근력] 근육의 힘.
筋肉[근육] 몸의 연한 부분을 이루고 있는 심줄과 살.

躊殿 躊殿 躊殿

足(⻊)13 **躇** 머뭇거릴 저 / 건너뛸 착
チョ(ためらう)

殳9 **殿** 대궐 전
テン(との)

躊躇〔주저〕 결정하지 못하고 망서림.
躊佇〔주저〕 머뭇거림.
躊躇滿志〔주저만지〕 아주 만족함.
殿閣〔전각〕 대궐.
宮殿〔궁전〕 궁궐의 집.

奠漸 奠漸 奠漸

大9 **奠** 정할 전 / 올릴 전
テン(まつり)

水(氵)11 **漸** 점점 점
ゼン(ようやく)

奠居〔전거〕 있을 곳을 정함.
奠物〔전물〕 부처나 신에게 바치는 물건.
奠都〔전도〕 어느 곳에 도읍을 정함.
漸加〔점가〕 점점 더함.
漸近〔점근〕 점점 가까워짐.
漸悟〔점오〕 차차 깊이 깨달음.

粘亭 粘亭 粘亭

米5 **粘** 붙을 점 / 끈끈할점
ネン(ねばる)

亠7 **亭** 정자 정
テイ(あずまや)

粘液〔점액〕 끈기가 있는 액체.
粘質〔점질〕 차지고 끈기 있는 성질.
粘體〔점체〕 찐득찐득한 물체.
亭子〔정자〕 산수가 좋은 곳에 놀기 위하여 지은 작은 집.
料亭〔요정〕 고급 음식점.

偵弔 偵弔 偵弔

人(亻)9 **偵** 정탐할정
テイ(うかがう)

弓1 **弔** 조상할조
チョウ(とむらう)

偵察〔정찰〕 살펴 봄.
偵探〔정탐〕 몰래 형편을 살핌.
密偵〔밀정〕 비밀이 정탐함.
弔客〔조객〕 조상 온 손님.
弔問〔조문〕 조상하여 위문함.
弔民〔조민〕 조상을 입은 백성.

淨措 淨措 淨措

水(氵)8 **淨** 깨끗할정
ジョウ(きよい)

手(扌)8 **措** 둘 조 / 정돈할조
ソ(おく)

淨土〔정토〕 극락 세계.
淨化〔정화〕 깨끗하게 함.
淨寫〔정사〕 글씨를 깨끗하게 씀.
措處〔조처〕 일을 잘 처리함.
措置〔조치〕 조처.

阻町 阻町 阻町

阜(阝)5 **阻** 막힐 조
ソ(はばむ)

田2 **町** 밭두둑정
チョウ(まち)

阻面〔조면〕 오랫동안 서로 만나보지 못함.
阻擋〔조당〕 막아서 가리움.
阻碍〔조애〕 막아서 가리움.
町步〔정보〕 한 정으로 끝나고 단수가 없을 때의 일컬음.
町蛙〔정와〕 밭 개구리.

柹蔕柹蔕柹蔕

木5 **柹** 감 시

シ(かき)

艸(艹)11 **蔕** 꼭지 체

テイ(へた)

柹蔕[시체] 감의 꼭지.
柹霜[시상] 시설(柹雪).
柹色[시색] 감의 빛. 곧 다갈색.「가루.
柹雪[시설] 곶감 거죽에 생기는 하얀
紅柹[홍시] 함빡 익어 붉고 말랑말랑한 감.「장애물.
蔕芥 ① 꼭지와 티끌. ② 사소한

愁悶愁悶愁悶

心9 **愁** 근심 수

シュウ(うれい)

心8 **悶** 번민할 민 / 민망할 민

モン(もだえる)

愁悶[수민] 근심하고 괴로와함.
愁眉[수미] 수심에 잠긴 얼굴.
愁色[수색] 근심스러운 기색.
愁心[수심] 근심스러운 마음.
悶死[민사] 몹시 고민하다가 죽음.
悶歎[민탄] 번민하고 한탄함.
苦悶[고민] 괴로와하고 번민함.

剪綵剪綵剪綵

刀9 **剪** 가위 전

セン(きる)

糸8 **綵** 오색비단 채

サイ(あや)

剪綵[전채] 비단을 끊어서 옷을 만듦.
剪刀[전도] ① 가위. ② 칼.
剪裁[전재] 포백 등을 잘라 끊음.
剪枝[전지] 초목의 가지를 가위질하여
綵緞[채단] 비단의 총칭. ㄴ벰.
綵船[채선] 아름답게 꾸민 화려한 배.
綵衣[채의] 빛깔이 고운 의복.

直轄直轄直轄

目3 **直** 곧을 직

チョク(なおす)

車10 **轄** 굴대빗장 할

カツ(くさび)

直轄[직할] 직접 관할함.
直屬[직속] 직접적으로 예속됨. 「감.
直行[직행] 다른 데 들르지 않고 바로
正直[정직] 마음이 바르고 곧음.
管轄[관할] 권한에 의하여 지배함.
所轄[소할] 관할하는 바.
統轄[통할] 모두 거느려서 관할함.

偶咏偶咏偶咏

人(亻)9 **偶** 짝지을 우 / 뜻밖에 우

グウ(つれあい)

口5 **咏** 읊을 영

エイ(うたう)

偶咏[우영] 우연히 지은 시가.
偶發[우발] 뜻밖에 일어남.
偶數[우수] 짝수.
偶然[우연] 뜻하지 않은 일.
偶合[우합] 뜻밖에 만남.
對偶[대우] 둘이 서로 짝함.
配偶[배우] 부부의 짝.

游泳游泳游泳

水(氵)9 **游** 헤엄칠 유

ユウ(およぐ)

水(氵)5 **泳** 헤엄칠 영

エイ(およぐ)

游泳[유영] 헤엄침.
游禽[유금] 물새.
游獵[유렵] 사냥.
游日[유일] 놀고 있는 날. 「는 일.
泳涯[영애] 성인의 도에 함영(涵泳)하
競泳[경영] 수영으로써 속도를 다투는
水泳[수영] 헤엄. ㄴ경기.

釘曹 釘曹 釘曹

金 2 **釘** 못 정 / 창 정 — テイ(くぎ)

曰 7 **曹** 무리 조 / 성 조 — ソウ(ともがら)

釘首〔정수〕 못 대가리.
釘頭〔정두〕 못 대가리.
曹洞禪〔조동선〕 조동종에 전해지는 선.
曹操〔조조〕 중국 위나라의 시조.

棗錠 棗錠 棗錠

木 8 **棗** 대추나무 조 — ソウ(なつめ)

金 8 **錠** 덩이 정 / 촛대 정 — ヂョウ(たかつき)

錠劑〔정제〕 가루약을 뭉쳐 만든 것.
粉錠〔분정〕 가루를 뭉친 것.
金錠〔금정〕 금덩이.
棗柿〔조시〕 대추와 감.
棗木〔조목〕 대추 나무.
錠丸〔정환〕 둥글게 환으로 지은 것.

靖爪 靖爪 靖爪

靑 5 **靖** 꾀할 정 / 다스릴정 — セイ(やすんじる)

爪 0 **爪** 손발톱조 — ソウ(つめ)

靖亂〔정란〕 난리를 평정함.
靖陵〔정릉〕 이조 중종의 능.
靜靖〔정정〕 편안하고 고요함.
爪甲〔조갑〕 손톱 또는 발톱.
爪毒〔조독〕 손톱으로 긁어서 생긴 염증.

祚拙 祚拙 祚拙

示 5 **祚** 복 조 — ソ(さいわい)

手(扌) 5 **拙** 졸할 졸 — セツ(つたない)

祚永〔조영〕 행복이 오래 깃도는 것.
帝祚〔제조〕 왕좌.
拙劣〔졸렬〕 나쁘고 비열함.
拙稿〔졸고〕 자기가 쓴 원고.

粗駿 粗駿 粗駿

米 5 **粗** 간략할조 — ソ(あらい)

馬 7 **駿** 준마 준 — シュン(すぐれたうま)

粗安〔조안〕 아무 일이 없이 잘 있음.
粗野〔조야〕 천함.
粗製〔조제〕 물건을 거칠게 만듬.
粗製品〔조제품〕 거칠게 만든 물건.
駿馬〔준마〕 잘 달리는 말.
駿足〔준족〕 잘 달리는 발.
駿速〔준속〕 굉장히 빠른 모습.

釣仲 釣仲 釣仲

金 3 **釣** 낚시 조 — チョウ(つり)

人(亻) 4 **仲** 다음 중 / 버금 중 — チュウ(なか)

釣頭〔조두〕 백척간두의 준말.
釣磯〔조기〕 낚시 터.
釣叟〔조수〕 낚시질하는 늙은이.
仲介〔중개〕 제 삼자로 거래를 주선함.
仲氏〔중씨〕 남의 둘째 형.
仲陽〔중양〕 음력 2 월.

衛戍 衛戍 衛戍

行10 **衛** 막을 위 호위할위 　戈2 **戍** 수자리수 막을 수

エイ(まもる)　ジュ(まもる)

衛戍[위수] 군대가 오래 주둔하여 지킴.
衛兵[위병] 경비를 위해 배치·순회시키는 병사. 「유에 힘쓰는 일.
衛生[위생] 건강 보전과 질병 예방·치
戍樓[수루] 적의 동정을 망보기 위하여 성 위에 만든 누각.
戍卒[수졸] 국경을 지키는 군사.

顚墜 顚墜 顚墜

頁10 **顚** 엎드러질 전 　土12 **墜** 떨어질추

テン(たおれる)　ツイ(おちる)

顚墜[전추] 굴러 떨어짐.
顚倒[전도] 거꾸로 됨. 「의 사정.
顚末[전말] 일의 처음부터 마지막까지
顚覆[전복] 뒤집혀 엎어짐.
墜落[추락] 높은 곳에서 떨어짐.
墜岸[추안] 낭떠러지. 「는 물체.
墜體[추체] 공중에서 지상으로 낙하하

杵臼 杵臼 杵臼

木4 **杵** 공이 저 　臼0 **臼** 절구 구

ショ(きね)　キュウ(うす)

杵臼[저구] 절굿공이와 절구통.
杵臼之交[저구지교] 귀천을 가리지 않고 사귀는 일.
杵聲[저성] 절굿공이의 소리.
臼磨[구마] 절구.
臼狀[구상] 절구처럼 가운데가 우묵하
臼齒[구치] 어금니. └게 팬 모양.

咀嚼 咀嚼 咀嚼

口5 **咀** 씹을 저 　口18 **嚼** 씹을 작

ソ(かむ)　シャク(かむ)

咀嚼[저작] 음식물을 입에 넣고 씹음.
咀嚼口[저작구] 곤충 등에서 아래위 턱이 단단하여 식물을 씹어 먹기에 알맞은 입.
咀噍[저초] ① 잘 씹음. ② 글의 뜻을 잘 연구하여 완미함.
嚼口[작구] 말 입에 물리는 재갈.

玆以 玆以 玆以

玄5 **玆** 이 자 　人3 **以** 써 이

シ(この)　イ(もって)

玆以[자이] 이로써.
以降[이강] 이후(以後). 이래(以來).
以實直告[이실직고] 사실 그대로 고함.
以心傳心[이심전심] 마음에서 마음으로 전함. 「림.
以熱治熱[이열치열] 열로써 열을 다스
以下[이하] 어느 한도의 아래.

這般 這般 這般

辵(辶)7 **這** 이것 저 여기 저 　舟4 **般** 일반 반

シャ(この)　ハン(はこぶ)

這般[저반] 지난번. 얼마 전.
這間[저간] 그동안. 요즈음.
這番[저번] 요전의 그때.
過般[과반] 지난번.
今般[금반] 이번.
萬般[만반] 여러 가지의 전부.
全般[전반] 통틀어 모두.

踵曾 踵曾 踵曾

足(⻊)9 **踵** 발꿈치종 이을 종 ショウ(かかと)

日8 **曾** 일찍 증 ソウ(かって)

⻊ 踮 踵 踵 踵 八 싹 尙 曾 曾

踵接〔종접〕 그치지 않고 이음.
接踵〔접종〕 남의 바로 뒤에서 따라 감.
曾孫〔증손〕 손자의 아들.
曾祖〔증조〕 할아버지의 아버지.
曾前〔증전〕 이전.

腫坐 腫坐 腫坐

肉(月)9 **腫** 부스럼종 ショウ(はれもの)

土4 **坐** 앉을 좌 ザ(すわる)

月 肝 脜 腫 腫 人人 从 坐 坐

腫氣〔종기〕 커다란 부스럼.
腫毒〔종독〕 종기의 독기.
腫物〔종물〕 종기(腫氣).
坐客〔좌객〕 앉은뱅이.
坐高〔좌고〕 앉은 키.
坐屈〔좌굴〕 스스로 찾아보지 않고 와서 찾게 함.

塵脂 塵脂 塵脂

土11 **塵** 티끌 진 ジン(ちり)

肉(月)6 **脂** 기름 지 비계 지 シ(あぶら)

广 声 声 鹿 塵 月 月 肝 脂 脂

塵芥〔진개〕 티끌과 쓰레기.
塵世〔진세〕 속된 세상.
臙脂〔연지〕 뺨·이마에 바르는 화장품.
脂肪〔지방〕 기름끼.
脂膏〔지고〕 지방.
脂油〔지유〕 기름.

盡誅 盡誅 盡誅

皿9 **盡** 다할 진 ジン(つくす)

言6 **誅** 벨 주 꾸지람주 チュウ(ころす)

ヨ 聿 圭 肃 盡 言 言 訁 評 誅

盡力〔진력〕 힘을 다함.
賣盡〔매진〕 다 팔림.
脈盡〔맥진〕 힘이 다함.
誅罰〔주벌〕 꾸짖어 벌함.
誅責〔주책〕 엄하게 나무램.
誅戮〔주륙〕 죄로 말미암아 죽임.

賑註 賑註 賑註

貝7 **賑** 풍부할진 シン(にぎわう)

言5 **註** 주낼 주 기록할주 チュウ(とく)

貝 貯 貯 賑 賑 言 言 訁 計 註

賑恤〔진휼〕 흉년에 곤궁한 인민을 구원하여 도와줌.
註釋〔주석〕 본디 뜻을 풀어 밝힘.
註解〔주해〕 본문의 뜻을 풀이함.
補註〔보주〕 보충하고 주석함.

震鑄 震鑄 震鑄

雨7 **震** 진동할진 지진 진 シン(ふるう)

金14 **鑄** 쇠불릴주 チュウ(いる)

币 雫 雫 霅 震 金 鋅 鋅 鑄 鑄

震動〔진동〕 몹시 울려서 흔들림.
震撼〔진감〕 울려서 흔들림.
震怒〔진노〕 존엄한 사람의 성냄.
震卦〔진괘〕 육십 사괘의 하나.
鑄造〔주조〕 쇠붙이를 녹여 부어서 만드는 일.

沮抑 沮抑 沮抑

水(氵)5 **沮** 그칠 저 / 막을 저　手(扌)4 **抑** 누를 억

ショ(ところ)　ヨク(おさえる)

沮抑[저억] 억지로 누름.
沮喪[저상] 기운이 없어짐.
沮止[저지] 막아서 못 하게 함.
沮害[저해] 막아서 못 하게 해침.
抑留[억류] 억지로 머물게 함.
抑鬱[억울] 애먼 일을 당해서 원통하고 답답함.
抑止[억지] 억눌러 제지함.

旭暉 旭暉 旭暉

日2 **旭** 빛날 욱　日9 **暉** 햇빛 휘

キョク(あさひ)　キ(ひかり)

旭暉[욱휘] 욱광(旭光).
旭光[욱광] 솟아오르는 아침 햇빛.
旭日[욱일] 아침 해.
旭日昇天[욱일승천] 아침 해가 하늘에 떠오름, 또는 그런 기세.
暉映[휘영] 반짝이며 비침.
暉暉[휘휘] 하늘이 맑고 밝은 모양.

蹂躪 蹂躪 蹂躪

足(⻊)9 **蹂** 밟을 유　足(⻊)20 **躪** 짓밟을 린

ジュウ(ふむ)　リン(ふむ)

蹂躪[유린] ①마구 짓밟음. ②폭력으로 타인의 권리를 침해함. 同 蹂躙
蹂躙[유린] 유린(蹂躪).
蹂踐[유천] 짓 밟음.
躪轢[인력] 마구 짓밟아서 심한 상처를 입힘.

瘳愈 瘳愈 瘳愈

疒11 **瘳** 병 나을 추　心9 **愈** 병 나을 유 / 더욱 유

リョウ(いえる)　ユ(いよいよ)

瘳愈[추유] 병이 나음.
愈往愈甚[유왕유심] 갈수록 점점 더 심함.
愈愚[유우] 어리석은 마음을 고침.
愈愈[유유] 마음속에 걱정하는 모양.
愈出愈怪[유출 유괴] 점점 더 괴상해짐.
愈出愈奇[유출 유기] 유출 유괴.

椿萱 椿萱 椿萱

木9 **椿** 참죽나무 춘 / 어르신네 「춘　艸(艹)9 **萱** 원추리 훤

チン(つばき)　ケン(かや)

椿萱[춘훤] 남의 부모를 존경하여 일컫는 말.
椿堂[춘당] 남의 아버지의 존칭.
椿府丈[춘부장] 남의 아버지의 존칭.
椿事[춘사] 뜻밖에 일어난 불행한 일.
椿壽[춘수] 오래 삶.
萱堂[훤당] 남의 어머니의 존칭.
萱菜[훤채] 원추리나물.

哀悼 哀悼 哀悼

口6 **哀** 서러울 애　心(忄)8 **悼** 슬퍼할 도

アイ(かなしい)　トウ(いたむ)

哀悼[애도] 사람의 죽음을 슬퍼함.
哀乞[애걸] 슬프게 하소연하여 빎.
哀憐[애련] 불쌍하게 여김.
哀話[애화] 슬픈 이야기. 「어 슬퍼함.
悼惜[도석] 죽은 사람을 애처롭게 여기
悼慄[도율] 슬퍼하고 두려워함.
悼痛[도통] 몹시 슬퍼함.

叱駐 叱駐 叱駐

口2 **叱** 꾸짖을질 シツ(しかる)

馬5 **駐** 머무를주 チュウ(とどまる)

丨 冂 口 口' 叱 『 馬 馸 駐 駐

叱責〔질책〕 꾸짖고 야단함.
叱辱〔질욕〕 꾸짖고 욕함.
叱咤〔질타〕 몹시 꾸짖음.
叱罵〔질매〕 꾸짖고 욕함.
駐在〔주재〕 일정한 곳에 머물러 있음.

桎躊 桎躊 桎躊

木6 **桎** 차꼬 질 シツ(あしかせ)

足(⻊)14 **躊** 머뭇거릴 주 チュウ(ためらう)

十 木 杯 桎 桎 𧾷 跓 跓 躊 躊

桎梏〔질곡〕 자유를 몹시 속박함.
桎䦧〔질해〕 비녀장.
躊佇〔주저〕 머뭇거림.
躊躇滿志〔주저만지〕 아주 만족함.
躊躇心〔주저심〕 속단을 내리지 못하고 주저하는 마음.

遮輯 遮輯 遮輯

辵(⻌)11 **遮** 막을 차 가릴 차 シャ(さえぎる)

車9 **輯** 모을 집 화목할집 シュウ(あつめる)

广 户 庐 庶 遮 亘 軋 輯 輯 輯

蒐輯〔수집〕 여러 가지 재료를 모아서 편집함.
遮斷〔차단〕 길을 막음.
遮路〔차로〕 길이 막힘.
編輯〔편집〕 저작물을 간행할 목적하에 수집한 기사 원고를 어떤 기록에 의하여 보충, 선택, 배열하여 형식을 갖추는 일.

嗟搾 嗟搾 嗟搾

口10 **嗟** 탄식할차 슬플 차 サ(なげく)

手(扌)10 **搾** 짤 착 압박할착 サク(しぼる)

口 呰 嗟 嗟 嗟 扌 扩 搾 搾 搾

嗟嘆〔차탄〕 한숨지어 탄식함.
嗟呼〔차호〕 슬프다.
嗟惜〔차석〕 애닯고 아까움.
搾搬〔착반〕 착취해서 날라 감.
搾取〔착취〕 몹시 누르거나 비틀어서 즙을 짜냄.

札竄 札竄 札竄

木1 **札** 편지 찰 패 찰 サツ(ふだ)

穴13 **竄** 숨을 찬 귀양보낼 찬 ザン(のがれる)

一 十 才 木 札 穴 竄 竄 竄 竄

札翰〔찰한〕 편지.
札記〔찰기〕 각 조목으로 나누어 기술함.
入札〔입찰〕 매매에 견적서를 들여보냄.
名札〔명찰〕 이름표.
竄伏〔찬복〕 도망하여 숨음.
竄入〔찬입〕 도망하여 들어감.

餐讒 餐讒 餐讒

食7 **餐** 삼킬 찬 반찬 찬 サソ(のむ)

言17 **讒** 참람할참 간악할참 ザン(そしる)

夕 奴 𣦼 餐 餐 言 訁 訡 讒 讒

餐飯〔찬반〕 밥을 먹음.
餐花〔찬화〕 국화 꽃을 따 먹음.
午餐〔오찬〕 낮에 대접하는 음식.
讒言〔참언〕 참소하는 말.
讒佞〔참녕〕 아첨하여 남을 참소함.
讒訴〔참소〕 참하여 귀양보냄.

愛惜 愛惜 愛惜

心 9 **愛** 사랑 애　心(忄) 8 **惜** 아낄 석

アイ(おしむ)　セキ(おしい)

爫 爫 悉 愛 愛　丶 忄 忄 惜 惜

愛惜 [애석] 사랑스럽고 아까움.
愛國 [애국] 나라를 사랑함.
愛慕 [애모] 사랑하고 그리워함.
敬愛 [경애] 공경하고 사랑함.
惜別 [석별] 이별을 섭섭히 여김.
惜陰 [석음] 시간을 소중히 여김.
惜敗 [석패] 아깝게 짐.

獰猛 獰猛 獰猛

犬(犭) 14 **獰** 모질 녕　犬(犭) 8 **猛** 날랠 맹 / 사나울 맹

ドウ(わるい)　モウ(たけし)

犭 犷 狞 獰 獰　犭 犭 犭 犴 猛

獰猛 [영맹] 모질고 사나움.
獰毒 [영독] 모질고 독살스러움.
獰惡 [영악] 사납고 악독함.
獰慝 [영특] 영악하고 간특함.
猛省 [맹성] 깊이 반성함.
猛襲 [맹습] 맹렬한 습격.
勇猛 [용맹] 용감하고 사나움.

燕巢 燕巢 燕巢

火(灬) 12 **燕** 제비 연　巛 8 **巢** 새집 소

エン(つばめ)　ソウ(す)

一 廿 𦫳 燕 燕　巛 巛 巢 巢 巢

燕巢 [연소] 제비의 집.
燕尾服 [연미복] 남자용 예복의 한 가지.
燕子 [연자] 제비.
燕雀 [연작] ① 제비와 참새. ② 소인(小人).
巢窟 [소굴] 도적·악당 등의 근거지.
巢穴 [소혈] 소굴(巢窟).
蜂巢 [봉소] 벌집.

煉獄 煉獄 煉獄

煉 쇠불릴 련　犬 10 **獄** 옥 옥

レン(ねる)　ゴク(ひとや)

火 炉 炣 煉 煉　犭 犭 犭 獄 獄

煉獄 [연옥] 죄를 지은 사람이 천국에 들어가기 전에 불에 의해서 죄를 정화한다는 곳.
煉乳 [연유] 달여서 진하게 만든 우유.
獄牢 [옥뢰] 죄인을 가두어 두는 곳.
獄死 [옥사] 옥중에서 죽음.
出獄 [출옥] 형을 마치고 감옥에서 나옴.

延眺 延眺 延眺

延 미칠 연 / 뻗칠 연　目 6 **眺** 바라볼 조

エン(のびる)　チョウ(ながめる)

下 𠆤 正 延 延　目 目 盯 眇 眺

延眺 [연조] 목을 길게 빼어 멀리 바라봄.
延期 [연기] 기한을 물려서 늘임.
延長 [연장] 길게 늘임.
遲延 [지연] 더디게 끌거나 끌리어 나감.
眺覽 [조람] 멀리 바라봄.
眺臨 [조림] 내려다봄.
眺望 [조망] ① 멀리 바라봄. ②전망(展望).

輦輿 輦輿 輦輿

車 8 **輦** 연 련 / 당길 련　車 10 **輿** 수레바탕 여 / 천지 여

レン(てぐるま)　ヨ(こし)

夫 扶 替 萫 輦　日 車 俥 𨏍 輿

輦輿 [연려] 임금이 타는 수레.
輦道 [연도] 궁중의 길.
輦夫 [연부] 연을 끄는 사람.
輦車 [연차] 손수레.
輿駕 [여가] 임금이 타는 수레.
輿馬 [여마] 임금이 타는 수레와 말.
輿地圖 [여지도] 세계 지도. 지도.

參滄 參滄 參滄

ㅿ 9 **參** 참여할참 / 셋 삼 — サン(まいる)

水(氵) 10 **滄** 큰바다창 — ソウ(さむい)

參照〔참조〕 참고하여 마주대어봄.
參與〔참여〕 참가하여 관계함.
參觀〔참관〕 참여하여 봄.
滄浪〔창랑〕 창파.
滄茫〔창망〕 넓고 멀어서 아득함.
滄桑〔창상〕 변하는 세상.

暢站 暢站 暢站

日 10 **暢** 통할 창 — チョウ(のべる)

立 5 **站** 역마을참 — タン(しゅくば)

暢達〔창달〕 거리낌 없이 시원하게 폄.
和暢〔화창〕 고루 번성함.
兵站〔병참〕 작전군을 위한 일체의 보급 및 후방과 연락하는 곳.
兵站基地〔병참기지〕 병참 임무를 띤 기지.

采陟 采陟 采陟

采 1 **采** 캘 채 / 채색 채 — サイ(とる)

阜(阝) 7 **陟** 오를 척 — チョク(のぼる)

采緞〔채단〕 혼인할 때 신랑집에서 신부집으로 미리 보내는 청색 홍색 등의 치마저고리감.
采色〔채색〕 풍채와 안색.
薇菜〔미채〕 고비 나물.
陟梯〔척제〕 사다리를 기어 오름.
陟降〔척강〕 오르 내림.

柵脊 柵脊 柵脊

木 5 **柵** 우리 책 / 울 책 — サク

肉(月) 6 **脊** 등성마루 척 — セキ(せ)

柵架〔책가〕 시렁.
柵枷〔책가〕 형틀.
脊骨〔척골〕 등골 뼈.
脊柱〔척주〕 등골 뼈로 이어있는 등마루 척추.
脊背〔척배〕 등 뒤.
脊椎動物〔척추동물〕 등뼈 동물.

貼牒 貼牒 貼牒

貝 5 **貼** 붙일 첩 — チョウ(つける)

片 9 **牒** 편지 첩 / 글씨판첩 — チョウ(かきつけ)

貼付〔첩부〕 착 들어 붙임.
貼聯〔첩련〕 관아에 제출하는 서류.
貼藥〔첩약〕 여러 약재로 지은 봉지에 싼 약.
牒報〔첩보〕 서면으로 상관에 보고함.
牒呈〔첩정〕 첩보.
封牒〔봉첩〕 편지.

憔悴 憔悴 憔悴

心(忄) 12 **憔** 파리할초 — ショウ(やつれる)

心(忄) 8 **悴** 파리할췌 — スイ(やつれる)

憔悴〔초췌〕 몸이 몹시 파리함.
憔容〔초용〕 말라빠진 모습.
憔心〔초심〕 고민하는 마음.
憔慮〔초려〕 애타는 생각.
憔燥〔초조〕 말라 빠지도록 다급함.
憔憂〔초우〕 근심.

攘夷 攘夷 攘夷

攘 手(扌) 17 물리칠양 ジョウ(はらう)
夷 大 3 오랑캐이 평평할이 イ(えびす)

扌 扩 揎 攮 攘 一 ㇒ 弓 弖 夷

攘夷[양이] 오랑캐를 물리침.
攘伐[양벌] 쳐서 물리침.
攘除[양제] 물리쳐 없앰.
攘斥[양척] 물리침.
夷曠[이광] 토지가 편편하고 넓음.
夷然[이연] 편편한 모양.
夷狄[이적] 오랑캐.

樞柄 枢柄 樞柄

樞 木 11 밑둥 추 긴요할추 スウ(とぼそ)
柄 木 5 자루 병 ヘイ(え)

木 桁 梧 樞 樞 十 木 朩 朽 柄

樞柄[추병] 정치의 가장 종요로운 권력.
樞機[추기] 중추가 되는 기관.
樞密[추밀] 중대하고 종요로운 기밀.
樞要[추요] 가장 요긴하고 종요로움.
柄授[병수] 권력을 내려줌.
柄臣[병신] 권력을 잡고 있는 신하.
權柄[권병] 권력을 가진 신분.

趨勢 趨勢 趨勢

趨 走 10 달아날추 スウ(おもむく)
勢 力 11 권세 세 행세 세 セイ(いきおい)

土 走 趄 趨 趨 夫 坴 埶 勢 勢

趨勢[추세] 되어 가는 형편.
趨光性[추광성] 생물의 빛에 대한 추성.
趨性[추성] 생물이 단순한 자극에 대하여 쏠리는 성질.
勢家[세가] 권세가 있는 집안.
勢力[세력] 권세의 힘.
氣勢[기세] 의기가 강한 형세.

艾餠 艾餠 艾餠

艾 艸(艹) 2 쑥 애 ガイ(よもぎ)
餠 食(飠) 8 밀가루떡 병 ヘイ(もち)

一 艹 艿 艾 𠂉 飠 飠 餅 餠

艾餠[애병] 쑥떡.
艾菊菜[애국채] 쑥갓나물.
艾年[애년] 쉰 살. 50 세.
艾葉[애엽] 약쑥의 잎사귀.
餠金[병금] 떡같이 둥근 금덩이.
餠餌[병이] 떡.
畫餠[화병] 그림의 떡. 「화중지병(畫中之餠)」의 준말.

諒察 諒察 諒察

諒 言 8 믿을 량 알 량 リョウ(まこと)
察 宀 11 살필 찰 サツ(しる)

言 訁 諒 諒 諒 宀 宊 宊 察 察

諒察[양찰] 생각하여 미루어 살핌.
諒知[양지] 살펴서 앎.
諒解[양해] 사정을 참작하여 잘 이해함.
恕諒[서량] 사정을 살피어 용서함.
察知[찰지] 살펴서 앎.
考察[고찰] 상고하여 살펴봄.
觀察[관찰] 사물을 주의하여 살펴봄.

笞罰 笞罰 笞罰

笞 竹 5 볼기칠태 チ(むちうつ)
罰 网(罒) 9 벌줄 벌 バツ(ばっする)

𠂉 竺 笞 笞 笞 罒 罒 罒 詈 罰

笞罰[태벌] 볼기를 치는 형벌.
笞擊[태격] 매질. 호된 매질.
笞刑[태형] 매로 볼기를 치는 형벌.
罰金[벌금] 벌로서 내는 돈.
罰酒[벌주] 벌로 먹이는 술.
罰則[벌칙] 죄를 범한 자를 처벌하는 규칙.
嚴罰[엄벌] 엄하게 벌을 줌.

薦隻 薦隻 薦隻

艸(艹)13 **薦** 드릴 천 / 천거할천　隹2 **隻** 외짝 척

セン(すすめる)　セキ(ひとつ)

薦舉[천거] 인재를 어떤 자리에 쓰도록 추천함.
薦目[천목] 관리를 천거할 때 필요한 명목.
隻句[척구] 짝귀.
薦進[천진] 사람을 천거하여 쓰이게 함.
薦枕[천침] 첩이나 시녀 등이 침석에 모심.

遷尖 遷尖 遷尖

辵(辶)12 **遷** 옮길 천　小3 **尖** 뾰족할첨

セン(うつす)　セン(とがる)

遷墓[천묘] 무덤을 딴 곳으로 옮김.
遷去[천거] 이사 감. 옮김.
遷延[천연] 느릿느릿 옮김.
尖端[첨단] 맨 끝.
尖兵[첨병] 최전선의 정찰병.
尖銳[첨예] 끝이 뾰족함.

踐瞻 踐瞻 踐瞻

足(⻊)8 **踐** 밟을 천　目13 **瞻** 볼 첨

セン(ふむ)　セン(みあげる)

踐言[천언] 언약한 대로 어기지 않고 실행함.
踐職[천직] 직무를 착실히 실행함.
實踐[실천] 실제로 행함.
瞻聆[첨령] 뭇사람의 보고 듣는 일.

帖滯 帖滯 帖滯

巾5 **帖** 문서 첩　水(氵)11 **滯** 막힐 체 / 쌓일 체

チョウ(かきもの)　タイ(とどこおる)

手帖[수첩] 휴대용으로 간단한 사실이나 기억 등을 기록하는 책.
粧帖[장첩] 아담하게 꾸며 만든 서화첩.
小帖[소첩] 작은 책첩.
滯留[체류] 머물러 있음.
凝滯[응체] 막히거나 걸림.

疊逮 疊逮 疊逮

田17 **疊** 거듭 첩 / 포갤 첩　辵(辶)8 **逮** 잡아가둘 체

ジョウ(たたみ)　タイ(およぶ)

疊設[첩설] 거듭 설치함.
疊雲[첩운] 거듭 쌓인 구름.
疊疊山中[첩첩산중] 첩첩히 쌓인 산 속.
逮捕[체포] 죄인을 잡아놓음.
逮夜[체야] 기월(忌月)의 전날 밤.
逮禁[체금] 붙들어 가둠.

締諜 締諜 締諜

糸9 **締** 맺을 체　言9 **諜** 이간할첩

テイ(しまる)　チョウ(かんちょう)

締約[체약] 약속을 맺음.
締盟[체맹] 동맹을 체결함.
匪諜[비첩] 적의 첩대.
諜報[첩보] 적의 사정을 정탐하여 알려 줌.
諜者[첩자] 정보를 캐내어 알리는 자.
防諜[방첩] 적의 첩자를 막음.

叱咤叱咤叱咤

口2 **叱** 꾸짖을질 シツ(しかる)
口6 **咤** 꾸짖을타 タ(したうち)

叱咤[질타] 언성을 높여 꾸짖음.
叱辱[질욕] 꾸짖어 욕함.
叱正[질정] 꾸짖어 바르게 함.
叱責[질책] 꾸짖어서 나무람.
咤食[타식] 혓소리를 내며 먹음.
咤叱[타질] 꾸짖음.
咤咤[타타] 노한 소리.

妓樓妓樓妓樓

女4 **妓** 기생 기 キ(わざおぎ)
木11 **樓** 다락 루 ロウ(たかどの)

妓樓[기루] 기생과 노는 집.
妓女[기녀] 기생.
妓夫[기부] 기둥서방.
妓樂[기악] 기생과 풍류.
樓閣[누각] 높이 지은 다락집.
樓門[누문] 위에 다락을 설치한 문.
樓船[누선] 다락이 있는 배.

執拗執拗執拗

土8 **執** 잡을 집 シツ(とる)
手(扌)5 **拗** 꺾을 요 고집스러울 요 オウ, ヨウ(くじく)

執拗[집요] 고집스럽게 끈질김.
執念[집념] 마음에 새겨 움직이지 않는 일념.
執筆[집필] 붓을 잡고 작품 등의 글을 씀.
執行[집행] 실제로 일을 잡아 행함.
固執[고집] 자기 의견을 굳게 지킴.
拗强[요강] 삐겨 우겨댐.
拗怒[요노] 분노를 억제함.

幾箇幾箇幾箇

幺9 **幾** 얼마 기 キ(いく)
竹8 **箇** 낱 개 カ(かず)

幾箇[기개] 몇 개.
幾望[기망] 음력 매월 14일 밤.
幾微[기미] 낌새. 전조(前兆).
幾次[기차] 몇 번. 몇 차례.
箇箇[개개] 낱낱. 하나하나.
箇數[개수] 물건의 수효.
箇中[개중] 여럿이 있는 그 가운데.

贊佐贊佐贊佐

貝12 **贊** 도울 찬 サン(たすける)
人(亻)5 **佐** 도울 좌 サ(たすける)

贊佐[찬좌] 찬동하여 도와줌.
贊否[찬부] 찬성과 불찬성.
贊成[찬성] 옳다고 동의함.
協贊[협찬] 협력하여 도움.
佐僚[좌료] 상관을 보좌하는 벼슬아치.
佐理[좌리] 정치를 도와 나라를 다스림.
佐命[좌명] 임금을 도움.

矜持矜持矜持

矛4 **矜** 자랑할긍 불쌍할긍 キョウ(ほこる)
手(扌)6 **持** 가질 지 ジ(もつ)

矜持[긍지] 자신하는 바가 있어서 자랑함.
矜驕[긍교] 뽐내고 방자함.
矜憫[긍민] 가엾게 여겨 근심함.
矜恤[긍휼] 가엾게 여겨 구휼함.
持久[지구] 오래 견딤.
持續[지속] 계속하여 지녀 나감.
維持[유지] 지탱하여 감. 지니어 감.

諦超 諦超 諦超

言 9 **諦** 살필 체 テイ(あきらか)

走 5 **超** 뛰어넘을 초 チョウ(こえる)

諦視[체시] 주의하여 똑똑히 봄.
諦聽[체청] 주의하여 똑똑히 들음.
諦念[체념] 단념함.
超脫[초탈] 벗어남.
超過[초과] 일정수를 지나침.
超越[초월] 지나쳐 넘어 섬.

樵囑 樵囑 樵囑

木 12 **樵** 땔나무초 나뭇군초 ショウ(きこり)

口 21 **囑** 부탁할촉 ショク(たのむ)

樵歌[초가] 나뭇군의 노래.
樵童[초동] 나무하는 아이들.
樵夫[초부] 나뭇군.
囑望[촉망] 잘 되기를 바라고 기대함.
囑託[촉탁] 부탁하여 맡김.
囑目[촉목] 주의함.

燭抄 燭抄 燭抄

火 13 **燭** 촛불 촉 ショク(ともしび)

手(扌) 4 **抄** 베낄 초 ショウ(ぬきがき)

火燭[화촉] 촛불을 밝힘.
燭臺[촉대] 촛불 켜는 대.
燭膿[촉농] 촛불에 녹아 내림.
華燭之典[화촉지전] 결혼식.
抄本[초본] 원본을 베낌.
抄略[초략] 노략질로 뺏음.

叢觸 叢觸 叢觸

又 16 **叢** 떨기 총 모을 총 ソウ(くさむら)

角 13 **觸** 찌를 촉 느낄 촉 ショク(さわる)

叢書[총서] 많이 모아 쌓은 서적. 계속 출판하는 같은 종류의 책.
叢說[총설] 모아놓은 모든 학설.
叢記[총기] 여럿을 모아서 기록함
觸感[촉감] 피부에 받는 느낌.
觸禁[촉금] 금지하는일에 저촉됨.

聰椎 聰椎 聰椎

耳 11 **聰** 귀밝을총 ソウ(さとい)

木 8 **椎** 쇠몽둥이 추 ツイ(つち)

聰氣[총기] 총명한 기운.
聰明[총명] 총기가 좋고 명민함.
聰敏[총민] 총명하고 민첩함.
脊椎動物[척추동물] 등뼈 동물.
椎骨[추골] 등골 뼈.
椎耳[추이] 표고.

醜蓄 醜蓄 醜蓄

酉 10 **醜** 추할 추 シュウ(みにくい)

艸(艹) 10 **蓄** 모을 축 쌓을 축 チク(たくわえる)

醜貌[추모] 추한 모양.
醜女[추녀] 못 생긴 여자.
醜談[추담] 추한 이야기.
蓄財[축재] 재물을 모음.
蓄積[축적] 쌓아 둠.
蓄妾[축첩] 첩을 둠.

急遽 急遽 急遽

心 5 **急** 급할 급

辵(辶) 13 **遽** 급할 거

キュウ(いそぐ)　キョ(すみやか)

急遽[급거] 갑자기. 썩 급하게.
急流[급류] 급히 흐르는 물.
急錢[급전] 급히 쓸 돈.
至急[지급] 매우 급함.
遽色[거색] 당황한 얼굴의 기색.
遽然[거연] 급한 모양.
遽卒[거졸] 갑자기. 급히.

琴瑟 琴瑟 琴瑟

玉(王) 8 **琴** 거문고 금

玉(王) 9 **瑟** 비파 슬

キン(こと)　シツ(おおごと)

琴瑟[금슬] ①거문고와 비파. ②부부간의 「화락한 즐거움.
琴線[금선] 거문고 줄.
琴韻[금운] 거문고의 소리.
彈琴[탄금] 거문고를 탐.
瑟瑟[슬슬] 바람이 솔솔 부는 소리의 「형용.
瑟縮[슬축] 오그라지고 늘지 않음.
膠瑟[교슬] 융통이 되지 않음의 비유.

寸楮 寸楮 寸楮

寸 0 **寸** 치 촌 / 마디 촌

木 9 **楮** 닥나무 저 / 종이 저

スン(すこし)　チョ(こうぞ)

寸楮[촌저] 짧은 편지.
寸暇[촌가] 아주 짧은 겨를.
寸陰[촌음] 썩 짧은 시간.
寸土[촌토] 조그마한 땅.
楮墨[저묵] 종이와 먹.
楮錢[저전] 종이로 만든 돈.
楮田[저전] 닥나무를 심는 밭.

諂諛 諂諛 諂諛

言 8 **諂** 아첨할 첨

言 9 **諛** 아첨할 유

テン(へつらう)　ユ(へつらう)

諂諛[첨유] ① 매우 아첨함. ② 아첨 잘하는 소인.
諂佞[첨녕] 매우 아첨함. 알랑거리며 아「첨함.
諂笑[첨소] 아양떨며 웃는 웃음.
諛佞[유녕] 남에게 영합하여 아첨함.
諛言[유언] 아첨하여 하는 말.
諛悅[유열] 아첨하여 기쁘게 함.

躑躅 躑躅 躑躅

足(⻊) 15 **躑** 머뭇거릴 척 / 철쭉꽃 척

足(⻊) 13 **躅** 자취 촉 / 철쭉꽃 촉

テキ(つつじ)　チョク(たたずむ)

躑躅[척촉] ①보행이 머뭇거리는 모양. 또는 제자리걸음을 함. ② 철쭉나무.
躑躅科[척촉과] 철쭉과.
躑躅花[척촉화] 철쭉꽃.
羊躑躅[양척촉] 철쭉.
躅路[촉로] 발자취.

囹圄 囹圄 囹圄

口 5 **囹** 옥 령

口 7 **圄** 옥 어 / 가둘 어

レイ(ひとや)　ゴ(ひとや)

囹圄[영어] 감옥.
囹圉[영어] 영어(囹圄). 「이름.
囹圄空[영어공] 옥중에 죄인이 없음을
囹圄即福堂[영어즉복당] 감옥은, 죄인을 넣어 두면 반성하여 선한 사람이 된다 하여, 복된 집이란 뜻.

錘翆 錘翆 錘翆

金8 **錘** 저울눈추 スイ(つむ)

羽8 **翠** 비취 취 / 산기운 취 スイ(みどり)

錘點[추점] 저울 눈.
鐵錘[철추] 쇠 저울.
銳錘[예추] 세밀한 것을 다는 저울.
翠松[취송] 푸른 솔.
翠苔[취태] 푸른 이끼.

丑聚 丑聚 丑聚

一3 **丑** 소 축 チュウ(うし)

耳8 **聚** 모을 취 シュウ(あつまる)

丑日[축일] 일진이 축인 날.
丑時[축시] 오전 1시 부터 3시 사이.
丑生[축생] 난해의 띠가 축(丑)이 되는 사람.
聚落[취락] 상호 부조를 목적으로 하는 인간의 집단적인 거주의 장소.

峙臭 峙臭 峙臭

山6 **峙** 산이우뚝 솟을 치 ジ(とうげ)

自4 **臭** 냄새 취 シュウ(くさい)

峙立[치립] 높이 솟아 있음.
峙積[치적] 높이 쌓음.
臭氣[취기] 나쁜 냄새.
臭蟲[취충] 빈대.
臭敗[취패] 냄새가 몹시 나도록 썩어 문드러짐.

幟枕 幟枕 幟枕

巾12 **幟** 깃대 치 シ(のぼり)

木4 **枕** 베개 침 チン(まくら)

徽幟[휘치] 휘날리는 기치.
拔幟[발치] 적의 기를 뺏음.
枕木[침목] 장대한 물건 밑에 가로 깔아 놓는 목재.
枕上[침상] 누어 있는 베개.
枕屛[침병] 가리개.

恥秤 恥秤 恥秤

心6 **恥** 부끄럼치 チ(はじる)

禾5 **秤** 저울 칭 ショウ(はかる)

廉恥[염치] 청렴하고 깨끗하여 부끄러움을 아는 마음.
秤杆[칭간] 저울 대.
秤錘[칭추] 저울의 추.
羞恥[수치] 부끄러움.
恥辱[치욕] 수치스럽고 모욕된 일.

唾馳 唾馳 唾馳

口8 **唾** 침 타 / 버릴 타 ダ(つば)

馬3 **馳** 달릴 치 チ(はせる)

唾壺[타호] 가래침을 뱉는 단지.
唾口[타구] 가래침을 뱉는 그릇.
唾罵[타매] 침을 뱉고 욕을 마구 퍼부음.
唾面[타면] 못된 사람의 얼굴에 침을 뱉고 또 욕을 보임.
驅馳[구치] 몰아 달림.

靈芝

雨 16 **靈** 신령 령 — レイ(たましい)

艸(艹) 4 **芝** 영지 지 / 버섯 지 — シ(しば)

靈芝[영지] 고목에서 나는 버섯의 일종.
靈感[영감] 신불(神佛)의 영묘한 감응.
靈界[영계] 정신의 세계.
靈妙[영묘] 신령하고 기묘함.
靈長[영장] 영묘한 힘을 가진 우두머리.
芝蘭[지란] ① 지초와 난초. ② 군자.
芝草[지초] 지치과에 속하는 다년초.

毆罵

殳 11 **毆** 쥐어박을 구 — オウ(なぐる)

网(罒) 10 **罵** 꾸짖을 매 — バ(ののしる)

毆罵[구매] 때리고 욕함.
毆殺[구살] 때려 죽임.
毆傷[구상] 때려 다치게 함.
毆打[구타] 때림. 두들김.
罵譏[매기] 꾸짖어 나무람.
罵倒[매도] 몹시 꾸짖어 욕함.
罵辱[매욕] 꾸짖고 욕하여 창피하게 함.

跼蹐

足(⻊) 7 **跼** 구부릴 국 — キョク(せぐくまる)

足(⻊) 10 **蹐** 발소리없이 걸을 척 — セキ(ぬきあし)

跼蹐[국척] 등을 웅크리어 펴지 아니함. 곧 몹시 두려워 몸 둘 곳을 모름.
跼步[국보] 등을 구부리고 걸음.
跼天蹐地[국천척지] 국척(跼蹐).
跼躅[국촉] 갈까말까 머뭇거리는 모양. 가는 것을 망설이는 모양.
跼蹜[국축] 국척(跼蹐).

枸杞

木 5 **枸** 구기자 구 / 굽을 구 — ク

木 3 **杞** 산버들 기 / 개버들 기 — キ

枸杞[구기] 구기자나무.
枸橘[구귤] 탱자나무.
枸杞子[구기자] 구기자나무의 열매.
枸木[구목] 굽어 있는 나무.
杞棘[기극] 기나무와 가시나무.
杞柳[기류] 고리버들.
杞憂[기우] 장래의 일에 대한 쓸데없는 걱정.

拘礙

手(扌) 5 **拘** 잡을 구 / 거리낄 구 — コウ(かかわる)

石 14 **礙** 거리낄 애 / 막을 애 — ガイ(さまたげる)

拘礙[구애] 거리낌.
拘禁[구금] 구속하여 감금함.
拘束[구속] 체포하여 속박함.
拘引[구인] 체포하여 데리고 감.
礙眼[애안] 눈에 거리낌.
礙人耳目[애인이목] 다른 사람의 이목을 꺼림.
礙滯[애체] 걸리어 막혀 버림.

懦闇

心(忄) 14 **懦** 나약할 나 — ダ(よわい)

門 9 **闇** 어두울 암 — アン(くらい)

懦闇[나암] 약하고 혼미함.
懦怯[나겁] 겁이 많음.
懦夫[나부] 겁이 많고 의지가 약한 사람.
懦弱[나약] 의지가 굳세지 못함.
闇鈍[암둔] 못나고 어리석고 우둔함.
闇昧[암매] 어리석어 몽매함.
闇弱[암약] 어리석고 빙충맞음.

墮雉 墮雉 墮雉

土 12 **墮** 떨어질타 　 隹 5 **雉** 꿩 치

ダ(おちる) 　 チ(きじ)

阝 阝 陊 陏 墮 　 𠂉 矢 矧 矨 雉

墮落〔타락〕 품행이 좋지 못하여 못된 곳에 빠짐.

墮伏〔타복〕 떨어져 엎드려짐.

雉湯〔치탕〕 꿩국.

雉城〔치성〕 성가퀴.

雄雉〔웅치〕 수꿩.

卓妥 卓妥 卓妥

十 6 **卓** 높을 탁 / 탁자 탁 　 女 4 **妥** 타협할타 / 편안할타

タク(すぐれる) 　 ダ(おだやか)

⺊ 卢 卣 卓 卓 　 𠂊 爫 妥 妥 妥

卓見〔탁견〕 탁월한 견식.

卓說〔탁설〕 탁월한 논설.

卓識〔탁식〕 뛰어난 식견.

卓越〔탁월〕 월등하게 뛰어남.

妥靈〔타령〕 신주를 모심.

妥議〔타의〕 온당하여 서로 의논함.

舵呑 舵呑 舵呑

舟 5 **舵** 키 타 　 口 4 **呑** 삼킬 탄

ダ(かじ) 　 ドン(のむ)

舟 舟 舵 舵 舵 　 一 二 天 呑 呑

舵尾〔타미〕 키.

舵工〔타공〕 키잡이.

舵柶〔타본〕 키자루.

舵櫓〔타로〕 배의 노.

呑停〔탄정〕 밀린 관곡을 사사로 받아 먹음.

鐸坦 鐸坦 鐸坦

金 13 **鐸** 요령 탁 / 목탁 탁 　 土 5 **坦** 평평할탄 / 넓을 탄

タク(すず) 　 タン(たいらか)

金 鈩 鐸 鐸 鐸 　 十 土 圦 坦 坦

木鐸〔목탁〕 ①절에서 치는 나무 방울. ②세상 사람을 가르쳐 인도할 만한 사람을 가리켜 하는 말.

托鉢僧〔탁발승〕 탁발하러 다니는 중.

坦道〔탄도〕 탄탄한 대로.

塔嘆 塔嘆 塔嘆

土 10 **塔** 탑 탑 　 口 11 **嘆** 한숨쉴탄

トウ(とう) 　 タン(なげく)

土 圹 坩 塔 塔 　 口 呌 咁 嗤 嘆

碑塔〔비탑〕 비와 탑.

石塔〔석탑〕 돌탑.

痛嘆〔통탄〕 쓰라리게 탄식함.

慨嘆〔개탄〕 개연히 탄식함.

嘆美〔탄미〕 아름다움을 일컬어서 그리워 함.

嘆息〔탄식〕 한숨을 쉬며 한탄함.

殆湯 殆湯 殆湯

歹 5 **殆** 위태할태 / 거의 태 　 水(氵) 9 **湯** 물끓일탕

タイ(あやうい) 　 トウ(ゆ)

𠂆 歹 歼 殆 殆 　 氵 沪 浔 湯 湯

殆無〔태무〕 거의 없음.

殆哉〔태재〕 위태로움.

危殆〔위태〕 위험함.

殆及〔태급〕 거의.

殆至一載〔태지일재〕 거의 일년.

浴湯〔욕탕〕 목욕탕.

桔梗 桔梗 桔梗

木6 **桔** 도라지길 木7 **梗** 산느릅나무 경 곧을 경

ケツ(ききょう) コウ(ふさぐ, やまにれ)

桔梗[길경] 도라지.
桔梗菜[길경채] 도라지 나물.
梗槪[경개] 개략(槪略). 대략(大略).
梗澀[경삽] 막혀 통하지 아니함.
梗塞[경색] 사물 특히 금전이 융통되지 않고 꽉 막힘. 「생김.
生梗[생경] 두 사람 사이에 불화한 일이

玉璽 玉璽 玉璽

玉0 **玉** 구슬 옥 玉14 **璽** 옥새 새

ギョク(たま) ジ(しるし)

玉璽[옥새] 임금의 도장.
玉骨[옥골] 살 빛이 희고 고결한 사람.
玉杯[옥배] 옥으로 만든 잔.
玉石[옥석] 옥과 돌.
玉泉[옥천] 옥같이 매우 맑은 샘.
璽寶[새보] 옥새와 옥보(玉寶).
璽符[새부] 임금의 도장.

裸麥 裸麥 裸麥

衣(衤)8 **裸** 벌거벗을 라 麥0 **麥** 보리 맥

ラ(はだか) バク(むぎ)

裸麥[나맥] 쌀보리.
裸跣[나선] 알몸과 맨발.
裸體[나체] 알몸. 「이 그대로 드러남.
赤裸裸[적나라] 아무 가림이 없이 진상
麥藁[맥고] 밀·보리의 짚.
麥飯[맥반] 보리밥.
麥芽[맥아] ① 보리 싹. ② 엿기름.

懊嘆 懊嘆 懊嘆

心(忄)13 **懊** 한할 오 口11 **嘆** 한숨쉴 탄

オウ(なやむ) タン(なげく)

懊嘆[오탄] 원망하고 한탄함.
懊惱[오뇌] 근심하고 괴로와함.
懊恨[오한] 원망함.
懊悔[오회] 뉘우치고 한탄함.
嘆哭[탄곡] 한탄하여 욺.
嘆息[탄식] 한숨을 쉬며 한탄함.
嘆嗟[탄차] 한탄함.

汲桶 汲桶 汲桶

水(氵)4 **汲** 물길을 급 木7 **桶** 통 통

キュウ(くむ) トウ(おけ)

汲桶[급통] 물 긷는 통.
汲古[급고] 고서(古書)를 탐독함.
汲汲[급급] 쉬지 않고 노력함. 분주한
汲路[급로] 물을 긷는 길. 「모양.
汲水[급수] 물을 길음.
汲引[급인] 물을 길어 올림.
水桶[수통] 물통.

豈敢 豈敢 豈敢

豆3 **豈** 어찌 기 攴(攵)8 **敢** 구태여 감 감히 감

キ(あに) カン(あえて)

豈敢[기감] 어찌 감히.
豈不[기불] 어찌 …않으랴. 「못함.
敢不生心[감불생심] 감히 엄두도 내지
敢死[감사] 죽기를 두려워하지 않음.
敢行[감행] 용감하게 행함.
不敢[불감] 감히 하지 못함.
焉敢[언감] 어찌 감히.

苔播 苔播 苔播

竹5 **答** 볼기칠태 チ(むちうつ)

手(扌)12 **播** 심을 파 ハ(まく)

⺮ 𥫗 笞 笞 笞 扌 扌 挴 播 播

苔蘚〔태선〕 이끼.
播植〔파식〕 씨를 뿌리어 심음.
苔紋〔태문〕 이끼 모양으로 생긴 무늬.
苔碑〔태비〕 이끼가 낀 비석.
苔田〔태전〕 바닷가에 김을 가꾸어서 뜯어 내려고 마련한 곳.

琶胎 琶胎 琶胎

肉(月)5 **胎** 애밸 태 タイ(はらむ)

玉(王)8 **琶** 비파 파 ハ

丿 月 胩 胎 胎 T 王 珏 琵 琶

孕胎〔잉태〕 아이를 뱀.
琵琶〔비파〕 악기의 일종.
琵琶 〔비파성〕 비파 소리.
胎動〔태동〕 모태 안에서 태아가 움직임.
胎兒〔태아〕 모체 안에서 자라고 있는 아이. 「궁벽의 부분.
胎盤〔태반〕 태가 붙어 있게 된 자

兎罷 兎罷 兎罷

儿6 **兎** 토끼 토 ト(うさぎ)

网(罒)10 **罷** 파할 파 ヒ(やめる)

⺈ 𠂊 仒 兎 兎 罒 罒 罷 罷 罷

兎糞〔토분〕 토끼 똥.
兎皮〔토피〕 토끼 가죽.
兎眼〔토안〕 토끼 눈.
罷歸〔파귀〕 일을 마치고 돌아감.
罷業〔파업〕 "同盟罷業"의 준말.
罷家〔파가〕 살림을 파탄시킴.

頗沛 頗沛 頗沛

頁5 **頗** 비뚤어질 파 ハ(かたよる, すこぶる)

水(氵)4 **沛** 비쏟아질 패, 넉넉할패 ハイ(ゆたか)

丿 厂 皮 頗 頗 氵 氵 汻 沛 沛

頗多〔파다〕 몹시 많음.
頗遲〔파지〕 좀 늦음.
頗安〔파안〕 좀 편안함.
沛然〔패연〕 비가 억수로 쏟아지는 모양.

貝扁 貝扁 貝扁

貝0 **貝** 조개 패, 재물 패, 비단 패 バイ(かい)

戶5 **扁** 작을 편, 특별할편 ヘン(ひらたい)

丨 冂 月 目 貝 厂 戶 肩 扁 扁

貝物〔패물〕 호박, 수정과 같은 것으로 만든 물건들.
貝石〔패석〕 조개의 화석.
貝殼〔패각〕 조개 껍질.
扁桃〔편도〕 식물의 일종.
扁額〔편액〕 벽에 거는 현판.

咆貶 咆貶 咆貶

口5 **咆** 짐승소리 포 ホウ(ほえる)

貝5 **貶** 덜릴 폄, 떨어질폄 ヘン(おとす)

口 口' 叼 咆 咆 冂 貝 貝' 貶 貶

咆哮〔포효〕 노해서 소리 지름.
咆聲〔포성〕 노한 소리.
咆躍〔포약〕 노해서 뜀.
貶謫〔폄적〕 벼슬을 떨어뜨림.
貶斥〔폄척〕 면직.

規矩 規矩 規矩

見 4 **規** 법 규 / 그림쇠 규 キ(のり)

矢 5 **矩** 곡척 구 / 법 구 ク(のり)

規矩[규구] ① 그림쇠. ② 행위의 표준.
規格[규격] 일정한 표준.
規約[규약] 약정(約定)한 규칙.
法規[법규] 법률의 규정.
矩墨[구묵] 곱자와 먹줄. 곧 법칙을 이름.
矩尺[구척] 기역자자.
矩形[구형] 네 각이 직각을 이룬 사변형.

肌膚 肌膚 肌膚

肉(月) 2 **肌** 살 기 キ(はだ)

肉(月) 11 **膚** 살 부 / 피부 부 フ(はだ)

肌膚[기부] 살갗.
肌膏[기고] 살갗의 기름.
肌骨[기골] 살과 뼈.
肌理[기리] 살결.
膚見[부견] 피상적인 관찰.
膚理[부리] 살결.
膚敏[부민] 인물이 뛰어나고 슬기로움.

羈絆 羈絆 羈絆

襾 19 **羈** 말굴레 기 キ(たづな)

糸 5 **絆** 옭아맬 반 / 말굴레 반 ハン(きずな)

羈絆[기반] ① 굴레. 또, 굴레를 씌우는 일. ② 자유를 구속하는 일.
絆拘[반구] 얽어 묶음.
絆緣[반연] 얽혀서 맺는 인연.
絆創膏[반창고] 헝겊에 약품을 발라서 만든 고약의 일종.
脚絆[각반] 걸을 때 다리에 감는 헝겊띠.

遵據 遵據 遵據

辵(辶) 12 **遵** 좇을 준 / 지킬 준 ジュン(したがう)

手(扌) 13 **據** 의지할 거 / 웅거할 거 キョ(よる)

遵據[준거] 예로부터의 전례에 의거함.
遵法[준법] 법령을 지킴.
遵守[준수] 그대로 좇아 지킴.
遵行[준행] 그대로 따라 행함.
據實[거실] 사실에 의거함.
據點[거점] 의거하여 지키는 곳.
根據[근거] 사물의 토대.

膿疥 膿疥 膿疥

肉(月) 13 **膿** 고름 농 ノウ(うみ)

疒 4 **疥** 옴 개 カイ(しつ)

膿疥[농개] 고름이 든 옴.
膿潰[농궤] 종기가 곪아서 터짐.
膿液[농액] 고름.
膿汁[농즙] 고름.
膿血[농혈] 피고름.
疥癬[개선] 옴.
疥瘡[개창] 개선(疥癬).

嵐翠 嵐翠 嵐翠

山 9 **嵐** 아지랭이 람 / 폭풍 람 ラン(あらし)

羽 8 **翠** 비취 취 / 산기운 취 スイ(みどり)

嵐翠[남취] 푸른 색의 산기(山氣).
嵐光[남광] 산기(山氣)가 발하여 빛을 냄.
嵐氣[남기] 산에 가득한 안개.
翠空[취공] 푸른 하늘.
翠雨[취우] 푸른 잎에 내리는 비.
翠陰[취음] 푸른 나무의 그늘.
翡翠[비취] 초록색을 띤 옥의 한 가지.

抱諷 抱諷 抱諷

手(扌)5 **抱** 안을 포 ホウ(だく)

言9 **諷** 욀 풍 フウ(うたう)

抱擁[포옹] 품안에 껴안음.
抱負[포부] 생각하고 있는 마음의 계획.
抱病[포병] 언제나 지니고 있는 병.
抱孫[포손] 손자를 봄.
諷諫[풍간] 풍자하여 간함.
諷刺[풍자] 빗대고 욕함.

豐怖 豐怖 豐怖

豆11 **豐** 풍년 풍 ホウ(ゆたか)

心(忄)5 **怖** 두려울포 フ(こわい)

豐足[풍족] 매우 넉넉함.
豐年[풍년] 곡식이 잘 되는 해.
豐富[풍부] 넉넉하고 많음.
豐作[풍작] 농사가 잘 됨.
怖畏[포외] 두렵고 무서움.
怖慄[포율] 무서워 떨음.

匹浦 匹浦 匹浦

匚2 **匹** 짝 필 ヒツ(ひきたぐい)

水(氵)7 **浦** 개 포 ホ(うら)

匹夫[필부] 보통 사람.
匹敵[필적] 어깨를 견줌.
匹馬[필마] 혼자 탄 말.
浦口[포구] 배가 드나드는 개의 어귀.
濟物浦[제물포] 인천의 옛이름.

畢剽 畢剽 畢剽

田6 **畢** 마칠 필 / 다할 필 ヒツ(おわる)

刀(刂)11 **剽** 겁박할표 ヒョウ(おびやかす)

畢納[필납] 반드시 납부함.
畢竟[필경] 마침내.
畢業[필업] 업을 끝마침.
剽窃[표절] 남의 글을 빼어 자기 것으로 발표함.
剽掠[표략] 협박하여 빼앗음.

豹乏 豹乏 豹乏

豸3 **豹** 표범 표 ヒョウ(ひょう)

丿4 **乏** 없을 핍 / 구차할핍 ボウ(とぼしい)

豹皮[표피] 표범의 가죽.
豹變[표변] 전 허물을 고쳐 달라짐.
豹死留皮[표사유피] 후세에 이름을 남김의 비유.
乏月[핍월] 음력 4월.
乏人[핍인] 인재가 결핍됨.
缺乏[결핍] 부족함.

逼瑕 逼瑕 逼瑕

辵(辶)9 **逼** 가까울핍 / 핍박할핍 ヒツ(せまる)

玉(王)9 **瑕** 옥티 하 カ(きず)

逼迫[핍박] 억누르고 구박함.
逼塞[핍색] 꽉 막아둠.
逼切[핍절] 핍진하고 절실함.
瑕蹟[하적] 흠이 난 자리.
瑕玉[하옥] 붉은 옥.
瑕疵[하자] 결점.

苔徑

苔徑 苔径 苔徑

艸(艹)5 **苔** 이끼 태 タイ(こけ)

彳7 **徑** 지름길 경 ケイ(こみち)

艹 芐 苎 苔 苔 彳 彳 徑 徑 徑

苔徑[태경] 이끼가 깔린 지름길.
苔碑[태비] 이끼 돋은 비석.
苔石[태석] 이끼 낀 돌.
苔泉[태천] 이끼가 덮인 샘.
徑道[경도] 좁은 길. 지름길.
徑路[경로] 오솔길.
徑畔[경반] 좁은 길거리.

宕巾

宕巾 宕巾 宕巾

宀5 **宕** 골집 탕 방탕할탕 トウ(おおまか)

巾0 **巾** 수건 건 キン(おおい)

宀 宀 宕 宕 宕 丨 冂 巾

宕巾[탕건] 갓 아래 받쳐 쓰는 관의 일종.
宕氅[탕창] 탕건과 창의(氅衣).
巾車[건거] 베나 비단으로 막을 쳐서 꾸민 수레.
巾櫛[건절] 수건과 빗.
巾布[건포] 두건을 만들 베.
巾幅[건폭] 종이나 비단 등의 나비.
手巾[수건] 얼굴 등을 닦기 위한 헝겊.

耽溺

耽溺 耽溺 耽溺

耳4 **耽** 즐길 탐 タン(ふける)

水(氵)10 **溺** 빠질 닉 デキ(おぼれる)

F 耳 耴 耽 耽 氵 汚 溺 溺 溺

耽溺[탐닉] 어떤 일을 몹시 즐겨 거기에 빠짐.
耽讀[탐독] 책을 즐겨 읽음.
耽美[탐미] 미를 추구하여 거기에 빠짐.
耽惑[탐혹] 마음이 빠져 미혹됨.
溺沒[익몰] 물 속에 빠져 버림.
溺死[익사] 물에 빠져 죽음.
溺愛[익애] 사랑에 빠짐. 지나치게 사랑함.

惻隱

惻隱 惻隱 惻隱

心(忄)9 **惻** 슬플측 불쌍할측 ソク(いたむ)

阜(阝)14 **隱** 숨을 은 イン(かくれる)

忄 忄 惧 惻 惻 阝 阝 陉 隱 隱

惻隱[측은] 딱하고 가엾음.
惻憫[측민] 가엾게 여겨 걱정함.
惻愴[측창] 가엾고 슬픔.
惻楚[측초] 가엾게 여겨 괴로와함.
隱居[은거] 세상을 피해 숨어 삶.
隱德[은덕] 사람에게 알려지지 않은 숨은 덕.
隱身[은신] 몸을 숨김.

寡慾

寡慾 寡慾 寡慾

宀11 **寡** 적을 과 과부 과 カ(すくない)

心11 **慾** 욕심 욕 ヨク(よく)

宀 宀 宣 寡 寡 谷 谷 欲 慾 慾

寡慾[과욕] 욕심이 적음.
寡陋[과루] 견문이 적어 완고함.
寡聞[과문] 들은 바가 적음.
寡婦[과부] 남편을 잃은 여자.
慾念[욕념] 하고자 하는 마음.
慾望[욕망] 부족을 채우려는 마음.
慾心[욕심] 자기만을 이롭게 하려는 마음.

滑稽

滑稽 滑稽 滑稽

水(氵)10 **滑** 익살스러울골 미끄러울 활 カツ(すべる)

禾10 **稽** 상고할계 ケイ(かんがえる)

氵 氵 氵 滑 滑 禾 稽 稽 稽 稽

滑稽[골계] 익살. 해학(諧謔).
滑降[활강] 비탈진 곳을 미끄러져 내림.
滑走[활주] 미끄러져 달아남.
滑車[활차] 도르래.
稽考[계고] 지나간 일을 상고함.
稽古[계고] 옛 일을 고찰하여 공부함.
稽首[계수] 이마가 땅에 닿도록 절함.

褒虐 褒虐 褒虐

衣9 **褒** 옷뒷길포 포장할포
ホウ(ほめる)

虍3 **虐** 혹독할학 사나울학
ギャク(しいたげる)

褒賞〔포상〕칭찬하여 상줌.
褒奬〔포장〕칭찬하고 장려함.
褒貶〔포폄〕시비 선악을 가림.
虐待〔학대〕가혹한 대우.
虐政〔학정〕포학한 정치.

鶴悍 鶴悍 鶴悍

鳥10 **鶴** 학 학
カク(つる)

心(忄)7 **悍** 사나울한
カン(あらい)

鶴首苦待〔학수고대〕몹시 바라고 기다림.
鶴舞〔학무〕학의 춤.
鶴望〔학망〕간절히 바람.
鶴禁〔학금〕왕세자가 거처하던 방
悍勇〔한용〕사납고 용맹스러움.
悍馬〔한마〕사나운 말.

翰函 翰函 翰函

羽10 **翰** 편지 한 날개 한
カン(ふみ)

凵6 **函** 함 함 글월 함
カン(はこ)

札翰〔찰한〕편지.
翰林〔한림〕벼슬 이름.
翰墨〔한묵〕문한과 필묵.
封緘〔봉함〕편지 부리를 붙임.
函丈〔함장〕스승.
函尺〔함척〕높 낮이를 재는 데 쓰는 자.

亥喊 亥喊 亥喊

亠4 **亥** 끝지지해 돼지 해
ガイ(い)

口9 **喊** 고함지를 함
カン(さけぶ)

初亥〔초해〕해시의 처음.
乙亥〔을해〕연수의 하나.
日亥〔일해〕일진의 지(支)가 해(亥)로 되는 날.
喊聲〔함성〕외치는 소리.
高喊〔고함〕높은 소리로 외침.
吶喊〔눌함〕부르짖음.

諧謔 諧謔 諧謔

言9 **諧** 기롱지거리할 해
カイ(やわらぐ)

言10 **謔** 기롱지거리할 학
ギャク(たわむる)

諧謔〔해학〕익살스럽고도 품위있는 농담.
謔劇〔학극〕실없는 말로 희롱하고 익살을 부림.
謔浪〔학랑〕학극과 같음.
諧調〔해조〕잘 조화됨.
諧謔家〔해학가〕익살을 썩 잘 떠는 사람.
詼諧〔회해〕익살. 유모어.

孩涵 孩涵 孩涵

子6 **孩** 어린아이 해
ガイ(おさなご)

水(氵)8 **涵** 젖을 함
カン(ひたす)

涵養〔함양〕차차 양성함.
涵泳〔함영〕헤엄침.
涵濕〔함습〕깊이 젖음.
孩兒〔해아〕어린애.
小孩〔소해〕어린 아이.
家孩〔가해〕집 아이.

巴戟 巴戟 巴戟

己1 **巴** 땅이름파 꼬리 파 ハ(うずまき)

戈8 **戟** 갈래진창 극 ゲキ(ほこ)

巴戟［파극］「파극천(巴戟天)」의 준말.
巴戟天［파극천］부조초(不凋草)의 뿌리.
巴人［파인］촌뜨기.
三巴戰［삼파전］셋이 어우러져 하는 싸움.
戟架［극가］창을 걸어 놓는 틀.
戟盾［극순］창과 방패.
矛戟［모극］창.

鮒魚 鮒魚 鮒魚

魚5 **鮒** 붕어 부 フ(ふな)

魚0 **魚** 고기 어 ギョ(うお)

鮒魚［부어］붕어.
魚介［어개］어류와 패류(貝類).
魚群［어군］물고기 떼.
魚隊［어대］물고기의 떼.
魚卵［어란］물고기의 알.
魚物［어물］생선을 가공하여 말린 것.
魚油［어유］물고기에서 짜낸 기름.

就捉 就捉 就捉

尢9 **就** 좇을 취 이룰 취 シュウ(つく)

手(扌)7 **捉** 잡을 착 ソク(とらえる)

就捉［취착］죄를 짓고 잡히게 됨.
就眠［취면］잠을 잠.
就業［취업］①업무에 종사함. ②취직.
就職［취직］직업을 얻음.
捉去［착거］붙잡아 감.
捉來［착래］붙잡아 옴.
捉囚［착수］죄지은 사람을 잡아 가둠.

股肱 股肱 股肱

肉(月)4 **股** 다리 고 コ(もも)

肉(月)4 **肱** 팔뚝 굉 コウ(ひじ)

股肱［고굉］다리와 팔.
股間［고간］사타구니.
股肱之臣［고굉지신］임금이 가장 믿는 중요한 신하.
股本［고본］공동으로 하는 사업에 각각 내는 밑천.
股慄［고율］두려워서 다리가 떨림.
肱膂［굉려］팔뚝과 등뼈.

跆拳 跆拳 跆拳

足(⻊)5 **跆** 밟을 태 タイ(かかと)

手6 **拳** 주먹 권 ケン(こぶし)

跆拳［태권］손으로 치고 발로 차고 하는 우리 나라 고유의 호신 무술의 하나.
拳銃［권총］총의 한 가지. 피스톨.
拳鬪［권투］가죽 장갑을 끼고 주먹으로 치고 받고 하는 경기.
鐵拳［철권］쇠뭉치같이 굳센 주먹.

堡砦 堡砦 堡砦

土9 **堡** 방축 보 작은성보 ホウ(とりで)

石5 **砦** 진터 채 サイ(とりで)

堡砦［보채］보루(堡壘).
堡壘［보루］적을 막기 위해 구축한 진지.
堡守兵［보수병］보루를 지키는 병사.
堡障［보장］보루(堡壘).
堡柵［보책］보루(堡壘).
堡聚［보취］많은 사람을 모아 보루를 지킴.
城砦［성채］성과 진터.

扈酷 扈酷 扈酷

戶7 **扈** 뒤따를호 コ(したがう)
酉7 **酷** 혹독할혹 コク(むごい)

跋扈[발호] 이곳저곳에서 날뛰고 야단침.
酷吏[혹리] 가혹한 관리.
酷毒[혹독] 가혹하고 지독함.
酷使[혹사] 지독히 부림.
扈從[호종] 장수를 따름.
扈駕[호가] 황제의 수레.

渾虎 渾虎 渾虎

水(氵)9 **渾** 흐릴 혼 / 섞일 혼 コン(すべて)
虍2 **虎** 범 호 コ(とら)

渾沌[혼돈] 사물의 구별이 분명치 않음.
渾成[혼성] 섞어서 만듬.
渾和[혼화] 혼연한 화기.
渾身[혼신] 온통 몸 전체.
渾融[혼융] 온통 융합됨.
虎穴[호혈] 호랑이 굴.
虎患[호환] 범이 끼치는 해.

昏瑚 昏瑚 昏瑚

日4 **昏** 어두울혼 コン(くらい)
玉(王)9 **瑚** 산호 호 コ(もりものだい)

珊瑚島[산호도] 산호가 바다 위로 드러나서 된 섬.
珊瑚珠[산호주] 산호로 만든 구슬.
珊瑚礁[산호초] 산호충의 암초.
珊瑚樹[산호수] 산호충의 뼈가 나무 가지 모양을 이룬 것.
珊瑚蟲[산호충] 산호 벌레.

惚熙 惚熙 惚熙

心(忄)8 **惚** 황홀할홀 コツ(うっとりする)
火(灬)9 **熙** 빛날 희 キ(ひかる)

惚然[홀연] 갑자기.
慌惚[황홀] 정신이 어찔하여 바로 잡기 어려움.
熙宗[희종] 고려조 21대의 임금.
熙朝[희조] 번영하던 왕조.
熙光[희광] 번쩍번쩍 빛나는 빛.

畫皓 畫皓 畫皓

田7 **畫** 그림 화 / 그을 획 ガ(えがく)
白7 **皓** 흴 호 / 밝을 호 コウ(しろい)

畫家[화가] 그림을 그리는 사람.
畫數[획수] 글씨 획의 수효.
畫策[획책] 일을 계획하는 꾀.
皓白[호백] 아주 흰 것.
皓雪[호설] 흰 눈.
皓齒[호치] 흰 이.

穫忽 穫忽 穫忽

禾14 **穫** 곡식거둘 확 カク(とりいれる)
心4 **忽** 깜짝할홀 / 잊을 홀 コツ(たちまち)

疎忽[소홀] 탐탁하게 생각지 않음.
穫取[확취] 걷어 가짐.
收穫[수확] 걷어 들임.
忽視[홀시] 가벼이 봄.
忽然[홀연] 갑자기.
忽地[홀지] 별안간.

丸哮 丸哮 丸哮

丶2 **丸** 둥글 환 / 총알 환
ガン(たま)

丿 九 丸

口7 **哮** 울부짖을 효
コウ(ほえる)

口 吽 哮 哮 哮

咆哮〔포효〕 노해서 소리 지름.

丸藥〔환약〕 둥근 약.

彈丸〔탄환〕 총알.

哮嚇〔효혁〕 성내어 외침.

哮喘〔효천〕 숨이 가쁜 모양.

吼驍 吼驍 吼驍

口4 **吼** 사자우는 소리 후
コウ(ほえる)

丨 口 吖 吁 吼

馬12 **驍** 좋은말 효
ギョウ(つよい)

馬 馬 駐 驊 驍

獅子吼〔사자후〕 사자의 우는소리. 외침 소리. 웅변.

鳴吼〔명후〕 외쳐 울음.

驍騎〔효기〕 효용한 기병.

驍勇〔효용〕 사납고 용맹스러움.

驍將〔효장〕 효용한 장수.

膾嚆 膾嚆 膾嚆

肉(月)13 **膾** 회칠 회
カイ(なます)

月 肣 脍 膾 膾

口14 **嚆** 우는살 효
コウ(さけぶ)

口 吽 嗃 嚆 嚆

膾炙〔회자〕 회와 구운 고기. 널리 사람의 입으로 퍼지어 오르내림.

膾殘魚〔회잔어〕 강이나 바다에서 사는 작은 물고기 이름.

膾截〔회절〕 회처럼 자르는 것.

嚆矢〔효시〕 모든 일의 시초.

蛔況 蛔況 蛔況

虫6 **蛔** 거위 회
カイ(はらのむし)

口 虫 虹 蛔 蛔

水(氵)5 **況** 하물며 황 / 모양 황
キョウ(いわんや)

氵 沪 沪 沪 況

蛔疳〔회감〕 회충으로 배아픈 병.

蛔虫〔회충〕 기생충의 일종.

蛔藥〔회약〕 회충 구제약.

蛔積〔회적〕 회가 뭉치어 있는 병.

蛔蟯〔회요〕 회충과 요충.

蟯虫〔요충〕 작은 실거위. 기생충의 일종.

薰効 薰効 薰効

艸(艹)14 **薰** 향풀 훈 / 더울 훈
クン(かおる)

艹 䒢 葶 董 薰

攴(攵)6 **效** 효험 효 / 본받을 효
コウ(ならう)

亠 六 交 效 效

薰氣〔훈기〕 후덥지근한 기운.

薰藥〔훈약〕 병에 피우는 약.

薰蒸〔훈증〕 찌는 듯이 무더운 더위.

薰麥〔훈맥〕 오월 보리.

効果〔효과〕 나타나는 결과.

効力〔효력〕 일의 좋은 보람.

勳曉 勳曉 勳曉

力14 **勳** 공 훈
クン(いさお)

㐭 㐭 重 熏 勳

日12 **曉** 밝을 효 / 새벽 효
ギョウ(あかつき)

日 旪 昈 曉 曉

勳功〔훈공〕 나라에 세운 공로.

勳堂〔훈당〕 이조 충훈부의 당상관 훈등(勳等). 훈공의 등급.

勳閥〔훈벌〕 훈공이 있는 문벌.

曉氣〔효기〕 새벽녘의 새로운 기분.

曉旦〔효단〕 새벽.

懈 緘

心(忄)13 **懈** 게으를해 カイ(おこたる)

糸9 **緘** 봉할 함 カン(とじる)

懈慢〔해만〕 게으르고 거만함.
懈緩〔해완〕 태만함.
懈怠〔해태〕 게으름.
緘口〔함구〕 입을 다물어 봉함.
緘封〔함봉〕 편지를 봉함.
緘口令〔함구령〕 어떤 일의 내용을 말하는 것을 금하는 명령.

駭 閤

馬6 **駭** 놀랄 해 ガイ(おどろく)

門6 **閤** 도장 합 / 침방 합 コウ(くぐりど)

駭怪〔해괴〕 아주 괴상한 것.
駭魄〔해백〕 혼이 빠지도록 놀람.
閤內〔합내〕 남의 가족을 공대하여 일컫는 말.
閤門〔합문〕 편전(便殿)의 앞문.
閤夫人〔합부인〕 남의 아내를 공대하여 일컫는 말.

核 倖

木6 **核** 실과 핵 カク(たね)

人(亻)8 **倖** 요행 행 コウ(さいわい)

核爆發〔핵폭발〕 핵무기를 폭발함.
核心〔핵심〕 가장 중심이 되는 부분.
核武器〔핵무기〕 핵으로 만든 무기.
倖望〔행망〕 요행을 바람.
倖免〔행면〕 요행히 면함.
倖脫〔행탈〕 요행히 면함.

覈 覲

襾13 **覈** 핵실할핵 / 씨 핵 カク(しらべる)

見11 **覲** 뵈올근 キン(まみゆ)

覈得〔핵득〕 일의 실상을 조사하여 사실을 알아냄.
覈論〔핵론〕 허물을 들어 논박함.
覈辨〔핵변〕 핵실하여 변명함.
覈實〔핵실〕 일의 실상을 조사함.
覲禮〔근례〕 제후가 천자에게 알현하는 의식.

軒 弦

車3 **軒** 초헌 헌 / 추녀끝헌 ケン(のき)

弓5 **弦** 시위 현 ゲン(つる)

軒擧〔헌거〕 의기가 당당함.
軒燈〔헌등〕 처마에 다는 등.
軒號〔헌호〕 남의 호의 존칭.
弦壺〔현호〕 활 모양의 손잡이가 달린 항아리.

歇 眩

欠9 **歇** 쉴 헐 / 쌀 헐 ケツ(やむ)

目5 **眩** 아찔할현 ゲン(めまい)

歇福〔헐복〕 어지간히 복이 없음.
歇治〔헐치〕 가볍게 벌함.
眩亂〔현란〕 정신이 어수선함.
眩耀〔현요〕 눈부시게 빛남.
眩慌〔현황〕 어지럽고 황홀함.

字 音 索 引

唾 252
隋 254
妥 254
打 116
駝 24

탁

濁 83
濯 23
琢 120
度 184
託 211
托 213
卓 254
鐸 254
拓 116

탄

彈 103
憚 80
歎 73
炭 134
誕 41
坦 193
呑 254
坥 254
嘆 254

탈

奪 106
脫 65

탐

探 156
耽 120
貪 83

탑

塔 254

탕

糖 124
蕩 36
糖 175
湯 254
宕 259

태

太 154
怠 119
態 78
泰 163
殆 217
苔 247
胎 256
苔 259
跆 261
笞 256

택

宅 28
擇 164
澤 161

토

套 17
吐 23
土 134
討 68
兎 256

통

通 137
痛 146
統 98
桶 255

퇴

堆 136
退 105
堆 115

투

套 17
妬 79
投 129
透 42
鬪 98

특

特 63

파

婆 40
把 26
波 142
派 29
芭 22
破 116
播 256
琶 256
罷 256
頗 256
巴 261

판

判 69
板 135
版 88
販 130
坂 213

팔

八 44
叭 19

패

敗 105
貝 256
覇 211
沛 256
牌 41

편

偏 80
片 141
遍 85
篇 88
編 88
鞭 213
扁 256

폄

貶 256

평

坪 43
平 60
評 114
萍 209

폐

幣 70,82
廢 75
斃 35
蔽 108
肺 146
閉 131

포

包 99
布 134
庖 36
捕 123
葡 169
泡 152
暴 100
瀑 209
咆 256
抱 258
抱 258
怖 258
浦 258
褒 260
砲 98
胞 146
飽 150
怖 258

폭

幅 92
爆 100
輻 140
瀑 209
暴 100

표

標 138
剽 219
票 72
漂 209
表 77
豹 258
剽 258

품

品 130
稟 209

풍

風 54
諷 258
豐 258

피

避 74
疲 35
皮 132
被 66
披 166

필

弼 39
必 107
筆 91
匹 258
畢 258

핍

乏 258
逼 258

하

下 25
何 125
河 154
荷 85
蝦 24
夏 153
廈 209
瑕 258
賀 141
霞 160

학

壑 139
學 86
虐 260
鶴 260
謔 260

한

寒 153
恨 35
汗 149
漢 74
限 112
旱 162
閑 52
韓 57
悍 260
翰 260

할

轄 239
割 121

함

含 101
咸 35
陷 140
艦 100
函 260
喊 260
涵 260
緘 264

합

合 116
蛤 209
閤 264

항

巷 62
恒 105
抗 101
港 154
航 156
項 17
沆 263

해

偕 81

三 綱(삼강)

父爲子綱(부위자강)아들은 아버지를 섬기는 근본이고,
君爲臣綱(군위신강)신하는 임금을 섬기는 근본이고,
夫爲婦綱(부위부강)아내는 남편을 섬기는 근본이다.

五 倫(오륜)

父子有親 (부자유친) 아버지와 아들은 친함이 있어야 하며,
君臣有義 (군신유의) 임금과 신하는 의가 있어야 하고,
夫婦有別 (부부유별) 남편과 아내는 분별이 있어야 하며,
長幼有序 (장유유서) 어른과 어린이는 차례가 있어야 하고,
朋友有信 (붕우유신) 벗과 벗은 믿음이 있어야 한다.

朱子十悔(주자십회)

不孝父母死後悔 (불 효 부 모 사 후 회) 부모에게 효도하지 않으면 돌아가신 뒤에 뉘우친다.

不親家族疎後悔 (불 친 가 족 소 후 회) 가족에게 친절하지 않으면 멀어진 뒤에 뉘우친다.

少不勤學老後悔 (소 불 근 학 노 후 회) 젊을 때 부지런히 배우지 않으면 늙어서 뉘우친다.

安不思難敗後悔 (안 불 사 난 패 후 회) 편할 때 어려움을 생각하지 않으면 실패한 뒤에 뉘우친다.

富不儉用貧後悔 (부 불 검 용 빈 후 회) 부유할 때 아껴쓰지 않으면 가난한 뒤에 뉘우친다.

春不耕種秋後悔 (춘 불 경 종 추 후 회) 봄에 씨를 뿌리지 않으면 가을에 뉘우친다.

不治垣墻盜後悔 (불 치 원 장 도 후 회) 담장을 고치지 않으면 도적맞은 뒤에 뉘우친다.

色不謹愼病後悔 (색 불 근 신 병 후 회) 여색을 삼가하지 않으면 병든 뒤에 뉘우친다.

醉中妄言 醒後悔 (취 중 망 언 성 후 회) 술취할 때 망언된 말은 술깬 뒤에 뉘우친다.

不接賓客去後悔 (불 접 빈 객 거 후 회) 손님을 접대하지 않으면 간 뒤에 뉘우친다.

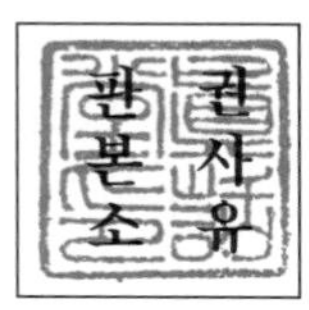

實用漢字 3,000字

2023년 12월 20일 재판
2023년 12월 30일 발행

지은이 | 편 집 부
펴낸이 | 최 원 준

펴낸곳 | 태 을 출 판 사
서울특별시 중구 다산로 38길 59(동아빌딩내)
등 록 | 1973. 1. 10(제1-10호)

■ 주문 및 연락처
우편번호 04584
서울특별시 중구 다산로 38길 59(동아빌딩내)
전화 : (02)2237-5577 팩스 : (02)2233-6166

ISBN 978-89-493-0491-5 03000